공산주의 유령은 어떻게 우리 세계를 지배하는가?

공산당 유령은
동유럽 공산당 붕괴와 함께 소멸되지 않았다

|상권|

九評 편집부 저

에포크미디어코리아

공산주의 유령은 어떻게 우리 세계를 지배하는가? (상권)

한글판 초판 발행 : 2019년 12월 30일
저　자 : 9평 편집부
발행인 : 정기태
출판사 번역팀 : 임영철 외
책임편집 : 김선식
발행처 : 에포크미디어코리아
출판등록 : 제2019-000216호
주소 : 서울특별시 마포구 마포대로 109, 제34층 제오-3403호
　　　(공덕동, 롯데캐슬 프레지던트)
전화 : 02-557-2050

ISBN 979-11-968603-0-1

값 각권 15,000원 (상·하권 27,000원)

잘못 만들어진 책은 바꿔 드립니다.

이 책의 저작권은 저자에게 있습니다.
서면에 의한 저자의 허락 없이 내용의 일부를
인용하거나 발췌하는 것을 금합니다.

공산주의 유령은 어떻게 우리 세계를 지배하는가? |상권|

서문

서문 ──────────────────────── 2

서론
악령이 우리 세상을 지배하고 있다

1. 공산주의 목적은 인류 훼멸 ──────────── 9
2. 악령이 인류를 훼멸하는 주요 방식 ────────── 10
3. 공산주의 사상은 악령의 이데올로기 ────────── 12
4. 초자연적 힘을 가진 악령의 특징 ─────────── 15
5. 악령의 다양한 얼굴 ──────────────── 17
6. 사회주의는 공산주의의 초급단계 ─────────── 19
7. 공산주의에 대한 동경은 '로맨틱한' 환상 ───────── 22
8. 악령이 야기한 문화 파괴와 도덕 붕괴 ────────── 23
9. 전통을 회복해 악령의 배치에서 벗어나다 ──────── 26

제1장
공산악령의 인류 훼멸 대계획 '36계計'

1. 인류 사상을 어지럽히다 ────────────── 30
   [제1계] 신이 없다고 속이다 ─────────── 31
   [제2계] 유물론 망언 ──────────────── 32
   [제3계] 엉터리 진화론 ─────────────── 32
   [제4계] 과학 맹신 ──────────────── 33
   [제5계] 투쟁철학 ──────────────── 33
   [제6계] 뭇 소리로 법석을 떨다 ─────────── 33
   [제7계] 언어를 왜곡해 어지럽히다 ────────── 34

2. 정통 문화를 뒤집어엎다 ───────────── 35
   [제8계] 교육을 부패시키다 ────────────── 35
   [제9계] 예술을 마성으로 변질시키다 ────────── 36

[제10계] 매체를 통제하다 ─ 37
[제11계] 음란·도박·마약을 보급하다 ─ 37
[제12계] 각 업종을 변질시키다 ─ 38

3. 사회질서를 파괴하다 ─ 38
　[제13계] 교회를 잠식하다 ─ 39
　[제14계] 가정을 해체하다 ─ 39
　[제15계] 동방에서 독재하다 ─ 40
　[제16계] 서방에 침투하다 ─ 41
　[제17계] 법률을 사악하게 변질시키다 ─ 41
　[제18계] 화폐를 조종하다 ─ 41
　[제19계] 슈퍼 독재정부 ─ 42

4. 사회운동을 조종해 사회 혼란을 조성하다 ─ 42
　[제20계] 전쟁을 일으키다 ─ 42
　[제21계] 혁명을 선동하다 ─ 43
　[제22계] 경제공황 ─ 44
　[제23계] 이주시켜 뿌리를 잃게 하다 ─ 44
　[제24계] 사회운동을 이용하다 ─ 45
　[제25계] 테러리즘 ─ 45

5. 당근과 채찍으로 분열시켜 통치하다 ─ 46
　[제26계] 반대파를 살육하다 ─ 46
　[제27계] 엘리트를 끌어들이다 ─ 46
　[제28계] 우민화 정책 ─ 47
　[제29계] 폭도를 만들다 ─ 48
　[제30계] 도태를 가속화하다 ─ 49
　[제31계] 사회를 분열시키다 ─ 49

6. 엄폐와 방어 ─ 50
　[제32계] 하늘을 속이고 바다를 건너다 瞞天過海 ─ 50
　[제33계] 성동격서 聲東擊西 ─ 51
　[제34계] 논쟁 상대를 요괴로 만들다 ─ 51
　[제35계] 시선을 다른 데로 돌리다 ─ 52
　[제36계] 다수를 장악하다 ─ 52

맺음말 ─ 52

제2장
유럽에서 시작되다

머리말 ──────────────────── 54
1. 마르크스 신앙은 신을 반대하는 사교邪教 ──── 56
2. 마르크스주의 출현의 역사적 배경 ──────── 60
3. 프랑스대혁명과 공산주의 ─────────── 63
4. 파리 코뮌은 공산주의 시발점 ─────────── 67
5. 공산주의가 전 세계로 확산 ────────── 70

제3장
동방의 대학살

머리말 ──────────────────── 74
1. 폭력으로 정권을 탈취하다 ──────────── 77
   1) 소련 공산당의 등장 ──────────── 77
   2) 중국 공산당의 권력 찬탈 ─────────── 78
2. 노동자와 농민의 선혈로 정권을 다지다 ────── 79
   1) 소련 공산당의 노동자·농민 학살 ─────── 80
   2) 중국 공산당의 노동자·농민 학살 ─────── 82
3. '반인류 범죄'로 정권을 유지하다 ────────── 83
   1) 소련 공산당의 살인 수법 ─────────── 83
   2) 중국 공산당의 살인 수법 ─────────── 87
4. 폭력 수출로 전 세계에 재앙을 안기다 ─────── 92

제4장
혁명 수출

1. 아시아로 혁명 수출 ──────────────── 96
   1) 한국전쟁 ────────────────── 98
   2) 베트남전쟁 ───────────────── 100
   3) 크메르루주(Khmer Rouge) ─────────── 103

  4) 기타 아시아 국가들 ─────────── 105
 2. 아프리카와 라틴아메리카로 혁명 수출 ─────── 109
  1) 라틴아메리카로 혁명 수출 ─────────── 109
  2) 아프리카로 혁명 수출 ───────────── 111
 3. 동유럽으로 혁명 수출 ──────────────── 113
  1) 알바니아 ─────────────────── 113
  2) 동유럽 혁명에 대한 소련의 탄압 ──────── 115
 4. 냉전 종결 ───────────────────── 118
  1) '붉은 광장'은 여전히 붉다 ─────────── 119
  2) 여전히 범람하고 있는 붉은 재앙 ──────── 121

제5장
서방에 침투하다

머리말 ─────────────────────── 124
 1. 폭력 공산주의와 비폭력 공산주의 ────────── 128
 2. 코민테른, 첩보전, 루머전 ─────────────── 132
 3. 루스벨트의 뉴딜정책에서 진보주의 ─────────── 138
 4. 서방의 문화대혁명 ──────────────────── 142
 5. 반전평화운동과 민권民權운동 ──────────────── 146
 6. 사탄을 숭배하는 신新마르크스주의자들 ─────────── 152
 7. 좌파들의 '체제 내에서의 장정長征' ──────────── 157
 8. '정치적 올바름'은 악령의 사상경찰 ───────────── 161
 9. 유럽에 만연한 사회주의 ────────────────── 164
 10. 우리는 왜 악령의 유혹에 넘어가나 ─────────── 167

맺음말 ─────────────────────── 173

제6장 신앙편
신을 배척하게 하다

머리말 ─────────────────────── 176

1. 동방—폭력으로 신을 배척하다 ─────────── 178
   1) 소련이 정교를 말살하다 ─────────── 178
   2) 중공이 인간과 신의 연결고리를 끊다 ──── 180

2. 서방—종교를 파괴하다 ─────────────── 187
   1) 종교에 침투하다 ──────────────── 188
   2) 종교를 속박하다 ──────────────── 191

3. 공산주의 악령惡靈이 신학을 변이시키다 ────── 192
4. 종교의 혼란 ──────────────────── 194

제7장 가정편
우리 가정을 파괴하다

머리말 ─────────────────────── 200

1. 신이 인간에게 남긴 전통가정 ───────────── 203
2. 공산주의는 가정 해체를 목표로 한다 ────────── 204
3. 공산주의의 음란한 유전자 ──────────────── 205
4. 공산정권하의 공산공처共産共妻 실시 ───────── 209
   1) 구소련의 공산공처 ──────────────── 210
   2) 옌안延安의 성해방 ──────────────── 213

5. 공산주의는 어떻게 서방의 가정을 파괴했나? ───── 215
   1) 성해방을 선동하다 ──────────────── 216
   2) 여권女權운동을 부추기고 전통가정을 버리도록 선동하다 ── 218
   3) 동성애를 고취하고, 가정의 정의를 변이시키다 ──── 232
   4) 이혼권과 낙태권을 고취하다 ─────────── 238
   5) 복지제도를 내세워 한 부모 가정을 장려하다 ──── 240
   6) 변이된 문화를 고취하다 ──────────── 242

6. 중국 공산당은 어떻게 가정을 파괴했나? ─────── 244
   1) 남녀평등을 명분으로 가정의 구조와 안정을 파괴하다 ── 244
   2) 정치투쟁으로 부부가 반목하고 가정이 파탄나다 ── 246
   3) 인구 통제를 명분으로 낙태를 강요하다 ─────── 247

7. 공산주의가 가정을 파괴한 결과 ──────────── 249

제8장 정치편
우리 국가에 재앙을 안기다

머리말 ──────────────────────── 252

1. 공산주의 정치가 서방을 지배하다 ───────────── 254
   1) 정권을 장악해 대규모 살육을 감행하다 ─────────── 254
   2) 사회주의 이념이 유럽과 미국에서 성행하다 ───────── 255
   3) 서방의 정당, 의회, 정부, 대법원에 침투하다 ─────── 257
   4) 미국 좌파정당이 사회주의 정책을 추진하다 ───────── 259

2. 사교邪敎적 정교합일政敎合─은 공산주의 정치의 특징 ───── 260
   1) 중국 공산당의 사교적 정교합일 ──────────── 261
   2) 자유주의와 진보주의의 종교적 특징 ─────────── 263
   3) 이 시대 자유주의와 진보주의는 공산주의 새로운 변종 ── 265

3. 증오 선동과 투쟁 유발은 공산주의 정치의 필연적 선택 ──── 269

4. 폭력과 거짓은 공산주의 정치의 가장 중요한 수단 ─────── 275
   1) 공산 독재하의 폭력과 거짓말 ─────────────── 277
   2) 공산악령이 서방에서 폭력을 선동하다 ──────────── 279
   3) 공산악령의 거짓말이 서방 정치를 뒤덮고 있다 ──────── 282

5. 전체주의는 공산주의 정치의 필연적 결과 ──────────── 286
   1) 전체주의의 본질 ─────────────────── 287
   2) '요람에서 무덤까지'의 복지제도 ────────────── 289
   3) 번잡한 법률은 전체주의를 위한 포석 ─────────── 291
   4) 과학기술을 이용한 통제가 극에 달하다 ──────────── 293

6. 서방 세계를 위험한 전면전쟁에 빠뜨리다 ──────────── 294

맺음말 ──────────────────────── 297

제9장 경제편
악령의 미끼

머리말 ──────────────────────── 300

1. 서방 선진국이 시행하고 있는 또 다른 형식의 공산주의 ——— 301
   1) 서방 선진국의 고세율高稅率, 고복지高福祉 ——— 302
   2) 서방국가의 경제에 적극 개입하다 ——— 313
   3) 공산독재로 유도하는 사회주의 경제 ——— 316

2. 중국 공산당 모델 - 사회주의 괴물 경제 ——— 317
   1) 공산주의 악령은 중국 경제에 대한 통제를 늦추지 않았다 — 318
   2) 중국 경제성장 배후의 진실 ——— 319
   3) 기형적 경제 모델이 초래한 결과 ——— 322

3. 후진국을 막다른 골목으로 이끄는 사회주의 ——— 324
   1) 구 동유럽 공산주의 경제의 잔재 ——— 324
   2) 제3세계의 실패한 사회주의 경제 ——— 324

4. 공유제와 계획경제는 천리天理를 거스르는 노예제 ——— 328
   1) 공유제는 악령이 사람들의 목에 씌운 굴레 ——— 328
   2) 계획경제는 필연적으로 실패한다 ——— 331

5. 선악을 뒤바꾸고 원한을 선동하는 마르크스의 '착취론' ——— 334

6. 절대평균주의의 뿌리는 증오와 질투 ——— 339
   1) 증오와 질투의 기초 위에 세워진 절대평균주의 ——— 339
   2) 경제 평등권 확산은 공산주의로 가는 발판 ——— 342
   3) 노동조합은 자본주의 경제를 타격하는 무기 ——— 344

7. '공산주의의 이상理想'은 인류를 파멸로 유인하는 미끼 ——— 349

맺음말: 덕德을 중히 여겨야만 부유하고도 태평해질 수 있다 ——— 353

제10장 법률편
법률로 사악을 합법화하다

1. 법률과 신앙 ——— 358

2. 법률은 공산국가의 폭정을 위한 도구 ——— 360
   1) 공산주의의 폭력은 법률을 초월하는 국가 테러리즘 ——— 361
   2) 끊임없이 변하는 옳고 그름의 기준 ——— 363
   3) 공산당은 결코 법을 성실하게 집행하지 않는다 ——— 365

3. 공산악령이 서방의 법률을 변이시키다 ──────── 367
  1) 법률의 도덕적 기반을 뒤집어엎다 ──────── 367
  2) 법 제정권과 시행권을 빼앗다 ──────── 369
  3) 대리인을 이용해 악법을 만들고 법을 왜곡하다 ──────── 372
  4) 법 집행을 제한해 범죄자들에게 유리하게 하다 ──────── 381
  5) 외국 법률을 이용해 미국의 주권을 약화하다 ──────── 384
4. 법의 정신을 회복해야 한다 ──────── 385

제11장 예술편
신을 찬미하는 데서 신을 모독하는 데로

1. 예술은 신이 인간에게 전해준 것이다 ──────── 390
2. 예술은 인류에게 거대한 영향을 미친다 ──────── 392
3. 공산주의 악령이 예술을 파괴하고 이용하다 ──────── 397
  1) 공산국가의 예술 이용과 통제 ──────── 397
  2) 전위예술 배후의 공산주의 악령 ──────── 399
  3) 전통 미적 기준을 뒤바꾸다 ──────── 403
  4) 문학을 이용해 인류 훼멸을 꾀하다 ──────── 409

맺음말 ──────── 416

공산주의 유령은 어떻게 우리 세계를 지배하는가? |하권|

제12장 교육편
교육으로 우리 후손과 미래를 망치다

머리말

1. 공산주의 악령이 서방 대학을 장악하다
  1) 대학교수들의 극심한 좌경화 현상
  2) 공산주의 이념으로 전통 학문을 변형시키다
  3) 각종 이념을 전파하는 새로운 학과 개설
  4) 각종 좌파 급진주의 이데올로기 주입
  5) 미국의 위대한 전통을 부정
  6) 서양 문명 고전古典 배척
  7) 교과서와 인문학 연구를 독점
  8) '재교육'으로 세뇌와 반도덕성 고취

2. 공산악령이 초중등 교육을 장악하다
   1) 학생 우민화 교육
   2) 진보주의 교육의 파괴적 본성
   3) 체계적인 반신反神 교육
   4) 교육에 심리 조작술 도입
   5) 교육계 침투 방식

3. 악령의 목표는 동서양의 교육 파괴

맺음말: 전통 교육으로 돌아가야 한다

제13장 미디어편
미디어를 거짓과 마성의 정보 채널로 만들다

머리말

1. 공산국가의 미디어는 세뇌 도구
2. 공산당에 침투당한 서방 언론

3. 전면적으로 좌편향된 미국 언론
4. 자유주의·진보주의의 정치도구로 전락한 언론
   1) 선택적인 보도
   2) 전략적인 의제 설정
   3) 잘못된 사고 프레임 가동
   4) '정치적 올바름'으로 자체 검열
   5) 보수파에 부정적인 꼬리표를 달다
   6) '신언어新言語'로 보수파 타격
5. 영화로 전통 가치를 파괴하다
6. TV로 변이된 이념을 주입하다
7. 가짜 뉴스로 전면전을 펼치다

맺음말: 언론은 언론의 사명을 다해야 한다

제14장 대중문화와 생활방식편
퇴폐와 방종

머리말

1. 공산당 당문화黨文化
2. 공산악령에게 전복된 서구 대중문화
3. 난잡한 대중문화와 생활방식
   1) 힙합과 록
   2) 마약 유행
   3) 음란물 범람
   4) 전자게임 유행
   5) 폭력 문화
   6) 변이된 패션

맺음말

제15장
테러리즘의 근원은 공산주의

머리말

1. 공산정권하의 국가테러
2. 공산국가가 수출한 테러리즘
3. 이슬람 극단주의 테러리즘
   1) 쿠틉은 극단주의 성전의 '마르크스'
   2) 레닌주의의 지하드 '선봉대'
   3) 이슬람 극단주의의 '공산주의 핵심'
   4) 쿠틉이 테러리즘에 미친 영향
   5) 공산주의의 희생양이 된 무슬림
4. 중국 공산당의 테러 지원
   1) 아라파트 테러 활동에 대한 중국 공산당의 지지
   2) 중국 공산당과 알카에다의 관계
5. 서방 급진좌파와 테러리즘의 은밀한 연맹

맺음말

제16장
환경보호운동 배후의 공산주의 주모자

머리말

1. 환경보호주의의 뿌리는 공산주의
   1) 환경보호주의 발전 3단계
   2) 마르크스주의와 일맥상통하는 환경보호주의
   3) 생태 마르크스주의
   4) 생태사회주의
   5) 녹색정치의 녹색은 새로운 적색
   6) 에코테러리즘
   7) '그린피스'의 이면

2. 기후변화 '합의'는 종교적 교조敎條
   1) 과학 '합의'의 역사
   2) 과학계의 성역이 된 '합의'
   3) 과학자들이 '합의'를 인정하지 않는 이유
   4) 환경보호주의 과학자들은 왜 '재난' 이론을 선호하는가?

3. 다른 형태의 공산주의가 된 환경보호주의
   1) 정치에 침투해 세계정부 구축
   2) 자본주의를 공격하다
   3) 언론 공격으로 반대 목소리를 제압
   4) '시민단체'를 조종해 거리혁명 주도
   5) 반인류적인 신흥종교

맺음말: 신을 공경하고 전통을 회복해 환경위기에서 벗어나야

제17장
세계화 배후의 공산주의 마수

머리말

1. 세계화와 공산주의
2. 경제 세계화 배후의 악령
   1) 세계화가 낳은 공산주의 모델의 경제체
   2) 국가 간 경제 불평등 심화
   3) 계층 간 소득 불균형 심화
   4) '반세계화' 운동으로 공산주의 전파
   5) 자본주의 자양분으로 사회주의 살찌운 중국 공산당

3. 정치 세계화 배후의 악령
   1) 유엔을 이용해 공산주의 정치력 확대
   2) 유엔을 통제해 인권 이념 유린
   3) 정치 세계화를 이용해 국가주권 파괴
   4) 정치 세계화의 귀착점은 전체주의 세계정부 수립

4. 문화 세계화는 변이 사상의 전파 경로
   1) 문화 세계화를 이용해 문화의 가치 표준 파괴
   2) 서방 선진국을 이용해 반전통적 변이 문화 수출
   3) 다국적 기업문화를 이용해 변이 관념 전파
   4) 유엔을 이용해 변이 관념 세계로 확산

맺음말

제18장
중국 공산당의 글로벌 야심

머리말

1. 미국을 대체하고 세계 패권을 잡으려는 중국 공산당의 야심
   1) 중국 공산당의 패권 야욕은 타고난 본성이다
   2) 미국을 주적으로 삼고 일전을 준비하다
   3) 미국을 포위하고 내부를 분열시키다
   4) 여론전과 심리전으로 반미감정을 선동하다
   5) '도광양회'의 탈을 벗고 미국을 향해 칼을 뽑다

2. 세계 패권을 장악하기 위한 중국 공산당의 전략
   1) '일대일로'를 앞세워 영토를 확장하다
   2) '대주변 외교' 전략으로 미국을 아태지역에서 몰아내다
   3) 유럽을 분할 지배해 유럽-미국 동맹을 깨뜨리다
   4) 아프리카에 침투해 '중국모델'을 수출하다
   5) 라틴아메리카에 침투해 미국을 위협하다
   6) 군사력을 강화해 미국에 도전하다

3. 중국 공산당의 특색을 잘 살린 '초한전超限戰'
   1) '대외선전'으로 당黨문화를 세계화하다
   2) '통일전선'으로 자유세계를 무너뜨리다
   3) 기술 '초한전'으로 미국 경제를 위협하다
   4) 전 국민을 첩보전에 끌어들이다
   5) 기타 초한전

4. '중국(공산당) 모델'은 인류 자폭 특급열차

5. 교훈과 출로
   1) 중국 공산당에 대한 환상에서 깨어나야 한다
   2) 중국 공산당의 야욕을 저지해야 한다
   3) 신이 배치한 길을 가야 한다

맺는 말

맺는 말

서 문

　누구든 선한 마음이 나오면 신은 악령의 손아귀에서 벗어나도록 도울 것이다. 하지만 악마를 똑똑히 인식하는 과정에는 독자의 숙고와 판별력이 필요하다. 우리는 완전히 새로운 차원, 폭넓은 시각으로 수백 년 동안의 역사 흐름과 변천을 재조명하고, 악령이 어떻게 각종 가면과 수단을 동원해 우리 세계를 점령하고 조종해 왔는지 밝힐 것이다.

서 문

　동유럽 공산주의 진영은 비록 와해됐지만, 공산주의 악령(惡靈, 사악한 영체)은 아직 소멸되지 않았다. 반면 이 악령은 이제 우리의 세상을 지배하고 있다. 인류가 결코 이 문제를 낙관적으로 보아서는 안 된다.
　공산주의는 일종의 사조나 학설이 아니고 인류가 출로를 찾으려다 실패한 일종의 시도도 아니다. 이 악령은 증오와 우주 저층의 각종 부패물질로 이뤄졌다. 그것의 근원은 한 마리 뱀이지만, 표면 공간에서는 붉은 용龍의 형상으로 체현된다. 그것은 바른 신正神을 적대시하는 사탄과 무리를 이루고 각종 저급한 영靈과 마귀魔를 이용해 인간세상에서 재난과 혼란을 일으킨다. 이 악령의 궁극적인 목적은 바로 인류를 파멸시키는 것이다. 신이 재림해 중생을 구원하는 최후의 시각에 사람들로 하여금 신을 불신케 하고, 신과 전통을 등지게 하며, 신의 가르침을 알아듣지 못할 정도로 인간의 도덕을 타락시켜 결국 도태되게 한다.

공산주의 악령은 간계가 많고 변화무쌍하다. 어떤 때는 피비린내 나는 폭력으로 자신을 따르도록 위협하고, 어떤 때는 '과학' '진보' 같은 구호와 아름다운 청사진으로 사람들을 속여 추종하게끔 한다. 때로는 심오한 학문을 만들어 공산주의 악령이 마치 인류 미래의 발전 방향인 양 믿도록 하고, 때로는 '민주' '평등' '사회공정' 등의 구호로 교육·매체·예술·법률 등 다양한 영역에 침투해 아무도 모르게 그들의 깃발 아래로 끌어들인다. 때로는 사회주의, 진보주의, 자유파, 신新마르크스주의, 각종 좌익당파 등의 모자를 쓰고 현혹한다. 어떤 때는 '평화반전反戰' '환경보호' '세계화' '정치적 올바름(PC, Political Correctness)' 등의 기치를 내걸고 정의의 사도인 양 위장한다. 어떤 때는 '아방가르드 예술(전위예술)' '성 해방', '마약 합법화', '동성애' 등을 지지해 사람의 욕망을 방종케 하고, 어떤 때는 폭력이나 급진주의 대신 복지를 표방하며 경계심을 풀게 한다. 하지만 그것의 근본적인 특징은 수단과 방법을 가리지 않고 신앙·종교·도덕·문화·가정·예술·교육·법률 등 모든 분야의 전통을 파괴함으로써 사람들을 도덕적으로 타락시켜 영원히 솟아날 수 없는 심연으로 떨어뜨리는 것이다.

이 악령과 그것의 각종 변종들은 동유럽 공산당이 해체될 때 함께 사라지지 않았을 뿐만 아니라 오히려 전 세계에서 크게 횡행하고 있다. 본래 공산정권인 중국과 쿠바, 일찍이 사회주의화한 유럽, 공산낭 세력으로 뒤덮인 아프리카와 라틴아메리카 등에서 공산주의 흥행은 두말할 것 없고 자유세계의 선도자라 일컫는 미국마저 공산주의 악령의 침공으로 함락 직전에 이르렀다는 점이다. 인류가 직면한 이러한 충격적인 현실은 공산주의 악령이 인류를 훼멸毁

滅하려는 음모가 거의 실현되다시피 했음을 반영한다.

　이익을 좇고 해로운 것을 피하는 것은 인간의 본능이다. 따라서 사람은 고난을 피하려 하고, 출세를 하려하고, 단지 삶을 즐기고 싶어 하기도 한다. 이러한 생각 자체는 크게 비난할 것이 못 되지만, 사람들이 일단 신에게서 멀어지면 이러한 심리적인 것들은 모두 공산주의 악령의 빌미로 잡히고 만다. 악령은 그러한 심리를 부추기고 증폭해 사람들을 통제한다. 신을 배척하고 하늘을 거스르는 공산주의 악령의 광기는 조종 받는 자들의 광기도 불러일으킨다. 즉, 권력이나 금전, 지식 등으로 하느님인 양 다른 사람들의 운명과 역사의 노정을 주재하려 하며, 더 나아가 일종의 사회적 조류를 형성하려 한다.

　인간은 신이 만들었으며, 인성에는 선과 악이 공존한다. 사람이 악을 버리고 선을 행하면 신에게로 돌아갈 수 있고, 그 순리를 거스르면 악마에게 귀속된다. 이는 전적으로 사람의 선택에 달렸다.

　우리는 본성이 선량한 사람들이 부지불식간에 공산주의 악령의 대리인이 되거나 조종당하는, 레닌이 말한 '유용한 바보(useful idiot)'가 돼버리는 현상을 줄곧 보아왔다. 비록 사회 전체가 공산주의 악령에게 사로잡혀 파멸할 지경에 이르렀지만, 진심으로 영혼을 악마에게 맡기고 싶어 안달하는 사람은 극히 드물다. 선량한 인성을 회복하는 사람에게는 악령에서 벗어나 구원받을 수 있는 기회가 있다. 우리는 신이 인간에게 확립해 준 도덕·문화·예술 등의 전통을 드러내어 인류가 신과 악령 사이에서 바른 선택을 할 수 있도록 도우려 한다. 이것이 본서를 출판하는 목적이다. 이를 위해 우리는 악령의 각종 계략을 똑똑히 볼 수 있도록 복잡하고 심오한 문제들을 최대한 평이한 언어와 논리로 풀어내고자 한다.

누구든 선한 마음이 나오면 신은 그가 악령의 손아귀에서 벗어나도록 도울 것이다. 하지만 악마를 똑똑히 인식하는 과정에는 독자의 숙고와 판별력이 필요하다. 우리는 완전히 새로운 차원, 폭넓은 시각으로 수백 년 동안의 역사 흐름과 변천을 재조명하고, 악령이 어떻게 각종 가면과 수단을 동원해 우리 세계를 점령하고 조종해 왔는지 밝히려 한다. 우리의 목적은 단지 역사를 되짚어보기 위함만이 아니라 악령이 더는 우리 세상을 지배하지 못하게 하는 데 있다. 이는 사람들이 각성해서 주동적으로 사악함을 버리고 신이 인간에게 규정해준 전통의 길과 생활방식으로 회귀할 수 있느냐에 달렸다.

신은 분명 악령을 제압할 것이다. 그리고 우리 생명의 영원한 귀착점은 우리가 어느 편에 서느냐에 따라 결정된다.

서론

악령이 우리 세상을 지배하고 있다

공산주의는 인간 세상에 재앙과 혼란을 가져오고, 궁극적으로는 전 인류를 파멸시키려 한다. 그것의 배치는 세심하고 구체적이다. 그것의 계책은 매우 '성공'적이며, 그중 상당부분이 이미 완성됐거나 완성단계에 있다. 악령이 지금 우리 세계를 지배하고 있다!

서론

악령이 우리 세상을 지배하고 있다

소련이 해체되고 동유럽 공산정권이 붕괴한 것은 반세기 가까이 이어져 온 동서 양대 진영 간의 냉전이 종식됐음을 상징한다. 많은 사람이 이를 반기며 공산주의의 위협이 이미 지나갔다고 여겼다.

그러나 실제 상황은 겉모습만 바뀐 공산주의 사상이 여전히 전 세계를 휩쓸고 있다. 여기에는 아직도 공산주의 '이데올로기 발언권'을 고수하는 중국·북한·쿠바·베트남, 그리고 공산주의 요소가 여전히 기승을 부리는 구소련의 동유럽 국가들이 포함된다. 민주民主 또는 공화共和라는 이름을 내걸고 사회주의를 시행하는 아프리카와 남미 국가들, 그리고 공산주의 요소에 심각하게 침식당하고도 깨닫지 못하는 유럽과 북미 민주주의 국가들도 포함된다.

공산주의로 인한 전쟁·기근·학살·폭정은 듣기만 해도 몸서리치지만, 공산주의의 위협은 여기에 그치지 않는다. 점점 더 많은 사람이 공산주의가 인류 역사상 존재했던 여타 정치제도와는 확연히 다르게 인간성과 인간의 가치 및 존엄성을 적대시한다는 사실을 깨달았다. 한 세기가 넘는 실천 과정에서 소련과 중국을 포함한 일련의 거대한 전체주의 국가가 세워졌고, 1억이 넘는 사람을 비정상적으로 죽였으며, 수십억 인구를 노예로 만들었다. 또한 세계를 핵전쟁의 가장자리로 내몰기도 했다. 더욱 중요한 것은 공산주의가 가정파괴, 사회혼란, 도덕붕괴, 그리고 인류문명을 타락시켰다는 사실이다.

공산주의의 본질은 도대체 무엇인가? 그것의 궁극적인 목적은 또 무엇인가? 공산주의는 왜 곳곳에서 인류를 적대시하는가? 인류의 출로는 어디에 있는가?

1. 공산주의 목적은 인류 훼멸

"하나의 유령幽靈, 공산주의 유령이 유럽을 배회하고 있다." 〈공산당선언〉은 '유령'이라는 단어로 말머리를 시작한다. 이는 절대로 마르크스의 일시적인 영감이 아니다. 본서 서문에서 서술했듯이, 공산주의는 일종의 사조나 학설 또는 인류가 출로를 찾으려다 실패한 시도가 아니다. 공산주의는 공산악령으로 불리며, 우주 저층 공간의 각종 부패한 물질과 증오로 이뤄졌다. 그것의 근원은 한 마리 뱀이지만, 표면공간에서는 붉은 용龍의 형상으로 체현된다. 그것은 바른 신正神을 적대시하는 사탄과 무리를 이루고 각종 저급한 영靈과 마魔를 이용해 인간세상에서 재난과 혼란을 일으킨다. 이 사령의 궁극적인 목적은 바로 인류를 파멸시키는 것이다. 신이 재림해 중생을 구원하는 최후의 시각에 사람들로 하여금 신을 불신하게 하고, 신과 전통을 등지게 하고, 신의 가르침을 알아듣지 못할 정도로 인간의 도덕을 타락시켜 결국 도태되게 한다.

 냉전 이후, 동유럽과 소련의 공산주의 정권은 붕괴됐으나, 공산주의는 결코 해체되지 않았고 공산주의 유령도 죽지 않았다. 그 독소는 구 공산국가들을 계속해서 위협할 뿐만 아니라 일찍이 각종 형태로 전 세계에 침투했다. 이 악령은 사람들의 이데올로기를 통제해 인류사회의 각 영역에 침투했다. 공산주의 악령이 인류에게 주입한 각종 기형적인 관념은 부지불식간에 세상에 범람했으며, 길을 잃은 자들은 심지어 공산주의를 자신의 생각과 염원으로 받아들였다. 이에 인류의 옳고 그름, 선악의 기준이 크게 기울고 뒤집혔다. 악령의 음모가 거의 실현된 것이다!

 공산주의 악령이 섬뜩한 웃음으로 승리를 자축할 때, 절대다수의 사람이 오히려 공산주의가 실패로 돌아갔다고 생각했다. 세상 사람들은 파멸의 벼랑 끝에 서 있음에도 여전히 그것을 알아차리지 못한다. 이보다 더 위험한 일이 있을 수 있을까?

2. 악령이 인류를 훼멸하는 주요 방식

 인간은 신이 만들었고, 자비로운 신은 줄곧 그의 백성을 지키고 있다. 신이 창조한 인간을 신이 더는 돌보지 않게 하는 유일한 방법은 인간과 신의 연계를 끊어버리는 것이라는 점을 악령은 잘 알고 있다. 악령이 인류를 파괴하기 위해 사용하는 주요 방식은 신이 인간에게 전해준 문화를 파괴하고, 인간의 도덕을 무너뜨리고, 신이 구원할 수 없을 정도로 인간을 변이시키는 것이다.

인간에게는 신성神性과 마성魔性이 동시에 존재하며, 인간은 도덕적으로 타락할 수도 있고 승화할 수도 있는 생명체다. 신을 믿는 사람은 도덕을 추구하는 정념正念과 정행正行으로 신의 보살핌을 받을 수 있음을 모두 알고 있다. 신이 그의 정념을 높은 경지로 끌어올려주고, 신은 또 그의 정행을 도와주며, 신은 더욱이 그를 위해 기적을 창조할 것이다. 동시에 신은 그의 도덕차원을 높여주어 더욱 고상한 사람이 되어 천국으로 돌아가게 할 것이다. 그러나 도덕수준이 낮은 자·사욕·탐욕·우매·교만·무지로 가득 찬 자의 사악한 생각과 행위는 신의 인정을 받을 수 없다. 오히려 악령은 그의 교만과 무지를 강화하고 사욕과 사념을 가중하며, 그의 악행을 조종하고 이용해 업을 짓고 인간 세상에 해를 끼치게 한다. 또한, 계속해서 도덕적으로 타락하게 해 마침내 지옥에 떨어지게 한다. 인류사회의 도덕수준이 전반적으로 하락하면, 악령은 더욱 부채질하면서 각종 방식으로 사람들의 사악한 생각과 행위를 제멋대로 통제하고 이용해 철저히 인류를 훼멸하려고 한다.

18세기 이후 유럽 역사는 격동의 시기에 진입했고, 인류 도덕이 전반적으로 하락해 악령이 틈을 탈 기회를 제공했다. 악령은 단계적으로 선과 악, 옳고 그름의 기준을 뒤집었으며, 무신론·유물론·진화론·투쟁철학 등의 그릇된 설을 주입했다. 악령은 사교邪敎를 신봉하는 마르크스를 인간세상의 대리인으로 선정해 1848년 〈공산당선언〉을 발표했고, 폭력을 이용해 사유제·계급·국가·종교·가정을 없애버리겠다고 떠벌였다. 1871년의 파리 코뮌은 공산주의 최초로 정권탈취를 기도한 사건이었다.

마르크스주의 추종자들은 정권에 관련된 것을 마르크스주의 정치학의 핵심이라고 말한다. 하지만 공산주의의 최종 목적을 제대로 이해한다면, 정권에 관련된 것은 공산주의에 있어 중요하면서도 중요하지 않다는 점을 알 수 있다. 중요하다는 것은 정권 장악이 전 방위적으로 인류를 파멸시키는 빠른 방법이기 때문이다. 정권을 장악해야만 공산당은 폭력과 강권을 통해 그것의 이데올로기를 퍼뜨리고 단기간에 한 민족 전체의 전통문화를 근본적으로 파괴할 수 있다. 중요하지 않다는 것은 정권을 장악하지 않더라도 악령은 여전히 다른 방식을 통해 인류도덕을 변이시키고 인류를 훼멸하는 최종목적을 달성할 수 있기 때문이다. 따라서 실천과정에서 폭력은 유일한 방법이 아니며 정권도 유일한 수단이 아니다. 사실상 공산주의라는 악령은 극히 영활하고 변화무쌍한 수법을 사용하고, 인류의 모든 약점을 이용하며, 기만과 우롱의 수단을 사용해 인류의 사상을 교란하고, 전통문화를 뒤집어엎고, 사회질서를 무너뜨리고, 사회 혼란을 야기하고, 사회를 완전히 분열시키는 방식을 통해 전 방위적으로 세계를 점령했다.

3. 공산주의 사상은 악령의 이데올로기

신은 인류사회에 보편적 가치에 기초한 풍부한 문화를 다져주어 인간이 천국으로 돌아갈 길을 깔아줬다. 악령의 공산주의는 신이 내려준 전통문화와는 근본적으로 대립하기에 물과 불처럼 병존할 수 없다.

공산주의 악령은 무신론·유물론을 핵심으로 삼고 거기다 독일의 철학, 프랑스의 사회혁명, 영국의 정치경제학 등의 요소를 혼합해 만든 일종의 세속적인 종교로서 신과 정통종교의 사회적, 문화적 위치를 대신했다. 공산주의는 전 세계를 그것의 교회로 만들었고, 인간의 사회생활의 각 영역을 그것의 통제 범위에 포함시켰다. 악령은 사람들의 사상을 점거해 신을 배척하게 하고 전통을 저버리도록 했다. 악령은 배후에서 인류가 한 걸음 한 걸음 훼멸을 향해 나아가도록 조종하고 있다.

악령은 마르크스를 비롯한 인간세상의 대리인을 선정해 신이 인간 세상에 다져 놓은 법칙을 파괴하게 하고, 계급투쟁을 선양하여 이전의 사회제도를 폐기하도록 했다. 동방에서는 폭력혁명을 일으켜 정교합일政敎合一의 독재국가를 설립하고, 서방에서는 고복지高福祉, 고세금高稅金을 통해 부의 재분배를 시행함으로써 점진적으로 비폭력 공산주의를 실행하고 있다. 전 세계에서 공산주의 이데올로기를 각국 정치제도에 침투시켜 모든 사회질서를 파괴하는 세계혁명을 통해 국가를 멸망시키는 목적을 달성하고, 최종적으로는 세계적인 통치기구를 설립해 악령이 전 세계의 권력을 장악하도록 한다. 이는 바로 공산주의가 약속한 이른바 계급·국가·정부가 없고 집단생산을 하는 사회를 건설해 궁극적으로 인류사회가 '각자가 능력에 따라 일하고 수요에 따라 분배하는 지상천국'을 만드는 것이다.

공산주의는 대동세계大同世界, '인간천국' 이념을 강령으로 삼아 무신론 지도하의 '사회 진화'를 추진한다. 유물론으로 인간의 정신 및 신앙·종교를 파괴하고, 공산주의 이데올로기를 정치·경제·교육·철학·역사·문학·예술·사회과학·자연과학 등 사회 모든 영역에 침투시켰다. 공산주의는 암세포처럼 이데올로기를 끊임없이 증식하고 종교·신앙을 비롯한 여타 모든 이데올로기를 배척한다. 나아가 국가주권과 민족의식을 파괴하고, 최종적으로 인류의 도덕과 문화전통을 없애 인류를 파멸의 길로 이끌려 한다.

마르크스는 〈공산당선언〉에서 다음과 같이 선언했다. "공산주의 혁명은 전통적인 소유제도와 철저하게 결별하는 것이다. 따라서 공산주의 혁명이 자기 발전 과정에서 전통사상과 철저하게 결별한다는 것은 절대로 이상한 일이 아니다." 이 말은 공산주의가 근 200년간 실천한 과정을 그대로 함축하고 있다.

도덕은 신에서 비롯됐고, 신이 규정한 도덕기준은 영원히 변하지 않는다. 도덕기준은 인간이 규정할 수 있는 것이 아니며, 인간의 권세에 따라 바뀔 수 있는 것도 아니다. 하지만 공산주의는 모든 도덕에 '사형선고'를 내리고 공산주의 신도들이 도덕을 다시 정의하게 했다. 도덕을 부정하는 동시에 공산주의는 각종 부정적 요소를 동원해 인류 전통의 긍정적 요소를 몰아냈으며, 나아가 부정적 요소가 전 세계를 장악하도록 했다.

전통적인 법률은 도덕에 뿌리를 두고 있으며 도덕을 수호한다. 공산주의는 도덕과 법률을 분리해 악법을 만들고, 전통적인 헌법과 법률을 악의적으로 왜곡해 도덕을 파괴한다.

신은 인간에게 선善을 행하라고 했으나, 공산주의는 계급투쟁을 부추기고 폭력과 살육을 제창한다.

신은 인간에게 가정을 사회의 기본단위로 정해줬다. 하지만 공산주의는 가정을 사유제도의 표현형식으로 간주해 가정을 없애려 한다.

신은 인간에게 부를 얻을 자유와 누릴 권리를 내려줬다. 반면, 공산주의는 사유재산을 없애고, 토지 소유권을 박탈하고, 세금을 높이고, 신용과 자본을 독점해 철저히 인간의 경제생활을 통제하려 한다.

신은 인류사회의 도덕·정부·법률·사회·그리고 문화형태를 다져줬다. 반면, 공산주의는 '폭력으로 기존의 모든 사회제도를 뒤집는다.'고 한다.

　신이 인간에게 정통 예술을 전해준 것은 신과 천국세계의 광경을 특별한 방식으로 인류에게 전달해 인간이 천국의 아름다움을 떠올리게 하고, 신을 경배하는 믿음을 키워 도덕과 수양을 향상시키기 위함이다. 반면, 공산주의는 현대의 변이된 예술을 숭상하게 하고, 인간의 신성神性을 질식시키고, 마성을 방종케 함으로써 예술계 전체를 조종해 저급하고, 추하고, 괴이하고, 악하고, 퇴폐한 부정적 정보를 확산시킨다.

　신은 사람을 겸손하게 하고 하늘과 신을 경배하도록 이끈다. 공산주의는 인간에게 마성과 교만을 주입해 사람들이 신을 배반하고 복종하지 않게 만든다. 공산주의는 인간성의 악한 면을 증폭해 이른바 '자유'를 빌미로 제멋대로 행동하게 하고 도덕적 구속력을 상실케 해 사람들의 죄책감을 없애버린다. '평등'을 구호로 사람들의 질투심을 선동하고, 각종 수단으로 인간의 허영심을 자극하고, 눈앞의 명예와 이익에 유혹되게 해 악령을 따르도록 한다.

　제2차 세계대전 이후, 유형有形의 공산주의 진영이 더욱 확대돼 공산당 사회와 자유 사회가 대치해 수십 년간 냉전구도를 형성했다. 공산주의 이론은 공산당 국가의 세속 종교가 됐고, 그 어떤 학설도 도전할 수 없는 '진리'가 됐다. 간판만 바꾼 공산주의가 다른 국가에도 막대한 영향을 미쳤다.

4. 초자연적 힘을 가진 악령의 특징

　악령은 일종의 초자연적인 힘이다. 공산주의 악령의 속성을 이해하는 것은 악령이 만들어낸 세상의 혼란을 이해하는 열쇠다.

공산주의 악령은 증오로 이뤄졌으며, 사람의 증오심에서 에너지를 섭취한다. 이 악령은 사탄과 한 무리를 이뤄 인간세상을 혼란하게 만드는데, 때로는 구분할 수 없고 우리 또한 그 둘을 굳이 구별할 필요가 없다.

악령은 동서양에 동시에 배치되고, 모든 업종과 영역에 동시에 배치되며, 그 힘은 때로는 분리되고 때로는 합쳐진다. 그리고 성동격서聲東擊西(동쪽을 공격하는 척하면서 서쪽을 공격)하고, 차력타력借力打力(남의 힘을 빌려 상대방을 공격)한다. 또한, 방식과 규칙에 구애받지 않는다.

악령은 초한전超限戰(모든 경계와 한계를 초월하는 극한의 전쟁, 즉 무제한 전쟁)의 창시자로서 종교·가정·정치·경제·금융·군사·교육·학술·예술·매체·오락·대중문화·사회생활·국제관계 등의 분야를 모두 인류를 파멸시키는 전장戰場으로 만들었다.

악령의 검은 에너지는 한 영역에서 다른 영역으로, 한 단체에서 다른 단체로, 한 운동에서 다른 운동으로 아주 빠르게 퍼져나갔다. 예를 들어, 70년대 서양의 '반反베트남전쟁' 운동의 열기가 식은 후, 악령은 운동권 청년들이 여성인권운동·환경보호운동·동성애합법화운동 등을 추진하도록 조종하는 한편, 서양사회 체제 내로 침투해 내부에서부터 서방문명을 전복하려 했다.

악령은 불온사상을 가진 자들을 자신의 대리인으로 만들어 조종하고, 선량하고 단순한 사람들을 위선으로 기만해 자신의 대리인이나 변호인으로 삼는다.

악령의 대리인은 사회 최상층·상층·중층·하층·저층에 모두 분포돼 있기에 악령의 행동은 어떤 때는 아래서부터의 혁명으로, 어떤 때는 위에서부터의 음모로, 어떤 때는 중간층이 추진하는 혁신의 형태로 나타난다.

악령은 형태를 바꿀 수도 있고 분화할 수도 있다. 악령은 다른 공간의 저급한 영靈을 조종해 자신을 위해 일하게 한다. 색정·마약 중독은 모두 마귀魔인바, 악령이 이용하는 도구가 된다. 이러한 저급한 영체와 썩은 귀신은 사람의 부정적 정서인 원한·공포·절망·교만·패륜·질투·음란·분노·발광·태만 등에서 에너지를 흡수한다.

악령은 은밀하고 교활해 사람의 각종 탐욕·사념邪念·마성·어둠과 부정적인 것들을 이용한다. 또한 악령의 생각에 부합하는 자들을 통제한다. 사람들은 대부분 자신의 생각대로 일한다고 생각하지만, 사실은 악령이 배후에서 조종한다.

5. 악령의 다양한 얼굴

악령에게 다양한 이름이 있는 것처럼 공산주의 또한 다양한 얼굴로 사람들 앞에 나타난다. 악령은 상호대립의 표현형식으로 세상을 홀린다. 때로는 독재를 강요하고, 때로는 민주를 선동한다. 때로는 계획경제로, 때로는 시장경제로, 때로는 전면적인 언론통제로, 때로는 극단적인 언론자유로 나타난다. 일부 국가에서는 동성애를 반대하지만, 일부 국가에서는 동성애 합법화를 추진한다. 때로는 마구잡이로 환경을 파괴하고, 때로는 환경보호를 외치기도 하는 등 일일이 다 말하기 어렵다. 악령은 폭력적인 혁명을 주장하기도 하고, 평화적인 체제변화를 신봉하기도 한다. 악령은 일종의 정치·경제 제도로 나타나기도 하고, 예술·문화 사조로 표현되기도 한다. 악령은 순수한 이상주의로 표현되기도 하고, 냉혹한 음모술책으로 표현되기도 한다. 악령은 공산주의 독재국가 형태로 나타나기도 하지만, 그것만이 유일한 표현 형태는 아니다. 마르크스·레닌주의, 마오쩌둥 사상은 단지 악령의 궤변과 그릇된 사설邪說(삿된 설)의 일부일 뿐, 결코 전부가 아니다.

18세기 공상사회주의空想社會主義를 시초로 인류는 과학적 사회주의, 페이비언 사회주의, 생디칼리슴 사회주의, 기독교 사회주의, 민주 사회주의, 인도적 사회주의, 생태 사회주의, 복지국가, 마르크스·레닌주의, 마오쩌둥주의 등 수많은 유파를 목격했다. 이러한 유파들은 간단히 두 가지로 나뉜다. 폭력 공산주의와 비폭력 공산주의가 그것이다. 비폭력 공산주의의 주요 수단은 '침투'와 '잠식'이다.

악령의 가장 기만적인 수법 중 하나가 바로 대립 양상을 보이는 동서양 양대 진영에 동시에 배치했다는 것이다. 악령은 드높은 기세로 동양을 침략하는 동시에 겉모습만 바꿔 서양에 잠입했다. 영국의 페이비언 협회, 독일의 사회민주당, 프랑스의 제2인터내셔널, 미국의 사회주의당 등 수많은 사회주의 단체는 서구와 북미 국가들에 파멸의 씨앗을 심어놓았다. 냉전 과정 중 소련과 중국의 대학살, 강제수용소, 대기근과 대숙청은 일부 서양인에게 자신들의 풍족한 생활과 자유로운 환경을 다행스럽게 여기게 했다. 일부 사회주의자들은 인도주의 차원에서, 심지어 공개적으로, 소련의 만행을 비난해 많은 사람으로 하여금 경계를 늦추게 했다.

공산주의 악령은 서양에서 매우 번잡하고 다양한 가면을 쓰고 각종 명목을 내걸어 사람들이 방어할 수 없게 했다. '자유주의' '진보주의' '프랑크푸르트학파' '신마르크스주의' '비판이론' '반문화운동' '반전평화운동' '성해방운동' '동성애합법화운동' '페미니즘

(feminism, 여성주의)' '환경보호주의' '공정사회' '정치적 올바름' '경제적 케인즈주의' 각종 '전위예술학파' '다문화 운동' 등이 그런 것들인데, 모두 공산주의에서 시작됐거나 공산주의에 이용당하며 악령의 목적을 실현한다.

6. 사회주의는 공산주의의 초급단계

서양사회 사람들은 사회주의를 공산주의와 다르다고 여김으로써 사회주의가 횡행하는 데 유리한 토양과 공간을 제공한다. 사실 마르크스·레닌주의 이론에 입각할 때 사회주의는 공산주의의 초급단계에 해당한다.

1875년, 마르크스는 〈고타 강령 비판(Critique of the Gotha Programme)〉에서 공산주의의 제1단계 및 고급단계에 대한 구상을 명확히 제시했다. 엥겔스는 말년에 국제정세의 변화를 못 이겨 선거를 통해 정권을 잡는 '민주사회주의'를 제시했다. '제2 인터내셔널' 사회민주당의 지도자와 이론가들이 이 사상을 받아들였으며, 이는 오늘날 전 세계 많은 자본주의 국가의 좌익정당으로 변모했다. 레닌은 사회주의와 공산주의에 대해 명확한 경계를 제시했다. 그는 사회주의는 공산주의 제1단계 또는 초급단계로, 공산주의는 사회주의 기반 위에 발전해 나간다고 생각했다.

이로써 사회주의는 본래 마르크스주의의 일부이며, 국제사회 공산운동의 일부임을 알 수 있다. 사회주의의 공유제와 계획경제는 공산주의의 준비 단계다. 현재 서양에서 유행하는 각종 사회주의 혹은 좌익학파는 표면적으로 공산주의와 무관해 보이지만, 실은 비폭력 공산주의의 도구로 사용된다. 폭력혁명과 대조해 볼 때, 서양에서 비폭력혁명의 수단은 바로 선거제다. 공유제와 대조할 때, 서양의 고세율은 형태만 바꾼 공유제다. 계획경제와 비교해 볼 때, 서양의 사회보장 및 사회복지제도는 바로 자본주의를 잠식하는 변형체제다. 사실상 서양 국가들의 수많은 좌익정당은 사회보장 실현과 사회복지제도를 사회주의 실현을 위한 극히 중요한 분야로 간주한다.

공산주의의 죄악을 비난할 때는 폭력과 학살만을 지적해서는 안 된다. 사회주의제도 자체가 가져오는 위험에 대한 분별력이 더욱 필요하다. 비폭력 사회주의는 현재 각종 사회주의 이름으로 사기를 치고 사람들을 현혹한다. 공산주의를 인식하기 위해서는 먼저 공산주의의 초급단계를 이해해야 한다. 공산주의는 단번에 이뤄지는 것이 아니라 마치 하나의 생명체처럼 성장 단계가 있기 때문이다.

지금 유럽과 아메리카의 일부 사회주의 및 복지국가의 '공동 부유富裕'는 개인의 자유를 희생하는 대가로 이루어진 것이다. 이런 국가들의 국민이 일정한 수준의 정치적 자유를 유지하고 있는 것은 사회주의 발전 정도가 아직 높지 않기 때문일 뿐이다. 하지만 사회주의는 정지된 개념이 아니다. 결과의 평등을 가장 중요한 목표로 삼는 사회주의국가는 필연코 사람들의 자유를 끊임없이 박탈해 나갈 것이다. 사회주의는 필연적으로 공산주의를 향해 나아가는 과도기적 성격을 지니고 있으며, 개인의 자유를 끊임없이 침해할 것이다.

만약 한 자유국가가 하룻밤 사이에 전체주의 국가로 변모한다면, 대다수 민중은 선전과 현실 사이의 거대한 격차에 심리적으로 적응하기 힘들 것이다. 많은 사람이 궐기할 것이며, 적어도 소극적인 저항이라도 할 것이다. 따라서 전체주의 국가의 통치 비용은 매우 높으며, 권력자가 되기 위해서는 대규모 살육을 통해 저항을 해소해야 한다. 이는 소련과 중국이 모두 평화로운 시기에 대규모 학살을 저지른 주요 원인 가운데 하나다.

전체주의 국가와는 달리 자유사회의 사회주의는 입법 방식으로 '냄비 속 개구리'처럼 한 발짝씩 민중의 자유를 박탈해 나간다. 사회주의제도가 몇 십년, 몇 대를 걸쳐 건립되는 동안 사람들은 점점 무감각해지고 망각하면서 적응한다. 따라서 더욱 기만하기 쉬워진다. 그 본질과 목적에서 이러한 점진적인 사회주의는 폭력적 사회주의와 실질적으로는 차이가 없다.

사회주의는 입법 방식을 통해 민중의 '평등한 권리'를 보장하나, 실질적으로는 사람들의 도덕수준을 떨어뜨리고 선을 향한 자유를 박탈한다. 정상적인 조건하에서 볼 때 종교적 신앙, 도덕, 문화소양, 교육정도, 재능과 지혜, 인내심, 책임감, 진취성, 창의성과 창업 등 각 방면에서 민중의 수준은 천차만별이다. 사회주의는 이를 이유로 평등 보장을 주장하며 인위적으로 높은 수준의 사람들을 억제한다. 낮은 수준의 사람들을 단번에 높일 수는 없기 때문이다. 특히 도덕적 부분에서 사회주의는 서방국가에서 '차별반대' '혐오반대' '가치관의 중립' '정치적 올바름'을 구실로 도덕적 판단을 포기하게 만든다. 이럼으로써 도덕 자체를 포기하는 것과 다름없는 일이 발생한다. 신을 반대反神하거나, 신성 모독적 언행과 변태성행위, 악한 예술, 성산업, 도박, 마약이 법률적으로 보호받고 '합법화' '상시학' 과정을 거친다. 이에 신을 믿고 도덕적으로 고상한 집단에 대한 역차별이 발생한다. 궁극적으로는 이러한 집단을 가장자리로 몰아 점차 없애나가는 것이다.

7. 공산주의에 대한 동경은 '로맨틱한' 환상

아직도 서구에서는 공산주의에 환상을 품고 있는 사람이 적지 않은데, 이는 그들이 정말로 공산당 국가에서 살면서 고초를 겪어 본 적이 없어 공산주의 현실을 제대로 이해하지 못하기 때문이다.

냉전시기에 많은 서양의 지식인, 예술가, 신문기자, 정치인, 청년 학생이 관광이나 시찰을 위해 소련, 중국, 쿠바를 방문했다. 그들이 본 상황은 그들 국가 민중들의 삶과는 천양지차였다. 공산당 국가들은 기만적인 대외선전을 극대화했다. 방문자들이 본 것은 그들을 위해 특별히 준비한 모델 마을, 모델 공장, 모델 학교, 모델 병원, 모델 유치원, 모델 감옥 등이었다. 그들을 응접한 자들 또한 사전에 리허설을 거친 공산당원이나 '정치적으로 믿을 만한 사람들'이었다. 방문자들을 맞이한 것은 꽃, 술, 연회, 천진난만한 남녀 청년, 미소를 띤 관료들이었으며, 그들이 본 것은 열띤 노동 장면, 평등하고 자유로운 대화, 지식을 탐구하는 학생들, 백년가약을 맺는 결혼식이었다. 그들이 볼 수 없었던 것은 형식적인 재판, 섣부른 판결, 공판대회, 무장투쟁, 비판투쟁, 납치, 강제세뇌, 독방 감금, 굴라크 노동수용소, 집단학살, 토지·부동산·재산 몰수, 기근, 턱없이 부족한 공공서비스, 사생활 부재, 도청, 미행과 상호감시와 밀고, 정권 교체기의 잔인한 투쟁, 특권계급의 극에 달한 사치와 백성들의 고통이었다.

방문자들은 그때 본 허상을 공산당 국가의 실상으로 간주하고 책이나 글, 연설을 통해 사회에 전파했고, 그것이 지금까지도 공산당 국가에 대한 서양인들의 상상을 주도하고 있다. 일부 사람이 공산주의의 맹점을 간파했으나, 또 다른 함정에 빠졌다. 그들은 공산주의의 '동반자'를 자처하면서 '집안의 허물은 밖으로 드러내지 않는 법'이고, '공산당 국가의 살육과 기근은 탐색 과정의 필연적인 현상'이고, '우여곡절은 있지만 미래는 밝을 것'이고, '진실을 말하면 사회주의 사업에 먹칠을 한다.'고 생각했다. 결국 그들은 정의감과 용기가 부족해 진실을 밝히는 대신 치욕스러운 침묵을 택했다.

공산주의는 모든 사람이 자유롭고 평등하며, 압박과 착취가 없고, 물질이 대단히 풍부하며, 능력에 따라 일하고 필요에 따라 분배받으며, 모두가 자유롭게 발전할 수 있는 완전무결한 지상낙원을 건설하겠다고 선언했다. 이런 사회는 환상 속에서만 존재하며 악령이 사람을 속이는 미끼에 불과하다. 권력은 영원히 소수의 사람에게만 장악돼 있다. 진정한 공산주의 국가는 소수의 사람이 국가 기구를 이용해 대중을 억압하고 착취하는 전체주의 국가다. 지금은 아직 때가 되지 않아 사회주의 체제를 자랑하는 일부 국가가 여전히 온화한 베일을 쓰고 있지만, 여건이 성숙되면 '진상'이 드러난다. 그때는 그들이 후회해도 늦을 것이다.

8. 악령이 야기한 문화 파괴와 도덕 붕괴

악령은 각 나라와 분야마다 자신의 대리인을 배치해 무지하고 쉽게 믿는 세상 사람들을 이끌어 파멸의 길로 성큼성큼 디기기게 한다.

공산주의는 신을 배척하게 하며, 종교 밖에서 종교를 공격하는 한편, 타락한 종교 깡패들을 조종해 종교 내부에서 종교를 변이시킨다. 종교는 정치화·상업화·오락화되고, 수많은 성직자가 도덕적으로 타락하고, 종교 경전을 함부로 해석하고, 그릇된 이론으로 신자들의 사상에 혼란을 초래하고, 심지어 신도들과 간음하기도 한다. 이러한 혼란은 진지한 종교 신도들을 혼란스럽게 하고 절망에 빠뜨린다. 불과 한 세기 전만 해도 신에 대한 독실한 신앙심은 좋은 사람의 대명사였다. 오늘날에 이르러 신과 종교·신앙은 우매함과 미신을 뜻하는 꼬리표가 됐으며, 심지어 친구들과 함께 있어도 조롱당할까 봐 자신의 종교·신앙을 감히 언급하지 못한다.

공산주의는 가정 파괴를 주요 목표로 삼는다. 남녀평등이란 이름으로 가정의 구조를 파괴하고 공산공처共產共妻(재산과 아내를 공유함) 이념을 선양했다. 20세기 이후에는 새로운 페미니즘을 불러일으켜 성 해방을 부추기고, 성 역할을 헷갈리게 하고, 이른바 '가부장제'를 공격해 가정 내 아버지의 지위와 역할을 약화했다. 또한 혼인의 정의를 변화시키고, 동성애 합법화를 고취하고, 이혼권과 낙태권을 고취하고, 복지정책으로 한 부모 가정을 장려했다. 이 모든 것이 가정 해체와 함께 빈곤과 범죄를 낳았다. 이는 지난 수십 년간 인류가 겪은, 가장 몸서리치는 사회변화 중 하나다.

정치적으로, 공산당 국가가 계속해서 독재를 실시하는 것 말고도 자유사회의 정당정치도 전면적인 위기를 맞고 있다. 공산주의는 민주국가의 제도와 법률상의 허점을 이용해 주요 정당 하나 또는 몇 개를 장악하려고 애쓴다. 당파 싸움에서 이기기 위해 정치인들은 앞다퉈 부도덕한 수단을 쓰고 유권자들에게 이행할 수 없는 혜택을 공약했다. 공산당과 공산주의가 지배하는 정당이 미국의 정치에 개입한 결과, 각 나라의 정치 스펙트럼은 보편적으로 왼쪽으로 이동했으며, 고세율·고복지·큰 정부·국가개입주의 정책을 채택하고 법으로 이를 정착시켰다. 정부의 행동은 사회에 매우 강한 역할을 한다. 정부의 좌경화와 함께 사회 전체가 좌파이념에 사로잡혀 청소년들을 세뇌함으로써 다음 세대는 더 좌파적인 지도자를 뽑을 수밖에 없다.

인간의 지혜와 문명의 정수를 전수해야 할 교육의 전당도 끔찍하게 뒤집혔다. 지난 세기 초부터 공산주의 악령은 인류 교육의 체계적인 파괴를 배치했다. 문화 전통이 깊은 중국에서는 중국인과 전통문화의 연결고리를 단절하기 위해 공산주의는 일찍이 공산당을 설립하기 전에 '신문화운동'을 일으켜 전통사상·도덕·언어·문학 분야를 악독하게 공격했다. '백화문운동' '한자간소화簡化운동' 역시 중국인을 전통문화와 단절시켰다. 중국 공산당이 정권을 수립한 이후 교육의 국유화를 신속하게 완수하고 공산당 문화를 교과서의 기본 내용으로 삼아 중국인 여러 세대를 호전적인 '늑대새끼'로 양성했다.

공산주의 악령은 서구에서 과학·진보·민주라는 이름으로 '진보주의 교육운동'을 벌이고 철학·심리학·교육학 연구를 통제함으로써 한걸음 한걸음씩 교육대학원을 장악하고 교사와 교육 관리자들을 세뇌했다. 초·중등 교육에서는 정통 이념과 전통 도덕을 교과서와 수업에서 퇴출시키고 수업 난이도를 낮춰 학생들의 읽기·쓰기·계산·상식·판단 등의 능력을 떨어뜨렸다. 학생들에게 각종 방법으로 대량의 무신론·진화론·유물론·투쟁철학을 주입했고, 1960년대 반反문화운동 이래 '정치적 올바름'('정치적인 관점에서 차별·편견을 없애는 것이 올바르다'는 좌파의 정치용어)이 새로운 사상경찰이 돼 교사들에게 각종 변이된 사상을 주입하도록 강요했다. 젊은이들은 도덕성이 없고 문화를 모르는 데다 상식과 책임감마저

결여돼 변이된 풍조에 휩쓸릴 수밖에 없는 지경에 이르는 등 사회 수준이 전반적으로 추락했다.

　사회에는 마약이 범람하고 범죄가 횡행하며, 언론은 성과 폭력으로 가득 차 있고, 예술은 추한 것을 아름다움으로 간주하고, 각종 사이비 종교와 무당이 넘쳐나고, 청소년들은 스타·컴퓨터 게임·소셜 미디어에 빠져 정신적으로 활기를 잃었다. 테러리즘이 무고한 민중을 겨냥해 비이성적인 폭력을 일삼고 전통적인 법 규칙의 마지노선을 넘어섬으로써 사람들을 불안하게 하고 공포에 떨게 한다.

9. 전통을 회복해 악령의 배치에서 벗어나다

　인류문명은 신이 인간에게 전해준 것이다. 중국문명은 한·당漢唐 시기에 태평성세太平盛世가 있었고, 서방문명은 르네상스 중기에 정점을 찍었다. 만약 신이 전한 문명을 인간이 그대로 유지할 수 있다면, 신이 재림할 때 신과 연결고리를 이어갈 수 있고 신이 인간에게 전하는 법法을 알아들을 수 있다. 만약 사람이 이 문화와 전통을 파괴해 도덕적으로 타락한다면, 신이 재림할 때 사람들은 죄가 크고 사고가 변이돼 신의 가르침을 알아듣지 못하게 된다. 이는 인간으로서 가장 위험한 일이다.

　지금은 희망과 절망이 병존하는 시대다. 신을 믿지 않는 사람들은 감각적인 향락 속에서 되는대로 살아가고, 신을 믿는 사람들은 곤혹과 불안 속에서 신의 귀환을 기다리고 있다.

　공산주의는 인간 세상에 재앙과 혼란을 가져오고, 궁극적으로는 전 인류를 파멸시키려 한다. 그것의 배치는 세심하고 구체적이다.

그것의 계책은 매우 '성공'적이며, 그중 상당부분은 이미 완성됐거나 완성단계에 있다. 악령이 지금 우리 세계를 지배하고 있다!

인류의 오랜 지혜는 우리에게 '일정압백사一正壓百邪(한 가지 올바름이 백 가지 사악함을 누를 수 있다)'의 도리와 '불성이 나오면 시방세계十方世界를 진동한다.'는 법리를 알려준다. 보기에는 악령이 강대한 것 같지만, 신 앞에서는 보잘것없다. 사람이 성실하고, 선량하고, 자비롭고, 관용하고, 너그러운 본성을 지킬 수 있다면 분명 신의 가호가 있을 것이다.

창세주創世主는 무량한 자비로 모든 생명에게 재난에서 벗어날 기회를 줬다. 만약 인류가 전통을 회복하고 도덕성을 높여 창세주의 자비로운 부름과 인간을 구원하는 천법天法을 알아들을 수 있다면, 인류를 파멸시키려는 악령의 배치를 뚫고 구원의 길에 올라 미래로 나아갈 수 있을 것이다.

제1장

공산악령의 인류훼멸 대계획 '36계計'

악령이 사람을 훼멸하는 수단은 수없이 많고 변화무쌍하다. 36계를 열거한 것 역시 그 어림수일 뿐이다. 악령의 수법은 매우 충격적이지만, 악령의 전체 사악과는 비교가 되지 않는다. 사람은 영원히 악령의 악을 과소평가할 뿐 결코 과대평가하지 못한다.

제1장

공산악령의 인류훼멸 대계획 '36계計'

　말겁末劫 시기에 인류를 파멸시키기 위해 악령은 일련의 치밀한 배치를 했다. 악령이 인류를 파멸시키는 큰 흐름, 큰 그림, 큰 맥락을 똑똑히 보려면 반드시 인간세상의 어수선하고 복잡한 표현에서 벗어나 인류사회보다 한층 높은 차원에서 수백 년간 걸어온 인류의 역사를 자세히 살펴봐야 한다. 또한 '악령은 종종 세부적인 것들 속에 있음'을 알아야 한다. 이렇듯 거시적인 시야를 갖춰야 하는 동시에 우리는 또 매우 많은 구체적인 사건·집단·분야·과정에서 악령이 사람을 함정에 빠뜨리기 위해 교활한 음모와 계략을 꾸민다는 사실을 소홀히 보아서는 안 된다.

1. 인류 사상을 어지럽히다

　악령이 사람을 훼멸하려면 먼저 선과 악, 좋고 나쁨, 옳고 그름에 대한 사람의 관념을 뒤집어 놓아야 한다. 그것은 나쁜 것을 좋은 것이라고 하고 악한 것을 선한 것이라고 한다. 그것은 그릇된 이론을 '과학적 공리公理'로 둔갑시키고, 강도의 논리를 '사회공정公正'이라고 왜곡하며, 사상을 억압하면서 '정치적 올바름'이라 공언하고, 죄악을 용인하면서 '가치중립'이라고 미화한다.

[제1계] 신이 없다고 속이다

신이 사람을 만들었기에 사람이 신에 대한 바른 믿음을 지킨다면 신은 언제나 사람을 보호할 것이다. 그러므로 사람을 훼멸하려면 반드시 신과 사람의 연결고리를 끊어 놓아야 한다. 그리하여 악령은 인간 대리인을 내세우고 무신론을 퍼뜨려 한 걸음 한 걸음 사람의 사상을 어지럽혔다.

19세기 초, 독일 철학가 포이어바흐(Ludwig Feuerbach)는 "하느님은 인간의 내재적 본성에 불과하다."고 주장했다. 공산주의의 '인터내셔널 찬가'는 "지금까지 어떠한 구세주도 없었다."고 선언했다. 사람의 윤리도덕·문화형식·사회구조·이성적 사고 등은 모두 신에게서 비롯됐다. 끊임없이 흘러가는 역사의 긴 흐름 속에서 신에 대한 신앙은 견고한 밧줄과 같아서 그것이 없으면 인간사회라는 이 작은 배는 물결을 타고 어디로 흘러갈지 모른다.

악령은 신이 존재하지 않는다고 속인 후 오만한 자에게 신의 역할을 대신하게 해 뭇 사람과 사회의 운명을 좌우지하려 했다. 영국의 사상가 에드먼드 버크(Edmund Burke)는 "평범한 사람이 하느님을 가장한다면 바로 악령처럼 행동할 것이다."라고 했다. 이렇듯 광적인 공산주의 추종자는 종종 하느님을 가장하려는 사람이다. 신이 없다고 속이는 것은 악령이 행하는 모든 속임수의 첫걸음이자 악령이 짓는 모든 죄악의 기초다.

[제2계] 유물론 망언

마르크스주의 철학은 '물질이 일차적이고 정신이 이차적이다.'는 논리를 근본원리로 삼는다. 따라서 정신과 물질이 일성―性임을 전혀 모른다. 무신론이 등장할 때 산업혁명으로 생산력이 크게 발전했는데, 이것이 물질과 기술을 숭배하고 의존하는 풍조를 심화했다.

실증과학(Materialism)의 이념에 입각해 사람들은 신의 말씀과 기적을 부정하고 신에 대한 신앙을 체계적으로 배척하기 시작했다. 악령이 유물론을 퍼뜨린 것은 철학 탐구를 위해서가 아니라 유물론을 무기로 사람의 정신적 신앙을 무너뜨리기 위함이었다. 유물론은 무신론의 필연적인 추론推論이자 이후의 다양한 사상 유파의 근원이기도 하다.

[제3계] 엉터리 진화론

다윈의 진화론은 근거 없는 가설로, 그 무모하고 경솔한 이론과 거칠고 황당무계한 추리는 세상이 다 알고 있다. 악령은 사람과 신의 관계를 끊어 버리려고 신이 만든 사람을 짐승으로 비하했고, 더 나아가 인간의 자존을 상실케 하는 사악한 진화론을 퍼뜨렸다. 20세기 이후 진화론이 한 걸음 한 걸음 학술과 교육 분야를 점거하면서 창조론을 학교교육에서 배척하는 농단 국면을 조성하는 한편, 다윈주의에서 '사회 다윈주의'를 추론해 적자생존과 자연선택이라는 사악한 학설을 퍼뜨렸다. 그리하여 국가 간의 악성 경쟁이 격화해 국제사회가 정글로 변했다.

[제4계] 과학 맹신

실증과학·과학유일주의·과학지상주의를 표방하고 '과학적 이성'으로 사람의 이성을 대체해 '눈으로 보는 것만이 확실하다.'면서 보이고 만질 수 있는 것만 믿고, 볼 수 없고 만질 수 없는 것을 믿지 않게 함으로써 무신론을 강화했다. 기존의 과학체계로 해석할 수 없는 현상은 전부 미신으로 여기거나 아예 보고도 못 본 척했다. 과학이라는 큰 몽둥이로 신앙과 도덕을 타격하고 과학을 일종의 배타적인 종교로 변질시켜 교육과 학술을 농단했다.

[제5계] 투쟁철학

독일의 고전 철학자 헤겔의 변증법적 학설의 본질은 결국 논리적 사유의 일반적인 법칙에 불과한데, 일찍이 중국 선진先秦사상에서도 그 핵심을 명백하게 밝힌 바 있다. 마르크스주의는 헤겔(Hegel)의 변증법적 학설을 일방적으로 받아들이면서 모순 양측의 대립과 투쟁을 한없이 과장했다. 공산주의의 목적은 모순을 통일하거나 해결하는 것이 아니라 장제스蔣介石가 말한 것처럼 세계의 모순을 최대한 확대해 인류를 영원히 싸우게 하는 데 있다. 이를 실천하는 과정에서 공산당의 사악한 영靈은 사람들 속에서 증오를 부추기고 모순을 조장하고 확대했으며, 최후 혼란 중에 기회를 틈타 혁명이나 정변을 일으켜 권력을 쟁취했다. 이런 패턴을 수없이 반복했다.

[제6계] 뭇 수리로 법석을 떨다

무신론과 유물론을 기초로 대량의 철학 유파와 사조를 창조하고 전파했는데, 예컨대 마르크스주의(Marxism), 마키아벨리즘(Machiavellianism), 사회주의(Socialism), 허무주의(Nihilism), 무정부주의(anarchism), 공리주의(Utilitarianism), 유미주의(Aestheticism), 프로이트주의(Freudianism), 현대주의(Modernism), 실존주의(Existentialism), 포스트모더니즘(Postmodernism), 그리고 해체주의(Deconstruction) 등을 창조하고 전파해 이데올로기의 대립을 조장했다. 또 철학자와 학자를 번잡하고 너절하고 심오해 보이는 듯한 이론문제에 깊이 빠져들게 함으로써 진짜로 중대한 문제에 신경 쓸 겨를이 없게 했다. 학자 집단에는 인류사회의 지성인들이 모여 있지만, 지난 백여 년간 상당수는 악령의 이데올로기를 확대하는 도구로 전락하거나 왜곡되고 변이된 사유로 이 세계를 분석할 수밖에 없었다.

[제7계] 언어를 왜곡해 어지럽히다

조지 오웰의 소설 〈1984〉 속의 오세아니아에서 쓰이는 공용어인 '신어(Newspeak)'처럼, 악령 역시 인간 대리인을 조종해 수많은 새로운 어휘를 만들거나 기존 용어를 새롭게 정의했다. 악령의 사전에서 '자유'는 그 어떤 도덕·법률·전통의 속박을 받지 않는 극단적인 자유로 변했고, '하느님 앞에 만인은 평등하다.' '법 앞에 만인이 평등하다.' '기회 평등'의 '평등'은 편향된 결과의 평등, 즉 절대평균주의로 변질됐다. '인자애인仁者愛人(어진 사람은 남을 사랑한다)' '이웃을 자신처럼 사랑하다.'의 '사랑'은 원칙이 없는 '관용'으로 변했고, '이성理性'은 편협한 실증과학 도구의 '이성'으로 변했으며, '정의'는 결과의 평등을 추구하는 '사회공정'으로 변했다. 언어는 사상의 도구다. 따라서 악령이 어휘를 정의하는 고지를 점령한 것은 사람의 사상범위와 방향을 틀어쥔 것과 같아서 사람들은 제한받고 유도돼 악령이 허용하는 결론밖에 내릴 수 없다.

2. 정통문화를 뒤집어엎다

인류의 정통문화正統文化는 신이 체계적으로 전수한 것으로, 인류 사회의 정상적인 운행을 유지하게 한다. 그뿐만 아니라 더욱 중요한 작용은 말겁末劫이 닥칠 때 인류가 신이 전한 법을 알아듣고 구도救度될 수 있도록 하는 것이다. 신이 전수한 문화는 자연히 악령의 이데올로기와 음모를 경계하고 배척하는 작용이 있으므로 악령은 필연적으로 여러 가지 방식으로 사람을 꼬드기고 핍박해 전통문화를 파괴할 것이다. 다양한 단체와 개인을 매료시키는 '원대한 분투 목표'를 내놓아 전통적인 인생관과 가치관을 대체했는데, 사람을 평생 분투하게 하고 심지어 그것을 위해 생명을 아끼지 않게 했다.

[제8계] 교육을 부패시키다

교육은 인류사회에 지대한 영향을 끼친다. 몇 천년 동안 전통 교육은 우수한 문화를 전해주어 인류를 선善으로 이끌고 유익한 지식과 기능을 갖추게 했다. 19세기부터 유럽과 아메리카 각국은 의무교육 제도와 공립교육 시스템을 설립하기 시작했다.

20세기에 들어서면서 공립학교가 학생들에게 반反전통 이념을 많이 주입함으로써 신앙과 도덕은 배척되고 진화론은 필수 내용이 됐다. 서서히 무신론·유물론·계급투쟁 학설이 각 학과 교과서에 침투했다. 악령이 교과서 편찬을 통제하면서 전통문화와 위대한 경전 등 악령의 사상에 부합하지 않는 내용을 삭제했다. 총명하고 의식이 있는 학생을 악령의 사상으로 인도하거나 그들의 총명한 재능과 지혜를 중요하지 않은 문제에 소모시켜 그들이 인생과 사회의 중요한 문제를 돌볼 겨를이 없게 했다.

어릴 때부터 악령의 사상을 받아들이게 하려고 학생들을 학교에 가능한 한 오래 머물게 했다. '독립적 사고'를 계발한다는 미명하에 학생들을 전통에서 격리했고, 교사와 부모를 적대시하고 전통과 권위를 반대하도록 부추겼다. 점차 수업의 난이도를 낮춰 학생들의 읽기·쓰기·수학 능력을 떨어뜨리고, '정치적 올바름'이란 이름으로 왜곡한 역사와 여러 가지 변이된 관념을 가르쳐 이성적인 판단력을 잃게 하고, 학생들을 천박하고 자극적인 게임에 빠지게 함으로써 심도 깊은 사고력을 상실케 했다.

악령이 집권하는 국가에서는 유치원에서부터 박사과정까지 거의 완전히 폐쇄된 환경에서 학생들에게 장기간 악령의 사상을 강도 높게 주입했다. 학생들은 졸업 후에 설령 진실한 사회를 접하더라도 왜곡된 사고방식으로 변이된 결론을 내릴 수밖에 없다.

[제9계] 예술을 마성으로 변질시키다

인류의 정통예술正統藝術은 신에게서 유래해 맨 먼저 신전神殿·교회·사찰에 출현했는데, 신과 사람이 소통하는 중요한 방식이자 사람의 도덕수준을 유지하는 중요한 문화형식이었다. 정통예술은 진眞과 선善, 아름다움美과 광명光明을 표현한다.

문학예술을 변이시키는 것은 악령이 전통문화를 파괴하고 인류 도덕을 더럽히는 주요활동의 일환이다. 악령은 '현실표현'을 구실로 예술분야에 인상주의를 도입하고 문학 분야에 현실주의와 자연주의를 도입했다. 또한 '창의성' '현실비판' 등을 구실로 표현주의, 추상주의 등 형형색색의 '현대주의'와 '후기 현대주의'를 도입했다. 숭고한 것을 황당무계하다고 비웃고, 순수한 것을 시시하다고 하고, 저급한 것을 재미있어 하고, 파렴치한 것을 성공적이라며 부추긴다.

예술의 전당에 쓰레기를 올려놓고 시끄러운 소리와 퇴폐적인 음악을 예술의 새로운 흐름으로 치켜세웠다. 어두컴컴한 그림은 직접적으로 악령의 세계를 표현했고 마성이 넘치는 로큰롤과 행위예술은 이미 도덕의 한계를 넘었다. 수많은 청소년이 못생기고 타락한 스타를 우상으로 삼고 열광적으로 추종하고 있다.

[제10계] 매체를 통제하다

악령은 민중을 속이기 위해 백방으로 정보를 통제하는데, 그중 가장 중요한 것이 바로 매스컴이다. 정권을 장악한 국가에서는 모든 언론이 '당黨의 입'이 돼 공산당을 선전하고 변호하는 역할을 한다. 아직 정권을 장악하지 못한 국가에서는 극단적으로 언론의 자유를 선동해 거짓과 헛소문을 날조하고, 모든 진지한 토론과 교류를 저속하고 자질구레한 것들로 파묻어버린다.

경제수단을 이용해 주요 언론을 통제하고, 그것들을 지렛대로 삼아 여론의 흐름을 조종한다. 생계에 쫓기는 대다수 민중은 방대한 정보 속에서 진실하고 유용한 정보를 얻기 힘들고, 설령 소수의 사람이 충족한 지혜와 용기로 악령의 음모를 간파한다 하더라도 그 목소리는 다수의 떠들썩한 소리에 묻혀 대세를 좌우하기 어렵다.

[제11계] 음란·도박·마약을 보급하다

타락한 생활방식을 부추기고 성 문란과 동성애 등 변이된 성행위를 조장했으며, 도박과 마약 등을 퍼뜨려 사람을 중독되게 했다.

청소년들이 폭력·음란물, 황당무계한 내용을 담은 컴퓨터 게임에 중독되게 했다. 일단 중독의 늪에 빠지면 악령에게 제어돼 스스로 벗어날 수 없다.

[제12계] 각 업종을 변질시키다

인류사회의 전통 업종은 신이 인간에게 전해주기 위해 안배한 것이다. 만약 사람이 전통 업종을 잃지 않고 지켜내면 신에 대한 기억을 어느 정도 간직할 수 있는 동시에 신과 연계도 유지할 수 있다. 악령은 이를 용인할 수 없기에 여러 가지 방식으로 전통 업종을 없애려고 작정했다. 그것은 온갖 마귀를 내보내어 각 분야의 전통적인 정신과 규범을 파괴해 전통 업종을 신속하게 도태시키고 전통 기술을 계승하지 못하게 했다.

각 업계는 앞다퉈 전통문화를 포기하는, 이른바 '창의성'의 악순환에 빠졌다. 악령은 명예와 이익을 추구하는 자에게 변이된 '영감'과 잘못된 '창의성'을 주어 세계를 기이하게 변화시켰는데, 사람을 이끌어 유행을 좇고 욕망을 확대하는 향락에 깊이 빠지게 했다. 이런 혼란 자체가 바로 성공이었다. 만일 사람이 신이 준 삶의 방식을 준수하지 않는다면 인생의 진정한 의미를 사고할 시간이 없게 되는데, 이것은 악령이 설정한 훼멸의 길로 끌려가는 것과 마찬가지이기 때문이다.

3. 사회질서를 파괴하다

인간의 표현형식으로 말하자면 공산당은 깡패조직과 사교邪敎,

이 두 가지 성질을 다 지니고 있다. 사교는 그것의 이데올로기이며 깡패조직은 그것의 조직 형식이다. 공산당은 세계를 점령하기 위해 반드시 일부 인간을 대리인으로 선택해야 한다. 동양에서는 레닌, 스탈린, 마오쩌둥, 장쩌민 등 당의 괴수와 추종자들이 그런 대리인이다. 서방에서는 조직형식과 대리인 선정방식이 매우 복잡하다.

세계를 점령하는 가장 빠른 방식은 가장 영향력이 있는 조직과 개인을 선택하는 것이다. 따라서 악령은 반드시 가장 유력한 권력자를 골라 그 음모를 실행할 것이다. 그리고 권력에는 주로 세 가지 형식이 있는데 정권(군권은 정권의 연장이다)·금권·발언권이다. 정권에는 정부와 정당이 포함되고, 금권에는 재벌 그룹과 상공 기업이 포함되며, 발언권에는 종교계·학술계·교육계·뉴스 매체·문예오락 등이 포함된다. 세 가지 권력 형식은 모두 악령이 손을 뻗어 빨리 통제하고 싶은 영역이다.

[제13계] 교회를 잠식하다

종교를 변이시키고, 사회 종교로써 계시종교(계시에 근거하는 종교로서 기독교, 유대교 등)를 대체하고, 대리인을 파견해 교회 내부에 들어가 교의와 경서를 고쳤으며, '해방신학'을 꾸며내 마르크스주의와 계급투쟁을 종교에 끌어들였으며, 성직자의 도덕성을 망가뜨려 사람들로 하여금 신의 구도救度에 극도의 환멸을 느끼게 했다.

[제14계] 가정을 해체하다

신은 인간에게 안정적인 사회구조를 창조해 주었는데, 그 중에서 가장 중요한 것이 가정, 국가와 교회다. 가정은 신이 인간에게 전한 기본적인 사회 단위로서 신앙을 지키는 보루이고, 도덕을 실천하는 기본 환경이고, 사회 안정의 초석이고, 문화를 전승하는 기구다. 악령은 페미니즘·반反가부장제·성해방운동·동성애합법화 운동·동거·간통·이혼·낙태 등을 부추기는 방식으로 전통가정을 무너뜨려 남녀 성별의 역할을 헷갈리게 했다. 이것은 도덕 파괴를 통해 사람을 훼멸하려는 악령의 중요한 절차다.

[제15계] 동방에서 독재하다

악령은 제1차 세계대전으로 러시아가 약해진 틈을 타 혁명을 선동했다. 먼저 차르를 핍박해 퇴진시키고, 그 다음에 10월 쿠데타를 일으켜 정권을 잡았다. 그 후 소련은 세계 최초로 사회주의 국가를 건설함과 동시에 코민테른(제3인터내셔널)을 건립하고 세계 각국에 혁명을 수출했다. 미국 공산당과 중국 공산당은 각각 1919년, 1921년에 설립됐는데, 모두 소련의 명령을 따르는 공산당 지부였다. 소련 공산당이 지지한 중국 공산당은 폭력과 거짓말에 의존하고 제2차 세계대전 후 중국 사회의 특수한 형세에 힘입어 정권을 탈취했다.

소련 공산당과 중국 공산당은 평화 시기에 자국민을 겨냥해 극히 잔인한 수단으로 수천만 명을 도살했다. 중국 공산당은 '프롤레타리아 계급 독재 하에서 지속적인 혁명'을 하고 '유례없는' 문화대혁명을 일으켜 모든 인류문명의 성과를 향해 선전포고를 하고 5천년 전통문명을 파괴했다.

1980년대 이후, 중국 공산당은 생존 위기를 타개하기 위해 '개혁개방' 정책을 시행했지만, 정치 영역에서는 조금도 느슨해지지 않았다. 중국 공산당은 또 '6.4 톈안먼 학생운동'을 진압했다. 그리고 파룬궁法輪功을 박해했는데, 지금도 계속하고 있다.

[제16계] 서방에 침투하다

중국의 전통 황조皇朝, 서양의 전통 왕권, 미국의 삼권분립 공화제도는 신이 그 시기마다 인류사회의 구체적 정황에 따라 인간에게 정립해준 정치형식이다. 악령은 일시적인 혁명방식으로는 서양나라의 정권을 잡을 수 없으므로 '침투' 방식을 통해 서서히 서방의 국가기구를 잠식하면서 점차 이데올로기의 패권을 장악했다. 오늘날에 이르러 폭력혁명을 말하지 않을 뿐, 서양국가에서 실행하는 것은 변형된 공산주의 제도에 속한다.

[제17계] 법률을 사악하게 변질시키다

신의 계명誡命은 법률의 근원이고, 도덕은 법률의 변치 않는 기초다. '도덕' '자유' 등의 개념을 새롭게 정의한 후 악령은 또 진일보로 법률 제정권과 해석권을 조종했다. 동양 공산국가에서 악령은 악법을 제정하고 또 법률을 자의적으로 해석했다. 서양 민주국가에서 악령은 침투하는 방식으로 멋대로 법률을 해석하고 법률을 개정하는 방식으로 인간의 행위를 재정의함으로써 도덕이 규정한 선악을 폐기하고 법률로 선악을 규정했으며, 법률로 악(살인·간통·동성애 등)을 보호하고 선을 타격했다.

[제18계] 화폐를 조종하다

금본위제金本位制를 폐지하고 화폐 발행량을 통제해 주기적으로 경제위기를 조성했다. '수입에 맞춰 지출한다.'는 전통적인 자산관리 개념을 변화시킴으로써 정부와 개인 모두 '고소비' '과소비' 습관에 빠져 스스로 벗어나지 못하게 했다. 각 나라가 빚을 내도록 독려하고, 이를 통해 이들 국가의 주권을 약화했다. 돈을 빌려 소비하도록 국민을 부추겼는데, 그들은 은행과 정부에 기대어 평생 빚의 노예로 전락했다.

[제19계] 슈퍼 독재정부

경제 세계화 추세를 이용하고 세계정부를 수립해 각 민족국가가 주권을 양도하도록 했다. 악령은 강온强穩 양면 전략을 사용했다. 한편으로는 '국제연맹' 'UN' '지역 통합' '세계정부' 등을 이용해 '아름다운 비전'을 미끼로 내걸었다. 그와 동시에 또 한편으로는 각국 정부와 정치인을 협박하고 유혹했는데, 무력·전쟁·혼란으로 인류를 불안하게 하면서 세계를 서서히 슈퍼 독재정부 계획에 집어넣어 전 인류를 대상으로 가장 엄격한 인구통제, 행정통제, 사상통제를 진행하고 있다.

4. 사회운동을 조종해 사회 혼란을 조성하다

전통적인 인류사회를 철저하게 뒤집어엎기 위해 악령은 대규모 인구 이동과 사회운동, 사회 혼란을 조성했는데, 적어도 수백 년간 지속되는 과정에서 사람들은 공포에 떨었다.

[제20계] 전쟁을 일으키다

전쟁은 악령이 목적을 실현하는 강력한 무기다. 그것이 기존의 국제질서를 타파하고 전통적인 보루를 파괴해 악령의 이데올로기 전파를 가속화할 수 있다. 수많은 전쟁의 배후에는 모두 악령의 조종이 있다. 예를 들면, 제1차 세계대전을 이용해 유럽의 몇몇 큰 제국을 무너뜨리고 차르 러시아를 약화해 볼셰비키 혁명을 위한 조건을 준비했다.

제2차 세계대전을 이용해 중국 공산당이 정권 탈취 여건을 준비하는 동시에 무력으로 동유럽 나라를 침략하는 소련을 도와 사회주의 진영을 건립했다. 제2차 세계대전은 또한 옛 식민지 국가에 통치 혼란을 초래했는데, 소련과 중국 공산당은 그 기회를 틈타 각국에 공산당을 육성하면서 이른바 '민족해방운동'을 전개해 아시아, 아프리카, 라틴 아메리카의 수많은 나라를 그들의 영향권 아래 두었다.

[제21계] 혁명을 선동하다

정권을 장악하는 것은 악령이 인류를 훼멸하는 지름길이므로 가능성만 있다면 악령은 항상 가장 먼저 정권을 장악한다. 마르크스는 파리 코뮌(Commune)의 '경험 교훈'을 총괄할 때, 노동자 계급이 반드시 기존의 국가기구를 타파하고 자신의 국가기구로 대체해야 한다고 지적했다. 정권 문제는 줄곧 마르크스주의 정치학설의 핵심 사안이었다.

혁명 선동은 몇 가지 단계로 나눌 수 있다.
1단계는 증오를 부추겨 군중을 분열시킨다.
2단계는 거짓말로 대중을 속여 '혁명통일전선'을 건립한다.
3단계는 저항 역량을 하나하나 격파한다.
4단계는 폭력으로 공포 분위기와 혼란 국면을 조성한다.
5단계는 정변을 일으켜 정권을 탈취한다.
6단계는 '반동파反動派'를 진압하고 혁명의 공포로 새로운 질서를 건립, 유지한다.

공산국가는 '세계혁명'을 일으켜 코민테른을 창립하고 전 세계에 혁명을 수출해 각국의 좌파세력을 키우고 여러 나라에 혼란을 조성하려고 했다.

[제22계] 경제공황

경제위기를 만들어 이용하면서 시기를 노려 혁명을 일으키거나 구세주의 면모로 사회주의식 해결방안을 제시했다. 민주국가의 정치인은 급하면 지푸라기도 잡듯이 부득불 또 한 번 악령에게 영혼을 팔아먹는 계약서에 서명하고 한 걸음 한 걸음 나라를 큰 정부, 고세율高稅率 사회주의 수렁으로 밀어 넣었다. 미국의 신마르크스주의자는 "진정한 행동은 적의 반응 속에 숨어 있다."고 했는데, 악령의 책략, 그 한 측면을 반영하고 있다.

30년대의 대공황은 유럽과 미국이 큰 정부와 국가개입주의로 나아가게 된 결정적인 요건을 제공했으며, 2008년 금융위기도 정부가 계속 좌경화할 수 있는 조건을 마련했다.

[제23계] 이주시켜 뿌리를 잃게 하다

이민 현상은 예전부터 있었던 인류사회의 정상적인 현상이다. 그러나 근대 이후 일부 대규모 외국이민과 국내이주 붐은 악령邪靈이 의도적으로 조종한 결과다.

사람들이 자신의 조국과 고향을 멀리 떠나게 되면 악령은 여러 목적을 달성할 수 있다. ▲민족의식이 약화되고, 국경선이 모호해지고, 국가 주권이 약해져 각국의 문화전통과 사회질서를 유지하는 능력도 약해진다. ▲수많은 사람이 문화의 뿌리를 잃음으로써 현대 유행에 더 쉽게 휩쓸리게 된다. ▲이 기회를 틈타 종교와 민족 간의 원한과 갈등을 야기한다. ▲정착하지 못한 새로운 이주민을 좌파정당의 투표 거수기로 만든다. ▲대다수 사람이 새로운 환경에 적응하지 못하고 생계를 위해 동분서주하느라 정신적, 도덕적 측면을 고려할 겨를이 없을 뿐만 아니라 국가와 사회를 다스리는 데 깊이 참여할 능력도 없어 악령의 대리인이 권력을 빼앗고 사회적 흐름을 좌우지하는 데 도움이 된다.

[제24계] 사회운동을 이용하다

공산주의 악령은 기존의 일부 사회현상과 추세를 이용해 사태를 격화한다. 사회의 일부 정상적인 요구를 기세가 드높은 운동으로 확대해 사회를 어지럽히고, 정적을 타격하고, 발언권과 도덕적 감제고지瞰制高地(적의 활동을 살피기에 적합하도록 주변이 두루 내려다보이는 고지)를 빼앗음으로써 권력을 탈취하는 목적에 도달한다. 서방의 반전평화운동, 환경보호운동 등이 모두 여기에 속한다.

[제25계] 테러리즘

공산주의 혁명은 테러리즘으로 시작했고 공산국가는 국가적 테러리즘을 실행했다. 구소련과 중국 공산당은 국제 테러리즘을 지원해 서방 자유세계에 맞서는 하나의 특별행동대別動隊로 삼았다. 투쟁철학으로 발전한 레닌주의는 당대當代 테러리즘에 이론적 온상을 제공해 줬다. 악령은 각종 방식으로 사람들을 분열시키고 증오를 부추겨 개인의 원한을 집단의 증오로 키움으로써 각종 테러행위를 조장했다.

테러리즘은 무고한 사람을 무차별적으로 학살하고 사람들의 황당함과 무력감을 조장해 사회를 도피할 데가 없는 곳으로 만든다. 도처에 난무하는 폭력은 사람을 반사회적으로 변화시키고 세상을 증오하게 만든다. 이것으로 기존 사회의 근본을 파괴하고 사회를 쪼개 '분열시켜 통치'하는 악령의 목적을 이룬다.

5. 당근과 채찍으로 분열시켜 통치하다

인류를 훼멸하기 위해 악령은 다양한 사람에게 다양한 수법을 쓴다. 살육하기도 하고, 매수하기도 하고, 통제하기도 하고, 우롱하기도 하며, 혁명과 반란을 일으키는 폭도로 만들기도 한다.

[제26계] 반대파를 살육하다

진리를 깨닫는 지혜와 근기根基가 같지 않기에 어떤 사람은 신과 가깝고 깨달음悟性이 좋아 악령에게 속지 않을 것이다. 특히 중국처럼 유구한 역사를 가진 나라에서 악령의 속임수는 쉽게 먹혀들지 않는다.

그래서 중국 공산당은 일련의 정치운동을 발동해 수많은 전통문화 분야의 엘리트를 살해했고, 그로 인해 문화가 급속히 단절됐다. 악령은 중국이든 서양이든 악령의 음모를 확실히 아는, 지혜롭고 용기 있는 자들의 육체를 정치운동, 종교박해 등의 방식으로 소멸했는데, 죄명을 꾸며 제멋대로 모함하고 심지어 암살도 불사했다.

[제27계] 엘리트를 끌어들이다

악령은 각 나라, 각 분야의 우수한 인재들을 끌어들여 자기를 위해 복무하게 했다. 그들에게 악령을 위해 봉사하게끔 맞춤형으로 이익을 주고, 또 충성도에 따라 권력을 부여했다. 권력과 명예를 추구하는 인재에게는 명예와 권한을 주고, 탐욕스러운 자에게는 이익으로 유혹하고, 안하무인인 자에게는 '자아 팽창'을 한층 더 부추기고, 무지한 자에게는 그 무지를 충분히 이용했다. 충성스러운 자에게는 그 충성 대상을 자신으로 바꿔버리고, 어리석은 자에게는 어리석음을 가중하고, 재능과 지혜가 풍부한 자에게는 과학과 유물론이란 미명과 발언권으로 유혹하고, 소망과 포부가 원대한 자에게는 그 포부를 충분히 이용했다.

그들 자신이 권력과 부와 명예를 가진 특별 계층이 된다고 믿게 했다. 정세에 따라 유리하게 이끌고 격식에 얽매이지 않고 증상에 맞게 약을 썼는데, 백 번을 해봐도 틀림이 없었다. 악령의 눈에는 그런 속임수에 넘어간 자들이 모두 '무지한 대리인'이고 '유용한 바보들'이었다.

[제28계] 우민화 정책

대중의 정보 경로를 통제하고, 잘못된 역사관(예를 들면 마르크스 계급 역사관)으로 역사를 왜곡하고, 우민화 교육을 실시하고, 언론을 통제했다. 얄팍한 위안거리와 천박한 오락을 유연하게 운용해 대중들을 속된 이익, 저속한 오락, 음란물, 스포츠 게임, 가십 기사 등에만 관심을 쏟게 했다. 그와 동시에 대중을 치켜세우고 유권자의 비위를 맞춤으로써 그들이 경각심과 판단력을 잃게 했다.

공산 전체주의 국가에서는 민중이 정치에 관심을 갖는 것을 절대 허용치 않았으며, 민주국가에서는 공적인 일에 관심을 가지는 민중의 주의력을 번잡하고 하찮은 정책(예를 들면 성전환자의 권리) 문제로 돌리게 했다. 이것이 바로 중국 병법 중의 하나인, 그 유명한 '명수잔도 암도진창明修棧道 暗渡陳倉(겉으로는 잔도를 수리하는 척하면서 몰래 진창으로 건너가다)' 수법이다. 사회적 이슈를 만들고 파문을 일으키는 사건을 대대적으로 선전했는데, 심지어 악령의 진실한 계획을 덮어 감추기 위해 테러공격과 국지전쟁도 불사했다.

현대의식으로 대중을 사로잡고, 사회의 잡다한 것으로 전통 관념을 갖춘 사람을 잠재웠다. 몇몇 철학자가 주장하는 각 민족문화의 어두운 면을 이용해 일부 편향된 논리가 전부인 양 선전함으로써 전통에 대한 민중의 반감을 키워나갔다. 젊은 세대에게 반反권위주의를 불러일으켜 '비판적 사유'와 '창조적 사유'에 빠지게 함으로써 근본적인 장애를 조성하고 심지어 그들이 전통문화 속의 지식과 지혜를 흡수하는 것조차 막아버렸다.

[제29계] 폭도를 만들다

악령은 공산국가에서 전통문화 엘리트 대부분을 살육하고 나서 살해하지 못한 사람들을 눈 하나 깜박하지 않고 살인을 할 수 있는 '이리 새끼'로 만들려고 힘썼다. 또한 그들은 혁명과 폭력을 다른 나라에 수출하려고 노력했다.

중국 공산당은 중국 대륙에서 정권을 탈취한 후, 한 세대 동안에 한 세대의 '이리 새끼'를 성공적으로 키워냈다. 바로 그들이 문화대혁명 초기에 폭력과 파괴, 약탈과 방화 등 온갖 악행을 저질렀는데, 심지어 꽃다운 10대 소녀가 선생님을 때려죽이고도 후회하는 기색이 전혀 없었다. 현재 중국에서 활약하는 각 소셜 미디어의 '우마오당五毛黨(조작 댓글을 달고 중국 정부에서 건당 5마오, 즉 0.5위안을 받는 댓글 부대)'은 툭하면 때려죽이겠다고 소리치는데, "대륙에서 풀이 자라지 못하는 한이 있더라도 댜오위다오釣魚島(남중국해에 있는 섬. 일본명 센카쿠열도)를 회수해야 한다."거나 "중국 곳곳이 묘지가 될지언정 일본인은 모조리 죽이겠다."고 협박한다. 그들 역시 중국 공산당이 키운 예비 살인자다.

공산당은 서양에서 프랑스 혁명과 파리 코뮌의 '경험'을 직접 받아들였는데, 매번 거리낌이 없고 염치도, 연민도 없는 한 무리 폭도를 폭력과 혁명의 선봉으로 삼았다.

[제30계] 도태를 가속화하다

세대교체를 가속화해 기성세대를 갈수록 빨리 도태시켰다. 노인을 사회 중심에서 멀어지게 하는 방식으로 인류의 전통 이탈 속도를 빨라지게 했다. 끊임없이 선거연령을 낮추고 정치를 비롯한 모든 직업군에서 젊은이들의 권리를 늘리면서 전통 관념이 있고 명석한 사람을 도태될 때까지 비주류로 만들었다.

문학예술과 유행 문화에서 젊은이들의 취향과 가치관을 치켜세워 유행을 추구하고 시류에 영합하게 했는데, 그렇게 하지 않으면 도태된다. 과학기술의 경신 속도가 빨라지면서 생활 리듬도 빨라져 노인들이 적응할 수 없게 된 데다 이민과 도시 개조 등이 속도를 내면서 전통 고장의 모습이 바뀌어 소외감이 커졌다. 또한 청장년 세대에게 스트레스를 줌으로써 부모를 모시고 살아갈 여력이 없게 돼 노인의 고독감을 증가시켰다.

[제31계] 사회를 분열시키다

전통적인 인류사회에서 사람들은 상부상조할 뿐만 아니라 모순이 생겼을 때는 종교·도덕·법률·인습 등이 인간관계를 조화롭게 하는 도구가 되며 사회구조는 매우 안정적이다. 악령은 이러한 유기적인 사회를 단기간에 무너뜨릴 수 없기 때문에 사회를 아주 작은 단위로 쪼갰다. 각자가 싸우며 서로 왕래하지 않는 것이 가장 좋은데, 그러면 악령이 틈을 타 각각 격파하기 쉽기 때문이다.

악령은 천방백계千方百計로 같지 않은 표준을 사용해 사회를 서로 대립하는 단체로 갈라놓은 다음 각 단체 간의 증오와 투쟁을 선동한다. 예를 들면, 계급·성별·종족·민족·교파 등을 서로를 구분하는 근거로 삼고, 유산자와 무산자, 지배계급과 피지배계급, 진보주의자와 낙후분자, 자유파와 보수파 등을 서로 대립하게끔 선동한다. 또 한편으로는 정부의 권력을 끊임없이 확대함으로써 원자화原子化되고 고립된 개인은 모든 자원을 장악한 독재정부와 맞설 수 없게 된다. 분명한 것은 '사회의 파편화'와 독재정부의 '권력집중화'는 동전의 양면이다.

6. 엄폐와 방어

범인이 범죄 현장에서 자신의 지문을 지우려 하듯이 악령 역시 백방으로 자신을 숨기려 하는데, 그 속임수가 절정에 달했다.

[제32계] 하늘을 속이고 바다를 건너다瞞天過海
작은 속임수는 흔히 은밀한 곳에서 벌어지지만, 악령의 엄청난 속임수는 도리어 공공연하게 펼쳐지는데 심지어 '공정하고, 합리적이고, 합법적'인 것으로 표현된다. 일반인들은 이렇게 사악하고

커다란 음모를 이해할 수도 없고 상상할 수도 없다. 그래서 누군가가 악령의 음모 일부를 폭로한다 해도 사람들은 이해하거나 받아들이기 어렵다. 이 외에 악령은 또 다른 방식으로 계획 일부를 노출해 사람의 불신과 공포를 불러일으켜 혼란을 가중한다.

[제33계] 성동격서聲東擊西

냉전 시기의 세계는 서로 총부리를 겨누는 양대 군사정치집단으로 나뉘어 있었다. 그러나 극단적으로 대립한 두 개의 사회제도 하에서 동일한 악령이 각기 다른 방식으로 변화를 획책하리라고는 누가 생각이나 했겠는가?

서양의 공산주의자, 사회주의자, 페이비언주의자, 자유주의자, 진보주의자들은 심지어 소련이나 중국모델을 인정하지 않는다고 공언한다. 그들이 열심히 분투해 온 사회형식은 사실상 전혀 다르지 않다. 쉽게 말하면 악령은 동방과 서방에서, 공산주의 진영과 자유세계에서 허허실실虛虛實實, 성동격서 형식으로 서로 배경이 되고 엄호하는 역할을 했다.

[제34계] 논쟁 상대를 요괴로 만들다

악령을 폭로하는 사람을 도리어 추악하게 만들어 그들을 '음모론자' '극단주의자' '극우파' '대안우파' '인종주의자' '성차별론자' '배타주의자' '전쟁상인' '원한 선동자' '나치주의자' '파시스트' 등으로 부르며 그들을 사회와 학술계에서 배제해 이단으로 만든다. 그리하여 사람들로 하여금 그들을 비웃게 하고, 두려워 멀리하게 하고, 그들의 발언권을 없애고, 그들을 영향력이 없는 존재가 되게 한다. 우리는 이런 현상을 '바로잡자'는 것이 아니라 그러한 악의적인 꼬리표를 사용하는 것이 악령의 상투적인 수법이라는 것을 지적할 뿐이다.

[제35계] 시선을 다른 데로 돌리다

악령은 그들의 계획을 어느 민족이나 어느 단체 혹은 개인에게 배치해 놓고 사람들이 이 민족과 단체 및 개인을 증오하고 의심하고 조사하게 만들어 악령 자체에 대해서는 소홀하게 한다.

[제36계] 다수를 장악하다

비록 위에서 언급한 계략을 다 쓰더라도 여전히 악령의 비밀을 끊임없이 발견하는 사람이 있을 것인데, 그는 매우 지혜로운 사람이다. 그러나 그때 악령은 이미 절대다수의 사람을 장악했다. 이는 그것들이 자신을 덮어 감추는 사회적 기반이다. 몇몇 악령의 비밀을 발견한 사람은 마치 광야에 있는 것처럼 그들의 외침은 어떠한 호응도 얻지 못한 채 매몰될 것이다.

맺음말

악령이 사람을 훼멸하는 수단은 수없이 많고 변화무쌍하다. 36계를 열거한 것 역시 그 어림수일 뿐이다. 위에서 기술한 악령의 수법은 매우 충격적이지만, 악령의 전체 사악과는 비교가 되지 않는다. 사람은 영원히 악령의 악을 과소평가할 뿐 결코 과대평가하지 못한다. 지면 제한으로 여기에서는 다만 악령이 자주 쓰는 전략을 개괄적으로 설명할 뿐 구체적인 사례와 분석은 이어지는 장에서 차근차근 펼칠 것이다.

제2장

유럽에서 시작되다

소련 공산당은 세계정세를 통제하고 군사 및 외교적 수단을 이용해 공산주의를 전 세계로 확장했다. 스탈린은 "이번 전쟁은 이전의 전쟁과는 다르다. 누구든 영토를 점유하는 자는 그 영토에 자신의 사회제도를 추진한다."고 했다.

제2장
유럽에서 시작되다

머리말

정교_{正敎}는 모두 예언을 남겼는데, 그중 상당수가 이미 적중했다. 그리고 이것은 종교만의 현상이 아니다. 프랑스의 노스트라다무스가 쓴 〈제세기(Les Siecles)〉를 비롯해 페루와 한국 등에서도 대대로 전해지는 예언이 있다. 중국에서도 한나라, 당나라, 송나라, 명나라에 모두 체계적인 예언이 있었는데, 그 정확성이 놀라울 정도다.[1]

예언 현상은 매우 심각한 문제를 설명한다. 역사는 자연스럽게 발전하는 과정이 아니라 미리 써 놓은 시나리오처럼 발전 방향과 중대한 사건을 모두 먼 옛날부터 배치해 놓은 것에 불과하며, 역사의 마지막 순간(이 순간이 역사의 대전환기의 시작일 수도 있다)에는 세상의 모든 종교가 기다리고 있는 사건, 바로 구세주가 인간

---

1) 「위대한 시대-예언 중의 오늘」, 정견망 https://www.zhengjian.org/node/14087

세상에 내려온다는 사실을 알려준다.

영화 제작에서 가장 기본적인 상식은 모든 것은 클라이맥스를 위해 만들어진다는 점이다. 극적 효과를 극대화하기 위해 작가는 많은 인물을 설정하고 많은 사건을 배치해 이 절정의 상태에 다다르게 해야 한다.2) 이 각도에서 본다면 역사라는 이 각본의 절정은 구세주가 인간 세상에 신의 기적을 크게 드러내기 전에 치르는 최후의 정사대전正邪大戰(바른 신과 사악한 악령의 전쟁)이다. 많은 사건이 이를 위해 배치된 것이다. 즉, 최후의 클라이맥스를 위해 악령은 세간에서 인간을 철저히 훼멸하려고 세밀한 배치를 했고, 전지전능한 창세주創世主는 최후의 관건적 시기에 길을 잃은 인간을 일깨우기 위해 정교한 배치를 했다. 이 모든 것이 인간세상의 복잡한 국면을 조성했다.

세상의 많은 정교正敎는 모두 창세주가 인간 세상에 돌아올 것이라고 예언했다. 또한, 상당수 종교가 이 시기에 끔찍한 일들이 일어날 것이라고 예언했다. 수많은 악령이 세상에 내려오면서 세상이 어지러워지고 사람의 도덕도 매우 타락했다. 이것이 바로 오늘날 세상의 현실이다.

인류의 이러한 타락은 하룻밤 사이에 발생한 것이 아니다. 중요한 원인 중 하나는 무신론이 성행하면서 사기성 이론으로 사람들을 속였다는 점이다. 이런 거짓말은 마르크스 이전에 이미 시작됐고, 마르크스는 온갖 사기를 집대성한 자로서 마치 삼라만상을 포괄하는 듯한 이론을 찍 맞춰 완성했다. 레닌은 마르크스의 이론을 토대로 독재폭력정권을 세웠다. 간단히 말해서, 마르크스는 최후의

---

2) Robert McKee, Story: Style, Structure, Substance, and the Principles of Screenwriting (New York: Harper-Collins Publishers, 1997).

시각에 사람들이 창세주를 인식하지 못하도록 방해하는 악령이다. 마르크스는 결코 무신론자가 아니다. 그가 숭배한 것은 사교邪教이며, 그의 이론은 악령을 대신해서 하는 말이다.

1. 마르크스 신앙은 신을 반대하는 사교邪教

마르크스는 서적을 많이 출판했다. 널리 알려진 것은 공산주의 운동의 이론적 토대인 〈공산당선언(Communist Manifesto)〉과 〈자본론(Das Kapital)〉이다. 전자는 1848년에, 후자는 1876년부터 1894년 사이에 출판했다. 서방의 마르크스 연구자들에 의하면 마르크스는 악마로 변하는 과정을 거쳐 악령의 대변자가 됐다.

마르크스는 젊었을 때 자신의 글에서 하느님을 열정적으로 찬양했다. 그러나 그 이후 신비로운 사건이 벌어지면서 전혀 다른 마르크스로 변신했다.

마르크스의 시 '절망자의 기도(Invocation of One in Despair)'에서 그 단서를 찾을 수 있다.

"저주와 운명의 멍에 속에서 하느님은 나에게서 모든 것을 빼앗았네. 이 세상 모든 것을 뒤로한 나에게 남은 것은 증오뿐이라네. 나는 하늘에 나의 왕좌를 세우리라. 그 꼭대기는 추위와 두려움이고 그 바닥은 미신의 전율이며, 그 주인은 가장 어두운 극도의 고통이라네."3)

그는 아버지에게 보낸 편지에서 이렇게 썼다. "한 시대가 이미 막을 내렸습니다. 신성한 것들이 제 몸에서 떨어지고 새로운 주인

---

3) Richard Wurmbrand, Marx & Satan (Westchester, Illinois: Crossway Books,1986).

主이 머물렀습니다. … 불안이 저를 지배하고 있습니다. 저는 그 꿈틀대는 귀신을 달랠 수 없습니다. 저를 사랑하는 당신과 함께 있기 전까지는."

마르크스는 '창백한 처녀(The Pale Maiden)'라는 시에서 "나는 천국을 잃었음을 알고 있다. 예전에 하느님을 믿었던 나의 영혼은 지금은 지옥에 갈 수밖에 없구나."라고 했다.

마성魔性으로 변한 마르크스의 심리상태를 그의 가족은 뚜렷이 감지했다. 1837년 3월 2일 마르크스의 아버지가 그에게 편지를 썼다. "나는 언젠가 네가 명성을 떨치고 세속의 성공을 이루기를 기대했다. 하지만 지금 너에게 명확히 말해주겠다. 그런 것들이 나를 즐겁게 할 수 없단다. 네 마음이 악령으로 변하지 말아야 내가 즐거울 수 있단다."

1854년 3월 21일 마르크스의 아들 에드거(Edgar)는 마르크스에게 쓴 편지에서 아버지를 '친애하는 악령'이라고 불렀다.

마르크스의 딸은 자신이 쓴 책에서, 자신이 어렸을 때 마르크스가 딸들에게 많은 이야기를 들려줬다고 했다. 그녀가 특히 좋아했던 이야기는 한스 로클(Hans Röckle)이라는 사람의 이야기로, 마르크스가 몇 개월 동안 들려줘 영원히 끝나지 않을 것 같았다고 했다. 한스 로클은 주술사였고 장난감 가게를 가졌지만, 빚이 많았다. 그래서 그는 자신이 가진 멋진 장난감들을 하나씩 악령에게 팔아야 했다.

마르크스가 악령에게 판 것은 장난감이 아니라 자신이 영혼이다. 그는 그렇게 해서 자신이 원하는 성공과 바꿨다. 그는 자신의 시 '연주자(The Fiddler)'에서 기이한 자백을 했다. "지옥의 기운이 솟아올라 내 머리를 가득 채우고 나를 미치게 하며 내 마음을 완전히 변화시킨다. 이 검을 보았는가? 암흑의 왕이 내게 팔았노라. 그것은 나를 위해 시간을 내어 내게 인기印記를 주었네. 내 죽음의 춤은 더욱 대담해져야 하네."4)

로버트 페인(Robert Payne)은 자신의 저서 〈마르크스〉에서 이렇게 논평했다. "우리는 영원히 끝나지 않는 이야기가 마르크스의 자서전임을 짐작할 수 있다. 그는 악령의 시선으로 세상을 보았고, 그는 악령의 특성을 갖추었다. 때때로 그는 그가 악령의 직무를 수행하고 있음을 의식했던 것 같다."5)

마르크스의 영혼은 사악하게 변했다. 그는 신에 대한 분노로 악령 숭배에 동참했다. 미국의 정치철학자인 에릭 보겔린(Erich Vögelin)은 이렇게 썼다. "마르크스는 자신이 세계를 창조한 신이라고 여겼다. 그는 피조물이 되기를 원치 않았다. 그는 피조물의 생존 시선으로 이 세상을 보고 싶지 않았다. … 그는 '대립의 일치(coincidentia oppositorum)'의 시선, 즉 신의 입장에서 세계를 바라보려고 했다." 6)

마르크스는 그의 시 '인간의 자존심(Human Pride)'에서, 신에게서 벗어나 신과 동등하기를 바란다고 표현했다. "경멸하는 마음으로 나는 이 세상에 도전하네. 세계라고 하는 얼굴에 갑옷을 던져 이 거대한 난쟁이의 붕괴를 지켜보리. 그러나 이놈의 붕괴는 아직 나의 희열을 진정시킬 수 없구나. 나는 신처럼 폐허가 된 왕국을 빠져나가 개선하리라. 나의 말은 구절구절 불火과 업業이니, 나는 조물주와 동등하다고 느낀다네."

---

4) Karl Marx, "Book of Verse Scenes from Oulanem", Early Works of Karl Marx. (Marxists Internet Archive).
5) Robert Payne, Marx. (New York: Simon and Schuster, 1968).
6) Eric Voegelin, The Collected Works of Eric Voegelin, Vol. 5, Modernity without Restraint (Baton Rouge: Louisiana State University Press, 1989).

사교 신앙을 가진 마르크스는 반항적인 시각에서 글을 썼다. "나는 줄곧 조물주에게 복수하고 싶었다.", "신의 생각은 일종의 변태 문명의 청사진이니 반드시 없애야 한다."

마르크스가 죽은 지 얼마 되지 않아 그의 가정부 헬렌은 "그(마르크스)는 신을 경외하는 사람이었다. 그는 중병을 앓았을 때 혼자 방에서 머리에 띠를 두르고 촛불을 마주하고 기도했다."고 했다. 한 분석 자료에 의하면, 마르크스의 기도 의식은 유대교의 것도 아니고 기독교의 것도 아니었지만, 그가 무신론자가 아니었음은 분명하다.

인류 역사상 출현한 위대한 인물들은 중생을 구도하는 동시에 여러 가지 문명의 토대를 마련했다. 예를 들어, 예수는 기독교 문명을 세웠고, 중국 역사상 노자는 중화 문명의 중요한 버팀목인 도가 사상을 세웠으며, 석가모니는 불교를 창립했다. 사람들은 이러한 위대한 인물들의 사상이 어디에서 왔는지를 연구하고 있다. 하지만 예수는 거의 학교에 다닌 적이 없고 석가모니와 노자는 많은 책을 읽었지만, 그들의 지혜는 수련으로 깨달은 것이지 인간의 지식에서 비롯된 것이 아니다.

위에서 언급한 문명의 초창기에 시대의 요구에 부응해 나온 각자覺者가 있다면, 그에 상응해 문명이 최후의 정사대전正邪大戰으로 치닫는 시기에는 시대의 요구를 거스르기 위해 나온 악령이 있게 마련이다. 마르크스의 지식은 비록 이전 사람들의 이론을 참고했지만, 결정적인 기원은 사악한 악령에서 나온 것이다.

마르크스는 '헤겔에 관하여(On Hegel)'라는 시에서 "나는 명상을 통해 가장 심오하고 숭고한 진리를 발견했기에 하느님처럼 위대하네. 나는 어둠으로 만든 옷을 입었다네, 그분과 마찬가지로."라고 거만하게 말했다.

마르크스는 공산주의 악령의 배치로 인간 세상에 공산 사교를 창립했다. 그의 목표는 사람의 도덕을 타락시켜 신을 등지게 만듦으로써 최종적으로 지옥에서 영원히 불에 타서 훼멸되게 하는 것이다.

2. 마르크스주의 출현의 역사적 배경

공산주의 악령은 마르크스주의를 전파하기 위해 세상에서 온갖 이론을 준비했다. 또한 공산 사교에 적응하기 위한 모종의 사회 형태도 만들었다. 이 두 가지 방면에서 우리는 약간의 정리와 분석을 해보고자 한다.

많은 학자가 마르크스의 이론은 헤겔(Georg Hegel)과 포이어바흐(Ludwig Feuerbach)의 영향을 깊이 받았다고 여긴다. 포이어바흐는 신의 존재를 부정했고, 종교는 '지각의 무한성에 대한 인식에 불과하다.'고 믿었다. 다시 말해, '무한함에 대한 인식에서 의식적인 주체는 그 자신의 본능적 무한성을 인식의 대상으로 삼는다.'는 것이다.[7] 만약 우리가 포이어바흐의 이론을 좀 더 통속적으로 서술한다면, 그의 뜻인즉, 신은 인간이 만들어낸 것에 불과한 것으로, 사람들이 상상을 통해 자신의 능력을 확장한 결과라는 것이다.

포이어바흐의 이론은 공산주의가 출현하고 범람한 현상을 새롭게 이해할 수 있게 한다. 과학이 발전하고, 기계를 발명하고, 물질이 풍요해지고, 의학이 진보함에 따라 각종 향락과 오락을 제공하는

---
7) 루트비히 포이어바흐, 『Das Wesen des Christentums(기독교의 본질)』, 룽전화(榮震華), 베이징 상무인서관(1984)

능력이 향상되면, 사람들은 이러한 물질적 토대에 의지해서도 행복을 추구할 수 있다고 인식한다. 만약 사람들이 그래도 불만을 품는다면, 그것은 바로 사회형태가 제한돼 있기 때문이다. 그래서 과학기술 발전과 사회 개조를 통해 인간 세상에 더는 신이 필요 없는 천당을 세울 수 있다는 것이다. 이것이 바로 공산주의라는 사교가 사람들을 속여 사교의 이론을 믿게 하는 중요한 수단 중 하나다.

포이어바흐가 최초로 기독교를 부정한 사람은 아니다. 예를 들어, 프리드리히 슈트라우스는 1835년에 출판한 자신의 책 〈예수의 생애(Life of Jesus)〉에서 〈성경〉의 진실성과 예수의 신성神性을 의심했다. 더 거슬러 올라가면 17~18세기의 계몽운동 시기, 심지어 고대 그리스 시대로 올라갈 수 있다. 그러나 이것을 추적하는 것은 본서의 목적이 아니다.

비록 마르크스의 〈공산당선언〉이 다윈의 〈종의기원〉보다 11년 먼저 출간됐지만, 다윈의 진화론 가설은 마르크스에게 '과학'처럼 보이는 근거를 제공했다. 만약 모든 종種이 자연적으로 발생했고 '자연선택, 적자생존'의 결과라고 한다면, 그리고 인간이 최고급 생명이라고 한다면 신의 자리는 자연히 배제된다(진화론에는 앞뒤가 맞지 않는 모순이 많고 심지어 수많은 허점이 드러났지만, 여기에서는 지면 제한으로 구체적인 분석은 생략한다). 1860년 12월, 마르크스는 엥겔스에게 보낸 편지에서 이렇게 말했다. "비록 〈종의 기원〉, 이 책은 영어로 엉성하게 썼지만, 우리의 관점에 자연사의 기초를 제공했다.[8] 이 책은 역사상 계급투쟁의 자연과학적 근거로 쓸 수 있다."[9]

---

[8] 『마르크스 엥겔스 문집(马克思恩格斯文集) 제9권』, 베이징 인민출판사(2009)
[9] 『마르크스 엥겔스 문집 제10권』, 베이징 인민출판사(2009)

자연과학 분야의 진화론과 철학 분야의 유물론은 사람을 현혹하는 두 가지 도구를 마르크스 이론에 제공했다.

이론적인 준비 외에도 마르크스 시대의 사회는 심각한 변화를 겪고 있었다. 마르크스는 제1차 산업혁명 시대에 태어났다. 1769년 와트가 증기기관을 개량함으로써 유럽은 가내수공업에서 공장제 기계공업으로 전환했다. 농업 발전으로 인한 많은 잉여 노동력을 공업생산에 투입할 수 있었다. 자유무역이 발전함으로써 제품을 각지에 판매할 수 있게 됐고, 금융혁명은 공업혁명에 자본을 주입했다. 이러한 것들은 사회구조에 심각한 변화를 일으켰다. 산업화는 필연적으로 도시의 발흥과 더불어 인구, 지식, 관점의 흐름을 이끌었다. 도시에서 사람들의 관계는 농촌처럼 밀접하지 않다. 환영 받지 못하는 사람이라도 도시에서는 가정을 꾸리고 사업을 할 수 있고 심지어 책을 저술하고 이론을 정립할 수 있다. 마르크스도 독일에서 추방된 뒤 프랑스와 벨기에를 전전하다 런던에 건너가 빈민가에서 살았다.

마르크스의 말년에 이미 제2차 산업혁명이 일어나 전기, 내연기관, 화학 등이 연이어 나타났다. 전신과 전화가 발명돼 통신을 더욱 편리하게 만들었다. 매번 사회 변동이 있을 때마다 인류는 경험 부족으로 빈부의 분화, 경제위기 등의 문제가 발생했다. 이는 마르크스가 사회형태가 죄악으로 가득 찼다고 비난하며 반드시 철저히 부숴버려야 한다고 선전할 수 있는 토양을 제공했다. 이와 동시에 이러한 새로운 과학기술은 사람들에게 자연을 개조하는 능력을 높여줬을 뿐만 아니라 오만도 키웠다.

여기서 재차 강조하는 것은 이런 사회적 변동과 이론적 준비가 마르크스주의를 불러내고 전파하는 데 기여했다기보다는 악령이 그렇게 될 수 있는 조건들을 미리 만들어냈다는 점이다. 두말할 필요도 없이, 악령도 이미 조성된 일부 사회현상을 이용해 사악한 목적을 달성했다.

3. 프랑스대혁명과 공산주의

1789년에 일어난 프랑스대혁명은 그 영향이 매우 컸다. 그것은 전통적인 군주제를 무너뜨리고, 전통적인 사회질서를 뒤집어엎고, 폭도들이 한 차례 광란을 시작했다. 엥겔스는 이렇게 말했다. "혁명은 두말할 것도 없이 천하에서 가장 권위적인 것이다. 혁명은 바로 일부 사람이 창, 총칼, 대포, 즉 매우 권위적인 수단으로 다른 일부 사람에게 자신의 의지를 강요하는 것이다. 승리한 정당이 자신들의 노력의 결실을 잃지 않으려면 무기로 반동파에 두려움을 느끼게 해 자신의 통치를 유지해야 한다."[10]

프랑스대혁명 후 권력을 잡은 자코뱅파(Jacobin)는 이 이치를 잘 알고 있었으며, 그의 지도자인 로베스피에르(Robespierre)는 공포정치를 실행했다. 로베스피에르는 프랑스 국왕 루이 16세를 단두대에 올렸을 뿐만 아니라 무려 7만 명을 죽였는데, 그들 대부분은 완전히 무고한 사람이었다. 로베스피에르가 죽은 후 그의 묘비에는 "지나가는 행인들, 나를 위해 슬퍼하지 말라. 내가 살아있다면 당신들은 한 사람도 살 생각을 하지 말이야 한다."고 적혀있다.

자코뱅파가 실시한 세 가지 방면의 공포 정책은 모두 훗날의 공산당과 매우 유사하다. 그것은 정치 공포, 경제 공포, 종교 공포를 말한다.

---

10) 『권위론, 마르크스 엥겔스 문집 제18권』, 중문 마르크스 문고

그 정치적 공포 수법은 레닌과 스탈린 시기의 숙청과 똑같다. 혁명가들이 혁명 법정을 개편한 점, 파리와 각지에 단두대를 설치한 점, 혁명위원회에서 피의자 신분을 결정한 점, 중앙 특파원이 각 지방과 군대에서 절대적인 권력을 가진 점, 프롤레타리아가 정치생활에서 지위가 매우 높다는 점, 각 혁명단체가 적에 대한 투쟁을 강화한 점 등은 모두 정치적 공포의 주요 내용이다. 그 대표적인 사건이 1794년 6월 10일에 제정된 '프레리알22일법(Law of 22 Prairial)'이다. 이 법령에 따라 예심제와 변호인제를 취소했고, 징벌 방법은 일률적으로 사형으로 정했으며, 재판과정에서 물증이 부족하면 의식상의 근거와 내면의 관념에 따라 추정하고 판결할 수 있다. 프레리알22일법을 실시함으로써 공포가 극도로 확대됐다. 통계에 따르면, 전체 공포시기에 약 30만~50만 명이 용의자로 몰려 수감됐다.[11]

그 경제정책 수법은 레닌의 전쟁 시기 정책과 유사하다. 예를 들어 1793년 7월 26일 통과된 매점매석금지법령은 이렇게 규정했다. "상품이나 생활필수품을 사재기하고, 상품의 품질을 손상하고, 물건을 숨겨두고 판매하지 않는 자 등은 모두 형사 범죄로 처리한다. 이 법령을 위반하는 자는 그 상품을 몰수하고 사형에 처한다."[12]

그 종교정책은 천주교를 파괴하는 것을 특징으로 한다. 프랑스는 원래 천주교의 가장 큰 지지자였다. 그러나 자크 르네 에베르(Jacques Rene Hebert)와 피에르 쇼메떼(Pierre Chaumette), 그리고 그들의 지지자들은 일종의 무신론 신앙을 창립해 이성숭배理性崇拜(이른바 계몽시대가 자랑하는 이성)라고 칭하며 천주교 소멸을 그들의 목표로

---

11) The New Cambridge Modern History, Vol.IX (Cambridge: Cambridge University Press,1965), 280-281.
12) Miguel A. Faria, Jr.,"The Economic Terror of the French Revolution", Hacienda Publishing, http://www.haciendapub.com/articles/economic-terror-french-revolution.

삼았다.13)

1793년 10월 5일 국민공회(National Convention)는 기독교력(Christian Calendar)을 폐지하고 공화력(Republican Calendar)을 시행했다. 11월 10일 파리의 노트르담 성당은 이성理性의 성당으로 바뀌었고, 한 배우를 이성의 여신으로 분장시켜 경배를 받게 했다. 무신론을 근거로 한 이 새로운 이성교理性敎는 파리에서 빠르게 퍼졌고 일주일 사이에 교회 세 개를 제외한 모든 교회가 파리에서 폐쇄됐다. 종교 공포 운동이 아주 빠르게 전국 각지에 퍼졌으며, 한 무리 성직자가 체포됐고 그중 일부는 처형됐다.14)

프랑스대혁명의 수법은 훗날 파리 코뮌과 레닌이 수립한 소비에트 정권에 본보기를 제공했을 뿐만 아니라 사상적으로 마르크스주의의 형성과 내재적 연관성이 있다.

프랑스대혁명을 직접 경험한 공상空想사회주의자 프랑수와 노엘 바뵈프(François Noël Babeuf)는 '사유제 소멸'을 구체적으로 제출했다. 마르크스는 그를 최초로 진정한 능동적 공산주의 정당의 기초를 다진 사람이라고 칭송했다. 프랑스는 19세기에 사회주의 사조의 영향을 매우 깊게 받았는데, 바뵈프 사상의 영향 하에 비밀 단체 '무법자동맹(League of Outlaws)'이 파리에서 빠르게 커져갔다. 독일 재봉사 빌헬름 바이틀링(Wilhelm Weitling)이 1835년 파리에 도착해 이 단체에 가입했고, 그의 지도로 1836년 무법자동맹은 '의인동맹(League of the Just)'으로 바뀌었다.

1847년 6월의 한 대회에서 의인동맹은 마르크스와 엥겔스가 1년

---

13) Gregory Fremont-Barnes, Encyclopedia of the Age of Political Revolutions and New Ideologies, 1760-1815 (Greenwood, 2007).
14) William Henley Jervis, The Gallican Church and the Revolution, 239-241.

전 설립한 '공산주의자 연락위원회(Communist Correspondence Committee)'와 합병해 두 사람이 이끄는 '공산주의자 동맹(Communist League)'이 됐다. 1848년 2월 마르크스와 엥겔스는 국제 공산주의 운동의 기본 문헌인 〈공산당선언〉을 발표했다.

프랑스대혁명을 시작으로 유럽은 극심한 혼란에 빠졌고, 곳곳에서 이른바 혁명이 일어났다. 나폴레옹 정권이 전복된 이후로 스페인, 그리스, 포르투갈, 이탈리아, 독일, 벨기에, 폴란드 등이 모두 혁명의 폭풍에 휩쓸렸다. 1848년에 이르러서는 혁명과 전쟁이 유럽 전역에 널리 퍼졌다. 이러한 불안한 정세는 공산주의 사상이 급속하게 퍼져나가는 매개체가 됐다.

1864년 마르크스 등은 제1인터내셔널(First International)이라 불리는 국제노동자협회를 건립했는데, 마르크스가 실질적인 지도자였다. 마르크스는 공산주의를 통해 노동자 운동의 정신적 지도자가 됐고 〈공산당선언〉은 크게 성행했다.

제1인터내셔널의 지도자인 마르크스는 규율이 엄격한 혁명가들로 구성된 핵심조직을 만들어 노동자들에게 폭력을 선동하는 한편, 이 새로운 조직에서 그와 의견이 일치하지 않는 자들을 제거했다. 예를 들어, 바고닌(Mikhail Bakunin)은 혁명에 관심이 많은 최초의 러시아인으로, 마르크스주의를 열광적으로 선전했다. 그의 리더십으로 제1인터내셔널의 수많은 멤버가 그에게 몰리자 마르크스는 그를 러시아 차르(황제)가 보낸 스파이로 몰아 제1인터내셔널에서 제명했다.[15]

제1인터내셔널 최대의 공산주의 운동은 프랑스 지부가 이끈

---

15) W. Cleon Skousen, The Naked Communist (Salt Lake City: Izzard Ink Publishing, 1958, 2014).

1871년의 파리 코뮌 운동이었다.

4. 파리 코뮌은 공산주의 시발점

프랑스가 프로이센과 전쟁에서 패배한 뒤 프랑스 황제 나폴레옹 3세가 항복을 선언했음에도 불구하고 프로이센인들이 파리를 포위한 것이 파리 코뮌이 발발한 배경이다. 프로이센은 곧 철수했지만, 패전의 치욕과 장기적으로 축적된 프랑스 노동자들의 정부에 대한 불만이 터져 나왔다. 새로 설립된 프랑스 제3공화국의 임시 행정관 아돌프 티에르(Adolphe Thiers)는 베르사유로 물러났고 파리에는 권력 공백이 생겼다.

1871년, 파리 코뮌은 사회 최하층의 폭도와 깡패들이 주도한 무장 반란으로 시작됐고, 그 지도자들은 사회주의자, 공산주의자, 무정부주의자, 형형색색의 급진주의자로 이뤄졌다. 마르크스주의 사상과 이론이 뒷받침하고 제1인터내셔널 프랑스 지부가 직접 참여하면서 그들은 무산자無産者(프롤레타리아)들을 이용해 사회혁명을 일으켰다. 그들은 인류 문명의 전통을 훼손하고 사회의 정치·경제 제도를 바꾸려고 했다. 그들은 대규모의 살육과 파괴를 개시했다. 파리 및 성에 있던 수많은 문물과 유적지, 예술품을 훼손해 프랑스 문화를 크게 파괴했다. 일찍이 한 노동자가 반문했다. "나는 입장권 살 돈이 없는데 유적지, 오페라 하우스, 카페 콘서트가 내게 무슨 도움이 되느냐?"[16]

---

[16] John M. Merriman, Massacre: The Life and Death of the Paris Commune (New York: Basic Books, 2014).

한 증인은 당시 상황을 이렇게 표현했다. "파리 코뮌은 잔인하고 비정한 것으로, 1789년 피비린내 나는 혁명의 유산이다. 세상에서 가장 많이 본 죄악은 피비린내 나는 폭력혁명이다. 이 유혈 폭력혁명에 참여한 자는 망명자, 강도, 무신론자, 미치광이 등으로, 그들은 알코올과 피에 취해 있었다."17)

프랑스대혁명이 시작되자 프랑스 내부는 곧바로 전통과 반反전통의 대립이 형성됐다. 파리 코뮌의 명예 주석이 말했다. "프랑스를 둘로 갈라놓는 데는 두 가지 원칙이 있다. 하나는 정통의 원칙이고, 또 하나는 인민주권의 원칙이다. 인민주권의 원칙은 모든 미래를 쟁취하는 인민 대중을 단결시킨다. 그들은 착취의 고통에 시달렸기 때문에 그들을 숨 쉬지 못하게 누르고 있는 틀을 깨버려야 한다."18)

그들 신념의 일부는 공상사회주의자 생시몽(Henri de Saint-Simon)의 원한에서 비롯됐다. 그는 "국가에 노동자 한 명이 줄어들면 빈곤해지고, 놀고먹는 사람 한 명이 없어지면 부유해진다. 그러므로 부자가 죽는 것은 좋은 일이다."라고 했다. 당시의 분위기는 무산자들이 도적처럼 재산을 빼앗을 준비가 돼 있었다.

마르크스는 프랑스 내전 당시 이렇게 말했다. "제국의 직접적인 대립물對立物은 바로 코뮌이다. 즉, 계급통치의 군주제 형식뿐만 아니라 계급통치 자체를 대체할 공화국을 만들어야 한다. 코뮌이 바로 이 공화국의 추호도 모호함이 없는 형식이다. 코뮌은 다수자의 노동을 소수자의 재부財富로 바꾸는, 그러한 계급 소유제를 없애고

---

17) John M. Merriman, Massacre: The Life and Death of the Paris Commune (New York: Basic Books, 2014).
18) 루이 오귀스트 블랑키(Louis Auguste Blanqui, 프랑스), 『블랑키 문선』, 베이징 상무인서관(1979)

자 한다. 만약 이것이 공산주의가 아니라면 무엇이 또 공산주의가 될 수 있다는 말인가?"[19)]

파리 코뮌은 공산주의의 전형적인 특징을 갖추고 있었다. 프랑스 영웅 나폴레옹을 기념하는 방돔(Vendôme)을 파괴하고, 교회 재산을 몰수하고, 성직자를 학살했다. 학교에서는 종교 내용을 가르치지 못하게 하고, 신상神像에 현대적인 옷을 입히고 담뱃대를 물렸다(이것은 훗날 공산 독재국가에서 무력으로 국가 무신론을 관철해 종교와 전통 신앙에 전례 없는 재앙을 안겨준 것과 흡사하다). 당시 우익 인사들이 보기에 코뮌은 부자의 재산을 모아 재분배하는 공산주의의 대명사였다. 페미니즘도 널리 성행했는데, 여자들은 심지어 방화하고 예술품을 파괴하도록 남자들을 부추겼다. 중국인 장더이張德彝는 당시 상황을 이렇게 묘사했다. "남자들뿐만 아니라 여자들도 포악했다. 그들이 사는 곳은 고층 빌딩이었고, 먹는 것은 진수성찬이었으며, 눈앞의 향락에 빠져 죽음을 잊었다. 전세가 기울자 건물을 불태워 진귀한 물건들을 잿더미로 만들었다. 현장에서 여성 반군 수백 명이 체포됐는데, 불을 질러 체포를 거부한 것이 자신들의 계략임을 신속히 자백했다."[20)]

이런 점에서 볼 때, 파리 코뮌이 멸망 직전에 보여준 광기는 놀랄 만한 일이 아니다. 1871년 5월 23일, 코뮌 당국은 최후 방어선이 무너지기 직전 뤽상부르 궁전(프랑스 상원 소재지), 튀일리 궁전, 루브르 박물관, 오페라 가르니에, 파리 시청, 내무부, 사법부, 왕궁 및 샹젤리제 거리 양쪽의 디러스 호텔과 고급 아파트를 불태워 버리라고 지시했다. 차라리 파괴할지언정 적에게 넘겨주지 않겠다는

---

19) Karl Marx, The Civil War in France (Marxists Internet Archive).
20) 장더이(張德彝), 『삼술기(三述奇)』, 상하이고적출판사(1995)

뜻이다. 오후 7시, 코뮌 멤버들이 타르와 기름을 들고 여러 곳에 불을 질렀다. 금빛 찬란하던 튀일리 궁전(부르봉 왕조와 제2제국의 정궁)이 초토화됐다. 방화범들은 인근에 있던 루브르 박물관도 불사르려 했으나, 다행히 아돌프 티에르(Adolphe Thiers) 부대가 제때 도착해 화재를 진압했다.[21]

파리 코뮌 이후, 마르크스는 신속하게 이 사건에 근거해 자신의 이론을 재점검하고 〈공산당선언〉에 유일한 수정을 했다. 그는 노동자 계급은 단순히 기존의 국가기구를 빼앗는 것이 아니라 때려 부숴야 한다고 했다.

5. 공산주의가 전 세계로 확산

공산주의는 이로 말미암아 더욱 파괴적으로 변했고 영향을 끼친 범위도 더욱 넓어졌다. 마르크스가 죽고 6년 후인 1889년, 제1인터내셔널 해체 13년이자 프랑스대혁명 100주년 되는 해에 국제노동자협회가 부활했다. 마르크스주의자들은 다시 모여 이른바 제2인터내셔널을 만들었다. 공산주의 이론을 토대로 인류 해방과 계급 폐지 등의 기치를 내걸었고, 19세기 말에는 마르크스의 이름과 연결된 유럽 노동자 운동이 빠르게 성장했다. 레닌은 이렇게 평가했다. "마르크스와 엥겔스의 노동자 계급에 대한 공적은 이렇게 간단하게 표현할 수 있다. 그들은 노동자 계급에 자아인식과 자기의식을 가르쳤고 과학으로 환상을 대체했다."

---

21) John M. Merriman, Massacre: The Life and Death of the Paris Commune Massacre (New York: Basic Books, 2014).

악령이 거짓말과 세뇌를 통해 공산주의를 인간의 이데올로기에 입력함으로써 갈수록 많은 사람이 공산주의 사상을 받아들였다. 1914년에 이르러 세계에는 이미 30개에 가까운 사회당이 있었고, 각국은 노동조합 조직과 협동조합 조직을 대량으로 만들었다. 제1차 세계대전 직전에는 노동조합원이 1,000만 명 이상이었고, 협동조합 사원도 700만 명을 넘었다. 이들 유럽 국가의 사회사상은 거의 모두, 사회주의 운동이나 노동운동과 정치적으로 연관돼 있건 연관돼 있지 않건, 마르크스의 영향을 분명히 받았다.22)

이와 동시에 공산주의는 유럽을 통해 러시아와 동양으로 퍼지기 시작했다. 1886년에서 1890년 사이, 레닌은 칼 마르크스의 저서 〈자본론〉을 접하기 시작했고, 그 후 〈공산당선언〉을 러시아어로 번역했다. 레닌은 감금과 추방을 당한 후 서유럽에 거주하며 제1차 세계대전을 맞이했다.

세계적인 전쟁은 공산주의를 보급하는 편리한 도구가 됐다. 니콜라이 러시아 차르가 1917년 2월 혁명에서 최종적으로 패배할 때 레닌은 스위스에 갇혀 있었고, 그 후 반년 뒤 10월 쿠데타를 통해 권력을 잡았다.

제1차 세계대전은 세상에 공산주의 기지를 건립하는 결과를 낳았다. 그게 바로 러시아다. 유라시아 대륙에 걸쳐 있고, 오랜 전통이 있고, 인구와 자원이 많고, 세계에서 땅이 가장 넓은 나라였는데, 공산주의 국가가 됐다.

이때, 공산주의는 여전히 전 세계에서 성장세를 보였다. 소련과 동아시아가 인접해 있어 공산주의 이데올로기가 지리적 이점을 타

---

22) Eric Hobsbawm, How to Change the World: Reflections on Marx and Marxism (New Haven & London: Yale University Press, 2011).

고 동아시아에 전해져 중국 본토에도 공산당이 생겨났다.

제1차 세계대전은 공산당이 러시아 정권을 탈취하는 결과를 낳았다. 제2차 세계대전은 공산 세력이 홍수처럼 유라시아 대륙으로 확장되게 했다.

소련 공산당은 세계정세를 통제하고 군사 및 외교적 수단을 이용해 공산주의를 전 세계로 확장했다. 스탈린은 "이번 전쟁은 이전의 전쟁과는 다르다. 누구든 영토를 점유하는 자는 그 영토에 자신의 사회제도를 추진한다."고 했다.[23]

1946년 3월 5일, 윈스턴 처칠이 말했다. "동맹국의 승리로 밝았던 대지에 이미 어두운 그림자가 드리워졌다. 소련과 공산주의 국제 조직이 가까운 장래에 무슨 일을 하려는지, 그들이 공산주의 사교를 확장하고 전파하는 종착점이 어디인지 아무도 몰랐다."[24]

냉전 기간 공산국가는 4개 대륙에 널리 퍼져 있었고 자유세계와 공산 진영이 격렬하게 대치했다. 전 세계는 마치 하나의 태극 문양처럼 절반은 차가운 공산주의, 다른 절반은 뜨거운 공산주의였다. 자유세계의 국가는 표면상으로는 공산국가가 아니지만, 공산주의나 사회주의(즉, 공산주의 초기단계)를 실천하고 있었다.

---

[23] 밀로반 질라스(Milovan Djilas, 유고슬라비아), 『Conversation with Stalin(스탈린과의 대화)』

[24] Winston Churchill, "Sinews of Peace" (Speech at Westminster College, Fulton, MO March 5, 1946).

제3장

동방의 대학살

소련에 공산정권이 들어서고 불과 100년 동안에 공산주의 악령은 두 차례 세계대전에서 죽은 사람보다 더 많은 사람을 살해했다. 공산주의의 역사는 바로 살인의 역사로서 페이지마다 피로 얼룩져 있고 100년 동안 끊임없이 저질러온 폭력과 살인의 기록을 담고 있다.

제3장

동방의 대학살

머리말

소련에서 정권을 탈취한 이래 공산 폭정이 존재한 지 100년이 됐다. 미국 의회 기록에 의하면, 공산주의는 최소한 1억 명을 학살했다.1) 〈공산주의 흑서(The Black Book of Communism)〉는 공산주의가 저지른 살인의 역사를 상세하게 기록했다.2) 소련과 동유럽 공산 집단이 해체된 후 해제된 기밀문서 가운데 중국 공산당 역사 연구실에서 공개한 자료를 통해 역대 운동 중의 사상자 수, 국제사법재판소에서 심리한 전 캄보디아 공산당 당수의 살인죄, 독재 폭정을 이어

---

1) "Remembering The Victims Of Communism," https://www.congress.gov/congressional-record/2017/11/13/extensions-of-remarks-section/article/E1557-2
2) Stéphane Courtois, ed., The Black Book of Communism: Crimes, Terror, Repression, trans. Jonathan Murphy (Cambridge: Harvard University Press, 1999), 4.

온 북한 김씨 집안의 죄상 등이 드러났다. 이를 통해 사람들은 공산주의의 폭정과 살육 본성에 관해 상당한 인식을 갖게 됐다.

일찍이 일부 학자들이 공산당 독재와 나치 독재의 차이점을 비교한 적이 있다. 물론 학자들은 정확한 인식과 명철한 견해를 가지고 이 작업을 수행했지만, 그들이 간과한 것이 하나 있다. 나치의 유대인 학살은 학살 자체가 목적이지만, 공산당의 살인은 목적이 아니라 수단이란 점이다. 신을 믿는 사람들은 육신의 죽음은 진정한 죽음이 아니며, 영혼은 천국으로 가거나 윤회전생輪廻轉生한다고 믿는다. 그러나 공산당은 학살 방식으로 사람들의 마음속에 공포를 심어주어 그들의 사악한 이론을 받아들이도록 강요하고, 궁극적으로는 인간의 영혼을 타락시켜 지옥으로 내몰았다. 공산당은 사람의 육체뿐만 아니라 영혼까지도 훼멸하려 한다.

공산당의 살인은 또 다른 특징이 있다. 바로 내부 구성원의 포악성을 강화하고 가장 사악한 자를 선별해 당을 장악하게 한다는 점이다. 사람들은 공산당이 왜 끊임없이 내부 숙청을 하는지 이해하지 못한다. 숱한 사람이 단지 다른 의견을 가졌을 뿐 당도 지도자도 반대하지 않았지만, 무자비하게 숙청당했고 심지어 9족이 연좌되기도 했다. 그 원인 중의 하나는 공산당은 신과 사람을 적대시함으로써 하늘에 사무치는 죄를 지어 늘 생존 자체에 위기를 느끼기 때문이다. 따라서 공산당은 가장 잔인하고 사악한 자를 찾아 그들의 주체 세력으로 삼는다. 학살은 잔인하고 사악한 자를 선별하는 과정이다. 그래야만 공산주의 악령은 안심하고 권력을 넘겨 이 폭정의 연장을 보장받는다. 예를 들어, 1989년 6월 4일(6.4 톈안먼 사건)에 벌어진 학살과정에서 차마 학생들에게 손을 대지 못한 당원들은 모두 숙청됐고, 장쩌민은 가장 사악했기 때문에 중국 공산당의 후임 지도자로 선출됐다. 장쩌민이 그 후 파룬궁法輪功을 탄압하는 과정에서 가장 잔인한 저우융캉周永康과 뤄간羅幹을 잇달아 최고위층에 발탁한 것도 이런 이유에서다.

중국 공산당은 또 이러한 살인과정에 전 국민을 끌어들이기도 한다. 예를 들어 문화대혁명은 전 국민이 손에 피를 묻히도록 했다. 당과 함께 범죄를 저지른 후에는 이 사악한 체제의 수호자가 되기 쉽다. 폭력과 파괴를 일삼았던 홍위병紅衛兵 중 상당수가 아직도 '청춘은 후회없다靑春无悔'를 외치는 것도 이런 심리를 단적으로 보여주는 증거다. 이 밖에도 공산당 사교邪敎는 학살을 통해 적(자기들이 만들어낸 적)을 소멸하는 동시에 방관자들이 공포와 전율 속에서 공산당에 품은 모든 의혹을 포기하도록 한다.

위에서 밝힌 살인의 이유를 이해할 수 있다면 공산당의 또 다른 특징을 이해하는 데도 별 어려움이 없을 것이다. 인류 역사가 보여주듯, 전쟁이든 폭군이든 먼저 적이 있어야 살인을 하지만, 공산당은 죽이기 위해 적을 찾고 적이 없으면 만들어서라도 살인을 한다는 점이다.

특히 중국에서는 대량 학살이 잇따랐다. 중국이 지닌 역사적, 문화적 특성을 고려할 때, 공산당으로서는 지속적인 대규모 학살이 필수불가결한 수단이라고 판단할 수밖에 없다. 왜냐하면 전통적으로 신을 믿고 부처를 경배하며 5천 년간 축적한 문화의 저력과 사상 수양, 그리고 민족정신이 있는 중국인은 신과 부처를 적대시하고 폭력을 숭상하는 공산주의를 쉽게 수용할 수 없기 때문이다. 따라서 중공은 반드시 폭력을 통해서만 공산주의의 사악한 교리를 이식하고 유지할 수 있다. 공산당은 이에 앞서 소련에서 이미 그를 시연試演한바 있다.

1. 폭력으로 정권을 탈취하다

공산주의는 악령이기 때문에 그 출발부터 명예롭지 못했다. 마르크스가 "하나의 유령이 유럽을 배회하고 있다."고 한 것에서부터 파리 코뮌의 불량배들이 세상에서 가장 찬란한 예술의 성 파리를 파괴한 것에 이르기까지, 또 소련 공산당이 음모와 폭력으로 정권을 찬탈한 것에서부터 중국 공산당이 폭력과 계략을 통해 정권을 탈취한 것에 이르기까지 모두 그러하다.

1) 소련 공산당의 등장

1917년 2월, 당시 러시아 산업 노동자들은 식량이 부족하고 공장 환경이 나빠져 파업을 일으켰다. 그 후, 동란이 러시아의 여러 지역으로 확산되자 러시아 차르 니콜라이 2세가 퇴위했다. 곧이어 러시아는 임시정부를 수립했고, 이 소식을 들은 레닌은 곧바로 스위스에서 러시아로 돌아가려 했다. 하지만 제1차 세계대전이 한창이던 시기라 러시아로 돌아가려면 많은 적대국을 지나가야 했다. 그가 어떻게 러시아로 돌아갔는지, 그 경로나 경위는 오랫동안 베일에 가려져 있었다.

2007년 말, 독일 시사주간지 〈슈피겔(Der Spiegel)〉이 90년 동안 가려져 있던 베일을 벗겼다.[3] 당시 러시아와 교전 중이던 독일 황제 윌리엄 2세는 레닌이 러시아에 가져올 재앙적 결과를 예상하고 레닌이 독일을 경유해 스웨덴에 도착한 뒤 핀란드를 거쳐 러시아로

---

[3] "Revolutionaer Seiner Majestät" (德皇陛下的革命: 독일황제폐하의 혁명), http://www.spiegel.de/spiegel/print/d-54230885.html.

돌아갈 수 있도록 했다. 그뿐만 아니라 독일 황제는 레닌에게 많은 돈과 무기를 지원했다. 독일 외교부는 1917년 말 이전에 이미 레닌에게 2,600만 마르크를 줬다. 처칠은 독일인들이 망명 중인 레닌을 러시아로 돌려보낸 일을 평가하면서 다음과 같이 말했다. "그들은 모든 무기 중에서 가장 공포스러운 것을 러시아에 사용했다. 그들은 레닌을 페스트균처럼 밀봉된 트럭에 실어 돌려보냈다."4) 러시아로 돌아간 레닌은 이미 벌어진 동란을 이용해 1917년 11월 7일(율리우스력 10월 25일)에 정변(10월 혁명)을 일으켰고, 러시아 임시정부를 뒤집어엎고 최초의 공산정권을 수립했다.

하지만 1918년 1월 5일, 러시아 제헌의회 선거에서 러시아 사회혁명당은 압도적인 표 차로 집권 여당, 즉 레닌이 이끄는 볼셰비키당을 앞섰다. 유권자 440만여 명이 투표한 결과, 볼셰비키당의 득표율은 24%에 그쳤지만 사회혁명당은 40%에 달했다.

선거 결과에 불복한 레닌은 약속을 파기하고 제헌의회를 인민의 적이라고 선포했다. 이와 함께 레닌의 볼셰비키당은 제헌의회 개최 당일 이미 준비한 계엄령을 선포한 다음 군대를 이끌고 수도에 진입해 강제로 제헌의회를 해산했다. 결국 1월 5일 실시한 선거는 효력을 상실했다. 러시아 10월 쿠데타는 20세기 국제공산폭력운동의 시초로, 공산주의 폭력운동의 확장을 촉발해 전 세계인에게 끝없는 재앙을 안겨주었고, 이때부터 살육이 끊이지 않았다.

2) 중국 공산당의 권력 찬탈

1917년, 소련은 정권을 수립하자마자 중국이 공산 제3인터내셔널 회원국인 점을 이용해 혁명을 수출했다. 그레고리 보이틴스키(Grigori

---

4) Winston S. Churchill, The World Crisis, Volume 5.

Voitinsky)를 중국에 파견해 공산주의 소조를 창립한 데 이어 미하일 보로딘(Mikhail Borodin)을 통해 국민당에 제1차 국공합작國共合作(국민당과 공산당이 연합한 일)을 받아들이게 함으로써 중국 공산당이 국민당에 침투해 조직 기반을 신속히 확대할 수 있게 했다. 국민당 정부군이 일본군과 8년 동안 악전고투하는 사이, 중국 공산당은 세력을 키워 궤멸 직전이던 3만 명의 홍군에서 132만 정규군과 260만 민병을 거느린 군사집단으로 성장했다. 일본이 패전함에 따라 중국 공산당은 국민당과 평화회담을 하는 척하는 한편, 무력 확장을 이어가면서 미국과 소련에 국민당을 포기하고 공산당을 지지해줄 것을 요구했다. 중국 공산당은 결국 국민당 정부군을 물리치고 1949년 폭력으로 권력을 찬탈해 세계에서 가장 사악한 공산 독재국가를 세웠다.

이때부터 공산 진영은 놀라운 기세로 커져갔다. 세계 최대 면적을 가진 소련과 최대 인구를 가진 중국으로 인해 유라시아 대륙이 거의 붉은색으로 물들었는데, 전 세계 인구 및 지구 표면적의 3분의 1을 차지했다. 아프리카, 남아메리카, 동남아시아 등 많은 나라도 소련과 중국 공산당으로 기울었다. 제2차 세계대전 중 수많은 사람이 피 흘려 싸운 결과가 호랑이를 길러 후환을 만들고 공산 독재를 키운 꼴이 됐다. 실로 세상 사람들의 예상을 뛰어넘는 재앙을 초래한 것이다.

2. 노동자와 농민의 신힐로 정권을 다지다

공산주의 시조인 마르크스에서부터 공산 독재국가에 이르기까지 모두 다 입으로는 노동자, 농민, 프롤레타리아에 의지하고 그들의 이익을 대변한다고 했지만, 실제 행동은 결국 노동자, 농민을 고통 받게 했음이 증명됐다.

1) 소련 공산당의 노동자·농민 학살

1918년, 레닌이 제헌의회를 불법으로 해산하자 노동자들이 가장 먼저 일어나 저항함으로써 공산 폭력 앞에 최초로 피를 흘린 계층이 됐다. 당시 페트로그라드와 모스크바에서 제헌의회 해산에 항의하며 시위를 벌인 노동자는 수만 명에 달했다. 볼셰비키 군대는 평화로운 데모 대열을 향해 총격을 가했고, 페트로그라드와 모스크바 거리는 노동자들의 피로 물들었다. 러시아 최대의 노동조합인 러시아 철도노조연맹은 제헌의회 해산에 항의하기 위해 정치적 파업을 선언했고, 많은 노동조합이 이를 지지했다. 그러나 소련 공산당은 곧바로 그들을 잔혹하게 진압했다. 뒤이어 러시아철도노조연맹을 비롯한, 볼셰비키가 통제하지 않는 독립 노조의 활동이 금지됐다. 이때부터 러시아 노조는 점차 소련 공산당에 통제되면서 국영화됐다.

1919년 봄, 러시아의 많은 도시에서 노동자 파업이 일어났다. 굶주린 노동자들은 볼셰비키 군대와 같은 양의 식량을 공급하고, 공산당원의 특권을 폐지하고, 언론의 자유를 보장하고, 선거를 실시할 것을 요구했다. 결국 모든 파업은 비밀경찰 체카(Cheka)의 체포, 총살 앞에 좌절됐다.

1918년 여름, 러시아는 내전으로 인해 식량이 바닥났다. 식량 문제를 해결하기 위해 레닌은 1918년 6월 스탈린을 볼가 지역의 차리친에 파견했다. 그곳이 러시아의 전통 곡창지대였기 때문이다. 레닌은 스탈린에게 차리친에서 집단학살을 하라고 명령했다. 스탈린은 그곳에 도착하자마자 대규모로 농민들을 처형하기 시작했다. 스탈린은 레닌에게 보낸 전보에서 "안심하세요. 우리의 손은 떨리지 않아요."라 했다. 얼마 후 대량의 식량이 모스크바로 수송됐다.

소련 공산당의 폭정은 농민 저항을 더 많이 불러일으켰다. 1918년 8월, 펜자 지역의 농민들이 무장봉기를 일으켰고, 이어서 주변 지역으로 급속히 번졌다. 소련 공산당은 군대를 파견해 잔혹하게 진압했다. 당시 레닌은 펜자 지구에 편지로 행동 지침을 하달했다. "(1) (인민들이 교수형 집행 과정을 충분히 볼 수 있도록) 최소한 100명의 알려진 지주·부자·흡혈귀를 교수형에 처한다. (2) 그들의 이름을 공표한다. (3) 그들의 곡물을 전부 빼앗는다. (4) 어제의 전보電報에 따라 인질을 지명한다. 이 일은 반드시 주변 수백km 내의 사람이 모두 볼 수 있도록 하고 떨도록 하고 알도록 하고 소리지르도록 해야 한다."[5]

10월 혁명 전, 탐보프 지역은 러시아에서 가장 부유한 지역 가운데 하나였다. 소련 정부는 식량 징발을 강행하기 위해 대량의 양곡 징발 팀을 탐보프 지역에 보냈다. 농민 5만여 명은 강제 징발에 맞서 자위군을 결성하고 무력 충돌을 감행했다.

탐보프 농민들의 반항을 진압하기 위해 1921년 6월, 소련 정부의 '반反비적위원회'는 투하체프스키에게 '독가스를 사용해 비적을 공격하라.'고 사주했다. 투하체프스키는 독가스를 살포하고 불을 질러 탐보프 지역의 광대한 땅을 무인 지역으로 만들었다. 탐보프주州의 농민 봉기를 진압하는 과정에서 농민과 그들 가족 10만여 명이 구금되거나 유배되고 1만 5,000명이 죽은 것으로 추정된다.

소련의 피비린내 나는 살육 리허설은 나중에 중국 공산당이 중

---

5) Robert Service, Lenin: A Biography (London: Macmillan, 2000), 365.

국 노동자와 농민을 박해하는 데 충분한 밑거름이 됐다.

2) 중국 공산당의 노동자·농민 학살

중국은 5천 년에 걸쳐 다져진 박대정심博大精深한 문화를 가지고 있고, 하늘을 경외하고 신을 믿는 전통은 이미 중국인들의 뼛속에 녹아있었다. 공산주의 악령이 기만·변이·침투 등의 수단만으로 5천 년 전통을 어찌 쉽게 바꿀 수 있겠는가? 이 때문에 공산주의 악령은 계획적으로 중화 전통문화를 이어받은 사회 엘리트 계층을 폭력으로 학살했고, 전통문화 중에서 사람들의 생존을 위한 정신적 지주와 물질적 매개체를 파괴해 신과의 관계를 끊어버렸다. 또한 사악한 당黨문화를 만들어 전통문화를 대체하는 한편, 살해되지 않은 사람들, 특히 젊은이들을 당문화로 육성함으로써 그들을 배은망덕한 '이리 새끼'로 개조해 인류를 훼멸하는 공산주의 악령의 도구로 삼았다.

중국 공산당은 정권을 탈취하자마자 적을 만들기 시작했고, 먼저 엘리트 계층을 향해 도살용 칼을 휘둘렀다. 중국 공산당은 농촌에서 지주와 유지를 살해하고 도시에서 자본가를 죽여 공포 분위기를 조성하는 동시에 사회 재부財富를 강탈했다.

중국 공산당의 이른바 토지개혁은 농민에게 토지를 나눠주겠다고 약속하고 농민들에게 약간의 이익을 주면서 지주와 부농富農을 죽이고 공산당 새 정권을 지지하도록 부추겼다. 그러나 지주와 지역 유지를 학살하고 나서는 즉시 합작화合作化를 통해 농민에게 나누어 준 토지를 회수했다.

중국 공산당은 1950년 3월 '반혁명분자를 엄하게 진압하라鎭反'는 지시를 내려 농촌의 지주와 부농 계층을 집중적으로 학살했다.

중국 공산당은 "1952년 말까지 학살한 '반혁명 분자'가 240여만 명"이라고 공표했지만, 실제 살해된 사람은 당시 인구의 1%에 육박하는 500만 명 이상이다.

중국 공산당은 농촌의 지주와 부농을 학살한 데 이어 '3반反'과 '5반反' 운동을 통해 도시의 자산가들을 살해했다. 잠정적인 통계에 따르면, 1952년 1월 25일부터 4월 1일까지, 상하이에서만 이 운동으로 인해 자살한 사람이 876명에 달하고, 그중 상당수 자본가가 일가족과 함께 자살했다.

지주와 자본가 계층을 소멸하고 나서도 중국 공산당은 멈추지 않고 농민, 소상공인, 수공업자의 재산을 강탈했다.

3. '반인류 범죄'로 정권을 유지하다

1) 소련 공산당의 살인 수법

(1) 노동교양소를 이용해 살육하다

1918년 9월 5일 레닌은 솔로베츠키 제도에 첫 번째 특별 노동수용소 설립을 명령했다. 이 수용소는 10월 혁명과 소련 정권을 반대하는 사람들을 가두고 고문하고 학살하는 용도로 쓰였다. 그 후 소련 공산당은 각지에 더 많은 수용소를 건설했다. 이러한 수용소들은 바로 스탈린 시대의 악명 높은 굴라크(Gulag) 수용소의 전신이다. 굴라크는 리시아어 '교정矯正노동수용소 관리본부'의 야칭이다. 스탈린 시대에 숙청이 잇따르고 공포정치를 심화함에 따라 굴라크 수용소는 갈수록 많아졌다. 굴라크 숫자는 1953년 스탈린이 사망하기 직전에 절정에 달했는데, 무려 170개가 소련 전역 구석구석에 널리 퍼져 마치 끊임없이 이어지는 군도群島와 같았다.

〈굴라크 군도〉라는 책에서 저자 솔제니친은 고문 방법 31가지를 열거했다. 심리적 고통을 가하는 것에서부터 신체를 손상하는 것에 이르기까지 극악무도한 방법을 모두 담고 있다. 비밀경찰은 흔히 몇 가지 형刑을 병용해 생리적으로 체력을 고갈시키고 정신적으로 희망을 철저히 무너뜨렸다. 그 결과 어떤 진술이든 필요한 대로 얻을 수 있었다.[6)]

노동수용소에 갇힌 사람들은 굶주림과 추위에 시달렸고 한겨울에도 매일 12~16시간씩 강도 높은 육체노동을 해야 했다. 수많은 사람이 그곳에서 비정상적으로 목숨을 잃었다. 가족들까지 굴라크에 보내는 경우도 많았고, 남편을 수감하고 아내를 귀양 보내기도 했으며 심지어 여든 살 노인도 예외가 아니었다. 당과 국가 고위 지도자에서부터 군 고위 장성, 민간인, 종교인, 엔지니어, 의사, 학생, 교수, 노동자, 농민에 이르기까지 모든 계층이 피해자가 됐다.

사람들은 대부분 수용소가 독일 나치의 산물이라고 여기지만, 사실은 소련의 노동수용소야말로 공산국가 수용소의 원조다. 당시 히틀러도 게슈타포를 소련에 파견해 노동수용소 건설 경험을 배우기도 했다.

보수적인 통계에 따르면, 1930년부터 1940년까지 수감자 50여만 명이 사망했다. 굴라크 시스템은 1960년에 폐쇄됐다. 2013년 러시아 관영 매체 웹사이트는 1,500만 명 이상이 굴라크 수용소에 수감됐고, 그곳에서 150만 명 이상이 사망했다고 밝혔다.

(2) 기근을 이용해 살육하다

공산 정권은 기근마저도 살인에 이용했다. 1932~1933년 우크라

---

6) Aleksandr Solzhenitsyn, The Gulag Archipelago: 1918-1956.

이나에서 발생한 대기근은 사실상 소련 공산당이 단행한 우크라이나 인종 청소다. 소련 공산당이 우크라이나에서 추진한 농업 집단화 정책이 현지 농민들의 저항에 부딪힌 것이 사건의 배경이다. 그러자 소련 공산당은 농사 잘 짓는 농민을 대부분 부농으로 분류한 다음, 그 일가족을 모두 시베리아와 중앙아시아로 유배했다. 그로 인해 우크라이나의 농업생산력이 급격히 감소해 1932년의 식량 생산량이 큰 폭으로 감소했다.

소련 정부는 1932년부터 1933년 겨울까지 우크라이나에 식량공급을 중단했다. 우크라이나 주변에 경계선을 설치해 누구도 도망칠 수 없게 했다. 처음에 우크라이나인들은 집에 저장한 채소와 감자로 허기를 달랬다. 그러나 소련 정부는 식량 징발 팀을 파견해 각 가정에 남아 있던 채소와 감자를 전부 빼앗아갔다. 곧 수많은 농민이 줄줄이 굶어죽었고, 많은 곳에서 인육을 먹는 참극이 빚어졌다. 또 겨울에는 땅속에 매장한 고양이, 개, 가축, 사람의 사체를 꺼내 먹기도 했다. 농민들에게는 도시 진입과 식료품 구입을 금지했다. 결국 많은 사람이 철길 위에서, 혹은 철도 옆에서 굶어죽었다.

대기근 이후, 우크라이나에서 부모를 잃고 고아가 된 어린이가 100만 명이 넘었다. 돌아갈 곳이 없는 아이들은 각 도시에서 구걸로 목숨을 부지했다. 스탈린 정부는 이 어린 거지들이 소련의 빛나는 이미지를 손상했다며 12세 이상의 어린이를 총살하라는 명령을 내렸다. 일부 통계에 따르면, 250만~480만 명이 대기근으로 사망했다. 당시 우크라이나의 수도 하리코프(Kharkov) 시 거리곳곳에는 굶어 죽은 시체가 널려 있었다.

(3) 대규모 숙청을 이용해 자기편을 살육하다

공산주의 악령이 전 인류를 훼멸하는 목적 중에는 자기편을 훼멸하는 것도 포함된다. 그래서 공산당은 같은 편에게도 인정을 베푼 적이 없다. 스탈린 시대에 공포적 살육은 갈수록 격해졌다. 1928년부터 스탈린은 10년간 피비린내 나는 정치적 탄압을 계속했다. 이른바 '대숙청' 역시 자기편 사람들을 살육하는 운동이었다. 역사학자들의 연구에 의하면, 소련 공산당 17차당대회에 참석한 대표 1,966명 가운데 1,108명이 대숙청 운동 과정에서 반혁명죄로 체포됐다. 17차당대회에서 선출된 중앙위원과 중앙위원 후보는 총 139명이었는데, 그중 80%가 처형됐다. 레닌이 죽기 전, 최후의 정치국 위원 7명 중에서 스탈린은 레닌을 제외한 나머지 5명(카메네프, 트로츠키, 지노비에프, 리코프, 톰스키)을 모두 죽였다. 1919~1935년에 선출된 정치국위원 31명 가운데 20명이 살해됐다. 베리야는 이런 말을 한 적이 있다. "누구를 데려오든 나는 그의 범죄 증거를 찾아낼 수 있다."

이 한 차례 숙청은 어떤 사회 계층도 빠뜨리지 않았다. 종교계, 과학계, 교육계, 학술계, 문화예술계 지식인에 대한 탄압은 오히려 군부와 정계의 그것보다 먼저 진행됐다. 실제로 스탈린의 공포 정책에 더 큰 대가를 치른 것은 소련의 일반 민중이었다.

그렇다면 스탈린의 대숙청은 도대체 얼마나 많은 사람을 체포하고 살해하고 유배했을까? 아직 정확한 기록은 없다. 1991년 6월 소련이 붕괴하기 직전, 소련 국가안전위원회 주석 블라디미르 크리우치코프(Vladimir Kryuchkov)가 통계 하나를 발표했다. "1920년부터 1953년까지 소련은 약 420만 명을 탄압했고, 이 가운데 200여만 명은 대숙청 과정에서 탄압받았다." 또한 소련과 옐친 시대의 개혁파 정치인 알렉산더 야코블레프(Alexander Yakovlev)는 2000년 기자 인터뷰에서 "스탈린주의 탄압으로 인한 희생자가 최소 2,000만 명에 달한

다."고 했다.[7]

2) 중국 공산당의 살인 수법

중국 공산당은 1949년부터 1966년 사이에 진행한 '진반鎭反(반혁명 진압)' '삼반오반三反五反(숙청운동)' '반우파反右派' '대약진운동大躍進運動' 및 그들이 조성한 대기근을 통해 중국인 수천만 명을 살해했다. 피비린내 나는 당내 투쟁의 수요에 따라 무신론과 공산당 문화를 교육받은 새로운 세대의 '이리 새끼'들이 성장하면서, 공산악령은 수천 년을 이어온 중화 전통문화를 파괴하기 위해 한층 더 '업그레이드'된 살육과 파괴를 시작했다.

(1) 대기근을 조성해 살육하다

1959년부터 1962년 사이, 중국에서 전대미문의 대기근이 발생했다. 중국 공산당은 줄곧 자연재해라고 속여 왔다. 사실은 1958년 중국 공산당이 대대적으로 인민공사를 조직하고 대약진운동을 벌여 식량 재고를 전부 소진했다. 또한, 식량 생산량을 부풀려서 거짓 보고를 하도록 각급 도시와 농촌 지역에 강압했을 뿐만 아니라 거짓 보고서의 수량만큼 식량을 징수했다. 그 결과 농민들은 식량, 종자, 사료까지 전부 빼앗기고도 거짓 신고한 양을 채울 수 없었다.

중국 공산당은 각급의 식량 징발대를 조직해 굶어 죽어가는 농민들을 매달아 때리고 고문해 목숨을 부지할 마지막 식량까지 약탈했다. 또 중국 공산당이 소련 공산당을 본받아 농민들이 도시로 들어가거나 어떤 방법으로 식량을 구할 수 없게 막음으로써 수많은 가정, 심지어 마을 전체가 굶어 죽었다. 사람이 사람을 잡아먹는 현상이 빈번했고, 길가에는 굶어 죽은 사람의 사체가 곳곳에 널려

---

[7] 『야코블레프 탐방록(1992-2005)』. 중국사회과학원 역.

있어 차마 눈 뜨고 볼 수가 없었다. 또한 살기 위해 식량을 빼앗는 농민들을 잔인하게 살해했다. 농민들에게서 수탈한 식량으로 소련의 무기를 대규모로 사들이고 다른 나라로 수출해 황금으로 바꾸고 빚을 갚는 데 썼지만, 정작 자국민의 생사에는 관심이 없었다. 불과 3년 사이에 인성마저 말살하는 대기근을 조성해 중국인 수천만 명의 생명을 앗아갔다.

(2) 문화대혁명으로 대학살을 자행하다

중국 공산당은 1966년 5월 16일 '중국 공산당 중앙위원회 통지(약칭 5.16통지)'를 발표하고 문화대혁명을 일으켰다. 같은 해 8월, 고위급 간부 자제들을 주축으로 한 베이징시 일부 중학교 홍위병들이 베이징에서 대대적인 가택수색과 구타, 학살을 시작했다. 1966년 8월 하순 베이징시 각 구區에서 수천 명이 사망하는 이른바 '붉은 8월紅八月' 참극이 빚어졌다.

베이징시 다싱大興현의 학살 사건을 예로 들어보자. 1966년 8월 27일에서 9월 1일 사이, 다싱현의 13개 인민공사人民公社(집단농장) 소속 48개 생산대대生産大隊(노동조합) 농민 325명을 살해했다. 그들은 80세 노인에서부터 생후 38일 된 아기에 이르기까지 무차별적으로 살해했고, 그 가운데는 일가족이 몰살당한 집도 22가구나 됐다. 살인 수법은 몽둥이로 때리고, 작두로 자르고, 밧줄로 목을 매달고, 영유아는 한쪽 다리를 밟고 다른 한쪽 다리를 찢어 두 동강 내는 방식이었다.

공산주의 악령은 폭력과 살육을 사주할 때 살인은 마땅한 것이고 인간다운 착한 마음은 포기해야 한다고 알려준다. 그리고 '적에게는 엄동설한처럼 냉혹하고 무자비해야 한다.'는 당黨문화 이념을 고취했다. 이러한 예는 일일이 다 열거할 수 없다. 중국 공산당의 모든 악행은 의도적으로 전통문화를 파괴하고 도덕을 타락시키는 데 일조했다. 많은 사람이 당문화에 오염돼 공산주의 악령의 살인 도구로 변했다.

사람들은 대부분 공산 독재국가가 잔인하게 살인을 일삼는 것만 보았을 뿐, 인간이 어떻게 이처럼 인간성을 상실하고 잔인무도할 수 있는지 이해하지 못한다. 사실 공산주의 악령은 증오와 우주 저층의 각종 부패물질로 이루어졌고, 또 썩은 귀신과 저층의 영체靈를 이용해 악행을 저지른다. 따라서 그러한 비인간적인 표현은 바로 근본적인 마성에서 나온 것이다.

문화대혁명 시기에 비명횡사한 사람은 집계가 어려울 정도로 많다. 다수의 연구 결과로는 200만 명, 심지어 더 많을 것으로 보인다.

세계적인 대학살 사건을 연구하는 미국의 루돌프 룸멜(R. J. Rummel) 교수는 자신의 책 〈피로 물든 중국의 100년(China's Bloody Century)〉에서 "문화대혁명 시기에 사망한 사람은 약 773만 명"이라고 밝혔다.

산둥대학교 부교수 둥바오쉰董寶訓과 산둥성 당사연구실黨史研究室 전 부주임 딩룽자丁龍嘉가 공저한 〈침원소설沉冤昭雪〉이란 책이 1997년 안후이 인민출판사에서 출판됐다. 이 책에는 당시 중국 공산당 중앙위원회 부주석 예젠잉葉劍英이 1978년 12월 13일 중앙공작회의 폐막식에서 한 연설이 인용돼 있다. "중앙정부는 2년 7개월간의 전면 조사를 통해 확인했다. 문화대혁명 기간에 2,000만 명이 사망했고, 전 인구의 9분의 1에 해당하는 1억 명 이상이 정치적 박해를 받았으며, 8,000억 위안(약 132조 400억 원)을 낭비했다."

〈덩샤오핑 문선鄧小平文選〉에 의하면, 1980년 8월 21일부터 23일까지 덩샤오핑은 인민대회당에서 이탈리아 기자 오리아나 팔라치(Oriana Fallaci)와 인터뷰를 두 번 가졌다. 팔라치가 문화대혁명으로 죽은 사람이 얼마인지를 묻자 덩샤오핑은 "그것은 천문학적인 숫자이며, 영원히 추산해낼 수 없는 숫자다."라고 했다. 이어서 덩샤오핑은 억울한 사건 하나를 예로 들었다. 캉성康生이 윈난雲南성 당서기 자오젠민趙建民을 면전에서 "반역자, 국민당 특무"라고 지목하면서 공안부장 셰푸즈謝富治에게 당장 체포하라고 명령했다. 이 한 사건만으로 138만 명이 연루돼 1만 7,000여 명이 살해됐고 6만여 명이 불구가 됐다. 쿤밍昆明 지역에서만 1,496명이 살해당하고 9,661명이 불구가 됐다.

(3) '파룬궁 박해'로 집단학살의 극치를 보이다

수십 년간 진행된 중국 공산당의 폭력과 살육, 세뇌, 당문화 주입 등으로 신을 믿지 않는 사람들의 도덕 표준은 이미 신이 인류에게 규정한 최저 수준에도 훨씬 못 미친다. 심지어 신을 믿는 사람들마저 어떤 것이 신에 대한 참된 믿음인지 모른 채 중국 공산당이 파괴한 후의 종교 신앙을, 신을 믿는 형식으로 삼았다. 이 상태로 나아간다면 세계 각 민족이 예언한, 인류 전체를 훼멸하는 대재앙이 반드시 올 것이다.

세상 사람들의 도덕을 끌어올리고 구도救度하기 위해 1992년 봄, 리훙쯔李洪志 선생이 진眞, 선善, 인忍으로 신심수련을 하는 파룬궁法輪功을 중국에서 전수했다. 파룬궁은 파룬따파法輪大法라고도 부르며, 매우 간단하고 쉬운데다 건강증진 및 정신수련 효과가 탁월하다고 알려졌다. 불과 몇 년 사이에 입에서 입으로 전해지면서 전 세계에서 1억 명 이상이 수련함으로써 인류사회를 도덕적으로 승화시키고 신앙심이 되살아나게 하는 작용을 일으켰다.

그러나 공산주의 악령은 파룬궁을 최대의 적으로 간주했다. 악령의 궁극적인 목적이 문화를 파괴하고 도덕을 타락시켜 창세주의 구도를 막는 것이기 때문이다.

1999년 7월 장쩌민 전 중국 공산당 당수는 곧바로 파룬궁에 대한 전면적인 박해를 감행했다. 박해 만행은 동서고금의 온갖 사악한 수단을 집결해 놓은 듯 극악무도하기 그지없었다. 장쩌민은 파룬궁 수련인을 겨냥해 "명예를 실추시키고, 경제를 파탄시키며, 육체를 소멸하라."는 명령을 내렸다.

중국 공산당은 기만과 폭력을 앞세워 모든 중국인에게 박해에 동의하고 참여하도록 강요했으며, 도덕을 타락시켜 신을 등지게 하고 파룬궁과 대립하게 했다. 중국인들은 오랜 세월 지속된 고압·세뇌·살육 속에서 감히 목소리를 내지 못하고 무감각해졌다. 그래서 그들은 박해 만행을 보고도 못 본 척하고 심지어 본의 아니게 박해에 동참했다. 그러나 그로 인해 자신들도 공산당과 함께 파멸의 길을 걷고 있는 줄은 모른다.

공산주의 악령은 또한 경제적인 수단을 이용해 효과적으로 자유 세계 국가들을 묶어두어 파룬궁과 그 수련인에 대한 잔인한 박해를 제지하지 못하게 했다. 결국 박해를 자행하는 무리가 더욱 거리낌 없이 미쳐 날뛰게 됐다.

공산주의 악령의 사악함은 상상을 초월한다. 파룬궁 수련인을 살아있는 장기臟器은행으로 삼아 수시로 살해하고 장기를 팔아 이익을 챙기는데, 각 장기는 수만~십 수만 달러에 거래된다. 2006년 7월 7일, 캐나다 인권 변호사 데이비드 메이터스(David Matas)와 전 캐나다 국회의원 데이비드 킬고어(David Kilgour)가 이에 관한 조사보고서 〈블러디 하비스트, 장기를 얻기 위해 파룬궁 수련인 살해(Bloody Harvest, The killing of Falun Gong for Their Organs)〉를 발표했다. 이 보고서는 18가지 증거를 토대로 "파룬궁 수련인을 대상으로 한 중국 공산당의 강제 장기적출 범죄는 실제로 존재한다."고 폭로하면서 "지구상에 전례가 없는 사악한 행위"라고 규정했다. 이들은 또 국제 조사관들의 협력 하에 2016년 6월 〈블러디 하비스트(Bloody Harvest)〉와 〈학살(The Slaughter)〉을 발표했다. 680페이지에 달하는 방대한 분량과 2,400여 개 참고문헌으로 된 이 보고서는 중국 공산당의 강제 장기적출 범죄의 실체와 규모를 적나라하게 폭로했다.

2016년 6월 13일, 미국 의회는 중국 공산당에 '파룬궁 수련자 등 양심수를 대상으로 한 강제 장기적출 만행을 즉각 중단할 것'을 요구하는 〈343호 결의안〉을 만장일치로 채택했다.

중국 공산당은 강제 장기적출로 벌어들인 거대한 자금으로 파룬궁 박해를 계속할 수 있었다. 그리고 전 세계인들은 살기 위해 중국으로 가서 장기이식 수술을 받고 있지만, 돈으로 살아있는 파룬궁 수련자의 장기를 사는 것은 중국 공산당을 도와 살인을 하는 것과 다름없다. 이것이 바로 악마가 원하는 것으로, 사람을 훼멸하려는 목적이다.

중국 공산당은 정권을 찬탈한 후, 모든 종교 신앙에 대한 박해를 늦춘 적이 없다. 이 문제에 관해서는 본서의 제6장에서 상세히 논술한다.

4. 폭력 수출로 전 세계에 재앙을 안기다

〈공산주의 흑서: 범행, 공포, 탄압〉의 서론 '공산주의의 범행'에서 저자는 전 세계에서 공산 정권이 저지른 만행으로 죽은 사람의 수를 잠정 집계했는데, 총 사망자 수를 약 9,400만 명으로 추산했다. 소련 2,000만 명, 중국 6,500만 명, 베트남 100만 명, 북한 200만 명, 캄보디아 200만 명, 동유럽 공산정권 100만 명, 라틴아메리카(주로 쿠바) 15만 명, 에티오피아 170만 명, 아프가니스탄 150만 명, 그리고 '국제 공산주의 조직이 일으킨 운동과 재야의 공산당'에 의한 사망자 1만 명이다.8)

또 다른 학자의 통계에 따르면, 캄보디아는 1975년에서 1979년 사이에 중국 공산당의 직접적인 관여 하에 크메르루주가 저지른 폭정으로 죽은 사람이 140만~220만 명에 이르렀다. 당시 700만 명에 불과한 캄보디아 인구 3분의 1이 비정상적인 죽음을 맞이했다.

북한에서는 1948년부터 1987년까지 강제 노동, 처형, 수용소 노동개조 등으로 100만 명 이상이 죽었다. 북한은 대략 24만~42만 명이 1990년대 기근으로 사망했고, 1993년부터 2008년까지 60만~85만 명이 비정상적으로 사망했다. 김정은이 집권한 뒤에는 더욱 처참한 살육을 감행했는데, 희생자에는 정부 고위층과 친인척도 포함됐다. 또한 핵으로 세계 안전을 위협하고 있다.

소련에 공산 정권이 들어서고 불과 100년 동안에 공산주의 악령은 두 차례 세계대전에서 죽은 사람보다 더 많은 사람을 살해했다. 공산주의의 역사는 바로 살인의 역사로서 페이지마다 피로 얼룩져 있고 100년 동안 끊임없이 저질러온 폭력과 살인의 기록을 담고 있다.

---

8) Stéphane Courtois, ed., The Black Book of Communism: Crimes, Terror, Repression, trans. Jonathan Murphy (Cambridge: Harvard University Press, 1999), 4.

제4장

혁명 수출

비록 서방과 여타 지역의 일부 국가에서 공산주의 악령이 동방에서처럼 살육과 폭력수단을 사용하지는 않았지만, 그것은 온갖 변이된 수법과 서서히 침투하는 방식으로 도덕과 신전문화神傳文化(신이 사람에게 전해준 문화)를 파괴하고 공산주의와 사회주의 이념 및 제도를 추진하는 목표를 실현했다.

제4장

혁명 수출

공산 사교邪敎는 폭력과 거짓말에 의존해 전 세계로 전파됐다. 대국이 소국에 이런 사이비 이데올로기를 수출할 때, 폭력은 가장 빠르고 효과적인 방법이다. 자유사회가 공산주의의 사교적 특징을 확실히 인식하지 못하면, 폭력이나 거짓말에 의지해 이른바 '대외 선전계획' '공자학원孔子學院' 등의 형식으로 수출하는 사악한 이데올로기를 대수롭지 않게 생각할 것이다. 이 장에서는 주로 공산주의가 아시아, 아프리카, 남아메리카 및 동유럽으로 확장하고 침투한 문제를 다룬다. 공산주의가 서유럽과 북아메리카에 침투한 방법은 더욱 복잡하다. 이에 대해서는 다음 장에서 자세히 다루겠다.

1. 아시아로 혁명 수출

중국 공산당이 정권을 탈취할 수 있었던 것은 사실상 소련의 '혁명 수출' 덕분이다. 1919년 소련은 '제3인터내셔널' 코민테른을 결성해 전 세계를 향해 혁명을 수출하고 국제사회 전체를 완전히 적화赤化하려고 획책했다. 이 계획은 곧 실행에 옮겨졌다. 1920년 4월 코민테른의 대표 그리고리 보이틴스키(Grigori Voitinsky)가 중국으로 갔다. 그해 5월 그는 상하이에 연락사무소를 설치해 중국 공산당 창설을 준비했다. 그 후 코민테른은 중공 정권수립 초기까지 30여 년 동안 소련 공산당 휘하에 있었다. 당시 마오쩌둥은 소련에게서 경비 160~170은화銀元를 월급 형식으로 받았다.[1] 당시 상하이의 일반 노동자 월급은 20은화 정도밖에 되지 않았다.

중국 공산당의 정권찬탈 과정은 공산당의 미국 침투와도 관련이 있다. 이는 트루먼(Harry S. Truman) 미국 대통령이 장제스蔣介石 지지를 철회하고 소련이 지지하는 중국 공산당에 중국을 순순히 넘겨준 이유이기도 하다. 게다가 트루먼은 제2차 세계대전 이후 아시아에서 철수하기로 결정했다. 1948년 미국은 한국에 주둔한 군대를 철수했고, 1950년 1월 5일 트루먼은 성명을 통해 '장제스의 타이완에 군사 원조를 하지 않으며, 만약 타이완과 중국 공산당 간에 전쟁이 터지더라도 미국은 절대 관여하지 않는다.'는 '아시아 불개입 정책'을 발표했다. 일주일 후 미국 국무장관 딘 애치슨(Dean Gooderham Acheson)도 이 정책을 거듭 강조하면서 만약 한반도에서 전쟁이 발생해도 이는 미국과 상관없는 일이라고 밝혔다.[2] 북한이 남침하자 미국이 UN평화유지군을 파견하면서 미국의 아시아 정책이 크게

---

1) 정창, 존 할리데이, 『마오쩌둥, 알려지지 않은 이야기들(毛澤東 : 鮮爲人知的故事)』, 홍콩 開放出版社(2006)
2) 해리 트루먼(Harry S Truman), 「대만 관련 성명(Statement On Formosa)」 1950년 1월 5일, https://www.archives.gov/education/lessons/korean-conflict

바뀌었지만, 아시아에 대한 기존의 불개입 정책은 확실히 공산당이 아시아에서 퍼져나갈 수 있는 환경을 조성해 줬다.

중국 공산당은 혁명을 수출하기 위해 어떤 희생도 마다하지 않았다. 각국의 유격대를 훈련시키고 무기를 제공하며, 전투 병력을 파견해 각국의 합법정부를 전복하는가 하면 대량의 자금을 지원했다. 문화대혁명이 절정에 이르렀던 1973년 중공의 대외 원조는 국가 재정지출의 7%를 차지해 사상 최고치를 기록했다. 공개된 중국 공산당 외교부 기밀 자료에 따르면, 1960년에 기니에 쌀 1만t, 알바니아에 밀 1만 5천t을 보내는 등 1950년부터 1964년 말까지 중국의 대외 원조금 규모는 108억 위안에 이르렀으며, 이러한 해외 원조는 중국이 가장 어려웠던 시기인 1960년부터 1964년 사이에 가장 많이 이뤄졌다.3) 특히 1958년부터 1962년 사이에 수천만 명이 아사한 대기근이 발생했을 당시 중국의 대외 원조금 규모는 무려 23억 6천만 위안에 이르렀다.4) 만약 이 자금으로 식량을 구입했다면, 아사자 3,000만 명을 충분히 살릴 수 있었다. 따라서 이 아사자들은 '대약진운동'의 대가代價일 뿐만 아니라 중국 공산당이 전 세계를 향해 펼친 혁명 수출의 희생양이었다.

1) 한국전쟁

공산주의 악령은 전 인류를 훼멸하기 위해 전 세계를 점령하려 했다. 따라서 공산주의 악령은 권력과 명예, 이익을 추구하는 인간의 욕망을 이용해 전 세계에 사교 이데올로기를 전파하도록 사람

---

3) 첸아핑(錢亞平), 「60년간 중국의 대외원조, 최대 국가재정 7% 차지. (60年來中國的對外援助：最多時佔國家財政支出7%」, 인민일보(人民日報) 웹사이트
4) 국가결산보고에서 발췌한 대외원조지출(對外援助支出摘自歷年國家決算報告)

들을 유혹했다. 스탈린, 마오쩌둥, 김일성, 호찌민 등은 모두 이러한 야심을 실행한 자였다.

마오쩌둥은 1949년 스탈린을 만나 '21개조항요구二十一個條要求(1915년 일본제국이 자국의 권익 확대를 위해 중국에 제시한 강압적 요구)'보다 더 굴욕적인 조건을 제시했다. 마오쩌둥이 북한을 통치하는 대가로 100만 명 이상의 군인과 1천만 명 이상의 노동자를 보내 스탈린의 유럽 진출을 돕겠다고 약속했다.[5] 1950년 6월 25일 오랜 계획 끝에 북한이 남한을 침략해 3일 만에 서울을 함락하고 한 달 반 만에 한반도 대부분을 점령했다.

전쟁이 발발하기 전인 1950년 3월 마오쩌둥은 동북 지역에 대규모 병력을 배치하고 언제든 북한 땅에 들어가 참전할 준비를 했다. 여기서는 트루먼의 유화정책이 전쟁을 오랫동안 지속시켰다는 사실만 언급하고 전쟁의 전체 과정에 관해서는 생략한다. 중국 공산당이 '지원군志願軍'이라는 이름으로 참전한 것은 또 다른 음험한 속셈이 있었다. 그것은 바로 국민당과 내전 당시 공산당에 투항한 군사 100만 명을 최전선으로 보내 총알받이로 희생시키는 전략이었다.[6] 전쟁이 끝날 무렵 중국군의 사상자는 역시 100만여 명에 달했다.

한국전쟁은 '남북 분단'이라는 결과를 낳았다. 북한은 헤게모니 쟁탈전을 벌이던 소련 공산당과 중국 공산당을 모두 이용했다. 일례로 1966년 김일성이 중국을 방문했을 때 베이징에 지하철을 건설하고 있다는 사실을 알고 평양에도 무상으로 건설해 달라고 요

---

[5] 첸쉰후이(陳憲輝), 『혁명의 진실, 20세기 중국기사(革命的眞相, 二十世紀中國紀事)』, 38장, https://china20.weebly.com/
[6] 위와 같음.

구했다. 마오쩌둥은 우선적으로, 그리고 무상으로 북한에 철도를 건설해 주기 위해 베이징 지하철 공사를 중단하고 모든 장비와 인력(철도병 2개 사단 수만 명과 대량의 기술자)을 평양으로 보냈다. 북한은 돈 한 푼, 인력 한 명 쓰지 않고도 '전쟁 대비'란 명목으로 중국 공산당을 이용해 지하철 공사를 할 수 있었다. 그 결과 평양의 지하철은 세계에서 가장 깊은 지하철이 됐다. 가장 깊은 곳은 지하 150m에 이르며 평균 깊이는 90m다.

그 후 김일성은 뻔뻔스럽게도 북한이 지하철을 자체적으로 설계하고 시공했다고 했다. 그리고 김일성은 무슨 일이 있을 때면 중국을 무시하고 소련에 직접 보고하거나 자금과 물자를 요구했다. 또한, 그는 중국이 한국전쟁 당시 친親베이징 정부 수립을 위해 남긴 인사들을 모두 숙청했다. 결국 중국 공산당은 이것도 잃고 저것도 잃고 모든 것을 다 잃었다.7)

소련 공산당이 몰락한 후 북한에 대한 중국 공산당의 원조는 예전 같지 않았다. 북한은 1990년대부터 수많은 아사자가 발생했다. 2007년 한국의 NGO 단체인 '탈북자동지회'는 김씨 일가가 집권한 60년 동안 최소 350만 명이 굶어 죽었다고 밝혔다.8) 이 또한 공산당의 사악한 정권이 혁명을 수출하면서 진 피의 빚이다.

2) 베트남전쟁

베트남전쟁 이전인 1954년 중국 공산당의 지원을 받은 베트남 공산당이 프랑스에 이기면서 '제네바협정'이 체결되고 남북 베트

---

7) 첸쎤후이(陳憲輝), 『혁명의 진실, 20세기 중국기사(革命的眞相, 二十世紀中國紀事)』, 52장
8) 「북한을 탈출해 중국에 망명하다」, 미국의소리(VOA) 프로그램 History's Mysteries, https://www.voachinese.com/a/hm-escaping-north-korea-20121007/1522169.html

남이 대치하게 됐다. 그 후 프랑스가 베트남에서 철수했고, 북베트남의 남침과 미국의 개입으로 불붙은 베트남전쟁은 제2차 세계대전 이후 가장 큰 규모의 국지전쟁으로 확대됐으며, 미군은 1964년부터 1973년까지 직접 참전했다.

1952년 마오쩌둥은 베트남 공산당에 고문단을 파견했다. 그 당시 군사 고문단 단장이 바로 중국 공산당의 웨이궈칭韋國淸 상장上將이었다. 중공이 파견한 토지개혁 고문단은 베트남 지주와 부농 수만 명을 감옥에 가두거나 사형에 처함으로써 북베트남의 기근과 농민폭동을 야기했다. 중국 공산당과 베트남 공산당은 함께 이 폭동을 진압하고 중국 공산당의 '옌안정풍延安整風' 운동과 유사한 '정훈整訓' '정군整軍' 운동을 일으켰다. 마오쩌둥은 아시아 공산당의 지도자가 되기 위해 중국에서 수천만 명이 굶어 죽는 대기근 사태가 발생했는데도 대대적으로 베트남을 지원했다.9)

1962년 류사오치劉少奇는 '7천인 대회七千人大會'에서 마오쩌둥의 터무니없는 정책에 마침표를 찍고 경제회복을 준비하기 위해 마오쩌둥을 2선으로 물러나게 했다. 하지만 마오쩌둥은 권력을 잃고 싶지 않아 서슴없이 베트남전쟁에 뛰어들었다. 군권軍權이 없었던 류사오치는 군대가 움직이는 것을 보고 경제회복 계획을 포기할 수밖에 없었다.

1963년 마오쩌둥은 잇따라 뤄루이칭罗瑞卿과 린뱌오林彪를 베트남에 파견했다. 류사오치는 호찌민에게 중국 공산당이 독자적으로 베트남전쟁 비용을 부담하겠다고 약속하고 "전시에 당신들은 중국

---

9) 첸쉰후이(陳憲輝), 『혁명의 진실, 20세기 중국기사(革命的眞相, 二十世紀中國紀事)』, 49장

을 후방으로 삼아도 좋다."고 했다.[10]

중국 공산당의 선동과 지원 하에 1964년 7월 베트남 공산당은 통킹만(Gulf of Tonkin)에서 어뢰로 미국 군함을 공격했다. 이 '통킹만 사건'으로 미국이 공식적으로 참전하였다. 이어 중국 공산당은 베트남 통제권을 쥐기 위해 소련과 경쟁하면서 자금과 물자, 인력을 쏟아 부었다.[11] 천셴후이陳憲輝가 쓴 〈혁명의 실상, 20세기 중국 기사紀事〉에 따르면, 마오쩌둥이 베트남을 지원한 것이 도리어 베트남에 500만 명의 사망자와 폐허, 지뢰밭, 경제 붕괴 등 심각한 재난을 가져다줬다. 중국 공산당이 베트남 공산당에 제공한 무상원조에는 육해공군 200여만 명이 충분히 쓸 수 있는 무기와 기타 군수품, 생산업체 및 수리공장 100여 곳, 옷감 3억여m, 기차 3만여 량, 철로 수백km, 식량 500여만t, 휘발유 200여만t, 송유관 3,000여km, 현금 수억 달러가 포함됐다. 중국 공산당은 금전과 물자 지원 이외에도 비밀리에 해방군 30여만 명을 파견해 북베트남 군복으로 갈아입힌 뒤 전투에 투입했다. 그리고 비밀을 지키기 위해 수많은 중국 전사자를 베트남 현지에 묻었다.

1978년까지 중국 공산당이 베트남에 원조한 돈은 총 200억 달러에 달했다.[12] 하지만 중국의 1965년 GDP는 704억 위안(당시 환율로 약 286억 달러)도 채 되지 않았다.[13]

1973년, 미국은 자국 내 공산주의자들이 선동하는 '반전운동反戰

---

10) 허리보(何立波), 「베트남 원조공작중인 류사오치(援越工作中的劉少奇)」, 인민일보 웹사이트 공산당역사 채널, http://dangshi.people.com.cn/GB/85038/8740381.html
11) 위와 같음.
12) 슈윈(舒雲), 「건국초기, 우리 나라는 얼마나 국력을 초월한 대외원조를 했나(建國初期, 我國實施過多少超出國力的對外援助)?」, 인민망 공산당역사 채널, http://dangshi.people.com.cn/GB/85039/9398916.html
13) http://blog.sina.com.cn/s/blog_622141230102wm6t.html

運動'과 타협해 베트남에서 철수했다. 1975년 4월 30일 북베트남이 사이공을 점령했고 남베트남은 멸망했다. 베트남 공산당은 중국 공산당의 지도하에, 중국 공산당이 정권을 찬탈한 후 벌인 진반鎭反(반혁명 진압) 운동과 비슷한 운동을 시작했다. 이로 인해 남베트남인 200여만 명이 죽음을 무릅쓰고 탈출하는 냉전 시기 아시아 최대의 난민 사태가 벌어졌다.14) 1976년 베트남 전역이 공산주의 악마의 손아귀에 들어갔다.

3) 크메르루주(Khmer Rouge)

베트남전쟁 당시 베트남 공산당은 중국 공산당에 대규모 원조를 요청했다. 이는 훗날 중국과 베트남 관계가 악화되는 도화선이 됐다. 중국 공산당은 혁명 수출을 위해 거액의 원조를 대가로 베트남에 끊임없이 미국과 싸울 것을 요구했다.15) 하지만 베트남은 전쟁이 장기화하는 것을 원치 않았기에 1969년부터 미국을 포함한 4자 회담에 참여했다. 이 회담에 중국 공산당은 배제됐다. 1970년대에 이르러 린뱌오林彪 사건 이후 마오쩌둥은 중국 내에서 시급히 위상을 세울 필요가 있었다. 게다가 중국과 소련은 전바오섬珍寶島(러시아명 다만스키Damansky)에서 전투를 한 후 관계가 더욱 악화됐다. 마오쩌둥은 미국과 연합해 소련을 견제하기 위해 리처드 닉슨 대통령을 중국에 초대했다. 당시 미국은 국내에서 베트남전쟁을 반대하는 목소리가 높아 전쟁을 지속하고 싶어 하지 않았다. 베트남은 미국과 평화협정을 체결했고, 베트남은 점차 중국 공산당과 멀어

---

14) 첸셴후이(陳憲輝), 『혁명의 진실, 20세기 중국기사(革命的眞相, 二十世紀中國紀事)』, 49장
15) 위와 같음.

지고 소련과 가까워졌다.

베트남에 큰 불만을 가진 마오쩌둥은 캄보디아를 이용해 베트남을 견제하기로 했다.16) 베트남과 캄보디아 관계는 악화 일로를 걸었고 결국 양국 간에 전쟁이 벌어졌다.

중국 공산당은 1955년부터 캄보디아 공산당을 지원하기 시작했고, 중국에서 캄보디아 공산당 지도자들을 교육시켰다. 1965년 살인마 폴 포트(Pol Pot)를 캄보디아 공산당 최고지도자로 임명한 것도 바로 마오쩌둥이었다. 마오쩌둥은 캄보디아 공산당에 자금과 무기를 제공했다. 1970년 한 해만 해도 중국은 폴 포트에게 3만 명이 쓸 수 있는 무기를 원조했다.17) 미국이 인도차이나(베트남, 캄보디아, 라오스)에서 철수하자 이들 정부는 중국 공산당이 지지하는 현지 공산당에 저항할 힘이 없었다. 결국 라오스와 캄보디아 정권이 1975년 공산당의 손아귀에 들어갔다.

베트남이 라오스를 수중에 넣자 중국 공산당은 캄보디아를 장악하고 크메르루주 정부를 세웠다. 중국 공산당은 베트남을 훈계하려 했고, 크메르루주는 이러한 중국 공산당의 정책을 수행하기 위해 1975년 베트남 남부 지역을 수차례 침입해 캄보디아-베트남 국경지대의 주민을 학살하고, 베트남이 차지하고 있던 메콩강 삼각주를 점령하려고 했다. 이때 중국 공산당과 사이가 틀어진 베트남은 소련과 우호관계를 맺었다. 1978년 12월 베트남은 소련의 지원을 받아 캄보디아를 침공했다.18)

---

16) 위와 같음.
17) 왕셴건(王賢根), 『베트남원조 항미 실록(援越抗美實錄)』, 중국 지난출판사(濟南出版社)
18) 첸시안후이(陳憲輝), 『혁명의 진실, 20세기 중국기사(革命的眞相, 二十世紀中國紀事)』, 56장

크메르루주의 폴 포트가 집권한 후 화폐를 폐지하고, 모든 시민을 교외로 데려가 강제노역을 시키고, 모든 지식인을 학살하는 등 극도의 공포정치를 실시했다. 3년여에 걸친 폭정으로 전체 인구의 4분의 1 이상이 죽었지만, 중국 공산당 지도자인 장춘차오張春橋와 덩샤오핑鄧小平의 극찬을 받았다. 베트남과 캄보디아가 전쟁을 시작하자 더는 참을 수 없었던 캄보디아 시민은 베트남 군대를 지지했다. 불과 한 달 만에 크메르루즈의 모든 전선이 붕괴되고 수도 프놈펜이 함락됐다. 크메르루즈 정부는 산악지역으로 도망쳐 게릴라전을 펼 수밖에 없었다. 1997년 폴 포트의 '역행逆行'은 내부의 반발을 불러일으켰고, 그는 크메르루주 총사령관 타 목(Ta Mok)에게 체포돼 종신형을 선고받았고 1998년에 심장병이 발작해 죽었다. 2014년 캄보디아 특별형사재판소는 중국이 만류했는데도 크메르루주 '2인자'인 누온 찌어(Nuon Chea)와 키우 삼판(Khieu Samphan) 전 총리에게 반인륜 범죄를 적용해 종신형을 선고했다.

베트남-캄보디아 간의 전쟁은 덩샤오핑을 격노케 했고, 다른 요인까지 더해져 덩샤오핑은 '자위自衛 반격전'이란 명분으로 1979년 중국-베트남 전쟁(중월전쟁)을 일으켰다.

4) 기타 아시아 국가들

중국 공산당의 혁명 수출은 각국의 현지 중국인에게 참혹한 결과를 가져다줬다. 바로 화교 배척 운동이다. 이 운동으로 중국인 수십만 명이 살해됐고 현지에서 경제활동 및 교육을 받을 권리를 제한 받았다.

대표적인 사례가 인도네시아다. 1950년대부터 1960년대까지 중국 공산당은 인도네시아에 대량의 경제원조와 무기를 제공하여 인도네시아 공산당(PKI:Partai Komunis Indonesia)을 육성했다. 당시 PKI는 공산당원 300만 명을 거느린 인도네시아 제1당이었다. 부속조직까지 합치면 그 수가 2,200만 명에 달했다. 그들은 인도네시아의 당黨·정계·군부 등 각 기관에 분포해 있었으며, 하지 무하마드 수카르노(Haji Mohammad Sukarno) 대통령 주변에도 공산당원이 적지 않았다.19) 마오쩌둥은 당시 소련이 수정주의로 변질했다고 비판하면서 PKI가 무장 정권찬탈의 길을 가야 한다고 부추겼다. 마오쩌둥 숭배자였던 PKI 당수 디파 누산타라 아이디트(Dipa Nusantara Aidit)는 쿠데타를 준비했다. 하지만 1965년 9월 30일, 우익 군사 지도자 수하르토(Suharto)가 쿠데타를 제압했고, 결국 중국과 국교를 단절하고 수많은 공산당원을 처형했다. 당시의 숙청은 저우언라이周恩來와 관련이 있다. 저우周는 공산국가 국제회의 석상에서 소련과 각국 공산당 대표들에게 "동남아시아에 화교가 이렇게 많으니, 중국 정부가 이들을 통해 공산주의를 수출하면 동남아시아 전체를 하룻밤 사이에 붉게 물들일 수 있다."고 자신 있게 말한 바 있다. 인도네시아의 대규모 화교 배척 운동은 여기서부터 시작됐다.20)

미얀마의 화교 배척 운동도 이와 유사하다. 1967년 문화대혁명이 막 시작됐을 때, 미얀마 주재 중국대사관과 신화사新華社 지사는 화교 사회에 문화대혁명을 대대적으로 선전했다. 또 화교 학생들에게 마오쩌둥의 휘장과 '마오쩌둥주석어록'을 가지고 등교하고 미얀마 당국과 대치하도록 부추겼다. 하지만 군사정부 네윈(Ne Win) 장군은 마오쩌둥 휘장을 달거나 마오쩌둥 저서를 학습하지 못하도

---

19) 숭정(宋徵), 「1965년 인도네시아 '930' 쿠데타의 전말(1965印尼'9.30'政變始末), 종람종국(縱覽中國)」, http://www.chinainperspective.com/ArtShow.aspx?AID=183410
20) 위와 같음.

록 금지령을 내리고 화교 학교를 폐쇄했다. 1967년 6월 26일 수도 양곤에서 폭력적인 화교 배척 사건이 일어나 화교 수십 명이 맞아 죽고 수백 명이 다쳤다. 1967년 7월 중국 공산당 관영 매체는 "미얀마 국민이 미얀마 공산당의 지도하에 무장투쟁을 통해 네윈 정부에 반란을 일으킬 것을 지지한다."고 보도했다. 그 후 중국 공산당은 미얀마 공산당에 군사 고문단을 파견해 현역 군인 200여 명을 미얀마 공산당 군사로 편입시켰으며, 중국에서 17년 동안 거주한 미얀마 공산당원들을 대거 미얀마로 귀국시켜 무장투쟁을 벌이게 했다. 그 후 수많은 중국 홍위병과 중국 공산당이 비호하는 미얀마 공산당 무장단체가 윈난雲南에서 미얀마로 진격해 정부군을 섬멸하고 샨주 코캉(Kokang) 지역을 점령했다. 이 사건으로 윈난의 지식청년 천여 명이 이국 타향에서 전사했다.21)

문화대혁명 전후로 중국 공산당은 아시아 지역에서 폭력 선동을 혁명 수출의 주요 수단으로 삼아 현지인을 교육하고 무기와 군비를 지원했다. 하지만 중국 공산당이 혁명 수출을 포기하자 각국의 공산당이 대부분 해체돼 재기하지 못했다. 말레이시아 공산당이 대표적인 사례로 꼽힌다.

1961년 말레이시아 공산당은 무장투쟁을 포기하고 합법적인 정당 신분으로 정치에 참여하기로 했다. 덩샤오핑은 말레이시아 공산당 당수인 천핑陳平 등을 베이징으로 불러들여 말레이시아 공산당이 무장투쟁을 계속할 것을 요구했다. 왜냐하면 그 당시 중국 공산당은 베트남 전장을 중심으로 한 동남아 혁명의 절정이 임박했다고 생각했기 때문이다. 이렇게 말레이시아 공산당의 무장투쟁은

---

21) 「설고논금(說古論今), 미얀마의 중국 공격(緬甸的中國衝擊)」, 미국의 소리(VOA), https://www.voachinese.com/a/article-2012024-burma-china-factors-iv-140343173/812128.html

20년 더 지속됐다.22) 중국 공산당은 말레이시아 공산당에 자금을 지원해 태국에서 불법으로 무기를 구매하게 했다. 또한 이들은 1969년 1월 후난성 이양益陽 시에 '말레이시아 혁명의 소리 방송국'을 설립해 말레이시아어, 태국어, 영어 및 일부 방언으로 방송을 진행했다.23) 문화대혁명 이후 싱가포르 리콴유李光耀 총리는 덩샤오핑과 회담할 때 덩샤오핑에게 말레이시아 공산당 방송국과 인도네시아 라디오 방송국을 철거하라고 요구했다. 그 당시 중국은 국제적으로 사면초가에 놓여 있었다. 게다가 이제 막 정치무대에 복귀한 덩샤오핑도 국제사회의 지지가 필요했다. 그래서 덩샤오핑은 리콴유의 요구대로 말레이시아 공산당 당수 천핑을 만나 기한 내에 말레이시아 혁명의 소리 방송국을 폐쇄하도록 했다.24)

앞서 말한 국가 외에 중국 공산당은 필리핀, 네팔, 인도, 스리랑카, 일본에도 혁명을 수출했다. 어떤 국가에서는 군사훈련을 지원하고, 어떤 국가에서는 여론을 조성했다. 당시 일부 공산당이 설립한 조직은 훗날 일본적군日本赤軍과 같은 국제 테러조직이 됐다. 이 조직의 악명 높은 구호는 '제국주의를 반대하고 애국하자. 혁명은 곧 학살과 파괴다.'였고, 항공기 납치와 승객 학살 등 일련의 테러를 저질렀다.

---

22) 청잉훙(程映紅), 『세계를 향해 혁명을 수출하다-문화대혁명의 아시아, 아프리카, 라틴아메리카에서의 영향에 대한 초보적 탐구(向世界輸出革命-文革在亞非拉的影響初探)』, 당대중국연구(當代中國硏究),
http://www.modernchinastudies.org/cn/issues/past-issues/93-mcs-2006-issue-3/972-2012-01-05-15-35-10.html.
23) 천이난(陳益南), 「중국의 말레이시아 공산당 방송국 설립(設在中國的馬共電台)」, 염황춘추(炎黃春秋), 2015년 제8호
24) 청잉훙(程映紅), 「전세계 혁명수출-문화대혁명이 아시아, 아프리카, 라틴아메리카에 미친 영향에 대한 초보적 탐구(向世界輸出革命-文革在亞非拉的影響初探)」

2. 아프리카와 라틴아메리카로 혁명 수출

문화대혁명 시기에 중국 공산당은 '프롤레타리아는 전 인류를 해방해야만 비로소 스스로를 해방할 수 있다.'는 마르크스의 구호를 자주 인용해 세계 혁명을 부추겼다. 하지만 1960년대 구소련이 위축되면서 '삼화일소三和一少'를 주장할 수밖에 없게 됐다. '삼화'는 서방 자본주의 국가와 평화적인 공존, 평화적인 이행, 평화적인 경쟁을 지지하는 것을 말하며, '일소'는 제3세계의 민족주의 혁명에 대한 지지를 축소하는 것을 말한다. 중국 공산당은 이를 수정주의라 불렀다. 1960년대 초반 중국 공산당의 왕자샹王稼祥 역시 비슷한 주장을 폈지만, 마오쩌둥은 "제국주의, 수정주의, 반혁명 분자와는 화합하려 하고 세계혁명 운동에 대해서는 원조를 줄이려 한다."며 비판했다. 따라서 마오쩌둥은 아시아뿐만 아니라 소련과 경쟁하면서 아프리카와 라틴아메리카에도 혁명을 수출했다.

린뱌오林彪는 1965년 8월 발표한 '인민전쟁 승리 만세'라는 장문의 글에서, 세계혁명의 절정이 곧 도래할 것이라고 선언했다. 마오쩌둥毛澤東의 '농촌포위도시農村包圍城市(농촌에서 세력 기반을 얻어 도시를 포위 공격하다)' 전략에 따라 린뱌오는 북미·서유럽을 도시에 비유하고, 아시아·아프리카·라틴아메리카를 농촌에 비유했다. 이것으로 미루어 보면 아시아, 아프리카, 라틴아메리카로 혁명을 수출하는 것은 당시 중국 공산당의 중요한 업무였다.

1) 라틴아메리카로 혁명 수출

미국 델라웨어 주립대학교 청잉훙程映紅 교수는 '전 세계로 혁명 수출—문화대혁명이 아시아, 아프리카, 라틴아메리카에 미친 영향에 대한 초보적 탐구'라는 제하의 글에서 아래와 같이 언급했다.

"1960년대 중반 마오쩌둥파 공산당원은 브라질, 페루, 볼리비아, 콜롬비아, 칠레, 베네수엘라, 에콰도르 등 라틴아메리카 국가에 청년과 학생 위주로 구성된 조직을 세웠다. 1967년 중국의 지원을 받은 라틴아메리카의 마오쩌둥파 공산당은 유격대 2개를 조직했다. 하나는 콜롬비아 인민해방군으로, 그중에는 마리아낭자군연瑪利亞娘子軍連이라 불리는 홍색낭자군紅色娘子軍을 모방한 여성 용병대도 있었다. 다른 하나는 볼리비아의 마오쩌둥파 유격대였다. 베네수엘라의 일부 공산당원들도 같은 시기에 무장투쟁을 벌였다. 이 외에 페루 공산당의 좌파 지도자인 아비마엘 구즈만(Abimael Guzman)은 1967~1968년경 베이징에서 훈련을 받았다. 폭탄과 무기 사용법을 배우는 것도 중요했지만, 더욱 중요한 것은 마오쩌둥 사상을 이해하는 것이었다. 특별한 것은 정신이 물질로 변하고, 정확한 노선이 있으면 사람이 없어도 사람이 있을 수 있고, 총이 없어도 총이 있을 수 있다는 등 대표적인 문화대혁명의 정치적 문구였다."

구즈만은 '빛나는 길(Shining Path)'이라고도 불리는 페루 공산당의 지도자였다. 이 조직은 미국, 캐나다, 유럽연합, 페루 정부가 테러 조직으로 간주하는 집단이었다.

멕시코와 중국 공산당이 1972년에 수교하여, 중국 공산당이 임명한 첫 번째 멕시코 대사는 슝샹후이熊向暉였다. 슝샹후이는 중국 공산당 내전 당시 후쭝난胡宗南 주변에서 장기간 잠복해 있던 스파이였다. 그를 대사로 파견한 것은 정보(미국 정보 포함)를 수집하고 멕시코 정부를 간섭하려는 의도였다. 하지만 슝샹후이가 부임하기 일주일 전 멕시코는 중국에서 훈련받은 유격대를 체포했다고 발표

했다. 이는 중국 공산당의 혁명 수출을 입증하는 증거다.25)

쿠바는 라틴아메리카에서 중국과 처음으로 수교를 맺은 국가다. 쿠바를 끌어들이고 소련과 국제적인 공산주의 운동의 주도권을 쟁탈하기 위해 중국 공산당은 1960년 11월 중국에 아사자가 폭증하는 상황에서도 당시 중국을 방문한 체 게바라(Che Guevara)에게 6,000만 달러를 대출해줬다. 저우언라이周恩来는 체 게바라에게 "협상을 통해 갚지 않아도 되는 돈"이라고 했다. 중국과 소련의 관계가 악화된 후 피델 카스트로(Fidel Castro)가 소련과 가까워지자 중국 공산당은 아바나 주재 중국 대사관을 통해 쿠바 간부 및 국민에게 대량의 소책자를 우편으로 보내 카스트로 정권 전복을 선동했다.26)

2) 아프리카로 혁명 수출

청잉훙 교수는 '전 세계로 혁명 수출'에서 중국 공산당이 어떻게 아프리카 국가들의 독립 및 독립 후 노선에 영향을 미쳤는지에 대해서도 다음과 같이 요약했다.

서방 언론보도에 따르면, 60년대 중반까지 알제리, 앙골라, 모잠비크, 기니, 카메룬, 콩고 출신의 아프리카 혁명 청년들이 하얼빈, 난징 등 중국 몇몇 도시에서 훈련을 받았다. '짐바브웨 로디지아 민주연맹'의 한 조직원은 자신이 상하이에서 1년간 훈련받은 바 있다고 밝혔다. 군사훈련을 제외하면 주로 정치학습을 했는데, 마을 사람들을 선동하고 인민전쟁을 목적으로 하는 게릴라전 전개

---

25) 한산(寒山), 「오늘은 옳고 어제는 그르다(今是昨非) : 슝샹후이와 중공의 라틴아메리카 혁명수출의 역사(熊向暉和中共在拉美輸出革命的歷史)」, 자유아시아방송, https://www.rfa.org/cantonese/features/history/china_cccp-20051117.html
26) 첸시안후이(陳憲輝), 『혁명의 진실, 20세기 중국기사(革命的眞相, 二十世紀中國紀事)』, 52장

방법을 학습했다.

한 오만 유격대원은 1968년 중국에서 훈련을 받았던 경험을 소개했다. 그는 조직의 지시에 따라 먼저 파키스탄에 도착한 후 파키스탄 항공사의 비행기를 타고 상하이를 거쳐 베이징으로 갔다. 그들은 중국의 일부 시범학교와 공사公社를 참관한 뒤 훈련소에 입소해 군사훈련과 사상교육을 받았다. 훈련 과정에서 마오쩌둥의 저서를 배우는 과목이 제일 중요했으며, 훈련생들은 마오쩌둥 어록을 모두 외워야 했다. 관련 규율과 농촌 군중을 어떻게 대할 것인가에 관한 내용을 들어보면, 마치 '삼대기율 팔항주의三大紀律八項注意(마오쩌둥이 만든 군대 규율로, 3가지 규칙과 8가지 주의)'와 매우 유사했다. 이들 아프리카인들도 문화대혁명이 한창이던 중국을 현지시찰했다. 예를 들어 그들이 한 학교를 참관할 때 교사가 '반동분자를 어떻게 해야 하는가?'라 물으면 학생들은 이구동성으로 '죽여라, 죽여라, 죽여라!殺殺殺'라고 대답했다. 마지막 훈련을 마칠 때 훈련을 받은 모든 오만인들은 아랍어로 된 마오쩌둥의 저서를 받았다.

탄자니아와 잠비아에 대한 원조는 중국 공산당이 1960년대에 아프리카에 실시한 최대 프로젝트였다. 당시 중국 공산당은 상하이 방직공업국의 수많은 전문가를 파견해 탄자니아 친선 방직공장 건설을 지원했다. 파견된 책임자는 건설 지원 프로젝트에 대량의 이데올로기 색채를 주입했다. 이 책임자는 탄자니아에 도착하자마자 반동단체反動團體를 조직하고, 작업 현장에 오성홍기와 마오쩌둥 초상화, 어록을 걸어놓고, 중국 공산당의 문화대혁명 음악과 마오쩌둥 어록가語錄歌를 틀어 작업현장을 문화대혁명의 해외 모범으로 만들었다. 그는 또 마오쩌둥 사상 선전대를 조직해 탄자니아 노동자들 중에서 광범위하게 활동하면서 조반유리造反有理(모든 저항과 반란에는 나름대로 일리가 있다) 관점을 퍼뜨렸다.27)

중국 공산당의 혁명 수출은 탄자니아의 불만을 초래했다. 그 후 마오쩌둥은 탄자니아와 잠비아를 잇는 '탄자니아—잠비아 철도(TAZARA)' 건설을 지원해 동아프리카와 중남아프리카를 관통하기로 했다. 이 철로는 높은 산과 협곡, 급류와 울창한 숲을 통과해야 하는데다 야생동물이 무리 지어 다니고 토질조차 진흙과 모래여서 건설하는 데 어려움이 많았다. 중국 공산당은 노동자 5만 명을 파견해 교각 320개를 세우고 터널 22개를 뚫는 등 난공사를 벌였다. 결국 이 철로를 건설하기 위해 중국인 노동자 66명이 목숨을 잃었고, 약 100억 위안(약 6,200억 원)이 투입됐으며, 공사 기간도 6년(1970~1976년)이나 걸렸다. 그러나 탄자니아와 잠비아 양국의 경영 부실과 경영진의 부정부패로 철도는 파산했다. 현재 경제 가치로 평가하면 철도 건설비용은 최소 수천억 위안에서 수조 위안에 달한다.

3. 동유럽으로 혁명 수출

1) 알바니아

중국 공산당은 중남미와 아프리카에 혁명을 수출한 데 이어 유럽에서 공산국가 알바니아를 끌어들이기 위해 총력을 기울였다. 일찍이 소련 공산당 서기장 니키타 흐루쇼프(Nikita Khrushchyov)의 비

---

27) 청잉훙(程映紅), 「전세계 혁명수출-문화대혁명이 아시아, 아프리카, 라틴아메리카에 미친 영향에 대한 초보적 탐구(向世界輸出革命-文革在亞非拉的影響初探)」

밀 연설(1956년 당 대회에서 흐루쇼프가 대숙청 등의 과오를 지적하며 신격화 돼 있던 스탈린을 격렬히 비난한 연설) 이후 알바니아는 이데올로기에 있어서 중국 공산당을 지지하기 시작했다. 이는 마오쩌둥에게 뜻밖의 기쁨을 안겼고, 이때부터 중국 공산당은 알바니아에 묻지마 식 원조를 시작했다. 신화사의 왕홍치王洪起 기자는 "1954년부터 1978년까지 중국 공산당은 알바니아에 75회에 걸쳐 약 100억 위안에 이르는 금액을 원조했다."고 당시를 회상했다. 당시 알바니아 인구는 약 200만 명밖에 되지 않았으므로 1인당 약 4천 위안씩 지원받은 셈이다. 당시 중국의 1인당 평균소득은 200위안에 불과했다. 중국 공산당이 알바니아를 돕는 동안 중국은 3년간의 대기근과 문화대혁명 시기의 경제 붕괴를 겪었다.

대기근 기간에 중국은 당시 대단히 귀중한 외화로 식량을 수입했다. 1962년 주중 알바니아 대사 레이스 마릴리에(Lais Malile)가 중국에 식량 원조를 요청하자 류사오치劉少奇는 캐나다에서 밀을 구입해 싣고 오던 선박의 뱃머리를 즉시 돌려 알바니아 항구에 모두 부려 놓게 했다.28)

알바니아는 중국 공산당의 원조를 당연시하며 원조 물자를 흥청망청 낭비했다. 중국에서 반출된 대량의 철강, 기계설비, 정밀기기 등을 노천에 쌓아놓고 비바람을 맞혔다. 그러고도 그들은 대수롭지 않게 "괜찮아, 망가지거나 없어지면 중국이 또 주니까."라고 했다. 중국이 알바니아를 위해 방직공장을 건설했지만, 그곳에는 목화가 나지 않아 중국은 어쩔 수 없이 외화를 들여 목화까지 수입해 공급했다. 한번은 카르카니 부총리가 당시 알바니아 주재 중국 대

---

28) 왕홍치(王洪起), 『중국의 대 알바니아 원조(中國對阿爾巴尼亞的援助)』, 『염황춘추(炎黃春秋)』

사 겅뱌오耿飙에게 화학비료공장의 주요 설비를 교체해 달라고 부탁하면서 중국 제품이 아닌 이탈리아 제품을 요구하자 중국은 어쩔 수 없이 외화로 이탈리아 설비를 사서 보냈다.

이와 같은 원조는 그저 상대 국가의 게으름과 탐욕을 조장할 뿐이었다. 1974년 10월 알바니아는 중국에 차관 50억 위안을 요구했다. 당시 중국은 문화대혁명 후기에 들어 경제가 거의 무너질 위기에 처했으면서도 결국 또 10억 위안을 지원하기로 했다. 그러자 알바니아는 크게 불만을 표하며 중국 규탄 운동을 벌였다. 그들은 "절대로 외부 경제 압력에 굴복하지 않겠다."며 중국에 원유와 아스팔트를 제공하지 않겠다고 했다.

2) 동유럽 혁명에 대한 소련의 탄압

동유럽 지역의 사회주의 제도는 완전히 소련에서 수입한 것이라고 할 수 있다. 2차 세계대전이 끝난 후 얄타 회담에 따라 분할 점령하면서 동유럽은 소련의 손에 넘어갔다.

1956년 니키타 흐루쇼프의 비밀 연설 이후 처음으로 반기를 든 국가는 폴란드였다. 폴란드는 '노동자 항의 → 진압 → 정부의 사과' 과정을 거쳐 소련에 강경한 태도를 보이는 브와디스와프 고무우카(Władysław Gomułka)를 지도자로 선출했고, 그는 흐루쇼프의 간섭을 막아냈다.

다음은 1956년 10월에 발생한 유명한 헝가리 사건이다. 한 무리 학생이 집회를 열어 스탈린 동상을 무너뜨리자 더 많은 대중이 동참했고, 결국 경찰과 충돌했다. 그 과정에서 최소 수백 명이 살해당했다. 소련은 새로운 반대파와 협력할 수 있다는 판단 아래 카다르 야노시(Janos Kadar)를 당중앙 제1서기로 임명하고 너지 임레(Imre Nagy)

를 부장회의 주석(총리)으로 임명했다. 너지는 취임 후 바르샤바 조약기구(바르샤바 조약에 따라 소련을 중심으로 창설된 동유럽의 공동 방위기구) 탈퇴를 선언하고 자유화를 추진했다. 헝가리의 이런 변화를 용납할 수 없었던 소련은 탱크를 부다페스트 거리로 몰고 가 너지를 체포한 뒤 처형했다.29)

헝가리 사건 이후 1968년 체코에서 '프라하의 봄'이 일어났다. 흐루쇼프의 비밀 연설 이후 체코 내에서 통제가 점차 완화됐다. 1967년 봄에는 체코에서 비교적 독립적인 민간단체가 만들어졌다. 그 단체를 대표하는 인물이 바로 훗날 체코 대통령으로 당선된 바츨라프 하벨(Václav Havel)이었다. 이와 같은 사회 분위기 속에서 1968년 1월 5일, 개혁파 알렉산데르 둡체크(Alexander Dubček)가 체코 공산당 제1서기로 취임하며 개혁 추진과 인간적인 사회주의 실현을 슬로건으로 내걸었다. 그 후 둡체크는 반란자 석방, 언론통제 완화, 학술자유 장려, 출국 자유화, 종교탄압 해제, 당내 제한적 민주화 실시 등 스탈린 시대의 암울한 그림자를 지우는 작업에 돌입했다.

소련은 이러한 개혁이 사회주의 원칙에 위배될 뿐만 아니라 다른 국가가 따라 할 위험이 있다고 생각했다. 그래서 1968년 3월부터 8월까지 흐루쇼프는 브레즈네프(Leonid Brezhnev) 등 소련 공산당 지도자들과 5차 정상회담을 개최해 둡체크가 민주개혁을 포기하도록 압박했다. 하지만 그가 굴복하지 않자 1968년 8월 소련 탱크 6,300대가 체코로 진격했다. 그렇게 '프라하의 봄'은 8개월에 걸쳐 탱크에 짓밟힌 끝에 산산이 부서지고 말았다.30)

---

29) 천쿠이더(陳奎德), 『현대법치주의의 진화(The Evolution of Contemporary Constitutionalism)』, 옵서버(The Observer, 2007), 60장
30) 위의 책, 67장

헝가리 사건과 프라하의 봄을 통해 우리는 동유럽의 사회주의가 사실상 소련이 강제로 이식하고 폭력으로 유지해온 제도임을 알 수 있다. 훗날 소련이 이 같은 폭력을 포기하자 동유럽의 사회주의 진영도 빠르게 해체됐다.

가장 대표적인 사례가 바로 베를린 장벽 붕괴다. 1989년 10월 6일 동독의 각 도시에서는 대규모 시위가 벌어졌고 경찰과 충돌도 끊이지 않았다. 당시 동베를린을 방문한 고르바초프(Mikhail Gorbachev)가 에리히 호네커(Erich Honecker) 동독 통일사회당 총서기에게 "기회를 잡고 개혁해야만 살 길이 있다."고 했다. 그 후 동독이 헝가리, 체코, 슬로바키아, 폴란드 관광 제한을 해제했다. 이로 인해 많은 사람이 체코를 통해 서독으로 갈 수 있게 됐고 베를린 장벽은 더는 민중의 탈출 러시를 막을 수 없게 됐다. 11월 9일, 동독이 부득이 동서독 국경 통제를 포기하자 동독인 수만 명이 베를린 장벽을 넘어 서베를린으로 향했고, 결국 베를린 장벽은 무너졌다. 이로써 수십 년 동안 유지돼온 철의 장막이 사라졌다.[31]

베를린 장벽이 무너진 1989년은 혼란의 시기였다. 이 한 해 동안에 폴란드, 루마니아, 불가리아, 체코, 동독은 모두 자유화를 실현하고 사회주의 명의名義를 포기했다. 이 또한 소련이 이들 국가에 대한 간섭을 포기한 결과다. 1991년 소련이 해체되고 냉전이 종식됐다.

중국 공산당이 지난 수십 년간 원조한 나라는 110개국에 달했고, 이데올로기 수출은 중국 공산당의 정책 결정에서 중요한 요인이었다. 중동, 남아시아, 아프리카, 라틴아메리카에 대한 소련의 간섭도 앞서 밝힌 것에 그치지 않는다. 본 장에서는 단지 사례를 들어 설명

---

31) 위의 책, 78장

했을 뿐이다. 폭력 이식은 공산주의 사령이 국제적으로 공산주의를 확장하는 중요한 수단이다. 공산주의 사령이 점유하는 지역과 통제하는 인구가 많을수록 더욱더 뜻대로 인류를 훼멸할 수 있기 때문이다.

4. 냉전 종결

냉전이 종식되자 많은 사람이 사회주의와 공산주의 폭정이 드디어 끝났다며 안도의 한숨을 쉬었다. 하지만 이는 단지 악마의 술수를 몰라서 가진 환상일 뿐이다. 미·소 양국이 대립하는 구도가 되자 중국 공산당에 쏠리던 국제사회의 시선이 다른 데로 돌려졌고, 이는 중국 공산당이 더욱 사악하고 은밀하게 공산주의 정책을 펼 수 있도록 시간을 벌어주는 꼴이었다. 1989년 '6.4 톈안먼 사태' 이후 사악한 장쩌민江澤民이 중국 공산당의 최고지도자가 됐다. 중국 공산당은 이미 성숙한 탄압 기계와 거짓 선전을 통해 체계적으로 전통문화를 파괴하고 공산당 문화를 세웠다. 또한, 중국 공산당은 도덕을 타락시키는 방법으로 반전통적이고 반도덕적인 '이리 새끼'를 길러내 파룬궁을 대규모로 박해하고 최후에 인류를 훼멸하기 위한 준비를 충실히 했다.

공산 진영 국가들의 공산당이 무너지긴 했지만, 아직도 전 세계적으로 공산주의가 청산되지 않았고 공산주의가 저지른 범행을 심판하지도 못했다. 러시아 역시 소련 공산당의 영향을 청산하지 않았으며 심지어 과거 KGB 수뇌가 오늘날 러시아를 다스리고 있다. 공산주의 이념과 사상은 여전히 존재하고 공산주의 악령이 양성한 수많은 공산주의자가 여전히 건재한 채 서방국가와 전 세계에 침투해 있다.

공산주의를 깊이 인식한 서방의 기성세대 반공 투사들은 세월이 흐르면서 세상을 떠났다. 새로운 세대는 공산주의가 이미 역사 속으로 사라졌다고 생각하기에 공산주의의 사악함, 살육, 기만 등에 대해 아무런 인식도 없고 알려고도 하지 않는다. 따라서 기존의 공산주의자들은 여전히 급진적 혹은 점진적인 공산주의 이론에 따라 행동하며, 자국의 이데올로기와 사회체제를 파괴하고 심지어 폭력으로 정권을 전복하는 각종 활동을 하고 있다.

1) '붉은 광장'은 여전히 붉다

다른 공산주의 진영 국가들이 곳곳에서 독립을 요구하는 가운데 구소련은 내정 불안과 외교적 고립, 경제 붕괴, 민심의 변화를 겪었다. 당시 러시아 대통령이던 보리스 옐친(Boris Yeltsin)은 소련 공산당을 불법조직으로 규정하고 활동을 제한했다. 국민들은 '탈공산화'와 '반공산화'에 대한 오랜 염원을 외쳤고, 결국 1991년 12월 26일 소련 최고 소비에트가 결의를 통해 소비에트 연방이 존재하지 않는다고 선포했다. 이로써 소련은 건국 69년 만에 해체됐다.

하지만 러시아인들의 머릿속에 깊이 배어 있는 공산주의 이데올로기가 어떻게 쉽게 지워지겠는가? 옐친은 러시아 공화국이 세워지자마자 '탈脫소련화' 운동을 일으켰다. 레닌 동상을 넘어뜨리고, 소련 서적을 불태웠으며, 소련 정부에서 일했던 공직자들을 해고하고 소련과 관련된 제품을 모두 파괴하고 불태웠다. 하지만 공산주의 악령의 본질은 건드리지 못했다. 제2차 세계대전이 끝났을 당시 전 세계적으로 '탈나치화'는 아주 철저하게 이뤄졌다. 나치 전범 공개 심판과 실형 선고에서부터 나치사상 청산에 이르기까지 철저하게 이뤄져 세상 사람들이 나치라는 두 글자만 보거나 들어도 치욕을 느끼게 했다. 법망을 빠져나간 나치주의자들을 법의 심판을 받을 때까지 끝까지 놓아주지 않았다.

하지만 유감스럽게도 공산 세력이 판을 친 러시아에서 '탈공산화'가 제때에 철저하게 이뤄지지 않음으로써 결국 호랑이를 키워 화를 초래하게 됐다. 곧 공산 세력은 반격에 나섰다. 1993년 10월, 모스크바 시민 수만 명이 모스크바 광장에서 집회를 열고 소련 국기를 흔들며 레닌과 스탈린의 이름을 연호했다. 시위 행렬은 점점 더 커졌다. 1991년에는 모스크바 시민들이 거리로 나와 독립과 민주를 요구했지만, 이번에는 공산 세력이 소련 체제 회복을 요구했다. 여기에 군과 경찰이 참여해 사태가 더욱 격렬해졌다. 중요한 시점에 안보 부처와 군 장성들이 옐친을 지지했고, 옐친은 정예 탱크부대를 파견해 위기를 수습했다. 그러나 공산 세력은 여전히 존재할 뿐만 아니라 러시아 공산당을 결성해 당시 러시아 제1당이 되기까지 했는데, 현재 집권당인 푸틴의 통합러시아당(United Russia)이 제1당이 되기 전까지 계속됐다.

최근 몇 년 사이에 진행된 일부 사회 조사(예를 들어, 모스크바 RBK방송국이 2015~2016년에 실시한 일련의 조사)에 따르면 응답자의 60%가 '소련이 부활해야 한다.'고 답했다. 2017년 5월, 수많은 러시아 사람이 소련 정권 찬탈 100주년을 기념했다. 소련 시절 설립된 콤소몰(Komsomol(공산주의 청년동맹)이 모스크바 붉은 광장에서 집회를 열고 레닌의 시신 앞에서 청년 입단 선서식을 거행했다. 겐나디 주가노프(Gennady Zyuganov) 러시아 공산당 주석은 최근 6만 명이 러시아 공산당에 입당했으며 공산당은 계속 생존하고 발전해

나갈 것이라고 떠벌였다.

　모스크바에만 아직도 약 80개에 달하는 레닌 기념비가 있다. 붉은 광장에 있는 레닌의 시신은 여전히 다양한 관광객과 추종자를 끌어들이고 있다. 붉은 광장은 여전히 붉고, 공산악령은 여전히 러시아에 존재하고 있다. 또한, KGB도 지금까지 철저히 폭로되거나 세인의 미움을 산 적이 없다. 공산주의 이념을 가진 사람은 아직 너무나 많다.

　2) 여전히 범람하고 있는 붉은 재앙

　현재 전 세계에서 공산당이 지배하는 국가는 중국, 베트남, 쿠바, 라오스 등 4개다. 북한은 표면적으로는 마르크스·레닌주의를 포기했지만, 실질적으로는 여전히 공산독재 국가다. 냉전 이전에는 공산당이 장악한 공산당 국가가 27개였다. 현재 공산당이 여전히 정치에 참여할 수 있도록 허용한 국가는 13개, 현재 공산당이 등록된 국가는 120개다. 지난 100년간 공산당 정권이 이미 사라진 국가는 120개다.

　1980년대에 이르러 라틴아메리카 각국의 각종 공산주의 정당(스스로 마르크스주의를 신봉한다고 자처하는 당 포함)은 50여 개였고 당원 수는 총 100만 명(쿠바 공산당이 절반을 차지한다)에 달했다. 1980년대 상반기 미국과 소련은 아시아, 아프리카, 라틴아메리카 지역에서 치열한 쟁탈전을 벌였다. 동유럽과 소련이 붕괴하면서 공산 세력은 점차 약화했다. 페루 공산당(Shining Path, 빛나는 길)처럼 공산 제도와 폭력 시스템을 고수하는 나라는 점점 줄어들고, 대다수 국가에서는 겉모습을 바꾼 사회주의 변종 형태가 나타났다. 이들은 기존의 공산 정당을 민주사회당, 인민사회당 등의 이름으로 바꾸었다. 중미의 10개 공산 정당은 이름에 공산당을 없앴지만, 공산주의와 사회주의 이념을 계속 추진하고 있어 형식상으로는 도리어 기만적이다.

라틴아메리카의 33개 독립국 가운데 공산당이 집권하고 있는 쿠바 이외 나라의 공산당은 대부분 합법 정당이다. 베네수엘라, 칠레, 우루과이 등의 공산당은 집권 여당과 각종 형식의 연정을 맺어 정치에 참여하고 있다. 그 외 다른 나라 공산당의 정치 신분은 대부분 야당이다.

비록 서방과 여타 지역의 일부 국가에서 공산주의 악령이 동방에서처럼 살육과 폭력수단을 사용하지는 않았지만, 그것은 온갖 변이된 수법과 서서히 침투하는 방식으로 도덕과 신전문화神傳文化 (신이 사람에게 전해준 문화)를 파괴하고 공산주의와 사회주의 이념 및 제도를 추진하는 목표를 실현했다. 공산주의 악령은 사실상 전 세계를 점령했다. 공산주의 악령이 인류를 훼멸하려는 궁극적인 목적은 실현되기 일보 직전이다.

제5장

서방에 침투하다

악령이 성공할 수 있었던 근본적인 원인은 인간이 신에 대한 믿음을 버리고 도덕성을 잃었기 때문이다. 신에 대한 우리의 믿음을 새롭게 다지고, 우리의 마음을 깨끗이 순화하고, 도덕을 제고해야만 악령의 통제에서 벗어날 수 있다.

제5장

서방에 침투하다

머리말

2016년 미국 대선은 우리가 최근 수십 년간 지켜본 선거 가운데 가장 극적인 선거였다. 비록 투표율은 58%로 그리 높지 않았지만, 선거 과정에 우여곡절도 많았고 평범하지도 않았다. 공화당 후보가 이김으로써 떠들썩했던 선거전이 막을 내렸으나, 이어서 또 다른 전쟁이 시작됐다. 언론이 새로운 대통령을 공격하기 시작했고, 많은 도시에서 선거 결과에 항의하는 시위가 이어졌다. 시위 참가자들은 "나의 대통령이 아니다."는 등의 구호를 외치는가 하면 새로 선출된 대통령을 '인종차별주의자' '성차별주의자' '배타주의자' '나치당원'이라며 재검표를 요구하고 심지어 탄핵 절차를 밟겠다고 위협하기까지 했다.

시위자들은 시위가 자발적이었다고 거듭 주장했지만, 탐사 기자는 누군가가 배후에서 시위를 기획한 결정적인 증거를 밝혀냈다. 증언에 따르면 시위를 조직한 것은 좌파 '직업 혁명가'들이었고, 이 단체들은 북한, 이란, 베네수엘라, 쿠바 등 사회주의 국가 혹은 독재국가들과 복잡하게 연계돼 있었다. 그 중에서도 중심 역할을 한 '노동자세계당'(Workers World Party)과 '자유의 길 사회주의자 기구'(Freedom Road Socialist Organization)는 각각 스탈린주의와 마오쩌둥주의를 신봉하는 공산주의 조직임이 밝혀졌다. 뉴질랜드 정치평론가 트레버 루돈(Trevor Loudon)은 일련의 조사 결과에 근거해 다큐멘터리 〈포위된 미국, 내전 2017(America under Siege: Civil War 2017)〉[1]을 제작했다.

루돈은 1980년대부터 공산주의 문제를 냉철하게 연구했고, 마침내 공산주의의 목표가 미국에 침투하고 전복하는 것임을 발견했다. 각양각색의 공산주의자들이 미국의 교육과 언론을 장악하고 정계와 산업계로 침투하면서 지난 수십 년간 미국사회는 이데올로기 측면에서 끊임없이 좌편향, 즉 공산독재 방향으로 이동했다. 바로 세상 사람들이 자유세계가 공산진영을 격파했다고 환호하는 동안, 공산주의는 서방 주요 국가들의 정치·경제·문화·교육·언론을 조용히 장악하며 최후의 일격을 준비하고 있었다.

미국은 자유세계의 등대로서 '세계경찰'이라는 천부적 사명을 짊어지고 있다. 미국은 두 차례 세계대전에 참여해서 최후에 전쟁 국면을 반전시켰고, 또한 반세기 가까이 지속된 냉전 속에서 다른

---

[1] 「An Interview with Trevor Loudon,」 Capital Research Center.
https://capitalresearch.org/article/an-interview-with-trevor-loudon/.
노동자 세계당이 1959년, 미국 및 세계 범위에서 사회주의 혁명을 일으키는 데에 주력하고 있으며, 각지의 역사적 조각상을 파괴하는 극단적인 시위에 참여했다. 참조: 더럼 남부연합 동상(Durham Confederate statue)을 넘어뜨린 것을 조직한 노동자 세계당은 누구인가? (Who are the Workers World Party, the group who helped organize the Durham Confederate statue toppling)
http://abc11.com/politics/who-are-the- workers-world-party-and-why-durham/2314577/.

초강대국의 핵무기 위협을 막아냈으며, 최종적으로는 세상 사람들의 기대를 저버리지 않고 소련과 동유럽의 사회주의 진영을 성공적으로 무너뜨렸다. 200여 년 전, 미국 건국의 아버지들은 서방의 주요 신앙 체계와 철학적 이념을 연구하고 신중한 사색과 토론을 거쳐 불후의 정치학 경전인 〈독립선언〉과 〈미국 헌법〉을 편찬했다. 이 두 개의 기초 문헌은 '천부인권天賦人權'을, 증명할 필요가 없는 명백한 진리로 규정함으로써 종교의 자유와 언론의 자유 원칙을 확립하고 분권을 통해 균형을 잡는 공화제도를 확립했다. 이 두 문헌은 예지叡智가 있는 수많은 정치인, 그리고 경건한 신앙을 가진 미국 시민들과 함께 200년간 미국사회의 평화와 안정, 번영을 보장해 왔다.

서반구西半球(지구를 두 쪽으로 나눴을 때의 서쪽 부분)를 장악하지 못한 공산주의 악령은 안심할 수가 없어 동서양을 동시에 아우르는 포석을 깔았다. 사령은 인간세상의 대표를 조종해 먼저 '대동사회大同社會(사람이 천지만물과 융합된 사회)'라는 아름다운 비전을 그려놓고 다양한 인간 대리인을 선택한 후 각종 방식으로 궤변과 삿된 설을 퍼뜨리며 극히 교활하게 인류를 훼멸하는 계획을 실행하였다.

공산주의 악령은 소련과 중국에서는 정권을 탈취해 살육하는 방식으로 전통문화를 파괴하고 도덕을 타락시켜 최후에는 인류를 훼멸하려 한다. 한편, 서방에서는 변화무쌍한 사기 수법으로 침투해 종교와 문화를 변이시키고 정치, 경제, 사회조직을 통제함으로써 궁극적으로 인간을 타락시켜 훼멸하는 목적을 달성하려 한다.

서방 국가에서는 공산당이 한동안 정권을 장악하지 못했기 때문에 공산주의 악령의 대리인들은 부득이 각양각색의 탈을 쓰고 각종 조직과 기구에 침투해 들어갔다. 공산주의를 추진하는 과정에서 적어도 네 갈래 방식으로 작용을 발휘했다.

첫째, 소련은 전복과 침투 방식을 사용했다. 소련 초기에 코민테른(제3인터내셔널)을 설립해 전 세계로 혁명을 수출하는 도구로 사용했다. 1980년대 중국 공산당의 개혁개방 이후 서방과 정치적, 경제적, 문화적 교류가 활발해지면서 다양한 방식으로 서방에 침투하기 시작했다.

둘째, 각국 공산당은 소련 공산당과 코민테른의 명령에 따라 전복 활동을 적극적으로 준비하고 계획했다.

셋째, 서방의 많은 정부가 경제와 사회가 불안정한 시기에 급하면 지푸라기라도 잡는 심정으로 각종 변형사회주의 정책을 채택함으로써 서방사회에서는 과거 수십 년간 끊임없이 좌편향 추세가 나타났다.

넷째, 각 나라에는 모두 공산당 동조자와 동정론자, 그리고 공산당에 이용당하는 대량의 '유용한 바보'들이 있는데, 이들은 공산주의 악령이 자유자재로 사용하는 도구로 전락했다. 그들이 공산당과 함께 서방 국가 내부의 제5열(fifth column, 공격 대상에 몰래 침투해 정보를 수집하고 여론전을 벌이는 '지지자' 혹은 '동조자')이 돼 전통문화를 파괴하고, 사회도덕을 타락시키고, 공산정권을 지원해 합법적인 정부를 전복하는 역할을 했다.

이번 장을 통해 다양한 각도에서 공산주의가 서방에 침투하는 과정과 수법을 묘사하고자 한다. 그림이 매우 복잡해 불가피하게 누락이 있을 수도 있다. 하지만 기본적인 단서만 파악한다면 하나를 보면 열을 알 수 있듯이 독자들이 각종 가면을 쓴 공산주의 악령의 마수를 명백히 가려낼 수 있으리라 믿는다. 여기서는 지면 제한으로 주로 미국의 예를 들지만, 악마의 술수는 미국뿐만 아니라 다른 나라에서도 매우 유사한 수법을 쓴다는 것을 이해하길 바란다. 이 장에서는 공산주의가 유럽에 미친 영향도 포괄적으로 다루고자 한다.

1. 폭력 공산주의와 비폭력 공산주의

수많은 사람이 생각하는 공산당은 모두 폭력과 갈라놓을 수 없는데, 거기에는 이유가 있다. 사실상 〈공산당선언〉에서 마르크스와 엥겔스가 부르짖은 것은 폭력이었다. "공산주의자들은 자신의 관점과 의도를 숨길 가치가 없다고 생각한다. 공산주의자들은 자신의 목적이 현존하는 모든 사회질서를 폭력적으로 타도함으로써 이루어질 수 있다고 공공연히 선언한다."2) 〈공산당선언〉이 발표된 후의 백여 년 동안, 특히 러시아와 중국의 공산혁명이 모두 폭력을 주요 수단으로 삼았기 때문에 객관적으로 볼 때 세상 사람들은 공산주의의 또 다른 표현 형식인 비폭력 공산주의를 간과했다.

폭력 혁명파의 마르크스주의는 레닌을 대표로 한다. 레닌은 두 방면에서 마르크스주의를 '발전'시켰다. 마르크스의 구상대로라면 공산주의 혁명은 경제가 발달한 자본주의 국가에서 먼저 폭발해야 하나, 레닌은 낙후한 러시아에서도 똑같이 사회주의를 건설할 수 있다고 생각했다. 레닌의 또 다른 공헌은 그의 '창당 학설'이다. 레닌은 계급의식과 혁명의 요구가 노동자 계급 내부에서 자연적으로 생길 수 없기에 반드시 외부에서 혁명 요구를 노동자 계급에 주입

---

2) 마르크스, 엥겔스, 『공산당선언』, 중문마르크스주의문고

해야 한다고 생각했다. 그래서 직업 혁명가들로 구성된, 엄격한 기율을 가진 정당을 조직해야 했다. 이 정당이 바로 '프롤레타리아 선봉대' 공산당이다. 레닌의 창당 학설의 본질은 폭력조직과 테러 조직을 마르크스의 정치경제학에 접목해 폭력과 기만에 의거한 공산주의 사기극을 실현하는 길을 설계해낸 것이다.

마르크스가 죽고 나서 그 이듬해(1884년) 영국에서는 점진적인 방식으로 사회주의를 실현하는 단체 '페이비언협회(Fabian Society)'가 탄생했다. 페이비언이라는 이름은 도피와 지연 전술로 유명한 고대 로마 장군 파비우스 막시무스(Fabius Maximus)에서 유래했으며, 페이비언협회의 상징은 양가죽을 쓴 늑대다. 〈페이비언 리뷰(Fabian Review)〉의 첫 번째 간행물의 표지에 이런 글이 적혀 있다. "파비우스 막시무스가 한니발에게 쓴 작전처럼 많은 사람이 파비우스를 시간만 끈다고 책망했지만, 그는 여전히 극도의 인내심을 가지고 때를 기다린다. 일단 때가 오면 파비우스처럼 전력을 다해 출격해야 한다. 그러지 않으면 공연히 한바탕 기다렸다가 헛수고만 하는 것이다."3)

페이비언협회는 평화적, 점진적 사회주의를 표방했다. 그래서 '곳곳에 구멍을 뚫는 침투' 전략을 창안해 냈다. 페이비언협회는 자기 구성원들의 활동을 제한하지 않았다. 그뿐만 아니라 그들로 하여금 내각 총리, 고위 행정관료, 대기업가, 대학총장, 주교 등 중요 인물들의 수행원이 되도록 격려하거나 그들을 받아들이는 데 동의하는 단체들에 가입시킨 후, 그 경로를 통해 그들의 사상을 의사결정권이 있는 인물들에게 주입했다. 페이비언협회 설립자인 시드니 웨브(Sidney Webb)는 "우리는 우리가 말하는 소위 '침투 정책'을

---

3) 쉬줴자이(徐覺哉), 『사회주의유파사(社會主義流派史)』, 상하이인민출판사(2007), 217

굳게 믿는다. 즉, 우리는 사회주의 사상과 사회주의 계획을 사회주의를 완벽하게 신봉하는 사람들의 사상에 주입할 뿐만 아니라 우리와 견해가 다른 사람들의 사상 속에도 동시에 주입해야 한다. 우리는 전력을 다해 자유당이나 급진주의자들 속에서 이런 선전을 진행할 뿐만 아니라 보수당 사람들 속에서도 이런 선전을 진행한다. 노동조합 운동가와 합작주의자合作主義者들 속에서도 이런 선전을 진행하고 고용주, 금융가들 속에서도 이런 선전을 진행한다. 기회만 있으면 우리는 우리의 방향에 부합하는 이념과 계획으로 그들을 공격한다."4)

페이비언협회 구성원 중에는 청년 지식인이 많았는데, 그들은 가는 곳마다 연설을 하고 서적, 잡지, 소책자를 출판해 사회적으로 큰 영향을 끼쳤다. 20세기가 되자 페이비언협회 구성원들은 정당 활동에도 참가하기 시작했다. 페이비언협회의 4대 구성원 중 하나인 시드니 웨브는 갓 설립된 노동당 전국 집행위원회의 페이비언 대표가 됐다. 그는 노동당 당헌 초안과 강령 초안을 작성하고 각 정책을 지도하면서 페이비언 사회주의가 당의 지도사상이 되도록 노력했다. 페이비언협회는 미국에서도 영향력이 매우 크다. 페이비언주의 단체뿐만 아니라 페이비언 사상은 유명 대학교의 문과대학에도 큰 영향을 미쳤다.5)

레닌의 폭력 공산주의든 페이비언협회의 비폭력 공산주의든 배후에는 모두 공산주의 악령이 통제하고 있어 궁극적인 목적에는

---

4) 위와 같음.
5) 페이비언 사회주의가 미국에 미친 영향,
참조 : Rose L. Martin, Fabian Freeway: High Road to Socialism in the U.S.A., 1884-1966 (Boston: Western Islands Publishers, 1966), Part II「The United States」; Zygmund Dobbs, Keynes at Harvard: Economic Deception as a Political Credo. (Veritas Foundation, 1960), Chapter III,「American Fabianism.」

아무런 차이점이 없다. 따라서 레닌식의 폭력 공산주의도 비폭력적인 수단을 배제하지 않는다. 〈공산주의 운동의 좌파 유치병幼稚病〉이란 책에서 레닌은 서구 공산당이 반동적인 노조와 협력을 거부하거나 부르주아 국가의 의회에 가입하지 않는 데 대해 신랄하게 비판했다. 레닌은 "정치가의 예술(공산주의자의 자기 임무에 대한 정확한 이해)은 바로 어떤 조건하에서, 어느 시기에 프롤레타리아 선봉대가 성공적으로 정권을 획득할 수 있을지를 정확히 판단하고, 정권획득 과정과 정권획득 이후에 노동자계급과 비프롤레타리아 노동자 등 매우 광범위한 대중 계층의 지지를 얻으며, 또한 정권을 획득한 후 교육과 훈련을 통해 갈수록 많은 노동자 대중의 지지를 쟁취해 자신들의 통치를 공고히 하고 확대하는 데 있다."고 했다.6) 그는 공산당은 반드시 자신의 진실한 의도를 숨겨야 하며, 정권을 탈취하기 위해서는 어떠한 약속이나 타협도 할 수 있다고 거듭 강조했다. 바꾸어 말하면 목적을 달성하기 위해서는 수단과 방법을 가리지 않아도 된다는 것이다. 러시아 볼셰비키당과 중국 공산당의 정권탈취 과정에서 그들은 확실히 폭력과 기만, 이 두 가지 수단을 여지없이 발휘했다.

사람들의 주목을 크게 받지 않는 비폭력 공산주의 유파도 사실은 폭력을 배척하지 않는다는 점을 사람들이 간과했다. 영국의 페이비언협회의 대표 인물 중 한 사람인 극작가 버나드 쇼(George Bernard Shaw)는 "나는 이미 명백하게 천명했다. '소득의 평균' 없이는 사회주의도 없다 사회주의 제도 하에서 빈곤은 금지된 것이다. 당신이 원하든 원치 않든 당신은 강제로 배불리 먹고, 따뜻하게 입고, 거주하고, 교육을 받고, 일자리를 배치 받을 것이다. 만약 당신의 품행

---

6) 레닌, 『공산주의 운동에서의 좌익 소아병』, 중국마르크스주의문고

과 근면함이 이런 대우에 미치지 못한다고 판명되면 당신은 부드럽게 죽임을 당할 것이다."[7] 위장에 능한 페이비언협회는 말주변이 좋은 버나드 쇼를 선택해 비폭력 사회주의의 음흉한 목적을 온정이 넘치는 것처럼 포장하고, 최후에 가서야 비로소 흉악한 몰골을 드러냈다. 서방국가에서 공산주의 운동이 고조되던 시기, 공산당 분자와 그들의 각종 로비 조직, 그리고 선동에 현혹된 청년들이 견해가 다른 언론을 압박하기 위해 사람마다 무서워하는 공포 분위기를 조성하고 때리고 부수고 강탈하고 불 지르고 암살하고 폭파하는 등의 폭력수단을 서슴없이 사용했다. 그들의 행위는 공산당과 판박이였다.

2. 코민테른, 첩보전, 루머전

공산주의는 국가가 계급을 압박하는 도구이며 계급사회의 산물이라고 주장한다. 공산주의 사회는 계급을 없앴기에 당연히 더는 국가가 필요 없다고 한다. 따라서 마르크스와 엥겔스는 〈공산당선언〉 마지막 부분에서 "노동자 계급은 조국이 없다."면서 "만국의 프롤레타리아여, 단결하라!"고 호소했다. 레닌이 이끄는 볼셰비키당은 러시아에서 세계 최초의 사회주의 국가를 건립한 후 코민테른을 신속하게 창립했다. 이들의 사명은 바로 혁명을 수출하는 것이었고, 전 세계적으로 사회주의 혁명을 일으켜 각 나라의 합법적 정권을 무너뜨리고 전 세계에 프롤레타리아 독재정권을 건립하는

---

7) George Bernard Shaw, The Intelligent Woman's Guide to Socialism and Capitalism (Garden City, New York: Garden City Publishing, 1928), 470.

것이었다. 1921년에 설립된 중국 공산당은 코민테른 극동지부 소속이었다.

사실 중국 공산당뿐만 아니라 세계 대다수 국가의 공산당은 모두 코민테른의 명령을 따르고 지원과 교육을 받았다. 소련 공산당도 그들의 방대한 제국을 배경으로 세계 각국에서 급진주의자들을 모집해 직업 혁명가로 양성하고 각국에서 전복 활동을 진행하게 했다.

1919년에 설립된 미국 공산당도 코민테른과 소련 공산당의 명령에 따르는 공산당 조직이다. 미국 공산당은 100년 가까운 역사가 있음에도 많은 당원을 보유한 큰 정당이 되지 못했다. 하지만 미국에서 여전히 상당한 영향력을 발휘한다. 그들은 유연하고 변화무쌍한 수법으로 미국사회의 급진단체, 급진주의자들과 결탁해 노동운동, 학생운동, 교회, 심지어 미국정부에까지 침투했다. 미국 반공운동의 선구자 프레드 슈워츠(Fred Schwartz) 박사는 "공산당원 수로 따져 그들의 영향력을 판단하는 것은 마치 구멍 난 면적과 온전한 면적을 비교해 선체의 안전 여부를 확정하는 것과 같다. 구멍 하나면 선박 전체를 침몰시키기에 충분하다. 공산주의 이론은 바로 기율紀律이 확립된 소수 사람이 나머지 사람을 통제하고 지휘하는 이론이다. 핵심적 위치에 있는 한 사람이 수천 명을 통제하고 조종할 수 있다."고 주장했다.[8]

제2차 세계대전 중에 미국정부 내에 많은 소련 간첩이 있었다는 사실은 공공연한 비밀이다. 1954년 상원이원 조셉 매카시(Joseph McCarthy)의 반공 노력이 묵살되고 좌파의 언론·정계·학계가 협력

---

[8] 「The Truth about the American Civil Liberties Union」 Congressional Record: Proceedings and Debates of the 87the Congress, 1st session,
https://sites.google.com/site/heavenlybanner/aclu.

해 은폐함으로써 관련 증거는 줄곧 대중의 시야에 들어오지 않았다. 1990년대 중반, 미국정부는 2차대전 종전 직전인 1940년대에 미국 정보당국이 해독한 극비 코드 베노너 문서(Venona Files)를 공개했다. 극비 코드에 따르면, 미국정부 내에서 소련을 위해 일한 공작원이 300여 명이나 있었던 것으로 드러났으며, 그들 밑에 얼마나 많은 사람이 더 있었는지는 아직 알 수 없다. 일부 간첩은 루즈벨트 정부에서 고위직에 올라 민감한 극비 정보를 접할 수 있었고, 일부는 직권을 이용해 미국의 정책 방향에 영향을 미칠 수 있었다. 그들 중에는 원자폭탄 기술과 기타 군사기술 기밀을 소련에 넘겼다가 전기의자 처형을 당한 로젠버그(Rosenderg) 부부, 재무부 차관보 해리 덱스터 화이트(Harry Dexter White), 국무부 관료 앨저 히스(Alger Hiss) 등이 있다.

베노나 프로젝트(Venona project)는 빙산의 일각만을 밝힌 것으로, 도대체 얼마나 많은 미국정부의 기밀문서가 소련으로 유출됐는지는 아직도 알 수가 없다. 그러나 무엇보다 중요한 것은 일부 소련 간첩이 고위직에 포진해 미국정부의 중요한 결정에 중대한 영향력을 행사했다는 점이다. 제2차 세계대전 종전 직전에 열린 얄타회담에서 루즈벨트 대통령의 고문 앨저 히스는 전후 영토 처리 문제, 포로 교환 문제, 유엔헌장 제정 문제 등 중대 사항 결정 과정에서 결정적인 역할을 했다. 해리 덱스터 화이트는 재무부장관이 가장 신뢰한 조력자 중 한 명으로, 중요 정책결정에 많이 참여했고, 브레튼 우즈 체제(BWS)의 주요 설계자 중 한 사람이자 국제통화기금(IMF)과 세계은행의 창설자 가운데 한 사람이기도 하다. 1941년에 국민당을 움직여 공산당 지하당원 지차오딩冀朝鼎을 재정부 고위 관료로 임명하게 한 사람이 화이트인데, 이 지차오딩이 국민정부를 '도와' 설계한 금원권金圓券 개혁이 국민당 정부의 신용을 실추시켰다. 역사학자들은 소련 간첩과 친공분자들의 영향으로 미국이 1940년대 후반의 국공내전에서 국민당에 대한 군사 원조를 중단했고, 그것이 국민당이 중국 대륙을 잃게 된 주요한 원인 중의 하나라 믿고 있다.[9)]

M. 스탠턴 에반스(M. Stanton Evans) 등의 학자들은 정책에 영향을 미치는 것이야말로 소련 간첩이 발휘하는 가장 중요한 역할이라고 강조했다.[10)] 한때 미국 공산당과 소련 간첩망에 소속돼 있다가 이후에 바른길로 돌아와 다른 간첩들을 지목한 휘태커 체임버스(Whittaker Chambers)는 "적대국의 대리인이 차지하는 위치는 문서를 훔칠 수 있을 뿐만 아니라 자국의 외교정책에 영향력을 행사해 자국의 제1 주적主敵에 유리하게 할 수도 있다. 이는 일부 특별한 순간은 말할 것도 없고 수없이 많은 일상적인 의사 결정에도 반영된다."고 했다.[11)]

1970년에 자유를 찾아 미국에 망명한 전직 소련 KGB 요원 유리 베즈메노프(Yuri Bezmenov, 가명은 토머스 슈만)는 그의 저서와 연설을 통해 비밀리에 서방을 전복하는 소련의 수법을 폭로했다. 베즈메노프는 제임스 본드(James Bond)의 007 같은 첩보영화의 영향을 받은 많은 서양인이 소련의 전복 수법 역시 간첩을 통해 정보를 빼내고 교량을 폭파하는 등일 것으로 생각하는데, 사실은 전혀 다르다고 했다.

베즈메노프는, KGB는 전체 인력과 물자 중 10~15%만 전통적인

---

9) John Earl Haynes and Harvey Klehr, Venona: Decoding Soviet Espionage in America (New Haven: Yale University Press, 1999), 138-145.
10) M. Stanton Evans and Herbert Romerstein, Stalin's Secret Agents: The Subversion of Roosevelt's Government (New York: Threshold Editions, 2012), 「Introduction」.
11) 위와 같음.

첩보전에 투입하고 대량의 인력과 물자는 이데올로기 침투와 전복顚覆 활동에 사용한다면서 전복 전략의 과정, 영역, 수단 등을 상세하게 설명했다. 통상적으로 전복은 4개 단계로 나뉘는데, 첫 번째 단계는 적대국의 문화적 퇴폐와 사기 저하를 조성한다. 두 번째 단계는 국가와 사회 불안을 조성한다. 세 번째 단계는 위기를 조성하는데, 위기는 3가지 국면을 초래할 수 있다. 즉 내전, 혁명 또는 외적의 침입이다. 이 위기 때 공산당은 네 번째 단계를 시작하는데, 바로 이 기회를 틈타 정권을 탈취하고 나아가 '국면을 안정시켜' 일당 독재국가를 만든다.

베즈메노프의 견해에 따르면 공산당의 침투 목표는 주로 3대 영역이다. ▲사상 영역(종교, 교육, 언론, 문화 등), ▲권력기구 영역(정부, 법원, 경찰, 군대, 외교기구 등), ▲사회생활 영역(가정, 의료 건강, 종족, 노사관계 등)이 바로 그것이다. 베즈메노프는 '평등'의 관념을 예를 들어 공산당이 어떻게 문화 침투를 통해 한 걸음 한 걸음씩 사회불안을 조성하고 혁명의 적기適期를 만들어내는지를 설명했다. 첩보원들은 각종 방식으로 '절대평균주의'를 선전하며, 사람들이 자신의 정치·경제 상황에 불만을 품게 한다. 불만이 커지면 생산성에 영향을 미치고 노사관계에 영향을 미쳐 연쇄 파업과 경기 침체 등을 초래한다. 따라서 사회가 불안해지고 점점 많은 사람이 급진적으로 변해 권력투쟁을 벌이게 된다. 전면적인 위기가 폭발하면서 혁명 또는 외국 침략의 기회가 무르익게 된다.12)

1978년 서방으로 망명한 전 루마니아 해외정보국 최고책임자인 이온 미하이 파체파(Ion Mihai Pacepa)는 구소련과 동유럽 공산당 국가들

---

12) Thomas Schuman, Love Letter to America (Los Angeles: W.I.N. Almanac Panorama, 1984), 21-46.

의 대규모 심리전, 루머전 책략을 전면적으로 폭로했다. 파체파는 루머전의 목적은 대중이 문제를 들여다보는 기본적인 틀을 바꾸는 것이라고 강조했다. 그에 따르면, 심리적으로 개조되면 진실을 직면해도 이해할 수 없고 받아들일 수 없어 '유용한 바보'가 돼버린다.[13]

베즈메노프는 이데올로기를 전복하는 첫 번째 단계를 일반적으로 한 세대가 교육을 받는 기간인 15~20년이라고 했으며, 두 번째 단계는 2~5년, 세 번째 단계는 3~6개월만 있으면 된다고 했다. 1984년 그는 연설에서 첫 단계는 이미 완성됐고, 그 효과가 소련 당국의 상상을 훨씬 뛰어넘을 정도로 좋았다고 했다.

구소련의 수많은 간첩 및 정보 요원의 자술과 냉전 후에 해독한 기밀문서에 따르면, 구소련의 침투는 1960년 서방의 반문화운동 배후의 중요한 추진력이었다.

미국 상원의원 조셉 매카시(Joseph McCarthy)는 1950년부터 미국정부와 사회에 대한 공산당의 침투를 폭로하기 시작했으나, 1954년 상원에서 규탄 결의를 채택하는 데 그쳤을 뿐 미국정부 내에서 공산주의를 청산하려던 노력은 중도에서 폐기됐다. 이는 미국이 더 빨리 내리막길을 걷게 된 관건적인 원인이다.[14]

공산주의 이데올로기 침투와 매카시즘(McCarthyism, 1950~1954년 미국을 휩쓴 반反공산주의 선풍) 등 일련의 문제는 소련이 해체되고 냉전이 종식된 이후에도 현실적 의의를 결코 잃지 않았다. 매카시는 수년간 좌파 정치인들과 언론에 의해 악마화 됐으며, 매카시

---

13) Ion Mihai Pacepa and Ronald J. Rychlak, Disinformation: Former Spy Chief Reveals Secret Strategies for Undermining Freedom, Attacking Religion, and Promoting Terrorism (Washington D.C.: WND Books, 2013), Chapter 6.
14) 매카시즘, 참조: M. Stanton Evans, Blacklisted by History: The Untold Story of Senator Joe McCarthy and His Fight against America's Enemies (New York: Crown Forum, 2007).

즘은 '정치적 박해'의 대명사가 됐다. 이는 좌파가 이미 이데올로기의 주도권을 확실하게 장악했음을 보여주는 대목이다.

미국의 한 보수파 정치평론가는 매카시 등 반공산주의 영웅들이 미국에서 억압당하고 부정적으로 묘사된 역사를 돌이켜 본 후 "좌파의 반미는 그들의 전체 세계관의 유기적인 구성 요소다. 자유주의자는 간통한 자, 포르노 업자, 낙태권을 선동하는 자, 범죄자와 공산주의자를 위해 권리를 쟁취한다. 그들은 본능적으로 무정부 상태를 지지하고 문명을 반대한다. 자유주의자의 입장에서 피할 수 없는 것은 바로 배신이다."라고 했다.15)

3. 루스벨트의 뉴딜정책에서 진보주의

1929년 10월 24일 '검은 목요일', 뉴욕 증시가 무너졌다. 위기는 금융·재정 분야에서 시작돼 경제 전반으로 퍼졌고, 주요 서방국가도 재난을 모면하지 못했으며, 실업률은 25%대에 이르렀다. 전 세계 실업자는 3천만 명이 넘었고, 소련을 제외한 주요 공업국의 공업 생산율은 평균 27%나 감소했다.16)

1933년 초 루스벨트(Franklin Roosevelt)는 임기 시작 후 100일 동안에 '구제(relief), 부흥(recovery), 개혁(reform)'이란 주제를 둘러싸고 여러 가지 법안을 잇달아 내놓았고, 정부의 경제개입 비중을 높였다. 국회는 '긴급은행법' '농업조정법' '전국산업부흥법' '사회보장법' 등의 법안을 제정했다. 제2차 세계대전이 발발한 뒤 뉴딜 정책은 거의

---

15) Ann Coulter, Treason: Liberal Treachery from the Cold War to the War on Terrorism (New York: Crown Forum, 2003), 292.
16) 왕쩡차이(王曾才), 『세계현대사』, 대만 삼민서국(三民書局, 1994), 324~329

끝났지만, 이때 생긴 일부 제도나 기구들은 지금도 여전히 영향을 미치고 있다.

  루스벨트가 반포한 대통령령의 수는 그 이후 20세기 모든 대통령이 반포한 대통령령의 총합을 초과한다. 그러나 30년대 말까지 미국의 실업률은 두 자릿수 이하로 떨어지지 않았다. 루스벨트의 뉴딜 정책 이후 미국정부는 '고高세율, 대정부, 개입주의'의 길을 걷기 시작했다. 보수파 사상가 디네시 디수자(Dinesh D'Souza)는 그의 신작 〈거대한 거짓말(The Big Lie)〉 중에서 "국가재건법(National Recovery Act, NRA)은 루즈벨트의 중요한 정책 중의 하나이자 뉴딜 정책의 중심이다. 이 법안은 기본적으로 미국의 자유 시장제도에 경종을 울린 것이다."라고 했다.17)

  역사학자 짐 파웰(Jim Powell)은 루스벨트 뉴딜 정책의 효과가 어떻게 기대에 어긋났는지 충분한 역사 자료를 통해 증명한 바 있다. 즉, 뉴딜 정책은 공산주의의 영향을 받았고, 사회보장법은 실업률을 높였으며, 고세율은 건강한 기업경영 방식을 파괴했고, 노동법은 실업을 초래했다는 것이다. 노벨 경제학상(1976년) 수상자 밀턴 프리드먼(Milton Friedman)은 그의 저서에서 "파웰은 뉴딜 정책이 침체된 경제가 회복하는 데 악영향을 미쳤고, 실업을 연장하고 가중했으며, 더욱 침략적이고 비싼 정부를 위한 조건을 마련했음을 확실하게 증명했다."고 칭찬했다.18)

  1963년 케네디(John F. Kennedy) 대통령이 암살당한 뒤 출범한 린든 존슨(Lyndon B. Johnson) 정부는 '빈곤과의 전쟁'과 '위대한 사회' 정책

---

17) Dinesh D'Souza, The Big Lie: Exposing the Nazi Roots of the American Left (Chicago: Regnery Publishing 2017), Chapter 7.
18) Jim Powell, FDR's Follies: How Roosevelt and His New Deal Prolonged the Great Depression (New York: Crown Forum, 2003), back cover.

을 폈다. 존슨은 극히 짧은 기간에 일련의 대통령령을 반포하고 관련 법률을 제정해 새로운 정부기구를 설립하는 한편, 복지 예산을 늘리고 세수를 늘려 정부의 권한을 급격히 확대했다. 흥미로운 것은 존슨 대통령의 시행 조치와 1966년 발간된 〈미국 공산당 신강령〉이 거의 판박이라는 것이다. 미국 공산당 당수 거스 홀(Gus Hall)은 이 강령을 이렇게 해석했다. "공산당은 위대한 사회에 대한 태도를 한마디로 요약할 수 있다. 즉, '같은 침대에서 자는 두 사람이 다른 꿈을 꿀 수 있다.'는 것이다. 우리 공산당원은 위대한 사회의 모든 조치를 지지한다. 왜냐하면 우리의 꿈은 사회주의이기 때문이다." 홀이 말한 '같은 침대'는 위대한 사회 정책을 가리킨다.[19] 비록 똑같이 위대한 사회 조치를 지지하지만, 존슨 정부의 초심은 민주주의 제도하에서의 개량이고 미국 공산당은 미국을 한 걸음 한 걸음 사회주의로 끌어들이는 것이었다.

'위대한 사회'와 '빈곤과의 전쟁', 이 두 가지 정책은 가장 엄중한 세 가지 결과를 낳았다. 국민의 복지 의존도가 높아졌고, 일하기를 거부하는 청장년이 많아졌으며, 가정 해체를 가속화했다. 복지 정책은 한 부모 가정을 돌보기 때문에 실상은 이혼과 혼전·혼외 자식을 장려하는 것이다. 전체 신생아 중 혼외 출생아 비율이 1940년에는 3.8%였는데, 1965년에는 7.7%로 높아졌고, 위대한 사회 개혁이 시작된 지 25년이 되던 1990년에는 28%까지 상승했고, 2012년에는 40%까지 치솟았다.[20] 가정 해체는 일련의 사회적 결과를 가

---

19) G. Edward Griffin, More Deadly than War
https://www.youtube.com/watch?v=gOa1foc5IXI.
20) Nicholas Eberstadt, 「The Great Society at 50」 (American Enterprise Institute), http://www.aei.org/publication/the-great-society-at-50/. 미국의 높은 복지정책의 결과에 대한 탐구는 같은 저자의 다음 서적을 참고할 수 있다. A Nation of Takers: America's Entitlement Epidemic (Templeton Press, 2012).

져왔다. 예를 들어 정부의 재정 부담이 크게 늘어나고, 범죄율이 급상승하고, 가정교육이 쇠퇴하고, 대가족은 가난에서 벗어날 수 없고, 불로소득을 바라는 사상이 뿌리 깊게 내려 자발적 '실업자 무리'가 형성된 것 등이다.

스코틀랜드 역사학자 알렉산더 프레이저 티틀러(Sir Alexander Fraser Tytler)는 "민주제도는 장기간 지속되는 정치제도가 될 수 없다. 언젠가 국민들은 국고로 혜택을 주는 후보를 투표로 뽑을 수 있음을 알게 될 것이며, 그때가 되면 민주주의 제도는 종식된다. 다수의 유권자는 공공재정으로 자신에게 이익을 가장 많이 준다고 공약하는 후보에게 투표할 것인데, 이렇게 되면 민주주의제도는 느슨한 재정 정책으로 인해 붕괴되고, 궁극적으로는 독재에 의해 대체된다."[21]고 말한 바 있다. "검소하다가 사치하기는 쉬워도 사치하다가 검소하기는 어렵다由儉入奢易 由奢入儉難."는 말이 있듯이, 대중이 복지에 의존하는 습성이 형성된 후에 정부가 복지를 다시 줄인다는 것은 하늘에 오르기보다 더 어렵다. 복지국가는 서양 국가의 정치적 고질병이 됐고, 수많은 정치인과 학자를 속수무책으로 만들었다.

1970년대 이후부터 극좌파들은 미국 민중이 경계하는 혁명적인 용어를 포기하고 더 중성적인 색채를 띤 '자유주의'와 '진보주의'라는 용어로 대체해 사용했다. 공산당 국가에서 생활했던 독자들은 후자가 생소하지 않을 것이다. '진보'는 줄곧 공산당이 공산주의를 상징하는 은어로 사용했다. 예를 들어 '진보 운동'은 '공산주의 운동'을 가리키고, '진보 지식인'은 '친공분자' 혹은 아예 지하당원을 가리킨다. 자유주의든 진보주의든 그것의 본질은 다르지 않다.

---

21) 이 말에 대해서는 저자가 프랑스 사상가 알렉시스 드 토크빌(Alexis de Tocqueville)이라는 설도 있다. 우리가 이 말을 인용하는 것은 그 의미가 있기 때문이다.

이는 모두 사회주의와 공산주의의 대명사일 뿐이다.

우리는 그 어느 정계 요인이나 개인을 책망할 생각이 없다. 복잡다단한 역사의 변화 속에서 정확한 분석과 판단을 내리는 것은 지극히 어려운 일이다. 역사의 페이지를 한 장 한 장씩 펼쳐보면 우리는 20세기 초부터 공산주의 악령이 동·서방에서 동시에 손을 쓰기 시작했음을 또렷이 볼 수 있다. 동양에서 폭력혁명이 일어난 동시에 서방국가의 정부와 사회 전반이 공산주의의 영향을 받아 점차 좌편향으로 기울었다. 미국을 놓고 볼 때 제1차 세계대전 이후, 특히 경제위기 이후 정부는 갈수록 많은 사회주의 정책을 채택했다. 복지국가는 국민의 게으름과 정부에 대한 의존도를 키웠고, 이와 동시에 무신론과 유물론은 미국사회의 도덕적 유기체를 급속히 잠식했다. 신을 멀리하고 전통도덕을 멀리하게 된 민중은 변화무쌍한 공산주의의 속임수 앞에서 점점 저항력을 잃어갔다.

4. 서방의 문화대혁명

1960년대는 현대사의 분수령이었다. 사상 전례 없는 반反문화운동이 동방에서부터 서방에 이르기까지 전 세계를 휩쓸었다. 중국 공산당이 주도한 중국의 문화대혁명과는 달리 서방 각국의 반문화운동은 겉으로는 다중심多中心 운동 또는 구심점이 없는 운동이었다. 1960년대부터 70년대까지 10여 년간 이 대규모 운동에 참여했던 사람들(대다수는 젊은이들)은 서로 다른 동기와 요구를 가지고 있는 듯했다. 그 중에는 미국의 베트남전쟁을 반대하는 사람, 유색인종의 권리를 쟁취하려는 사람, 부권父權을 반대하고 여권女權을 쟁취하려는 사람, 동성애자들의 권리를 쟁취하려는 사람 등이 있었다. 그 속에는 전통문화를 반대하고, 권위를 반대하고, 개성을 해방하고, 향락주의를 추구하고, 마약과 로큰롤 음악을 추구하는 자들도 뒤섞여 사람들의 눈을 현혹했다.

'서방의 문화대혁명'의 목적은 정통 기독교 문명과 서방의 전통문화를 무너뜨리는 것이다. 이처럼 난잡하고 무질서해 보이는 글로벌 문화현상은 공산주의에서 비롯됐다. 마르크스, 마르쿠제(Marcuse), 마오쩌둥毛澤東 등 이른바 '3M'은 반란을 일으키는 청년들이 숭배하는 우상이었다. 헤르베르트 마르쿠제(Herbert Marcuse)는 '프랑크푸르트학파'의 중요 구성원이었다.

프랑크푸르트학파는 독일 프랑크푸르트대학 사회연구소를 핵심으로 하는 마르크스주의 유파다. 1923년 이 연구소 설립 초기에 '마르크스주의 연구소'라는 이름을 고려했으나, 사람들의 이목을 가리기 위해 중성적인 '사회연구소'로 명명했다. 프랑크푸르트학파의 창시자 중 한 명인 헝가리 마르크스주의자 루카치 죄르지(György Lukács)는 "누가 우리를 서방 문명에서 구원해낼 수 있는가(Who can save us from Western Civilization?)"라고 질문한 바 있다. 마르쿠제는 이 말을 다음과 같이 한 걸음 더 발전시켰다. "서방은 그와 접촉하는 모든 문명과 문화를 겨냥해 인종 말살 범죄를 저질렀다. 미국과 서구 문명은 세계에서 가장 큰 인종차별주의, 성차별주의, 배척주의, 반유대주의, 파시즘, 나르시시즘의 집결지다. 미국사회는 억압적이고 사악하므로 충성을 다할 가치가 없다." 이로써 프랑크푸르트학파가 서양의 전통문화를 주적主敵으로 삼고서 문화 파괴를 통해 이데올로기의 주도권과 정치적 리더십을 탈취하려 했음을 분명히 알 수 있다.

1935년 프랑크푸르트학파는 미국으로 옮겨 뉴욕 컬럼비아대학 내에 간판을 걸었다. 프랑크푸르트학파는 미국 본토의 좌파 지식인과 함께 마르크스주의와 그 변종들을 전파해 이후 미국 청소년 몇 세대를 망가뜨렸다. 마르크스주의와 프로이트의 범성욕설汎性慾說을 받아들여 성에 대한 문명의 억압을 풀어 줄 것을 주장한 마르쿠제는 성해방 트렌드를 추진한 주요 인사 중 한 명이다. 마르쿠제는 자유와 해방을 얻으려면 반드시 인간 본능에 대한 자본주의 사회의 과도한 억제를 폐지해야 하며, 이를 위해서는 반드시 모든 전통적인 종교와 도덕, 질서와 권위를 반대해 전 사회를 무절제한 향락을 누리면서 일할 필요가 없는 유토피아로 만들어야 한다고 생각했다. 마르쿠제의 대표 작품 〈에로스와 문명〉은 프랑크푸르트학파의 방대한 저서들 속에서 중요한 위치를 차지하고 있는데, 그 이유는 두 가지다. 하나는, 이 책에서 마르쿠제는 마르크스 사상과 프로이트 사상을 결합해 마르크스의 정치 경제적 비판을 신마르크스주의의 문화 심리 비판으로 바꾸었다는 점이다. 다른 하나는, 이 책이 프랑크푸르트학파와 청년 독자 사이의 가교가 돼 반항 철학을 직접 1960년대의 반항운동으로 전환했다는 점이다.22)

마르쿠제는 "(반문화 운동은) 가히 한 차례 문화혁명이라고 할 수 있다. 왜냐하면 이 항의가 겨냥한 것은 기성사회의 도덕을 포함한 문화체계 전체이기 때문이다. 한 가지 분명한 것은 전통적인 혁명 이념과 혁명 전략은 이미 종결됐다는 점이다. 이런 관념은 너무나 진부하다. … 우리는 반드시 분산하는 방식으로 이 체계를 사분오열시켜야 한다."고 했다.23)

---

22) William L. Lind, Chapter VI 「Further Readings on the Frankfurt School」 in William L. Lind, ed., Political Correctness: A Short History of an Ideology (Free Congress Foundation, 2004), 5-6.

프랑크푸르트학파의 어렵고 난해한 이론을 이해할 수 있는 반항적인 청년은 몇 안 됐으나, 마르쿠제 사상의 취지는 간단명료했다. 즉 반전통, 반권위, 반도덕으로 치닫고 성, 마약, 로큰롤에 무절제하게 빠지며 "전쟁하지 말고 사랑하라."는 것이다. 모든 권위와 규범에 대해 "아니오."라고만 말하면 고상한 혁명 사업에 참여한 셈이다. 이러한 감각적이고 자기만족적인 혁명은 얼마나 싸고 간편한가!

반드시 강조할 것은 비록 많은 반란 청년이 자발적이었지만, 가장 급진적이며 운동의 최선두에 선 학생 지도자들은 국제공산주의의 통제를 받았다는 점이다. 그 중에는 쿠바에서 훈련을 받은 '민주사회학생회(SDS)'의 학생 지도자가 포함된다. 학생들의 항의 운동은 공산주의 단체가 직접 추진한 결과였다. SDS에서 분리돼 나간 극좌익 단체 '웨더맨(Weathermen)'은 1969년에 발표한 성명에서 "아시아, 아프리카, 라틴아메리카의 혁명적 인민과 미국을 비롯한 제국주의의 모순은 현재 세계의 주요 모순이다. 이 모순이 발전함으로써 전 세계 인민이 미제국주의와 그 앞잡이를 반대하는 투쟁을 촉진했다."고 했다. 이는 그 당시 중국 공산당의 2인자 린뱌오林彪가 〈인민전쟁 승리 만세!〉에서 한 말이다.24)

문화대혁명이 중국문화와 사회에 불가역적인 파괴를 조성한 것처럼 서방사회 문화를 전복한 반문화 운동도 마찬가지로 보기만 해도 끔찍했다. 첫째, 그것은 많은 비주류 문화, 하층 문화, 변이 문화를 주류 문화로 만들었다. 성해방, 마약, 로큰롤은 청소년의 도

---

23) Raymond V. Raehn, Chapter II 「The Historical Roots of 『Political Correctness』」 in William L. Lind, ed., Political Correctness: A Short History of an Ideology (Free Congress Foundation, 2004), 10.
24) 선한(沈漢), 황펑주(黃鳳祝), 『반항세대, 1960년대 서방학생운동(反叛的一代, 20世紀60年代西方學生運動)』, 간쑤인민출판사(2002), 136

덕적 관념을 빠르게 잠식했고 그들에게 신을 반대하고 전통을 반대하고 사회를 반대하는 잠재적인 타락 역량을 길러줬다. 둘째, 길거리 혁명의 선례를 만들어 폭넓은 반反사회, 반미 사고방식을 키워 이후의 길거리 혁명을 위한 선례를 남겼다. 셋째, 1960년대 젊은 이들은 길거리 혁명이 좌절된 후 대학, 연구소에 들어가 석·박사 과정을 마치고 나서 미국사회의 주류인 교육계, 언론, 정계, 상공업계에 진입해 마르크스주의의 세계관과 가치관을 체제 내로 끌어들임으로써 한 차례 미국사회를 휩쓰는 비폭력 혁명을 일으켰다.

1980년대 이후 미국사회의 주요 언론, 대학교, 할리우드는 대부분 좌파의 본거지가 됐다. 레이건(Ronald Reagan) 대통령 재임 시절, 정계에서 좌편향 분위기를 약간 되돌려 놓았으나, 1990년대 이후에는 정책이 다시 좌편향으로 돌아서서 최근 정점에 달했다.

5. 반전평화운동과 민권民權운동

조지 오웰(George Orwell)의 소설 〈1984〉에서 대양국大洋國에는 중요 정부 부처인 '평화성平和省'이 있다. 평화성의 역할은 전쟁을 일으키는 것이다. 얼핏 보기에는 해학적인 명칭을 달아준 것처럼 보이지만, 사실은 깊은 뜻이 있다. 실력이 남보다 못할 때 가장 좋은 방책은 평화를 사랑한다고 선언하는 것이고, 전쟁을 일으키고 싶을 때 가장 좋은 은폐 수법은 평화와 화해를 상징하는 올리브 나뭇가지를 높이 쳐드는 것이다. 소련과 여타 공산국가들이 이 책략을 아주 능숙하게 사용했을 뿐만 아니라 국제공산주의는 오늘날까지도 이 깃발을 자주 내걸어 서방에 침투하고 자유세계의 대중을 마비시키고 있다.

세계평화평의회(World Peace Council, WPC)는 1948년에 설립됐다. WPC의 첫 사무총장 졸리오 퀴리(Joliot Curie)는 프랑스 물리학자이자 프랑스 공산당 당원이었다. 당시 제2차 세계대전이 막 끝났고, 미국은 원자폭탄을 성공적으로 연구 제작한 유일한 나라였다. 소련은 세계 평화를 전쟁 압력을 완화하는 '도광양회韜光養晦(자신의 능력을 드러내지 않고 힘을 키우며 기다림)' 수단으로 대대적으로 보급했다. WPC는 소련 공산당 산하의 소비에트평화위원회에서 직접 통제했으며, 전 세계적으로 소련은 평화를 사랑하는 국가라고 허풍을 떨었고, 미국을 세계 제일의 전쟁광이자 평화의 적이라고 불렀다. 소련은 세계노동조합연맹, 세계청년연합, 국제여성연합, 국제기자연맹, 세계민주청년연맹(WFDY), 세계과학자협회 등 대량의 조직 단체를 육성했다. 이들은 WPC와 서로 호응했고, '세계평화'는 공산주의가 자유세계를 겨냥한 여론전의 전초 기지가 됐다. WPC는 사실상 코민테른의 외곽 조직이다.

1961년에 소련 공산당 총서기 니키타 흐루쇼프는 보고서에서 "매일 더욱 많은 사람이 평화를 요구하는 투쟁에 말려들어야 한다. … 평화의 기치는 대중들을 우리 주위로 단결시켰다. 이 기치를 높이 치켜들면 우리는 더욱 큰 승리를 쟁취할 것이다."라고 했다. 미국 공산당 서기 거스 홀은 이에 즉각 호응하면서 "평화를 위한 투쟁을 확대할 필요가 있으며, 더욱더 많은 사람을 참여시키고, 그것이 모든 지역사회, 국민 단체, 노동조합, 교회, 가정, 거리, 대중 집회지의 주 관심사가 되게 해야 한다."[25]고 했다.

냉전 시기에 반전평화운동은 세 번의 고조高潮가 나타났다.

---

25) Jeffrey G. Barlow, 「Moscow and the Peace Movement」 The Backgrounder (The Heritage Foundation, 1982), 5.

첫 번째는 1950년대 초에 등장했고, 두 번째는 1960~70년대 베트남전쟁 때 나타났다. 소련 정보기구(GRU, 소련 총참모부 정보총국의 약칭) 대령 출신으로, 1992년 미국으로 망명한 스타니슬라프 루네프(Stanislav Lunev)의 증언에 따르면, 베트남전쟁에서 소련이 서방의 반전 선전에 쏟아 부은 돈은 북베트남에 지원한 군사·경제 비용의 두 배에 달했다. 그는 "GRU와 KGB가 미국을 비롯한 거의 모든 국가의 반전운동과 반전 단체들을 지원했다."고 했다.26)

베트남전쟁 반대 운동에 참여했던 전 마르크스주의자 로널드 라도쉬(Ronald Radosh)는 "반전운동의 진짜 의도는 결코 전쟁을 끝내는 것이 아니라 반전 정서를 이용해 미국 내 새로운 혁명을 만들어내는 사회주의 운동이다."라고 했다.27)

세 번째는 1980년대 초에 미국이 서유럽에 중거리 핵무기를 배치할 때 나타났다. 유럽의 평화·반핵 운동은 비록 소련과 미국에 동시에 핵무기를 제한할 것을 요구했으나, 소련은 결코 어떠한 국제조약도 준수한 적이 없었다. 미국 상원 사법위원회가 1955년에 진행한 연구 결과에 따르면, 소련은 설립 후 38년간, 전 세계 각 나라와 1,000건에 달하는 양자 및 다자 조약을 체결했지만, 거의 모든 조약을 위반했다. 연구보고서 저자는 인류 문명 역사상 강대국이 이렇게 성실하지 못한 것은 소련이 처음일 것이라고 했다.28) 따라서 반핵운동이 겨냥한 것은 사실상 미국뿐이었다.

트레버 루돈(Trevor Loudon)은 "1980년대 뉴질랜드의 반핵운동은 바

---

26) Stanislav Lunev, Through the Eyes of the Enemy: The Autobiography of Stanislav Lunev (Washington DC: Regnery Publishing, 1998), 74,170.
27) Robert Chandler, Shadow World: Resurgent Russia, the Global New Left, and Radical Islam (Washington, DC: Regnery Publishing, 2008), 389.
28) Anthony C. Sutton, The Best Enemy You Can Buy (Dauphin Publications, 2014), 「Conclusions.」

로 소련이 공작원을 양성해 나라 안팎으로 협력해서 이루어졌고, 결과적으로는 뉴질랜드가 태평양안전보장조약 앤저스(ANZUS))에서 탈퇴함으로써 인구가 400만 명밖에 안 되는 뉴질랜드를 공산주의의 위협에 직접적으로 노출시켰다."고 했다.29)

9.11 테러 사건 이후 미국에서는 대규모 반전 시위가 일어났다. 이런 항의를 적극적으로 추진한 것 역시 공산주의와 밀접한 관련이 있는 조직이었다.30)

역사책에서 긍정적인 평가를 받는 많은 미국 민권운동의 배후에도 공산주의 유령의 그림자가 어른거린다. 미국의 사상가 에드워드 G. 그리핀(Edward G. Griffin)은 중국, 쿠바, 알제리의 공산주의 혁명을 비교한 후, 미국의 민권운동이 이들의 혁명과 동일한 패턴을 가지고 있음을 발견했다.

첫 번째 단계는 민중을 여러 적대敵對 그룹으로 나눈다.

두 번째 단계는 통일전선을 형성해 어떤 운동 하나가 보편적 지지를 받는 것처럼 허상을 만든다.

세 번째 단계는 반대파를 타격한다.

네 번째 단계는 폭력을 선동한다.

다섯 번째 단계는 혁명을 연출하는데, 실제로는 기회를 엿보고 쿠데타를 일으켜 정권을 빼앗는 것이다.31)

1920년대 말부터 미국 공산주의 노동자당(The Workers' Communist Party)

---

29) Trevor Loudon, The Enemies Within: Communists, Socialists, and Progressives in the U.S. Congress (Las Vegas: Pacific Freedom Foundation, 2013), 5-14.
30) 「AIM Report: Communists Run Anti-War Movement,」 Accuracy in Media (February 19, 2003),
https://www.aim.org/aim-report/aim-report-communists-run-anti-war-movement/.
31) G. Edward Griffin, Anarchy U.S. A.: In the Name of Civil Rights (DVD). John Birch Society.

은 흑인 혁명의 거대한 잠재력을 발견했다. 그들은 흑인이 모여 사는 남부에서 소비에트 흑인공화국을 수립할 것을 호소했다.32) 1934년에 출판한 공산주의 선전 책자 〈소비에트 미국의 흑인〉은 남부 흑인의 인종 혁명과 프롤레타리아 혁명을 결합해야 한다고 주장했다.33)

미국의 1960년대 민권운동은 소련 공산당과 중국 공산당의 지지를 받았다. 한때 미국 공산당에 가입하고 모스크바에 가서 훈련을 받은 흑인 레오나르도 패터슨(Leonard Patterson)은 미국 공산당을 탈퇴한 후, "흑인들의 폭동과 소동은 소련 공산당의 강력한 지지를 받았고 본인은 미국 공산당 총서기 거스 홀(Gus Hall)과 함께 모스크바에 가서 훈련을 받은 적이 있다."고 증언했다.34)

미국의 흑인 민권운동이 고조된 것 역시 중국 공산당의 혁명 수출이라는 큰 배경 하에서 발생한 것이다. 1957년 이후, 중국 공산당의 외교 사상은 점차 급진적으로 전환돼 1965년에는 공공연히 세계혁명의 깃발을 내걸고 '광대한 농촌(아시아, 아프리카, 라틴아메리카)'이 '세계의 도시(서유럽, 북아메리카)'를 포위하는 길을 걸을 것을 호소했다. 흑인 민권운동 가운데 가장 폭력적인 색채를 띤 조직인 '혁명행동운동(Revolutionary Action Movement)'과 마오쩌둥주의의 검은 표범당 '블랙팬서(Black Panther Party)' 등은 모두 중국 공산당의 지지를 받거나 직접적인 영향을 받았다. '혁명행동운동'은 폭력혁명을

---

32) John Pepper (Joseph Pogani), American Negro Problems (New York: Workers Library Publishers, 1928), https://www.marxistsfr.org/history/usa/paties/cpusa/1928/nomonth/0000-pepper-negroproblems.pdf.
33) James W. Ford and James Allen, The Negroes in a Soviet America (New York: Workers Library Publishers, 1934), 24-30.
34) Leonard Patterson, 「I Trained in Moscow For Black Revolution,」 https://www.youtube.com/watch?v=GuXQjk4zhZs.

주장했는데, 주류사회로부터 위험한 극단주의 조직으로 간주돼 1969년 후에 해체됐다. '블랙팬서'는 형식에서 내용까지 모두 중국 공산당을 따랐는데, 내세운 슬로건은 '권력은 총구에서 나온다.' '모든 권력은 인민에게 속한다.'였고, 〈마오주석 어록〉은 필독서였다.

중국 공산당과 마찬가지로 블랙팬서는 폭력혁명을 주장했다. 블랙팬서의 지도자였던 엘드리지 클리버(Eldridge Cleaver)는 1968년에 "대학살이 곧 도래할 것이다. 흑인 해방의 폭력 단계가 도래하면 널리 알려질 것이다. 총성과 선혈 속에서 미국은 붉게 물들게 될 것이다. 시체는 거리에 더미로 쌓일 것이다."라고 예언했다. 다른 사람들도 폭력, 게릴라전, 심지어 테러리즘을 부추겼다. 수많은 흑인 집회에서 참가자들은 '홍보서紅寶書(빨간 비닐 표지로 만든 휴대용 마오 주석 어록)'를 흔들었다. 회의 현장의 붉은 바다는 중국에서 비슷한 시기에 목격된 광경과 놀랄 정도로 흡사했다.[35]

민권운동의 아주 많은 요구 사항이 주류사회에 받아들여졌으나, 급진적인 흑인혁명 조직은 사라지지 않았고 최근의 '흑인의 목숨도 소중하다.'는 운동 중에서 다시 출현했다.[36]

전 세계인은 모두 평화를 희망한다. 평화주의 사상과 실천은 수천 년 전 고대로부터 기원했고, 20세기 이래 일부 선견지명과 사랑하는 마음을 간직한 인물들이 국가 간 오해와 적대감을 해소하기 위해 동분서주했다. 역사적인 원인으로 미국 등 서방국가에서 인

---

35) 유잔(于展), 『미국 민권운동 중 중국요소(美國民權運動中的中國因素)』 http://www.aisixiang.com/data/95027.html.
36) Thurston Powers, 「How Black Lives Matter Is Bringing Back Traditional Marxism」 The Federalist, http://thefederalist.com/2016/09/28/black-lives-matter-bringing-back-traditional-marxism/

종차별 현상이 존재하기에 인종차별을 없애기 위한 대중의 교육과 선전, 심지어 항쟁도 이해할 수 있다. 그러나 공산주의 악령은 사회적으로 존재하는 사상 동향과 갈등을 이용해 이간질하고 증오를 부추겨 폭력을 조장하고 애초에 악의가 없는 대중을 기만하고 말려들게 했다.

6. 사탄을 숭배하는 신新마르크스주의자들

1960년대 서양 청년들의 길거리 혁명이 한창이었을 때 그들의 유치함과 진지함, 그리고 이상주의를 일고의 가치도 없는 것으로 여기는 사람이 있었다. 그는 "진정한 급진주의자는 긴 머리카락이 의사소통과 조직에 심리적 장애가 된다고 판단하면 그의 머리카락을 잘라 버린다."고 했다. 이 사람이 바로 사울 알린스키(Saul Alinsky)다. 그는 책을 저술하고 이론을 만들고 학생을 가르치고 몸소 실천하는 일을 통해 최근 수십 년간 가장 영향력이 크고 가장 악질적인 변종 공산주의자가 됐다.

알린스키는 레닌과 카스트로 등 공산주의 독재자들을 숭배했을 뿐만 아니라 악령 사탄에게도 찬사를 아끼지 않았다. 그는 가장 널리 알려진 자신의 저서 〈급진주의자를 위한 규칙(Rules for Radicals)〉의 서문에서 루시퍼(사탄)에게 경의를 표했다. 죽기 얼마 전에 그는 성인잡지 〈플레이보이〉와 인터뷰에서 "만약 죽은 후에도 지각이 있다면 나는 조금도 망설임 없이 지옥을 택할 것이며, 그곳의 무산자들을 조직할 것이다, 왜냐하면 그것들은 나와 동종이기 때문이다."라고 했다.[37]

알린스키를 '변종 공산주의자'라고 칭하는 이유는 그가 1930년대의 '구좌파(정치 좌파)'나 1960년대 '신좌파(문화 좌파)'와는 달리 정치적 이상을 정면으로 설명하기를 거부했기 때문이다. 그는 세상에는 유산자(the have), 소산자(the have-a-little-want-mores), 무산자(the have-nots)가 존재한다고 애매모호하게 표현했다. 그는 무산자가 유산자에게 반란을 일으키고 어떤 수단으로든 재산과 권력을 강탈해 절대적으로 '공평한' 사회를 실현할 것을 호소했다. 그는 수단과 방법을 가리지 않고 권력을 빼앗고 현존 사회제도를 파괴할 것을 강조했다. 일부 학자는 그를 '포스트 공산주의 좌파(post-Communist left)의 레닌' 혹은 '군사軍師'라 불렀다.38)

〈급진주의자를 위한 규칙〉에서 알린스키는 '지역사회 조직화' 이론과 방법에 관해 체계적으로 설명했다. 규칙에는 '속전속결한다.' '적에게 강한 압력을 가한다.' '위협은 폭력보다 더 무섭다.' '비웃음은 가장 강력한 무기다.' '적을 분열시키고, 목표를 고립시키며, 인신공격을 한다.' 등이 포함된다.39) 규칙의 핵심은 바로 목표를 달성하고 권력을 탈취하기 위해 수단과 방법을 가리지 않아도 된다는 것이다.

보기에도 황량한 이 규칙은 실제 운용 중에서 그 흉악한 몰골을 드러냈다. 베트남전쟁이 계속되던 1972년 당시 유엔 주재 미국 대사였던 조지 W 부시 전 대통령이 툴레인대학(Tulane University)에서 연설을 했다. 반전 학생들은 알린스키에게 조언을 구했다. 알린스키

---

37) 「Playboy Interview with Saul Alinsky,」 New English Review, http://www.newenglishreview.org/DL_Adams/Playboy_Interview_with_Saul_Alinsky/.
38) David Horowitz, Barack Obama's Rules for Revolution: The Alinsky Model (Sherman Oaks, CA: David Horowitz Freedom Center, 2009), 6, 16.
39) Saul Alinsky, Rules for Radicals: A Practical Primer for Realistic Radicals (New York: Vintage Books, 1971), 「Tactics.」

는 공개적으로 항의하는 것이 창의성이 없어 효과가 크지 않은 데다 항의자들이 문책당할 수도 있다면서 KKK단 옷차림으로 부시가 베트남전쟁을 대변할 때마다 일어서서 갈채를 보내고 'KKK단은 부시를 지지한다.'고 적힌 피켓을 흔드는 방법을 제시했다. 학생들이 그의 계략대로 움직였더니, 역시 대단한 기세를 만들어 냈다.[40)

알린스키와 그의 추종자들이 흥미진진하게 계획한 시위가 두 가지 더 있었다. 1964년, 알린스키는 자신들의 요구 조건을 수용하도록 시카고 시당국을 협박하기 위해 음흉한 시위 계획을 세웠다. 시카고의 오헤어 국제공항은 세계에서 가장 분주히 돌아가는 공항 가운데 하나였다. 알린스키는 공항 밖에서 시위를 하면 수천 명을 동원하더라도 큰 관심을 끌지 못할 것으로 판단해 '놀라운' 계책을 생각해냈다. 운동가 2,500명을 투입해 공항 내 화장실을 장시간 점거함으로써 극도의 혼란을 조성하는 수법이었다. 알린스키는 실행에 앞서 이 계획을 시카고 시당국에 흘렸고, 당국은 어쩔 수 없이 그들에게 협상을 요청해야 했다.[41)

알린스키는 또, 뉴욕주 로체스터시 당국을 협박해 흑인 고용을 늘리려고 비슷한 계략을 구상했다. 그는 현지의 중요한 문화행사인 로체스터 필하모닉 오케스트라 공연을 시 정부가 매우 소중히 여긴다는 점을 이용하기로 했다. 흑인 100명에게 음악회 티켓을 한 장씩 사주고 공연 직전에 구운 콩을 식사로 제공하는 수법이었다. '콩을 먹은 사람들은 분명 끊임없이 방귀를 뀔 것이고, 그러면 우아한 문화행사는 망쳐버릴 것'이란 소식이 전해지자 시 당국은 그들

---

40) David Horowitz, Barack Obama's Rules for Revolution: The Alinsky Model (Sherman Oaks, CA: David Horowitz Freedom Center, 2009), 42-43.
41) 「Playboy Interview with Saul Alinsky」 New English Review,

의 요구 조건을 받아들일 수밖에 없었다.42)

알린스키의 책을 읽어보면 음흉하고 냉혹한 마성에 섬뜩함을 느끼게 된다. 그가 주창한 소위 '지역사회 조직'은 일종의 점진적이고 변칙적인 혁명이었다. 그의 혁명 이론과 실천은 이런 특징을 갖고 있다.43)

첫째, 신구新舊 좌파들은 적어도 수사상修辭上으로는 여전히 이상주의 색채를 띠고 있지만, 알린스키는 모든 이상주의의 옷을 벗겨내고 혁명을 노골적인 권력투쟁으로 바꾸었다. 그가 지역사회 조직훈련을 할 때, 관례대로 수강생들에게 "당신들은 왜 지역사회를 조직하는가?"라고 묻는다. 어떤 사람이 "타인을 돕기 위해서"라고 대답하자, 알린스키는 "너희들은 권력을 위해 조직한다!"라고 소리쳤다. 그의 훈련 지침서에는 이렇게 쓰여 있다. "권력을 원하지 않는다고 해서 미덕이 넘치는 게 아니다. 오히려 권력을 원하지 않아서 겁쟁이가 된다." "권력이 있는 것은 좋은 것이고, 권력이 없는 것은 나쁜 것이다." 그는 또한 훈련 지침서에서 놀랍게도 "너희 교회와 단체에서 좋은 일을 하고 싶어 하는 사람을 제거하라."고 했다.

둘째, 알린스키는 정부와 사회에 공개적으로 반대하는 1960년대 반항적인 젊은이들을 그리 대수롭지 않게 생각했다. 그는 가능하면 체제 내에 진입해야 하고 심지어 협력하는 자세를 보이면서 기회를 기다리거나 전복할 기회를 만들어야 한다고 강조했다.

셋째, 알린스키의 궁극적인 목표는 파멸과 전복이지 누군가에게 이득을 가져다주는 것이 아니다. 따라서 그가 계획을 실행할 때는

---

42) 위와 같음.
43) 아래의 분석을 참고하기 바란다. David Horowitz, Barack Obama's Rules for Revolution: The Alinsky Model (Sherman Oaks, CA: David Horowitz Freedom Center, 2009).

반드시 진짜 목적을 숨기고 부분적이거나 단계적인, 그리고 합리적이거나 무해한 것 같은 목표로 대규모 군중을 동원해 행동하게 한다. 사람들이 이러한 '변화된 목표'에 적응했을 때, 그들을 더욱 급진적인 목표를 위해 행동하게 하는 것은 상대적으로 쉬워진다. 알린스키는 "그 어떤 혁명적인 변혁이 일어나기 전에 변혁 자체에 대한 군중의 태도는 반드시 피동적이고 긍정적이어야 하며 대립적이서는 안 된다. 기억하라. 일단 군중이 '오염' 문제와 같은 쟁점이 없는 이슈를 위해 조직되기 시작하면 조직된 군중은 행동을 개시할 것이다. '오염' 이슈에서 '정치적 오염' 이슈로 나아가고, 다시 '펜타곤 오염' 이슈로 나아가는 것은 자연스러운 수순일 뿐이다."라고 했다. 알린스키의 영향을 깊이 받은 민주사회학생회(SDS)의 지도자는 급진적인 시위의 본질을 한마디로 설파했다. "이슈의 의의는 이슈 자체에 있는 것이 아니라 이슈가 영원히 혁명이라는 데 있다." 60년대 후의 급진적 좌파들은 알린스키의 영향을 깊이 받아 창조적으로 모든 사회문제를 당국과 체제에 대한 불만으로 이끌었고, 그 어떤 사회적 이슈도 그들의 손에서 모두 혁명을 추진하는 디딤돌로 변했다.

넷째, 알린스키는 정치를 아무런 도덕적 마지노선이 없는 게릴라전과 전면전으로 몰아갔다. 그의 지역사회 조직 책략을 설명할 때, 알린스키는 그의 추종자들에게 투쟁 행동은 적들의 눈, 귀, 코에 작용하도록 해야 한다고 알려 줬다. ▲조직의 인원수가 충분하면 밝은 대낮에 기세 높은 행진을 해 적들이 볼 수 있게 한다. ▲인원수가 충분하지 않으면 어두운 곳에 숨어 요란하게 떠들어서 적들이 듣고 두려움을 느끼게 한다. ▲사람이 너무 적어 떠들어대는 것도 할 수 없다면 그곳을 악취가 풍기도록 더럽힌다.

다섯째, 알린스키는 정치 행동에서 나태, 탐욕, 시기, 증오 등 인간성의 가장 사악한 부분을 이용할 것을 강조했다. 때로는 그가 이끄는 행동이 참가자들에게 파리 대가리만 한 작은 이익을 쟁취해 주기도 하는데, 이는 그들을 더욱 사리사욕에 눈멀게 하고 파렴치하게 만든다. 자유국가의 정치제도와 사회질서를 전복하기 위해 알린스키는 도덕을 타락시키는 것도 불사했다. 따라서 일단 권력을 장악하면 옛 동지의 생명과 복지를 결코 소중히 여기지 않았다.

수십 년 후에 미국 정계의 거물 두 명이 알린스키의 영향을 깊이 받아 미국과 문명, 그리고 전통 가치관을 뒤엎는 조용한 혁명을 체제 안으로 끌어들였다. 이와 동시에, 알린스키가 주창한 마지노선이 없는 게릴라전과 초한전超限戰(무제한전쟁, Unrestricted Warfare) 방식의 시위가 1970년대 이후 미국에서 크게 성행했다. 1999년에 시애틀에서 세계무역기구(WTO)를 반대하는 자들이 구토를 유발하는 약물을 먹고 광장이나 회의장에서 벌인 집단 구토 시위를 비롯해 '월가 점거(OWS)' '안티파(Antifa, 반파시즘)' 운동 등이 명백한 사례다.

7. 좌파들의 '체제 내에서의 장정長征'

'체제 내에서의 장정'을 처음 제기한 사람은 이탈리아의 저명한 공산주의자 안토니오 그람시(Antonio Gramsci)였다. 그람시는 신앙을 가진 사람들을 선동해 혁명을 일으키고 정부를 전복하기가 쉽지 않음을 발견했다. 따라서 혁명을 일으키려면 반드시 신을 믿지 않고, 부도덕하고, 전통을 반대하는 건달들을 대량으로 만들어내야 했다. 그러므로 프롤레타리아 혁명無產階級革命은 반드시 종교와 도덕, 문명을 전복하는 데서부터 시작해야 했다. 1960년대의 가두 투쟁이 실패한 후, 상당수 반란파 인사가 학계로 들어갔다. 그들은 학위를 취득한 후 학자, 교수, 관료, 기자 등의 신분으로 주류사회에 진입해 체제 내의 장정을 개시했고, 침투 방식으로 사회도덕을 유지하는 중요한 기구인 교회, 정부, 교육기관, 입법과 사법기관, 예술단체, 언론매체, 그리고 다양한 민간단체를 침식해 들어갔다. 1960년대 이후의 미국은 중증 감염 환자처럼 병이 난 곳이 어딘지 구체적으로 짚어낼 방법이 없었다. 각종 마르크스주의의 변종이 미국사회의 유기체 내에 깊숙이 침투했고, 자생 번식 능력까지 갖추게 됐다.

수많은 '혁명이론'과 '혁명전략' 중에서 컬럼비아대학의 두 사회학자가 제시한 클로와드-피븐 전략(Cloward-Piven strategy)이 나름대로 체계를 이룬데다 운용 가능성이 높아 시범적으로 채택됐다.

클로와드-피븐 전략의 핵심은 공공복지 시스템을 이용해 정부를 무너뜨리는 것이다. 미국정부의 정책에 따르면, 복지 혜택을 받을 자격이 있는 사람이 실제로 혜택을 받는 사람보다 훨씬 더 많다. 이 사람들을 찾아내 혜택을 받도록 부추기거나 조직한다면, 정부 재정이 고갈될 것이다.

구체적으로 이 전략을 시행한 것은 한 흑인 운동가가 창립한 '전국복지권기구(National Welfare Rights Organization, NWRO)'다. 통계에 의하면, 복지혜택을 받는 한 부모 가정이 1965년에는 430만 가구였는데 1974년에는 1,080만 가구로 늘었다. 1970년 뉴욕시 연간 예산의 28%가 복지비로 쓰였다. 일하는 사람이 두 명이면 그중 한 사람이 혜택을 받는 셈이었다. 1960년에는 20만 명이 뉴욕시에서 복지 혜택을 받았으나, 10년 사이에 110만 명으로 늘었다. 결국 1975년 뉴욕

시는 파산 직전에 이르렀다.44)

클로와드-피븐 전략은 일종의 위기를 만드는 전략이다. 이는 알린스키 이론을 응용한 것으로 볼 수 있는데, 알린스키의 규칙 중 하나는 바로 '적을 그들 자신의 규칙대로 살게 한다(Make the enemy live up to its own book of rules)'는 것이다.45)

공산당은 레닌이 이끈 볼셰비키 쿠데타를 시작으로 음모와 계략에 능숙해 극소수의 사람만으로 대단한 기세의 '혁명' 또는 '위기'를 만들어 냈다. 미국 정치를 그 예로 들어보자. 현재 미국의 일부 좌익 정당 강령의 급진 정도는 많은 사람의 이해 범위를 넘어섰다. 예를 들어, 선출직 관료와 의원들이 성전환자와 같은 극소수자의 목소리만 대변하면서 다수의 생계 문제를 무시하는 이유는 무엇인가? 사실 답은 간단하다. 그들은 결코 진정한 민의를 대표하지 않기 때문이다. 레닌은 노동조합이 "공산당과 군중 사이의 컨베이어 벨트"라고 말한 적이 있다. 공산주의자들은 노조만 장악하면 많은 표를 확보할 수 있다는 사실을 알게 됐다. 그들이 투표를 장악하기만 하면, 선출직 관료와 의원들로 하여금 그들의 말에 따르게 할 수 있다. 따라서 공산주의자들은 노조 통제권을 장악하고, 나아가 수많은 의원과 관료를 장악해 그들의 반동적인 정치 강령을 좌익 정당의 정치 강령으로 만들었다.

클리온 스카우슨(Cleon Skousen)은 자신의 저서 〈벌거벗은 공산주의자(The Naked Communist)〉를 통해 공산당의 목표 45개 중 하나가 "미국의 정당 1개 혹은 2개를 장악하는 것"이라고 밝히면서,46) 그것은

---

44) David Horowitz and Richard Poe, The Shadow Party (Nashville, Tennessee: Nelson Current, 2006), Chapter 6 「Strategy for Regime Change」.
45) Saul Alinsky, Rules for Radicals: A Practical Primer for Realistic Radicals (New York: Vintage Books, 1971), 「Tactics」.

이러한 복잡한 작업을 통해 이뤄진다고 언급했다. 일반 근로자는 기본적인 권익을 수호하기 위해 부득이 노조에 가입해 그들의 볼모가 되는데, 이것은 조직 폭력배에게 보호비를 내는 것과 같다.

'공산당이 민주 국가의 정책 시스템을 인질로 잡는 메커니즘'을 밝힌 트레버 루돈(Trevor Loudon)의 분석은 정곡을 찌른다. 루돈은 이 과정을 세 단계로 나누었다.

첫 번째 단계는 정책 수립이다. 냉전 기간에 소련과 동맹국들은 민주국가들을 표적으로 정책을 수립했다. 그 목적은 민주국가에 침투하고, 와해하고, 내부에서 평화롭게 변화시키는 것이다.

두 번째 단계는 세뇌(indoctrination)와 교육이다. 냉전 시기, 매년 세계 각지에서 온 공산주의자 수천 명이 소련과 동유럽 사회주의 국가에서 교육을 받았다. 교육의 초점은 자국의 노동운동, 평화운동, 교회 및 민간단체를 어떻게 활용해 자국의 좌익정당에 영향을 줄 것인가 하는 데 맞춰졌다.

세 번째 단계는 실행이다.[47] 냉전이 종식된 후, 서방에서는 자국의 사회주의와 공산주의 단체들이 더욱 주도적인 역할을 하기 시작했다.

70~80년대 이후, 대량의 공산주의 사상에 영향을 받은 미국인이 주류사회에 진입했다. 그들은 정치를 하거나 교육 및 학술연구에 종사하거나 언론매체에 들어가거나 민간단체에 들어갔다. 그들이 몇 세대에 걸쳐 축적한 '노하우'로 미국을 개조함으로써 미국은 거의 전면적으로 함락됐다.

---

[46] W. Cleon Skousen, The Naked Communist (Salt Lake City: Izzard Ink Publishing, 1958, 2014), Chapter 12.

[47] Trevor Loudon, The Enemies Within: Communists, Socialists, and Progressives in the U.S. Congress (Las Vegas: Pacific Freedom Foundation, 2013), 1-5.

민주국가의 제도는 본래 일정한 도덕적 기준을 갖춘 사람들을 위해 설계한 것이어서 나쁜 짓을 하려는 사람에게는 '허점'이 많다. 만약 자유사회 제도를 뒤집으려면 선택할 길이 많다. 중국에는 '도둑이 훔쳐 가는 건 두렵지 않은데, 도둑이 노리고 있는 것이 두렵다.'는 속담이 있다. 공산주의자들에게 속아 넘어간 무지한 대리인들은 온갖 수단을 동원해 자유사회 제도를 전복하려 했다. 수십 년의 계획과 운영을 거치면서 미국과 서구의 여러 나라는 이미 정부도 사회도 모두 만신창이가 됐고, 공산주의 사상과 요소는 이미 미국의 몸통에 깊숙이 침투했다.

8. '정치적 올바름'은 악령의 사상경찰

공산당 국가가 국민의 사상과 언론을 엄격히 통제한다는 것은 이미 다 알려진 사실이다. 그러나 1980년대 이후 서방에서는 또 다른 형태의 언론과 사상 통제가 출현했다. 이른바 '정치적 올바름(PC, Political Correctness, 정치적인 관점에서 차별·편견을 없애는 것이 올바르다는 좌파적 용어)'을 기치로 내건 '사상경찰'이 버젓이 교육과 언론 등 사회 각계에서 횡행하며 사람들의 사상과 언론을 견제하는 도구가 됐다. 비록 많은 사람이 이미 그것의 사악한 통제력을 감지했지만, 이데올로기의 근원을 이해하지는 못하고 있다.

'정치적 올바름'이란 표현은 '진보' '단결(solidarity)'과 같은 표현처럼 모두 공산당의 용어이고, 그것의 가장 표면적인 의미는 소수민족·여성·장애인 및 일부 특수 부류 사람들에게 차별적인 언사를 하지 않는 것이다. 예를 들면 흑인을 '아프리카계 미국인', 인디언들을 '원주민', 불법 이민자를 '신분증이 없는 노동자'라고 부르는 것 등이다. 그러나 '정치적 올바름' 뒤에 숨겨진 의미는 집단을 억압받는 정도에 따라 등급을 나누고 가장 억압받는 사람이 가장 예우 받도록 해야 한다는 것이다. 이러한 판단은 개인의 품행이나 재능과는 관계없이 오직 개인의 정체성에 의해서만 이뤄지기 때문에 '정체성 정치(Identity Politics)'라고도 부른다.

이런 사고방식은 현재 미국과 서방에서 크게 성행하고 있다. 이러한 논리에 따르면 흑인 여성 동성애자는 인종 억압, 성별 억압, 성적 취향 억압이란 3중의 신분 요인에 의해 '정치적 올바름'의 순위에서 맨 앞에 서고, 반면에 성적 취향이 정상적인 백인 남성은 오히려 역차별의 대상이 된다. 이러한 분류 방식은 공산당 국가에서 사람들을 재산에 따라 '홍오류紅五類(노동자, 빈농, 혁명 간부, 혁명군인, 혁명열사)' 혹은 '흑오류黑五類(지주, 부농, 반혁명분자, 악질분자, 우파분자)' 등의 계급으로 나누는 것과 같다. 중국 공산당은 지주와 자본가를 청소하듯 소멸掃滅했고, 지식인들을 '구린내 나는 아홉 번째臭老九'라 불렀으며, '가난한 자가 가장 똑똑하고 고귀한 자가 가장 멍청하다.'고 외쳤다.

일부 집단은 사회적, 개인적, 그리고 복잡한 역사적 이유로 정치적, 경제적, 문화적 지위가 낮은데, 이를 단순히 억압받는 것으로 볼 수 없다. '정치적 올바름'은 인위적으로 사상에 한계를 정해 사람들에게 '인종차별주의자' '성차별주의자' '동성애 혐오자' '반이슬람주의자'라는 모자를 씌운다. 마치 '나를 따르는 자는 창성하고, 거역하는 자는 망한다.'는 식이다. 따라서 자유롭게 연구 토론하는 기풍을 북돋워야 하는 대학은 사상을 속박하는 장소가 됐고, 사회 전체에 재갈을 물려 침묵하게 하면서 정치·경제·문화 분야에서 많은 과제를 진지하게 토론할 수 없게 했다. 일부 단체는 '정치적 올바름이 란 이름으로 전통 종교를 공공 영역 밖으로 밀어내기 위해 노력한 다. 심지어 많은 국가에서는 '혐오적 발언'을 법으로 정하거나 '혐오적 발언의 원래 개념을 확대해 표현의 자유를 제한함으로써 학교, 언론, 인터넷 회사 등이 순응하도록 법을 이용한다. 이것은 공산주의 국가들처럼 엄격한 언론 통제체제로 나아감을 의미한다.

2016년 미국 대통령 선거 이후, 미국사회는 더욱 분열됐다. 주요 도시에서 시위가 벌어지는가 하면 표현의 자유를 침해하는 현상 또한 더욱 빈번하게 일어났다. 2017년 9월 한 보수 성향의 작가 벤 샤피로(Ben Shapiro)가 미국 캘리포니아대 버클리 캠퍼스에서 초청강연을 하기로 했으나, 안티파(Antifa, 반파시즘) 조직이 폭력충돌을 예고하며 위협함으로써 무산됐다. 버클리 경찰은 경찰 헬리콥터 3대를 출동시켰는데, 안보 비용만 60만 달러가 넘을 것으로 추산된다.[48]

기자가 한 학생 시위자에게 "('표현의 자유를 보장한다.'는) 수정헌법 제1조를 어떻게 이해하느냐?"고 물었다. 이 학생은 "그 조항은 이미 시대에 뒤쳐졌다."고 했다. 아이러니하게도 1964년 학생운동의 시작을 알리는 한 가지 상징적인 사건이 바로 이 캘리포니아대학교 버클리캠퍼스에서 벌어졌고 바로 표현의 자유를 쟁취하는 운동이었다. 오늘날 좌파는 발언권을 강탈하고 선점했으며 다른 사람의 정당한 목소리를 박탈하기 시작했다.

2017년 3월 미국의 정치학자 찰스 머레이(Charles Murray)가 버몬트주 미늘버리대학(Middlebury College)에서 초청강연을 하는 도중 폭행을

---

[48] 「Antifa protests mean high security costs for Berkeley Free Speech Week, but who's paying the bill?」 Fox News, September 15th, 2017,
http://www.foxnews.com/us/2017/09/15/antifa-protests-mean-high-security-costs-for-berkeley-free-speech-week-but-whos-paying-bill.html.

당했고, 그를 수행한 다른 교수 한 명도 다쳤다. 2018년 3월 펜실베이니아대학교 로스쿨의 종신교수 에이미 왁스(Amy Wax)가 이른바 '정치적 올바름'에 부합하지 않는 발언을 했다는 이유로 정직 처분을 받았다.49) 그리고 법을 내세운 단체들이 '혐오 발언'을 반대한다는 명분으로 정상적인 사회 조직에 '혐오 조직 딱지'를 붙이는 경우도 적지 않다. 그 밖에 보수파 학자들과 작가들이 참석한 행사가 위협을 받고 중단된 사례도 여러 번 발생했다.50)

좌파가 표현의 자유를 교란하는 것은 다른 생각을 가진 사람들이 보편적으로 논쟁하는 과정에서 발생하는 일반적인 발언권 다툼과는 다르다. 그것은 공산주의 사령邪靈이 나쁜 사상을 가진 사람을 이용하고 진상을 모르는 사람을 선동해 정의롭고 정상적인 목소리를 말살하는 행위다. '정치적 올바름'은 본질적으로 변이된 정치 잣대로 올바른 도덕표준을 대체하는 것인바, 그것은 바로 악령의 사상경찰이다.

9. 유럽에 만연한 사회주의

'사회주의 인터내셔널(Socialist International, SI)' 조직은 1889년에 엥겔스가 창립한 제2인터내셔널에서 출발했다. 제2인터내셔널 설립 당

---

49) 「Penn Law professor loses teaching duties for saying black students 『rarely』 earn top marks,」 New York Daily News, March 15, 2018,
http://www.nydailynews.com/news/national/law-professor-upenn-loses-teaching-duties-article-1.3876057.
50) 「Campus Chaos: Daily Shout-Downs for a Week,」 National Review, October 12, 2017,
https://www.nationalreview.com/corner/campus-chaos-daily-shout-downs-week-free-speech-charles-murray/.

시, 전 세계에 마르크스주의를 기반으로 하는 정당이 100개가 넘었고, 그중 집권 여당으로서 사회주의를 고수하는 국가도 66개나 됐다. 지금의 SI라는 명칭은 제2차 세계대전 이후인 1951년에 시작됐고, 사회민주주의 정당, 노동자당, 민주사회주의 정당을 포함한 세계 각국의 사회민주당으로 구성됐다.

유럽 곳곳에는 제2인터내셔널에서 유래한 사회주의 정당들이 있는데, 그들 중 다수는 심지어 집권 여당이 되기도 했다. 최초의 사회주의 진영에는 폭력혁명을 주장하는 레닌과 점진적 개혁을 주장하는 카를 카우츠키(Karl Johann Kautsky), 에두아르트 베른슈타인(Eduard Bernstein) 등이 있었다. SI에서 사회민주주의와 민주사회주의는 기본적으로 같은 의미다. 모두 사회주의는 자본주의를 대체하는 새로운 제도라고 주장하거나 표방한다. 현재 SI는 각종 조직을 약 160개 보유하고 있는데, 오늘날 세계 최대의 국제 정당 조직이다.

유럽의회에서 활동하고 있는 유럽사회당 또한 SI 동맹 조직 중 하나로, 구성원은 유럽연합 및 주변 국가의 사회민주주의 정당들이다. 또한 그것은 유럽의회 내의 한 정당으로 1992년에 설립됐고, 구성원은 유럽의회, 유럽 위원회, 유럽연합 이사회, 유럽연합의 지역위원회를 포함한 절대다수의 유럽 기구 내에 분포돼 있다. 현재 유럽사회당은 25개 유럽연합 국가들과 노르웨이(EU 비가입국)의 32개 정당 회원, 8개 준회원, 5개 옵서버 등 총 45개 정당을 두고 있다. 이로써 그들의 활동 범위가 얼마나 넓은지 엿볼 수 있다. 유럽사회낭의 주요 목표는 유럽연합 내부와 유럽 전역에서 사회주의와 사회민주주의 운동을 강화하고, 동시에 각국의 유럽사회당 소속 정당, 정당 원내 지도부, 유럽사회당 원내 대표, 유럽사회당 간의 긴밀한 협력 관계를 발전시키는 것이다. 한마디로 사회주의를 대대적으로 추진하려는 것이다.

스웨덴 집권당인 '스웨덴 사회민주노동당'은 마르크스주의를 이론적 지침으로 삼는다고 공개적으로 선언했다. 이들은 수십 년간 통치하면서 평등과 복지를 주장하는 사회주의 이념을 추진했다. 이들 당의 역사 전시실에는 지금까지 마르크스와 엥겔스의 초상화가 높이 걸려 있다.

영국 노동당의 지도사상은 '페이비언 사회주의'에 기반을 둔다. 앞서 기술했듯이, 페이비언 사회주의는 마르크스주의의 한 변종에 불과한데, 그들은 점진적인 방식으로 사회주의에서 공산주의로 전환할 것을 강조하며, 마찬가지로 고세율, 고복지 등 사회주의 이념을 고취한다. 영국 노동당은 최근 수십 년간 여러 차례 영국의 집권당이 됐고, 줄곧 페이비언 사회주의를 추진해 왔다.

영국 공산당도 영국 정국에 적극적으로 참여하고 영향력을 행사했으며, 또한 자신들의 당 기관지 '모닝스타(Morning Star)'를 운영한다. 영국 공산당은 1920년에 창당됐고, 전성기에는 당원들이 선거를 통해 영국 하원에 들어간 적도 있다. 최근 영국 대선이 시작되자 영국 공산당은 갑자기 영국 노동당 경선에서 한 좌익 정치인을 지지한다고 선언했다.

노동당의 한 주요 당원은 40여 년간 줄곧 '국유화를 주장하고 사회주의를 주창'했다. 2015년 9월, 그는 60%라는 압도적인 지지로 노동당 당수에 당선됐다. 그는 수년간 동성애, 양성애, 성전환자 등의 사회단체 권익 활동에 적극 참여했다. BBC 기자가 그에게 마르크스에 관해 물었을 때, 그는 마르크스를 위대한 경제학자이자 "많은 것을 관찰하고 많은 것을 배울 수 있는 매혹적인 인물"이라고 칭송했다.

프랑스의 사회당은 사회민주주의 정당이자 프랑스 최대의 중도

좌파 정당이며, 또한 사회당 인터내셔널, 유럽사회당의 구성원이기도 하다. 이 정당은 자칭 사회주의 정당으로, 이 정당의 대선 후보가 2012년에 프랑스 대통령으로 선출됐다. 2017년 새로 당선된 프랑스 대통령은 언론 인터뷰에서 자신이 마오๔주의자라고 솔직하게 밝혔다. 그는 입만 열면 마오쩌둥, 등소평 어록, 혁명, 장정, 문화혁명 등의 표현들이 나온다.

이탈리아의 원로 공산주의자인 안토니오 그람시(Antonio Gramsci)는 1921년에 이탈리아 공산당을 창당하고 당 총서기를 맡았다. 이탈리아 공산당은 1990년까지만 해도 활발하게 활동했고, 오랫동안 제2당의 지위를 유지했다. 1991년에는 이탈리아 좌익 민주당으로 개명했다.

유럽의 또 다른 대국 독일도 예외는 아니다. 독일은 마르크스와 엥겔스의 고향이고, 20세기에 영향력이 컸던 신마르크스주의 유파인 '프랑크푸르트학파'도 독일에서 발원했다.

스페인, 포르투갈 등 기타 유럽국가에도 모두 활발한 공산주의 정당이 있는데, 그들의 영향력도 무시할 수 없다. 동유럽 국가만이 사회주의가 지배적인 지위를 차지하고 있는 것이 아니라 북유럽, 남유럽, 서유럽 등 유럽 전반의 비공산정권 국가도 사실 모두 의식적으로 혹은 무의식적으로 공산주의 이념과 제도를 추진하고 있다. 유럽이 함락됐다는 것은 결코 과언이 아니다.

10. 우리는 왜 악령의 유혹에 넘어가나

미국의 사회학자 폴 홀랜더(Paul Hollander)는 그의 저서 〈정치적 순례자(Political Pilgrims · 1981)〉에서 스탈린 시대의 소련, 마오쩌둥 시대의 중국, 카스트로 시대 쿠바의 정치 순례자들의 이야기를 들려줬다. 수많은 청년 지식인이 공산주의에 매혹돼 이들 국가로 몰려들었다. 비록 이들 국가의 일부 알려지지 않은 곳에서 끔찍한 폭행이 벌어지고 있었지만, 이 순례자들은 자국으로 돌아간 후, 여전히 열정적으로 사회주의 제도를 찬양하는 글을 썼다.51)

공산주의 사상은 악령의 이데올로기이며, 시간이 흐르면서 사람들은 공산주의가 가는 곳마다 폭력, 거짓말, 전쟁, 기근과 폭정이 함께한다는 사실을 점점 더 명확하게 봤다. 문제는 '왜 아직도 그렇게 많은 사람이 기꺼이 이 악령을 도와 거짓말을 살포하고 심지어 그것의 순종적인 도구가 되는가.' 하는 것이다.

미국의 경우, 시대에 따라 사람들이 공산주의에 끌린 동기가 다르다. 최초의 미국 공산당원들은 이민자로서 경제적 지위가 낮고 현지 사회에 녹아들기 힘들었기 때문에 모국(대부분은 러시아와 동유럽 국가)의 영향을 받아 공산당에 가입했다. 1930년대 대공황 이후에는 서방에서 마르크스주의의 영향력이 급격히 강해졌고, 서방의 사상계가 급격히 좌편향 됐다. 많은 지식인이 소련을 견학하고 돌아와 책을 저술해 사회주의 사상을 선전했다. 여기에는 영향력 있는 사상가, 작가, 예술가, 기자 등이 포함된다.

1960년대 대학에 진학한 '베이비 붐' 세대는 전후戰後의 풍요로움 속에서 자랐지만, 사회에 대한 그들의 관심은 공산주의 이데올로기에 의해 반전反戰, 페미니즘 등으로 잘못 이끌렸다. 다음 세대가 학교에서 받아들인 것은 이미 고도로 좌경화된 교과서 내용이었다. 그들의 교사가 바로 '종신직 급진주의자(tenured radicals, 학교에서 정년을 보장받은 좌파 교육자)'이기 때문이다. 공산주의의 '체제

---

51) Paul Hollander, Political Pilgrims (New York: Oxford University Press, 1981).

내의 장정'이 꽃을 피우고 열매를 맺어 체재 내에서 번영과 자체 번식을 시작했다.

37년간 연방수사국(CIA) 국장을 역임한 존 에드거 후버(John Edgar Hoover)는 공산주의를 폭로하는 전문서 〈기만술의 대가들(Masters of Deceit)〉이라는 책에서 다섯 종류의 공산주의자를 정리했다. 공개적인 공산당원, 지하 공산당원, 공산당 동조자, 기회주의자(사리사욕을 채우기 위해 공산당을 지지하는 자), 속임수에 넘어간 자가 그것이다.52) 사실 극단적으로 사악하고 완고한 극소수 공산주의자를 제외한 절대다수의 공산당원은 속임수에 빠진 자들이다.

미국 기자 존 리드(John Silas Reed)의 〈세계를 뒤흔든 10일간(Ten Days That Shook the World)〉과 에드거 스노(Edgar Snow)의 〈중국의 붉은 별(Red Star Over China)〉은 세계적으로 공산주의 사상을 전파하는 데 큰 역할을 했다. 존 리드는 공산주의 활동가로서 모스크바의 크렘린 혁명 공동묘지에 묻힌 미국인 세 명 중 한 사람이다. 그가 발표한 10월 정변에 관한 서술은 객관적인 사실 보도가 아니라 치밀하게 기획한 정치적 선전이었다.

에드거 스노는 공산주의 동조자이며, 그가 1936년 중국 공산당원에게 제출한 인터뷰 요지에는 최소한 10여 개 방면의 질문이 포함됐다. 여기에는 외교, 외세의 침입에 대한 방어, 불평등 조약과 외국인 투자에 대한 견해, 반파시즘 등이 언급됐다. 이후 마오쩌둥은 산시陝西성 북부 토굴집에서 스노를 만나 그의 질문에 대한 대답으로 담화를 시작했다. "이는 중국 공산당 중앙의 집단 지혜의 결정체이며, 나아가 시대와 함께 전진하고, 공개적이고 투명하며, 허심탄회한 중국 공산당의 이미지를 세계에 보여줬다." 젊고 순진한

---

52) J. Edgar Hoover, Masters of Deceit (New York: Henry Holt and Company, 1958), 81-96.

스노는 능구렁이 같은 중국 공산당이 치밀하게 꾸민 거짓말을 세상에 퍼뜨리는 도구로 이용됐다.

KGB 요원이었던 유리 베즈메노프(Yuri Bezmenov)는 자신이 스파이 활동을 하면서 외국 친구들을 응접했던 경험을 이렇게 회상했다. '그들의 일정은 모두 소련 정보 부서에 의해 배치됐고, 방문하는 교회·학교·병원·유치원·공장 등은 모두 미리 계획된 곳이었고, 관계자들은 공산당원이나 정치적으로 신뢰할 수 있는 사람들이었고, 그들은 한 목소리를 낼 수 있도록 철저히 훈련 받았다.' 그는 사례를 하나 들었다. 1960년대 미국의 주요 잡지인 〈룩(Look)〉이 소련에 기자를 보내 취재해서 가져온 사진과 인쇄물 등은 소련 정보기관이 미리 준비해 놓은 것이었다. 기자들은 진위를 가리지 않고 미국 현지에서 기사를 발표해 소련의 사기극을 돕고 미국인을 그릇된 길로 이끌었다. 베즈메노프는 기자, 배우, 스타 선수 등은 소련을 방문하는 동안 속았기 때문에 용서할 수 있겠지만, 서방 정치인들은 용서할 수 없다고 했다. 그는 이렇듯 자신의 명성과 이익을 위해 사실을 살피지 않고 소련 공산당에 협조해 거짓말을 꾸미고 전파한 것은 철두철미한 도덕적 타락이라고 했다.53)

프레드 슈워츠(Fred Schwartz) 박사는 그의 저서 〈당신은 공산주의자들을 신뢰할 수 있다(You Can Trust The Communists … to Be Communists)〉에서, 왜 부유한 가정의 일부 젊은이가 공산주의를 좋아하게 되는지를 분석했다. 그는 그 이유를 네 가지로 정리했다. 첫째는 자본주의 제도에 대한 실망감, 둘째는 유물주의 철학, 셋째는 지식의 오만함, 넷째는 충족되지 않는 종교적 욕구가 그것이다. '지식의 오만함'은

---

53) Tomas Schuman (Yuri Bezmenov), No 「Novoste」 Is Good News (Los Angeles: Almanac, 1985), 65-75.

18~20세 젊은이들이 진실한 역사를 제대로 알지 못하고 반권위주의에 사로잡혀 전통과 권위, 민족문화에 관한 모든 '설교'를 거부하는 것을 가리킨다. 따라서 그들은 공산주의 선전의 피해자가 되기 십상이었다. '충족되지 않는 종교적 욕구'는 모든 사람이 일종의 종교적 충동을 가지고 있고, 개인적인 차원을 초월하는 더 큰 목표를 위해 노력하고 싶어함을 말한다. 그러나 학교에서 주입하는 무신론과 진화론은 전통적인 종교에서 그 욕구를 충족할 수 없도록 방해한다. 인류를 해방한다는 공산주의 환상은 이러한 잠재된 인간의 수요를 이용해 대체 종교 역할을 한다.54)

지식인들은 급진적인 이데올로기에 쉽게 속는 경향이 있는데, 이런 현상은 학자들의 관심을 끌었다. 프랑스의 철학자이며 사회학자인 레몽 아롱(Raymond Aron)의 저서 〈지식인들의 아편(The Opium of the Intellectuals)〉에서, 20세기 지식인들은 전통적인 정치제도를 격렬하게 비판하면서도 공산당 국가의 폭정과 살육에 대해서는 관대하게 묵인하거나 심지어 외면한다고 지적했다. 그는 좌파 지식인들이 위선적이고 독단적이며 비이성적인 광기로 좌파 이데올로기를 세속 종교의 지위로 끌어올렸다고 봤다. 영국의 역사학자 폴 존슨(Paul Johnson)은 그의 저서 〈지식인들(Intellectuals)〉에서, 루소(Rousseau) 이후 지식인 십여 명의 생애와 급진적인 정치적 견해(공산주의를 포함) 사이의 관계를 분석했다. 존슨이 발견한 그들의 치명적인 약점은 오만과 자기 중심주의였다.55) 미국의 유명 경제학자 토마스 소웰

---

54) Fred Schwartz and David Noebel, You Can Still Trust the Communists… to Be Communists (Socialists and Progressives too) (Manitou Springs, CO: Christian Anti-Communism Crusade, 2010), 44-52.
55) 예를 들어 존슨은 프랑스 공산주의자이자 실존주의 철학자인 사르트르를 극악무도한 이기주의자라고 표현했다. 아래 참조. Paul Johnson, Intellectuals (New York: HarperCollins, 1989), 225.

(Thomas Sowell)은 〈지성과 사회(Intellectuals and Society)〉란 책에서 대량의 사례를 들어 지식인들의 이지적 광기를 지적했다.

이들 학자의 분석은 나름대로 일리가 있지만, 우리는 지식인들이 쉽게 속아 넘어가는 이유 가운데 좀 더 중요한 것을 지적하고자 한다. 공산주의 사상은 인간사회의 어떤 전통문화에도 속하지 않는 악령의 이데올로기다. 그것은 인간의 본성에 반하기에 인간이 자발적으로 계발할 수 없고 외부에서 강제로 주입할 수밖에 없다. 무신론과 유물론의 영향 아래 학술계와 교육계는 보편적으로 신에 대한 믿음을 버리고 과학과 이른바 '인간의 이성'을 맹신함으로써 쉽게 악령의 이데올로기 노예가 됐다.

공산주의는 1960년대부터 미국 교육계에 대대적으로 침투하기 시작했다. 설상가상으로 많은 젊은이가 좌파언론의 무차별 폭격과 백치白痴화 교육으로 텔레비전, 컴퓨터게임, 인터넷, 그리고 소셜 미디어에 푹 빠졌다. 이런 요소들이 복합적으로 작용해 상당수 젊은 세대가 지식이 부족하고, 시야가 좁고, 책임감과 수용력이 결핍된 '눈송이 세대(snowflake generation)'가 됐다. 몇 세대에 걸쳐 철저하게 세뇌된 사람들은 진실을 보고 듣더라도 여전히 왜곡되고 변이된 사고로 분석한다. 즉, 공산당의 거짓말이 얇은 막처럼 격리작용을 하면서 진실과 멀어지게 된다.

악령은 세상 사람들을 속이기 위해 우매, 무지, 이기심, 탐욕 그리고 쉽게 믿는 인간성의 약점을 전 방위적으로 이용했다. 한편, 인간의 이상주의와 아름다운 삶에 대한 로맨틱한 환상 또한 악령에게 이용당했다. 이것은 가장 슬픈 일이다. 사실, 공산당 국가는 공산주의에 환상을 품고 있는 사람들이 생각하는 것처럼 로맨틱하지 않다. 만약 그들이 공산당 국가에 가서 실제로 한동안 생활해

보면 스스로 이 점을 발견하게 될 것이다.

맺음말

공산주의 악령은 매우 복잡하고 다양한 모습으로 서방에 침투했다. 구체적인 현상에서 벗어나 더 높은 곳에 서야만 비로소 악령의 민낯과 진짜 목적을 똑똑히 볼 수 있다.

악령이 성공할 수 있었던 근본적인 원인은 인간이 신에 대한 믿음을 버리고 도덕성을 잃었기 때문이다. 신에 대한 우리의 믿음을 새롭게 다지고, 우리의 마음을 깨끗이 순화하고, 도덕을 제고해야만 악령의 통제에서 벗어날 수 있다. 만약 인간사회가 전반적으로 전통으로 돌아간다면 악령은 더는 숨을 곳이 없을 것이다.

제6장 신앙편

신을 배척하게 하다

    공산주의 악령은 온갖 궁리를 다 해 풍부한 동방 전통문화가 있는 나라에서 체계적인 배치를 했다. 폭력 수단으로 전통문화를 파괴하고 정교를 타락시키고 사람들을 살육하는 동시에 도덕을 더욱 파괴해 사람과 신의 연결고리를 끊어 버림으로써 세인을 철저히 파멸시킨다. 서양과 세계 여타 지역에서는 속임수를 써서 침투하는 수법으로 정교를 마귀로 변하게 해 세인과 신도들을 혼란스럽게 함으로써 바른 믿음을 포기하고 신과 멀어지게 해 최후에 파멸하게 한다. 그 수법과 형식이 어떻게 다르든 간에 모두 최종 목적은 전 인류를 훼멸하는 것이다.

제6장 신앙편

신을 배척하게 하다

머리말

    세상의 거의 모든 민족은 모두 태고의 신화와 전설을 가지고 있는바, 애당초 그 민족의 신이 어떻게 자신의 형상대로 자신의 민족을 만들었는지 세인들에게 알려줬다. 또한 인간을 위해 도덕과 문화의 기틀을 잡아주어 신을 믿는 사람들에게 천국으로 돌아가는 한 갈래 길을 남겨줬다.

    동방에서는 여와女媧, 서방에서는 여호와가 사람을 만들었다는 기록과 전설이 있다. 신은 인간에게 반드시 신의 계명戒命을 지켜야 하며, 그러지 않으면 신의 징벌을 받는다고 분명히 경고했다. 인류의 도덕이 심하게 부패했을 때, 신은 우주의 순결을 유지하기 위해 인간을 멸한다. 전 세계의 많은 민족에게는 모두 문명을 사라지게 한 대홍수에 관한 전설이 있는데, 어떤 것은 매우 상세하고 확실하다.

　인간의 도덕을 유지하기 위해 각자覺者와 선지자들이 세상에 내려와 인간의 마음을 다시 바로잡음으로써 인간의 파멸을 막는 동시에 인간의 문명이 성숙하게 나아가도록 이끌었다. 예를 들면 서방의 모세와 예수, 동방의 노자, 인도의 석가모니, 고대 그리스의 소크라테스 등이 모두 그렇게 했다. 인류의 역사와 문화는 사람들에게 무엇이 불佛·도道·신神인지, 무엇이 신앙과 수련 및 부동不同한 법문인지, 무엇이 바르고 무엇이 사악한지, 어떻게 진위를 구별하고 선악을 식별할지를 알게 해 최후 말겁末劫시기에 창세주가 다시 세상에 나타날 때 구원받아 천국으로 되돌아갈 수 있도록 했다.

　인간이 자신의 민족을 만든 신과 연계가 끊어지면 도덕은 신속하게 부패한다. 일부 민족은 그렇게 사라졌다. 예를 들면 전설 속의 아틀란티스 문명은 하룻밤 사이에 바다 밑으로 사라졌다.

　동방, 특히 중국에서 신앙은 전통문화의 도움으로 사람들 마음속에 깊이 뿌리내렸다. 그렇기 때문에 단순한 거짓말로 중국인들을 속여 무신론을 받아들이게 하기는 어렵다.

　공산주의 악령은 5천 년을 이어온 신앙과 문화의 뿌리를 뽑아버리려고 대대적으로 폭력을 사용해 전통문화를 계승해온 사회 엘리트를 살육하고, 거듭된 거짓말로 한 세대의 젊은이들을 속였다. 서방과 세계 곳곳의 종교 신앙은 신과 인간을 연결하는 주요 방식이자 도덕을 유지하는 중요한 초석이다. 공산주의 악령은 비록 이런 국가에서 공산 폭정을 일으키지는 못했지만, 시기를 치고 변이시키고 침투하는 수법으로 바른 종교를 소멸하고 인간을 타락시키려는 그들의 목적을 달성했다.

1. 동방―폭력으로 신을 배척하다

1) 소련이 정교를 말살하다

〈공산당선언〉은 가정과 교회, 국가를 없애야 한다고 떠벌였다. 따라서 종교를 말살하고 전복하는 것은 공산당의 주요 목표 중 하나임을 알 수 있다.

사탄과 한 무리가 된 마르크스 본인도 처음에는 신을 믿었을 뿐만 아니라 신과 악령의 존재를 깊이 알고 있었다. 또한, 적나라하게 드러난 악령의 교리를 사람들, 특히 신앙이 있는 사람들은 받아들이기 어렵다는 점도 매우 잘 알고 있었다. 그래서 그는 처음부터 무신론을 부르짖으며 '종교는 인민의 정신적 아편'이고 '공산주의는 바로 무신론에서부터 시작됐다.'고 주장했다. 사람은 악령을 숭배할 필요는 없지만, 신을 믿지 않으면 악령은 사람의 마음과 영혼을 잠식하고 점유해 결국 사람을 지옥으로 끌고 갈 수 있다. 이것이 바로 공산사당共產邪黨이 '본디 어떤 구세주도 없었고 신선이나 황제에게 의지하지도 않았다.'고 외치는 이유다.

마르크스는 이론적으로 종교와 정신正神을 비방했고, 1917년 정권을 탈취한 레닌은 국가기구를 이용해 폭력으로 정교正敎와 신앙을 타격하고 세상 사람들을 신과 멀어지게 했다.

1919년, 레닌은 낡은 사상을 선전하는 것을 금지한다는 명목으로 종교를 대대적으로 포위 토벌하기 시작했다. 1922년, 레닌은 '단호하고 무자비하고 무조건적이고 지속적이면서도 가장 짧은 기간 내에 귀중품, 특히 가장 부유한 수도원과 성당 및 사원의 귀중품을 전부 빼앗는 데 관한 결의'를 통과시키도록 요구하면서 "이 기회를 빌려 한 무리 반동 종교계와 반동 부르주아의 대표 인물을 죽여야 하는데, 많을수록 좋다. 지금이 바로 그런 사람들을 혼내줄 때이며, 그들이 몇 십년 안에 어떠한 반항도 감히 하지 못하게 해야 한다."고 선언했다.[1] 한순간에 수많은 교회가 재산을 약탈당하고, 성당과 수도원이 폐쇄되고, 많은 성직자가 체포되고, 동방정교회(Eastern Orthodox Church) 성직자 수천 명이 처형됐다.

레닌이 죽은 후 스탈린이 그 바통을 이어받아 1930년대에 극히 참혹한 대숙청을 시작했다. 공산당원을 제외한 지식인과 종교계 인사도 숙청 대상에 올랐다. 스탈린은 일찍이 전국에 '무신론 5개년 계획'을 시행하라고 명령했다. 그는 이 계획이 완성되는 시점에 마지막 성당이 폐쇄되고 마지막 신부가 사라지면 소련 대지는 '공산주의 무신론의 옥토'로 변해 더는 종교의 흔적을 찾지 못할 것이라고 선언했다.

보수적으로 계산하더라도, 대숙청 과정에서 박해로 죽은 신부는 무려 4만 2,000여 명에 달한다. 1939년에 이르러서는 소련 전체를 통틀어 동방정교회 성당 100여 개만이 대외에 개방됐는데, 소련이 정권을 탈취하기 전에는 4만 400개였다. 소련 내 동방정교회 성당과 수도원 중 98%가 폐쇄됐고, 천주교 역시 동방정교회와 마찬가지로 치명적인 수난을 당했다. 이 시기에 수많은 문화계 엘리트와 지식인이 실형을 선고받거나 굴라크(Gulag, 강제 수용소)로 이송되거나 총살당했다.

제2차 세계대전 당시, 스탈린은 교회의 재력과 인력을 이용해 독일의 침공에 저항하려고 위선적으로 정교회와 천주교에 대한 박해를 멈추고 다시 종교를 회복시켰다. 그 배후에는 더욱 비열한 목적

---

1) V.M. 몰로토프, 『레닌전집』 제52권, 제372조, 중문 마르크스주의 문고, 346쪽.

이 있었는데, 회복시킨 정교회와 천주교를 엄격하게 통제해 종교를 박해하는 도구로 삼았다.

구소련의 알렉세이 2세(Alexy II)는 1961년에 정교회 주교로 승진하고 1964년에는 대주교가 됐으며, 소련이 해체되기 직전인 1990년에 모스크바 총대주교가 됐다. 소련이 해체된 후 기밀 해제된 KGB 문서에는 그가 KGB에서 근무할 당시의 기밀 사항이 담겨 있었다. 그 후 그도 소련 정부와 타협한 사실을 인정했고 또 그런 행동을 참회한다고 공개적으로 표명했다. "하나의 사물을 보호하기 위해 반드시 다른 것을 포기할 필요가 있었다. 소련 통치 시절에는 나 자신뿐만 아니라 천만인의 운명을 짊어진 사람이나 조직이었다면 비슷한 일을 하지 않았겠는가? 하지만 하느님께만이 아니라, 과거 교회의 묵인 하에 타협과 침묵을 강요당해도 저항하지 못한 이들과 충성을 표시하도록 박해당해 고통 받은 이들에게도 양해와 이해를 구하며 기도한다."2) 종교는 이미 공산주의 악령의 통제 하에 세뇌와 기만의 도구로 전락했다.

소련 공산당은 악령화한 종교를 자국 영토에만 국한하지 않고 계획적으로 그 마수를 세계로 뻗쳤다.

2) 중공이 인간과 신의 연결고리를 끊다
(1) 중화 전통문화를 파괴하다

중국은 다른 국가들처럼 단일한 국가 종교는 없지만, 중국인은 모두 신과 부처를 믿는 확고한 신앙을 가지고 있었다. 중국에는 장

---

2) 「Patriarch Alexy II: - I Take upon Myself Responsibility for All that Happened,」 an interview of Patriarch Alexy II, Izvestia, No. 137, June 10, 1991, English translation from Nathaniel Davis, A Long Walk to Church: A Contemporary History of Russian Orthodoxy (Oxford: Westview Press, 1995), 89.

기적으로 종교 충돌이 있는 여타 지역과는 다른 독특한 현상이 있었다. 바로 유교, 불교, 도교, 심지어 서방 종교까지 모두 평화롭게 공존했다는 점이다. 이런 신앙은 중화 전통문화에 매우 깊은 내포를 다져 놓았다.

인류의 멸망을 초래한 대홍수 중에서도 중국은 문명을 온전하게 보존해 왔다. 이후 중화민족은 계속 발전하면서 끊임없이 5천년의 참된 역사기록을 남겼다. 만방래조萬邦來朝(모든 나라가 중국에 조공을 바치러 옴)의 눈부신 전성기를 이룩해 '천조상국天朝上國'으로 존중 받았고, 그 문화는 동아시아 전체에 큰 영향을 끼쳐 대중화大中華 문화권을 형성했다. 그리고 실크로드를 개척하고 4대 발명품을 서역으로 전파해 세계문명을 이끌었을 뿐만 아니라 유럽은 물론 세계 구도에도 영향을 미쳤다.

이 찬란한 문화와 신앙은 5천년에 걸쳐 중국인의 혈맥에 녹아 있는바, 공산주의 악령이 별의별 궁리를 다 해 파괴하려는 표적이 됐다. 하지만 단순한 기만과 유혹으로 중국인들에게 수천 년 다져 온 전통문화와 신앙을 버리고 서방에서 온 공산주의 이념을 받아들이게 하는 것은 근본적으로 불가능했다. 그래서 중국 공산당은 끊임없는 정치운동 중에서 사악한 술책을 총동원해 폭력과 학살을 시작으로 종교의 정수를 파괴하고 지식인을 박해했다. 또 사원 건축물과 문화 고적 및 서화 골동품 등 외형적인 것에서부터 중화 전통문화를 파괴해 신과 사람 간의 연결고리를 끊고, 나아가 인류를 훼멸하는 목적에 도달했다.

전통문화를 파괴하는 동시에 공산사당共産邪黨은 또 계획적, 체계적으로 사악한 '당黨 문화'를 만들어 세인을 육성하고 훈련함으로써 전통문화를 파괴하는 도구로 만들었는바, 어떤 사람은 공산주의 악령을 따라 직접 살육에 가담하기도 했다.

중국 공산당은 경제적 이익과 정치적 세뇌 등의 수단을 어떻게 이용하면 세인들이 잘 따르고 복종하는지를 너무도 잘 알고 있다. 한 번, 또 한 번의 운동과 탄압과 살육을 통해 그들은 이런 수단을 쓰는 데에 갈수록 익숙해졌고, 인간세상 최후의 정사대전正邪大戰에서 마지막 일격을 가하기 위해 만반의 준비를 했다.

(2) 전통문화의 계승 기반을 훼손하다

중국 농촌의 지주와 유지 계층, 그리고 도시의 상인과 사대부 계층은 전통문화의 엘리트인 동시에 문화를 계승하는 사명을 지녔다. 중국 공산당은 1949년 정권 탈취 초기에 '토지개혁土改' '진반鎭反(반혁명 진압)' '삼반三反(부패, 낭비, 관료주의 반대)' '오반五反(뇌물, 탈세, 국영 재산 강탈, 정부 계약사기, 국가경제 정보 누설 반대)' 등 일련의 운동을 통해 농촌에서 지주와 향신鄕紳(지방유지)을 학살하고 도시에서는 자본가를 살해하면서 공포 분위기를 조성하는 동시에 사회 자산을 약탈하고 전통문화를 계승하는 엘리트 계층을 무너뜨렸다.

그와 동시에, 중국 공산당은 대학교의 지식인을 대상으로 이른바 '학부 조정'을 통해 '사상 개조운동'을 진행했다. 그리고 유물주의와 무신론, 진화론 교육을 통해 학생들을 체계적으로 세뇌하고 전통문화에 대한 적개심을 주입했다. 또한, 1950년대 '반反우파' 운동을 통해 말을 듣지 않는 지식인을 전부 노동개조勞動改造(노동을 통한 개조)하기 위해 유배하고 사회 최하층에 편입시킴으로써 과거 발언권을 장악하고 사회 여론을 주도한 이런 '사대부'들을 멸시와 조롱의 대상으로 만들었다.

문화 엘리트들이 사라짐에 따라 대대손손 전승해온 중화 전통문화가 끊어져 버렸다. 이후 젊은 세대는 가정, 학교, 사회, 이웃으로부터 교육과 훈도薰陶(덕으로써 인성과 도덕 따위를 가르치고 길러 착함으로 나아가게 함)를 받을 수 없어 전통문화를 상실한 세대가 됐다.

반우파운동 이후 가정, 학교 또는 사회를 막론하고 모두 독립적인 목소리를 들을 수 없게 됐지만, 중국 공산당은 거기에 만족하지 않았다. 필경 나이가 좀 많은 사람들은 여전히 전통문화를 기억하고 있는데다 문물 고적 등 전통 문화재도 어디서나 볼 수 있기 때문에 전통 가치는 여전히 각종 예술형식을 통해 전파됐다.

1966년 중국 공산당은 더욱 큰 규모로 전통문화를 파괴하는 운동, 즉 '문화대혁명'을 발동했다. 중국 공산당은 정권을 수립한 후 세뇌당한 학생들의 심리, 즉 사춘기에 소란을 일으키고 반항하는 심리를 이용했다. 문화대혁명 중에서 '파사구破四舊(낡은 사상, 낡은 문화, 낡은 풍습, 낡은 습관 타파)'란 이름으로 중화 문화를 물질에서부터 정신에 이르기까지 전면적으로 재난에 빠뜨렸다.

문화대혁명이 시작된 후 '파사구'의 사악한 불길은 중화 대지를 휩쓸었다. 사원, 도관, 불상과 명승고적, 서화, 골동품은 거의 다 파손됐다. 이런 중화 문화의 정화精華는 수천 년 동안의 계승과 축적 과정을 거친 것인데, 한 번 훼손되면 원상회복하기 어렵다.

문화대혁명 이전 베이징에는 오래된 사원이 500여 개나 있었고, 수천 개에 이르는 중국 곳곳의 도시마다 성벽, 사당, 사원, 문화 고적이 있었다. 땅을 한 지만 파도 근대 고적을 볼 수 있고 두 자, 석 자, 스무 자를 파면 역대 고적을 무수히 볼 수 있었다. 하지만 문화대혁명의 '파사구' 이후 거의 모든 것이 훼손됐다.

'파사구'는 신도들이 기도하고 수련하는 장소와 고대 천인합일天

사슴—의 건축물을 파괴하는 데 그치지 않고 사람들의 마음속에 있는 바른 신앙과 천인합일의 전통적 정념正念도 함께 훼손했다. 세인들은 아마 이를 대수롭지 않게 여기고 자신과 무관하다고 느낄 것이지만, 그렇게 됨으로써 신과 연결고리가 끊어지게 됐다. 신의 보호가 없으면 위험한 나락으로 떨어지게 되는데, 이는 단지 시간문제일 뿐이다.

이 밖에도 공산당은 인간과 신·조상과 연결고리를 끊기 위해 앞장서서 중화민족의 조상에게 악담을 퍼붓고 중화 전통문화를 비방하고 배척했다. 세계 각국은 보편적으로 그들의 위대한 선조와 군주를 숭배하고 전통을 소중히 여긴다. 같은 이치로 중국의 성철聖哲과 선현先賢들이 남겨놓은 찬란한 문화는 중국과 세계의 보귀한 자산으로서 당연히 후세의 추앙을 받아야 한다. 하지만 중국 공산당과 파렴치한 문인들이 보기에는 중국 고대의 왕후장상王侯將相, 재자가인才子佳人 중에는 변변한 인물이 하나도 없는 듯하다. 이처럼 자기 민족의 조상을 모욕하는 것은 세계 역사상 유례가 없다. 중국인은 공산주의 악당에 이끌려 신을 반대하고 조상을 능멸하고 문화를 파괴하면서 매우 위험한 길을 걷고 있다.

(3) 종교를 박해하다

종교 신앙은 중화 전통문화의 중요 구성요소다. 세인들이 잘 알고 있는 도道·불佛·유儒 삼교는 수천 년 동안 중국 역사 속에서 서로 빛을 비추며 오랫동안 어울려왔다. 서양의 숱한 교파도 중국에 한 차례 전파된 인연이 있다.

중국 공산당은 1949년 폭력으로 정권을 탈취한 후, 소련과 마찬가지로 한편으로는 사상 분야에서 무신론을 선전하고 유신론을 공격했으며, 다른 한편으로는 일련의 정치운동 중에서 고압과 폭력 수단을 이용해 종교를 박해하고 종교인들을 살해했다. 1999년 파룬궁法輪功에 대한 잔혹한 박해가 시작되면서 정교正敎와 신도들에 대한 박해도 갈수록 심해지고 있다.

1949년 정권을 탈취한 후 중국 공산당은 대규모 종교 박해와 '회도문會道門'에 대한 금지에 착수했다. 중국 공산당은 성경과 여타 종교 유파의 경서를 대량으로 불태워 버렸다. 또한 기독교, 천주교, 도교, 불교 등의 조직과 종파 구성원을 정부에 등록하는 한편 스스로 잘못을 뉘우치고 새 출발 하도록 강요했다. 1951년 중국 공산당은 또 '회도문 활동을 계속하는 자는 사형 혹은 무기징역에 처한다.'고 명문으로 선포했다. 불교 승려는 대부분 절에서 쫓겨나거나 환속해서 생산 노동을 했다. 외국인 천주교 신부도 다수가 감옥에 갔고 모진 고문을 당했다. 중국 신부도 감옥에 갇히고 수많은 신도가 사형 혹은 노동개조를 선고받았다. 기독교 목사와 신도들도 천주교도들과 똑같은 박해를 받았다.

1949년 후 중국에 남아있던 중국 천주교 주교와 신부 5,000여 명이 감금되거나 살해되고 마지막에는 수백 명밖에 남지 않았다. 외국인 신부 중 일부는 살해됐고 나머지는 중국에서 쫓겨났다. 천주교도 1만 1,000여 명이 살해됐고 수많은 교도가 절차 없이 체포되거나 강제로 벌금형에 처해졌다. 불완전한 통계에 따르면, 중국 공산당 정권수립 초기 몇 년 사이에 300만 명에 가까운 종교 신도와 종교단체 회원들이 붙잡히거나 살해됐다.

소련 공산당과 마찬가지로 중국 공산당은 이른바 종교에 대한 지휘권을 강화하기 위해 중국 도교협회, 중국 불교협회 등 각 종파를 관리하는 기구를 설립했다. 천주교와 관련해서는 그들이 임명하고 관리하는 '중국 천주교 애국회'를 세웠다. 모든 종교협회가 모두 당의 의지에 따라 신도를 통제하고 사상 개조를 하는 동시에 중국 공산주의 악령이 직접 할 수 없는 일을 해야 했다. 바로 정교를 내부에서 어지럽히고 파괴하는 일이다.

중국 공산당은 티베트 불교도 가만두지 않았다. 1950년에 군대를 파견해 티베트를 점령한 후, 티베트 불교를 강도 높게 박해하기 시작했다. 14세 달라이라마는 1959년 티베트를 탈출해 인도로 망명했는데, 중국 공산당은 이를 '반란'으로 규정했다. 1962년 5월 10대 판첸라마는 중국 국무원에 〈티베트의 전반적인 상황과 구체적인 상황 및 티베트를 중심으로 하는 장족 각 지역의 고충과 금후 희망과 요구에 관한 보고〉를 제출했다. 그 중에 대량의 사실을 열거해 장족문화藏族文化, 특히 불교 신앙에 대한 중국 공산당의 파괴를 진술했다. "(중국 공산당은) 불상, 불경, 불탑 등을 파괴하는 거센 물결을 일으켜 수많은 불상, 불경, 불탑을 소각하고, 물속에 던져버리고, 땅에 던지고, 허물어버리고, 녹여버렸다. 사찰, 불당, 마니벽, 불탑에 미친 듯이 난입해 파괴하고 불상 장식품과 불탑 안에 있던 수많은 귀중품을 훔쳐 갔다. … 게다가 그들은 '대장경大藏經'을 퇴비 원료로 사용하고 수많은 불화佛畫와 경서經書를 신발 제조 원료로 사용하는 등 공공연히 종교를 모욕했다. 이것은 털끝만큼도 도리에 맞지 않는다."

1966년 문화대혁명이 발발한 후 수많은 라마가 강제로 환속 당했고 진귀한 경서가 수없이 소각됐다. 1976년까지 티베트 경내에 있던 사원 2,700개 가운데 겨우 8개만 남았다. 그중 1,300여 년 전 당나라시기에 지은, 티베트에서 가장 중요한 대소사大昭寺도 문화대혁명 기간에 전부 약탈당했다.

중화 고국古國의 도가 수련은 역사가 유구하다. 2,500년 전 노자가 남긴 5천언 〈도덕경道德經〉은 도가의 수련 경전이다. 〈도덕경〉은 동양뿐만 아니라 서방의 많은 국가가 그들 문자로 번역했다. 하지만 문화혁명 중에 노자는 위선적이라는 비판을 받았고 〈도덕경〉은 '봉건 미신'이라고 불렸다.

유가儒家의 핵심사상은 '인의예지신仁義禮智信'인바, 공자孔子가 후세 사람들에게 남겨놓은 인간의 도덕규범이다. 문화대혁명 당시 베이징의 반란파들은 홍위병을 이끌고 취푸曲阜(공자의 고향)에 가서 마구 파괴하고, 고서를 소각하고, 공자 묘비를 비롯한 역대 석비 1,000개 가까이를 때려 부쉈다. 1974년 중국 공산당은 또 '비림비공批林批孔(중국 국가부주석 린뱌오를 비판하고 공자를 비판) 운동'을 시작해 현실의 삶 속에서 인간성을 수양하는 유가의 전통사상과 도덕적 기준을 사람들의 마음속에서 아무런 가치도 없게 만들었다.

더욱더 엄청난 비극은, 1999년 7월 전 중국 공산당 우두머리 장쩌민은 '진眞, 선善, 인忍'을 신앙하는 파룬따파法輪大法 수련자들을 박해하기 시작했고 심지어 극악무도하게 대법大法 수련자의 장기를 강제로 적출해 팔아먹는, 인류 역사상 유례가 없는 범죄를 저질렀다.

수천 년을 이어온 중국 전통문화, 도덕관념, 수련 신앙은 짧고 짧은 몇 십년 동안에 중국 공산당에 의해 거의 다 파괴됐다. 그 결과, 사람들은 더는 신을 믿지 않고 신을 저버리게 됐으며, 정신적으로 공허하고, 도덕이 파괴되고, 사회 기풍이 날로 악화했다.

2. 서방─종교를 파괴하다

공산주의 악령은 공산 독재국가가 아닌 나라들의 종교 신앙을 파괴하는 데도 체계적인 배치를 했다. 공산주의 악령은 소련 공산당과 중국 공산당을 통해 종교 교류를 명분으로 종교 기관에 침투했는데, 주로 금전과 스파이를 이용해 그들의 정교正敎 신앙을 변이시키거나 전통 정교를 직접 타격하고 뒤엎었다. 심지어 직접 사회주의, 공산주의 이념을 종교에 끌어들여 변이시킨 사교를 민중이 신봉하도록 했다.

1) 종교에 침투하다

다큐멘터리 〈어젠다, 미국 잠식(Agenda: Grinding Down America)〉의 프로듀서 커티스 바우어스(Curtis Bowers)는 1953년 국회 증언에서, 매닝 존슨(Manning Johnson)을 정상급 공산당원이라고 폭로했다. 존슨은 "공산당이 종교를 파괴하는 하나의 지름길은 교회에 침투하는 것이다. 만약 인력이 부족하면 반드시 공산당 특수 요원을 신학교 내부에 집중시킨다. 이런 학교에서는 아주 적은 인력으로 미래의 성직자에게 영향을 미칠 수 있다. 전략은 사람들 관심의 초점을 정신에서 물질로 인도하는 것이다."라고 한 바 있다.

공산주의 악령은 확실히 이와 같이 실행했다. 예를 들어, 겉모습만 바꾼 마르크스주의자들이 미국의 기독교회에 침투하기 위해 80~90년 전부터 미국의 신학교에 진입하기 시작했다. 한 세대 또 한 세대의 변이된 신부와 목사를 교육해 은연중에 미국의 종교계에 영향을 주도록 했다.

불가리아 역사학자 맘칠 메토디프(Momchil Metodiev)는 냉전시기 불가리아 공산당의 역사 자료를 대량으로 연구한 후, 동유럽 공산주의 진영의 정보 시스템과 공산당 종교 위원회가 긴밀하게 협력해 국제 종교 조직에 영향을 주고 침투했다는 사실을 밝혔다.[3)]

세계적으로 소련과 동유럽 공산 진영에 대규모로 침투당한 종교 조직은 단연 세계교회협의회(World Council of Churches, WCC)다. 1948년 창설된 WCC는 교파를 초월한 기독교 연합조직으로, 전 세계 교회의 일치 운동을 촉진하기 위해 설립됐다. 현재 약 150개국 348개 기독교 교파 교단이 WCC 정식 회원이며, WCC 산하 교인은 5억 9,000만 명에 이른다. 따라서 전 세계 기독교 주류 교파로 조직된 WCC는 세계 종교계에서 중요한 역할을 한다.

하지만 WCC는 국제 교회 조직으로서는 처음으로 냉전 시기에 소련과 그 부속 국가를 포함한 사회주의 국가를 회원으로 받아들이고 그들의 경제 지원을 받았다.

공산주의가 WCC에 침투한 중요한 '성과'는 1975년 구소련 동방정교회 메트로폴리탄 니코딤(Nikodim) 대주교가 WCC 회장으로 당선된 것이고, 또 다른 성과는 불가리아의 동유럽 공산주의자 스파이 토도르 사베프(Todor Sabev)가 1979년에서 1993년 사이 WCC 부총재를 장기간 역임한 것이다. 역사학자 매토티브(Momchil Metodiev)는 1970년대에 니코딤(Nikodim)이 KGB의 지시에 따라 침투 활동을 주도했으며, 불가리아의 스타라 자고라(Stara Zagora) 대주교 판크라티(Pankratii)가 이 활동에 협조했다고 지적했다.[4]

케임브리지대 역사학자 크리스토퍼 앤드류(Christopher Andrew)는 기밀 해제된 1969년 KGB 문서에 근거해 냉전 시기 WCC의 소련 동방정교회 주요 대표들이 암암리에 KGB를 위해 일했고 WCC의 정책과 운영에 영향력을 행사했다고 지적했다.

---

3) Momchil Metodiev, Between Faith and Compromise: The Bulgarian Orthodox Church and the Communist State (1944-1989) (Sofia: Institute for Studies of the Recent Past/Ciela, 2010).
4) 위와 같음.

1989년에 기밀 해제된 KGB 문서에 따르면, KGB가 배치해 WCC에 진입한 동방정교회 고위급 대표들이 소련 공산당의 침투 계획을 WCC가 채택하도록 했다. 그중 8개 조례는 WCC의 공동성명에 넣었고 3개 조례는 WCC의 통신에 사용되고 있다.5) 이로써 동방정교회를 통한 소련 공산당의 WCC 침투 계획을 엿볼 수 있다. 앞에서 언급한, 소련 정부를 위해 일한 알렉세이 2세도 소련 동방정교회를 대표해 직접 WCC 운영에 참여한 바 있다.

우리가 동유럽 공산주의자들이 어떻게 교회에 침투해 교회를 조종했는지를 이해한다면, 왜 WCC가 1980년 1월에 회원국들의 반대를 무릅쓰고 짐바브웨 아프리카 민족 연맹-애국 전선(ZANU-PF)에 자금을 지원했는지를 어렵지 않게 이해할 수 있다. ZANU-PF는 선교사들을 살해하고 민항 여객기를 격추한 것으로 알려진 악명 높은 공산주의 게릴라 집단이다.

또한 중국 공산당도 WCC에 침투해 영향을 미쳤다. 중국기독교협회는 중국 공산당이 통제하고 이용하는 종교 도구다. 이 협회는 공산 중국의 유일한 대표로 WCC에 공식 가입했으며, 금전의 유혹에 넘어간 WCC는 중국 공산당에 무조건 따르며 아첨했다. WCC 사무총장은 2018년 초 공식적으로 중국을 방문해 중국기독교협회, 삼자애국운동위원회와 국가종교사무관리국을 비롯한 공산당이 지배하는 여러 기독교 단체를 방문했다. 중국의 경우, 비공식 기독교 단체(지하교회)의 신도 수가 공식적인 단체보다 훨씬 더 많지만, WCC 대표단은 중국 공산당을 불쾌하게 하지 않으려고 비공식 기독교 단체는 찾지 않았다.

---

5) Christopher Andrew, 「KGB Foreign Intelligence from Brezhnev to the Coup」 In Wesley K. Wark (ed), Espionage: Past, Present, Future? (London: Routledge, 1994), 52.

2) 종교를 속박하다

공산주의 악령은 서방에 전 방위로 침투했다. 신을 비방하는 각종 변종 공산주의자들의 사상행위도 모두 종교를 뒤흔들어 놓았다. 예를 들면 '정교政敎분리' '정치적 올바름' 등이 모두 정교를 속박하고 파괴하는 데 사용됐다.

미국 건국의 근본은 신을 믿는 데 있다. 미국 역대 대통령들은 취임 선서를 할 때 성경에 손을 얹고 신께 미국을 축복해 달라고 기원한다. 그러나 오늘날 사람들이 신에게서 벗어나는 행동이나 사상, 정책 등을 비평하거나 낙태와 동성애 등 신이 허락하지 않는 행위에 반대하는 목소리를 낼 때, 미국의 공산주의자들이나 좌파 급진주의자들은 '정교政敎분리'를 내세워 반격한다. 즉, '종교는 정치에 관여할 수 없다.'는 논리로 신의 의지와 훈계, 그리고 인간에 대한 단속을 제한한다.

수천 년 동안, 신은 줄곧 신을 믿는 세인들과 연결고리를 유지해 왔다. 정교 신도들은 사회도덕을 유지하는 데 긍정적인 작용을 했다. 그러나 오늘날 사람들은 교회 안에서만 신의 의지를 말할 수 있을 뿐 교회 밖에서는 신이 정한 준칙, 즉 사람으로서 지켜야 할 원칙을 위배하는 행동을 비판하거나 저지하지 못한다. 결국 종교는 도덕적 기능을 완전히 상실했고, 미국사회의 도덕은 급격히 떨어지게 됐다.

최근 몇 년 동안 특별히 유행한 '정치적 올바름'이 극도로 영향을 미쳐 기독교를 주요 종교로 믿는 미국에서조차 '메리 크리스마스(Merry Christmas)'라는 말을 하지 못할 정도가 됐다. 그런 말을 하는 것이 정치적으로 올바르지 않아 비非기독교인들의 감정을 해친다는 주장이 있을 수 있기 때문이다. 또한 공개석상에서 자신의 신앙에 관해 이야기하면 다른 믿음을 가진 사람들을 차별한다는 이유로 제지당할 수 있다. 사실상 모든 종교 신앙은 자신의 방식으로 신에 대한 공경을 표현할 수 있으며, 누가 누구를 차별하는 문제는 존재하지 않는다.

학교에서 정교 신앙과 전통 가치에 관련된 수업을 해서는 안 되고 창조론도 말하면 안 된다. 그 이유는 과학이 실증할 수 없다는 것이다. 그런데 마찬가지로 과학으로 실증하지 못하는 무신론과 진화론은 버젓이 학교에서 전수할 수 있다. '표현의 자유를 지켜야 한다.'는 그럴듯한 명분으로 신을 반대하고 신을 배척하고 신을 욕하고 신을 비방하는 것은 모두 문제가 없으며 심지어 보호받기까지 한다.

공산주의 악령은 문화, 교육, 예술, 법률 등 많은 분야에서 종교를 속박하고 변이시키고 침투했는데, 이런 행위는 상당히 복잡하면서도 체계적인 문제다. 우리는 후속편에서 자세히 기술하고자 한다.

3. 공산주의 악령惡靈이 신학을 변이시키다

지난 세기 전 세계 종교계는 공산주의 사조思潮에 충격과 영향을 받은 데다 정교에 침입한 변종 성직자들이 은연중에 정교를 마귀로 변화시키고 제멋대로 해석했다. 그리하여 정교正敎의 선지자가 전한 정법과 정교 경전이 왜곡돼 각종 변이된 신학이론이 한 시기 유행했다. 특히 60년대에 활발히 활동한, 마르크스주의 사상이 스며든 '혁명신학(revolutionary theology)' '희망의 신학(theology of hope)' '정치

신학(political theology)' 등 많은 변종 신학이론이 종교계를 매우 혼란스럽게 만들었다.

지난 세기에 유럽 신학교에서 교육을 받은 라틴 아메리카 신부들은 공산주의 사조에 변이된 신新신학이론의 영향을 매우 깊게 받았다. '해방신학(Liberation theology)'은 20세기 60~80년대에 라틴아메리카에서 매우 활발하게 활동했는데, 대표적인 인물이 페루의 신부 구스타보 구티에레스(Gustavo Gutiérrez)다. 이 신학 이론은 계급투쟁과 마르크스의 공산주의 사상을 직접 종교 수련에 도입해 가난한 자를 해방하는 것을 인류에 대한 신의 자비로 해석했다. 그래서 신도들에게 가난한 자가 평등한 지위를 얻도록 계급투쟁에 참여할 것을 요구했으며, 출애굽(여호와가 모세에게 유대인을 이끌고 이집트를 탈출하게 해 노예에서 해방한 일)을 빌려 기독교가 가난한 자를 해방해야 한다는 이론적 근거로 삼았다.

이렇듯 계급투쟁을 강조하고 사회주의의 신흥 신학을 건립함으로써 쿠바 공산당 괴수 피델 카스트로(Fidel Castro)의 망동을 부추겼다. 전통 천주교가 이른바 신흥 학자들의 범람을 저지하긴 했지만, 2013년에 임명된 교황은 오히려 '해방신학자' 대표 인물인 구티에레스를 특별히 초청했다. 2015년 5월 12일 바티칸(Vatican)의 한 기자회견장에 주빈으로 참석한 그는 새 교황이 해방신학을 묵인하고 지지했다고 밝혔다.

'해방신학'이 남미에 두루 퍼진 후, 전 세계로 널리 퍼져나갔다. 세계 각지에 '해방신학'과 유사한 많은 신흥 신학이 나타났다. 예를 들면 '흑인신학(black theology)', '여성신학(women's theology)', '자유주의신학(liberal theology)' 등이며, 심지어 하느님이 죽었다고 선포하는 '사신신학死神神學(Death of God theology)'과 동성애를 부르짖는 '퀴어신학(queer theology)'도 나타났다. 이런 변이된 신학은 세계 각지의 천주교, 기독교 등 정교 신앙을 아주 심하게 어지럽혔다.

1970년대에 미국에서 악명 높은 인민사원(Peoples Temple)의 교주는 스스로를 레닌의 환생이며 마르크스주의 신앙자라고 칭하면서 마르크스·레닌주의와 마오쩌둥 사상의 가르침을 인민사원의 교의로 삼는다고 했다. 그가 미국에서 선교하는 목적은 바로 자신의 공산주의 이상을 실현하는 것이라고 밝혔다. 그는 이 교파를 조사하고 고발한 미 하원의원 리오 라이언(Leo Ryan)을 살해한 후, 죄를 면하기 어려워지자 잔인하게 그의 신도들까지 강제로 끌어들여 집단 자살을 했다. 그는 또 함께 자살하지 않으려는 많은 신도를 살해하기까지 했는데, 최종적으로 총 900여 명이 자살하거나 살해됐다. 정교를 먹칠하고 종교에 대한 바른 믿음을 교란함으로써 세인들에게 극히 나쁜 영향을 미쳤다.

4. 종교의 혼란

1958년에 출판한 〈벌거벗은 공산주의자(The Naked Communist)〉라는 책에서 공산주의가 미국을 파괴하는 45가지 목표를 열거했다. 충격적인 것은 그 중의 상당수가 이미 실현됐다는 사실이다. 그중 27조항에는 이렇게 씌어 있다. "교회에 침투해 '천계종교天啓宗敎(기독교, 천주교, 유대교)'를 '사회의 종교(social religion)'로 대체하고 성경을 폄하하자."[6] 오늘날 종교계를 둘러보면 특히 3대 원시종교인

---

[6] W. Cleon Skousen, The Naked Communist (Salt Lake City: Izzard Ink Publishing, 1958, 2014), Chapter 12.

기독교, 천주교, 유대교는 공산주의 악령에 의해 변이되고 속박 받아 이미 종교의 본래 기능을 상당 부분 상실했다. 변종이 된 각종 공산주의 이념으로 건립되거나 마귀로 변한 신新종파는 더욱 직접적으로 공산주의 사상을 전파했다. 종교는 서구사회가 정상적으로 작동하고 지탱하는 중요한 초석이었지만, 이미 공산주의 악령에 의해 형편없이 파괴됐다.

오늘날 세계 여러 교회 안에서 종교의 탈을 쓴 많은 주교, 신부가 한편으로는 변이된 신학 사상을 전파하면서 다른 한편으로는 타락해 신도와 간음을 한다는 추문이 끊이지 않고 있다. 많은 신도가 교회에 가는 것을 일종의 교양 활동 혹은 취미 활동으로 간주하면서 사교 활동을 즐길 뿐 결코 참다운 수련을 하지 않았다. 종교는 내부에서부터 파괴됐다. 그 결과, 사람들이 불佛·도道·신神에 대한 바른 믿음을 잃고 종교 신앙을 포기하게 됐다. 만약 인간이 신을 믿지 않으면, 신도 더는 인간을 관장할 수 없게 돼 최후에는 인류 멸망의 결말을 보게 된다.

2017년 6월 29일, 호주 빅토리아 경찰국은 기자회견을 열고 "다수 원고인의 고소로 호주 조지 펠(George Pell) 추기경이 성범죄와 관련된 여러 가지 혐의로 기소됐다."고 밝혔다. 조지 펠은 1996년에 멜버른 대주교가 됐고 2003년에 추기경이 됐다. 2014년 7월 프란치스코(Pope Francis) 교황은 조지 펠을 바티칸 시티 내의 모든 금융거래를 책임지고 감독하도록 파견했다. 당시 바티칸 시티에서 막강한 권력을 가진 조지 펠은 바티칸 서열 3위의 인물이었다.

2002년 미국 신문 〈보스턴 글로브〉 탐사보도팀은 그해 1월 6일부터 12월 14일까지 신부의 아동 추행 사건에 관한 일련의 보도를 통해서, 천주교 신부가 미국에서 저지른 아동 성추행 범행을 폭로했다. 기자들은 조사를 통해 과거 수십 년간 보스턴에서 무려 250명의 신부가 아동을 성추행한 일이 있었다는 뜻밖의 사실을 발견했다. 교회는 사건을 은폐하기 위해 성직자들의 소속 교구를 대대적으로 바꿨다. 하지만 그런 성직자들이 새로 옮긴 교구에서도 계속 아동을 성추행해 더욱더 많은 피해자가 발생했다.

이와 유사한 사건이 급속히 미국 전역으로 번졌고, 뒤이어 아일랜드와 호주 등 다른 천주교 국가로 퍼졌다. 다른 종파도 가톨릭교회의 부패를 비난하기 시작했다.

결국 세계 여론의 압박으로 교황 요한 바오로 2세는 어쩔 수 없이 바티칸에서 미국 추기경 대회를 열고 아동 성추행은 범죄행위라고 시인했다. 또한, 교회 관리체제를 개혁하기로 하고 아동을 성추행한 신부를 교회에서 추방했다. 이 아동 학대 사건으로 범죄를 저지른 자들은 모두 징역형을 선고받고 감옥에 들어갔으며, 교회는 20억 달러 상당의 벌금을 물게 됐다.

종교계에서 더욱 흔히 보는 병폐는 종교를 빙자해 재물을 그러모으는 현상이다. 예를 들면 중국의 각종 교회는 불佛·도道·신神을 신앙하는 신도들의 재물을 마구 모으고 횡령하면서 종교를 상업화했다. 개광開光(부처의 법신을 청해 불상에 오르게 하는 것으로서, 그런 다음 불상을 속인 중의 유형적인 신체로 삼아 모심) 의식을 해도 돈을 받고 향불을 피워도 돈을 받는데, 설날 첫 향을 피울 때는 10만 위안까지 받았다. 교회와 사찰은 점점 더 많아지고 휘황찬란해졌지만, 신에 대한 바른 믿음은 갈수록 약해졌고 진정으로 착실하게 수행해 신의 요구에 도달한 신도는 점점 더 적어졌다. 많은 사찰과 교회가 악령, 난잡한 마귀가 집중하는 곳으로 전락했다. 중국의 많은 사찰이 관광지로 변했고 승려는 임금을 받고 출근하며 주지승은 최고경영자(CEO)가 됐다.

최근에 이른바 '중국 공산당 19차당대회(19대) 회의보고' 학습 열풍이 부는 가운데 '19대 정신 양성반'에 참가한 중국 불교협회 부회장은 "19대 보고는 바로 당대當代의 불경으로서 나는 세 번이나 베껴 썼다."고 하면서 "중국 공산당은 바로 현세의 부처이고 보살이며, 19대 보고는 바로 당대의 불경으로서 공산당 신앙의 빛이 빛나고 있다."고 주장했다. 또 어떤 이는 불교 신자에게 "경을 베껴 쓰는 방식을 본받아 그처럼 공손한 마음으로 19대 보고를 베껴 쓰면 베껴 쓸 때마다 체득과 수확이 있을 수 있다."고 호소했다. 하이난海南 남해 불교대학에서 이 보도를 발표하자 논란이 크게 일어 결국 삭제할 수밖에 없었지만, 인터넷에서 이 기사는 이미 널리 유포됐다. 이 사건은 오늘날 정치 승려가 이처럼 많으며, 불교협회는 근본적으로 수련단체가 아니라 중국 공산당의 통일전선 도구일 뿐이라는 사실을 보여준다.

수천 년 이래 각지 천주교 주교는 모두 바티칸 교황청에서 직접 임명하거나 인정했다. 바티칸이 예전에 임명한 중국 지역 주교 30여 명은 모두 중국 공산당이 인정하지 않았다. 마찬가지로 바티칸과 중국의 수많은 성직자(특히 '지하 성직자')도 중국 공산당이 임명한 '공산당 주교'를 인정하지 않았다. 하지만 중국 공산당의 끊임없는 협박과 유혹에 넘어간 바티칸의 새로운 교황은 놀랍게도 최근 중국 공산당과 거래를 하기 시작했다. 중국 공산당이 임명한 주교를 교황청이 인정하고 앞서 교황청이 임명했던 주교 자리를 중국 공산당이 임명한 주교에게 넘겨주는 대신 중국 공산당이 교황청의 임명권을 인정한다는 것이다.

신앙단체로서 교회의 목적은 신도들이 수련을 통해 천국으로 되돌아가도록 하는 것이다. 신을 반대하는 공산주의 악령과 거래를 해서 공산주의 악령이 안배하고 임명한 주교를 허락하고, 중국의 수천만 천주교 신도들의 신앙을 공산주의 악령에게 관장하게 하면 하느님은 어떻게 보겠는가? 또 수천만 천주교 신도들의 미래는 어떻게 될 것인가?

공산주의 악령은 온갖 궁리를 다 해 풍부한 동방 전통문화가 있는 나라에서 체계적인 배치를 했다. 폭력 수단으로 전통문화를 파괴하고 정교를 타락시키고 사람들을 살육하는 동시에 도덕을 더욱 파괴해 사람과 신의 연결고리를 끊어 버림으로써 세인을 철저히 파멸시킨다. 서양과 세계 여타 지역에서는 속임수를 써서 침투하는 수법으로 정교를 마귀로 변하게 해 세인과 신도들을 혼란스럽게 함으로써 바른 믿음을 포기하고 신과 멀어지게 해 최후에 파멸하게 한다. 그 수법과 형식이 어떻게 다르든 간에 모두 최종 목적은 전 인류를 훼멸하는 것이다.

제7장 가정편

우리 가정을 파괴하다

악령이 주장하는 여성의 권리, 동성애, 성해방 등은 '자유'와 '해방'이라는 아름다운 단어를 사용하지만, 궁극적으로 초래하는 결과는 여성의 존엄이 폄하되고, 남성의 책임이 포기되고, 가정의 신성함이 짓밟히고, 양성兩性 사이의 도덕이 변이되고, 어린아이의 미래가 파괴되는 것이다. 그리하여 최후에 웃는 것은 도리어 악령이다.

제7장 가정편

우리 가정을 파괴하다

머리말

1960년부터 서구에서는 현대 페미니즘·성해방·동성애 권리를 포함한 다양한 반反전통 운동이 급부상했다. 가장 먼저 충격을 받은 것은 전통가정이었다. 미국의 경우, 1969년 캘리포니아주 이혼법이 일방적 이혼(이혼무책주의, 즉 부부 한쪽의 책임 유무와 관계없이 이혼을 인정하는 입법주의로, 파탄주의라고도 한다)에 청신호를 켜주었고, 각 주州도 그 뒤를 따랐다. 그 결과, 이혼 비율은 1960년대에서 1980년대 사이에 두 배 이상 증가했다. 1950년대에 태어난 아이들은 약 11%가 부모의 이혼을 목격했지만, 70년대에는 50%까지 치솟았다.[1] 미국 질병통제예방센터(CDC)의 데이터에 따르

---

1) W. Bradford Wilcox, 「The Evolution of Divorce」 National Affairs, Number 35, Spring 2018. https://www.nationalaffairs.com/publications/detail/the-evolution-of-divorce.

면, 2016년에 태어난 미국 신생아 중 40% 이상이 혼외 출산에 속했다. 하지만 60년 전인 1956년에는 5% 미만이었다.

동서양의 전통사회에서는 순결한 남녀관계를 미덕으로 여겼으나, 오늘날에는 그런 관념이 조롱거리로 변했다. '여권운동女權運動'을 수반하는 '동성결혼권' 운동은 법률적으로 가정과 혼인을 새롭게 정의하는 문제를 심도 있게 모색했다. 심지어 미국 평등고용기회위원회(EEOC, Equal Employment Opportunity Commission) 위원인 한 법학교수는 2006년에 〈동성결혼을 넘어: 모든 가족 및 관계를 위한 새로운 전략적 비전(Beyond Same-Sex Marriage: A New Strategic Vision for All Our Families and Relationships)'〉이라는 제하의 선언서를 서명 발의했다. 그는 이 선언문에서 사람들은 자신의 욕망에 따라 어떠한 형식이든 새로운 가정(복혼가정, 동성애자 두 쌍으로 이루어진 가정 등)을 이룰 수 있어야 하고 또 전통가정이 다른 형식의 가정보다 법적 권리를 더 많이 누려서는 안 된다고 주장했다.[2]

공립학교에서는 수천 년간 전통사회에서 수치스럽게 여겼던 혼전 성관계와 동성애를 정상적인 것으로 교육했다. 심지어 어떤 학교에서는 어떤 형태로든 전통적인 이념으로 아이들을 교육하는 것은 도리에 어긋나고 정도正道에 부합하지 않는다고 간주함으로써 아이들의 성적 성향이 '자유롭게' 발전할 수 있도록, 즉 거리낌 없이 동성애자, 양성애자, 성전환 등으로 발전할 수 있도록 했다. 예를 들면, 2012년 로드아일랜드(Rhode Island) 학구는 공립학교에서는 전통적인 성 역할을 암묵적으로 승인한 활동인 아버지와 딸의 무도회와, 엄마와 아들의 야구 경기를 개최하는 학교 전통을 금지하

---

[2] 「Beyond Same-Sex Marriage: A New Strategic Vision for All Our Families and Relationships」, Studies in Gender and Sexuality, 9:2 (July 1, 2006): 161-171. DOI:10.1080/ 15240650801935198.

면서 "공립학교가 여자아이는 춤을 좋아하고, 남자아이는 야구를 좋아한다는 식의 관념을 아이들에게 주입할 권리가 없다."고 선언한 것 등이다.3)

이제 전통가정이 파괴되는 추세가 뚜렷한바, 공산주의가 선전하는 '가정 소멸'은 '계급 소멸'에 앞서 현실이 돼가고 있다.

서방사회에서 가정을 파괴하는 요소는 여러 방면에 있다. 대표적인 것이 페미니즘, 성해방, 동성애 운동 등 현대사회에서 변이된 관념이다. 그뿐만 아니라 또 '자유' '공평' '권리' '해방' 등의 기치를 내건 좌파 자유주의·진보주의의 변이된 법률제도와 경제정책도 명시적 혹은 암시적으로 전통가정의 관념을 바꾸도록 유도한다. 19세기 초부터 시작된 이 모든 현대 사조思潮와 운동은 공산주의 요소가 깊이 각인돼 있다. 공산주의 악령은 끊임없이 변화하고 기만하는 데 능숙하다. 따라서 사람들은 표면적으로 듣기 좋은 그들의 구호에 현혹돼 결국은 그들이 파놓은 수렁에 점점 더 깊이 빠지고 말았다. 오늘날 우리가 목도하는, 전통가정이 파괴되고 인간의 마음이 변이된 이 국면은 사실상 공산주의 악령이 근 200년 동안 치밀하게 계획하고 점진적으로 실행한 결과물이다.

이 국면이 초래한 직접적인 결과는 사회 안정의 기본 단위인 가정이 파괴되고 신의 가르침으로 확립된 전통도덕이 무너지고 가정을 통해 다음 세대에 전통신앙과 가치 이념을 전승하는 기능이 상실됐다는 점이다. 이로 인해 젊은 세대는 전통이념의 구속이 없어져 공산주의 악령이 쉽게 자신의 영혼을 장악하도록 방임한다.

---

3) Victoria Cavaliere, 「Rhode Island school district bans father-daughter, mother-son events」 http://www.nydailynews.com/news/national/rhode-island-school-district-bans-father-daughter-mother-son-events-article-1.1162289#nt=byline.

1. 신이 인간에게 남긴 전통가정

　동서양의 전통문화에서는 혼인은 바로 신이 맺어주는 '천생연분'이기에 파기할 수 없다고 여긴다. 남자와 여자는 모두 신이 자신의 형상에 따라 만든 존재로서 신 앞에서는 모두 평등한 중생이다. 하지만 신은 남녀를 생리적으로 다르게 만들어 남녀 모두에게 각자의 역할을 규정해 줬다. 서방 전통에서 여자는 남자의 '뼈 중의 뼈, 살 중의 살'이라고 했다. 따라서 남자는 자기 몸을 아끼는 것처럼 아내를 사랑하고 보호하며 심지어 자신을 희생해서라도 아내를 지켜야 한다. 그리고 아내는 마땅히 남편을 도와 '일심동체一心同體'가 돼야 한다. 남자는 밖에서 땀 흘려 일을 해서 가족을 부양해야 하고 여자는 해산의 고통을 감당해야 하는데, 이는 남녀의 원죄原罪가 다르기 때문이다. 동양의 전통문화에서도 이와 유사한 것이 있다. 남자는 하늘처럼 양陽이어서 자강불식自强不息(스스로 강건하고자 쉼 없이 노력함)의 정신으로 비바람을 이겨내고 가정을 보호할 책임이 있다. 여자는 대지처럼 음陰이어서 후덕재물厚德載物(덕을 두텁게 하여 만물을 포용함)의 자세로 유순하고 자상하게 남편을 돕고 자식을 가르칠 의무가 있다. 남녀가 각자 제자리에 있어야 음양이 화합을 이루고 자녀가 건강하게 자랄 수 있다.

　전통가정은 신앙과 도덕을 계승하고 사회 안정을 유지하는 기능을 발휘한다. 가정은 신앙의 요람이자 가치 전승傳承의 연결고리다. 어린아이의 인생에서 첫 번째 스승은 바로 부모다. 자녀가 부모의 언행言行에서 전통적인 미덕인 '사사로움이 없고, 겸손하고, 강인하고, 감사하는 정신'을 배운다면 그 혜택을 평생 받을 것이다.

전통가정은 또한 부부가 도덕적인 측면에서 함께 성장하도록 돕는다. 그것은 남편과 아내가 완전히 새로운 태도로 자신의 감정과 욕망을 대하도록 요구하는 동시에 상대방을 배려하고 포용할 것을 요구한다. 이는 변이된 동거생활과는 본질적으로 다르다. 사람의 감정은 항상 변덕스럽다. 두 사람이 좋으면 같이 있고 그렇지 않으면 헤어지는 이런 관계는 일반적인 친구 관계나 다를 바 없어 결혼으로 구속할 필요가 없다. 마르크스는 감정적으로 '아무런 구속도 받지 않는 성애性愛'4)를 고취했는데, 당연히 전통혼인을 해체하고 가정을 소멸消滅하려는 것이다.

2. 공산주의는 가정 해체를 목표로 한다

공산주의는 가정을 사유제의 한 형태로 간주한다. 따라서 사유제를 없애려면 반드시 가정을 해체해야 한다. 원조 공산주의는 경제적 요인을 가족 관계를 주도하는 관건으로 삼았고 현대의 마르크스-프로이트주의는 인간의 성욕을 가정 문제를 이해하는 열쇠로 삼았다. 이 양자의 공통점은 모두 인간의 기본 윤리 도덕을 한쪽으로 제쳐 두고 물질과 욕망을 숭상한다는 점이다. 실제로는 사람을 짐승으로 만들고 인간의 이념을 변이시켜 가정을 파괴한다.

공산주의에는 사람들을 매우 현혹하는 학설이 하나 있는데, 바로 '전 인류를 해방한다.'는 것이다. 이것은 경제적 의미의 해방일 뿐만 아니라 인류 자신의 '해방'도 포함된다. 해방의 반대말은 억압이다. 그럼 인류 자신의 '해방' 중에서 억압은 어디에서 오는가?

---

4) 마르크스, 『가정, 사유제와 국가의 기원』, 구평출판사(穀風出版社, 1989).

공산주의가 내놓은 대답은 '압박은 자신의 관념에서 오고, 이 관념은 사회의 전통적인 도덕에 의해 강요된다.', 즉 전통적인 '가부장적' 가정 관념이 여성을 억압하고 전통적인 성도덕이 인간성을 억압한다는 것이다. 공산주의가 내세운 '자신을 해방하라'는 이론은 후세의 페미니즘·동성애 권리운동에 의해 계승 발전되면서 전통가정을 반대하고 성해방과 동성애 등 반反전통 관념을 크게 성행시키는 작용을 했다. 따라서 이 이론은 악령이 가정을 해체하는 중요한 도구가 됐다. 공산주의는 모든 전통 도덕관념을 뒤엎으려고 하는데, 이 점은 〈공산당선언〉중에 확실하게 명시돼 있다.

3. 공산주의의 음란한 유전자

공산주의 악령은 별의별 궁리를 다 해 전통가정을 파괴했다. 일찍이 19세기 초, 악령은 '공상사회주의空想社會主義' 대표 인물을 선택해 그들 사상의 씨앗을 뿌리고 전파했다. 공산주의 사상의 개척자 로버트 오언(Robert Owen)이 1824년 미국 인디애나 주에서 '뉴하모니(New Harmony)'라는 유토피아 공동체를 설립했다(2년 후 실패로 끝남). 공동체를 설립한 날, 그는 공동체가 '삼위일체의 거대한 악령' 중에서 인류를 구출했다고 선포했다. '거대한 악령'이라는 용어에 대해 그는 "내가 가리키는 것은 사유재산과, 사유재산을 바탕으로 히는 황당무게한 종교와, 혼인을 말한다."그 밝혔다.[5]

오언이 죽은 후 영향력 있는 유토피아 공산주의자가 또 나타났

---

5) Robert Owen, 「Oration Containing a Declaration of Mental Independence,」 Public Hall, New Harmony, Indiana (July, 4, 1826),
http://www.indiana.edu/~kdhist/H105-documents-web/week11/Owen1826.html.

다. 바로 프랑스인 찰스 푸리에(Charles Fourier)였다. 그의 사상은 그 후 마르크스와 마르크스주의자들에게 깊은 영향을 미쳤다. 그가 죽은 후 제자들은 그의 사상을 1848년 혁명과 파리코뮌에 도입했고, 그 후 또 미국에 퍼뜨렸다. 푸리에는 처음으로 '여성주의(프랑스어 féminisme)'라는 단어를 만들어 냈다. 그의 유토피아 공산사회(Phalanx, 팔랑스)에서는 전통가정이 비웃음을 받았고, 광란의 그룹섹스 파티는 인류의 내재적인 격정(passion)을 충분히 해방한다는 찬사를 받았다. 그리고 공정한 사회는 '성性 소외자(예를 들어 나이가 많고 용모가 추한 자)'를 배려해 그들에게 성 만족을 누릴 수 있는 권리를 보장해 줘야 한다고 표명했다. 그는 성 학대, 심지어 근친상간이나 수간獸姦(짐승과의 변태적인 성행위)을 포함해 그 어떤 형식의 성 만족이든 강제가 아니라면 모두 허락해야 한다고 주장했다. 그래서 그를 당시 동성애운동(LGBTQ)의 신흥 분파 퀴어이론(Queer Theory)의 선구자라고 할 수 있다. 또한, 그의 영향을 받아 19세기에 미국에서 공산주의 유토피아 공동체가 수십 개 잇따라 생겨났다. 그러나 대부분 잠깐 나타났다가 바로 사라졌는데, 가장 오래 지속한 것이 오네이다(Oneida) 공동체로, 32년간 유지됐다.

이 공동체는 전통적인 일부일처 혼인을 경멸하고 집단 혼인과 난잡한 성관계를 선동했다. 구성원은 매주 재분배를 통해 그가 흠모하는 사람과 성관계를 할 기회를 '공평하게' 얻었다. 결국 설립자 존 험프리 노이즈(John Humphrey Noyes)는 교회의 소송이 두려워 몰래 도망쳤고, 공동체는 어쩔 수 없이 공처제公妻制를 포기했다. 노이즈는 그 후에 책을 저술하여 이론을 정립하고 '성경 공산주의(Bible Communism)'의 시조가 됐다.

공산주의의 음란한 유전자는 공산주의 이론이 발전하는 과정에서 생긴 필연적인 결과물이다. 처음부터 공산주의 악령은 인간이 신의 가르침을 배반하고 신을 부인하고 원죄를 부인하도록 유혹했다. 이 논리에 따르면 인류 도덕이 타락해 조성된 사회문제는 모두 그 원인이 사유제私有制에 있다. 공산주의는 사유재산을 없애버리면 재산 때문에 분쟁이 일어나지는 않겠지만, 재산이 공유된 후에는 배우자를 둘러싸고 분쟁이 일어날 것이라고 믿게 했다. 그래서 공상 사회주의자들은 공공연히 '공처제共妻制'를 해결책으로 제시했다.

공산주의 전파자들이 만든 공산주의 '낙원'이 전통가정에 직접 도전하면서 '공처제'를 부추김에 따라 각 지역사회와 교회, 정부는 이를 사회 윤리 도덕에 대한 도전으로 보고 일제히 나서서 제압했다. 이 과정에서 공산주의 '공산공처共産公妻'의 추악한 이름이 빠르게 알려졌다.

실패한 유토피아 공동체는 마르크스와 엥겔스에게 하나의 교훈을 줬다. 바로 음란한 '공처제'를 공개적으로 선동할 시기가 아직 성숙하지 않았다는 것이다. 비록 〈공산당선언〉에서 '가정 소멸'의 목표는 변하지 않았지만, 그들은 더 은밀한 방식으로 가정 파괴 이론을 펴나갔다.

마르크스가 죽은 후, 엥겔스는 가정에 관한 마르크스의 논술 〈가정, 사유제와 국가의 기원〉을 완성하고, 한 걸음 더 나아가 마르크스주의 혼인관을 상세히 논술했다. 책에서 그는 "역사상 일부일처제 출현은 개인적인 성관계의 결과물이 아니고 사유재산을 보존하고 계승하기 위해 생긴 것이다. 이것은 일부일처제가 생긴 가장 주요한 목적이다."라고 했다. 엥겔스는 이런 일부일처제를 재산에 기반한 '고전古典' 모델이라고 불렀다. 그는 재산을 공유한 후에 일종의 참신하고 순수한 사랑을 기반으로 한 혼인 모델이 나타날 것이라고 주장했다. 재산에 속박되지 않고 완전히 애모하는 마음에 바탕을 둔 혼인이라니 듣기에 얼마나 고상한가!

그러나 마르크스와 엥겔스의 변명은 공산주의 실천가들에게는 창백하고 무력하게 보였다. 감정은 믿을 수 없는 것이다. 오늘은 이 사람을 사랑하고 내일은 저 사람을 사랑하면 이것은 성性문란을 고무하는 것이 아닌가? 구소련과 중국 공산당 정권이 수립된 후 발생한 성문란(다음 절 참조)은 바로 마르크스주의를 실천한 데 따른 결과다.

부부의 정은 영원히 순탄하지 않을 수도 있다. 전통 혼인은 '죽을 때까지 헤어지지 않는다.'고 맹세하는데, 이는 신에 대한 서약으로, 결혼 출발 선상에서 장차 맞닥뜨릴지 모를 곤경에 대비하고 또 공동으로 대처하겠다는 결심을 표명하는 것이다. 혼인을 유지하는 것은 물론 사랑이다. 그러나 더욱더 요구되는 것은 책임감이다. 배우자와 자식을 자상하게 돌보는 배려가 도덕적 책임감이 있는 성숙한 부부로 변모시킨다.

공산주의 사회에서는 사유재산을 공유하고, 가사는 전문화 돼 있으며, 아이들을 돌보고 교육하는 것은 국가의 책임이기 때문에 아이를 낳아도 걱정할 필요가 없다고 선전한다. 마르크스와 엥겔스는 〈가정, 사유제와 국가의 기원〉에서 이렇게 썼다. "이렇게 되면 뒷걱정을 할 필요가 없다. 한 소녀가 사랑하는 남자에게 자신의 모든 것을 바치는 것을 방해하는 근본적인 요소인 사회적, 도덕적, 경제적 압력을 없앨 수 있기 때문이다. 이렇게 되면 그 어떤 구속도 받지 않는 성관계가 가능하기에 충분하고 또 사회는 순결의 영광과 정조를 잃은 치욕을 너그럽게 대하지 않겠는가?"

마르크스와 엥겔스가 늘 '자유' '해방' '사랑' 등의 단어를 사용해 그 진의를 숨겼지만, 실제로는 인간의 도덕적 책임을 포기하게 해 완전히 욕망에 사로잡히게 했다. 그러나 푸리에(Fourier) 시대나 마르크스 시대의 대다수 민중은 신의 가르침을 완전히 저버리지 않아 공산주의의 음란 사상을 여전히 경계했다. 마르크스 자신도 20세기 이후의 인류가 음란한 사상을 받아들이리라고는, 그리고 가정을 해체하려는 자신의 목표가 실현되리라고는 상상도 하지 못했을 것이다

붉은 악령은 사람을 배치해 음란하고 변이된 씨앗을 뿌리게 했다. 또 체계적인 배치로 인류를 욕망에 굴복하도록 유혹함으로써 신의 가르침을 저버리고 점차 타락하게 했고, 최후에는 '가정을 소멸'하고 사람의 마음을 변이시키려는 그들의 목표를 실현해 사람을 붉은 악령의 손아귀에 들어가도록 했다.

4. 공산정권하의 공산공처共産共妻 실시

앞에서 서술한 바와 같이 음란은 공산주의의 내재적 유전자다. 공산주의 창시자 마르크스는 하녀와 불륜으로 아이를 낳아 엥겔스에게 키우도록 했다. 엥겔스는 두 자매와 동거했다. 레닌은 이네사(Inesa)와 10년 동안 혼외정사를 하고 프랑스 여성과도 부정한 관계를 가졌으며, 또 창녀와 놀아나다가 매독에 감염되기도 했다. 스탈린도 마찬가지로 음란하기 짝이 없었는데, 심지어 남의 아내를 빼앗기도 했다.

소련 공산당은 권력을 탈취하자 곧바로 대대적으로 '공산공처'

를 실천하기 시작했다. 소련은 서방 '성해방'의 선도자라고 할 수 있다. 1990년에 발간한 러시아 잡지 〈로디나(Rodina)〉 10호에 소련 집권 초기의 '공처' 현상이 잘 드러나 있다. 지도자들의 사생활이 성性혁명의 전형적인 표현이라고 밝히면서 트로츠키(Trotsky), 부하린(Bukharin), 안토노프(Antonov), 콜론타이(Kollontai) 등의 사생활은 개들의 짝짓기처럼 제멋대로였다고 묘사했다.

1) 구소련의 공산공처

1904년에 레닌은 이렇게 썼다. "음탕함은 정신精神의 에너지를 방출하게 한다. 위선적인 가정의 가치를 위해서가 아니라 사회주의 승리를 위해 이 핏덩이(음탕함)를 던져야 한다."[6]

러시아 사회민주노동당 제3차 당대표 회의에서 레프 트로츠키(Trotsky)는 볼셰비키가 일단 권력을 탈취하고 나면 새로운 양성兩性관계 원칙을 제정해야 한다고 제기했다. 공산주의 이론은 가정을 파괴하고 무제한적인 성욕 만족의 시대로 전환할 것을 요구한다. 또한 자녀를 교육할 책임은 전적으로 국가가 맡아야 한다고 주장한다.

1911년 트로츠키는 레닌에게 쓴 편지에서 이렇게 말했다. "의심의 여지가 없이, 성 압박은 사람을 노예로 만드는 주요 수단이다. 압박이 있는 한 진정한 자유는 있을 수 없다. 가정은 마치 부르주아 구조를 구성하는 것처럼 성의 자유를 완전히 잃게 한다." 레닌은 답신에서 "가정뿐만이 아니다. 모든 양성兩性 관계에 관한 금기는 반드시 모두 폐지돼야 한다. … 우리는 페미니즘에서 배울 수 있으

---

[6] Александр Мельниченко, Великая октябрьская сексуальная революция, http://ruskline.ru/opp/2017/avgust/21/velikaya_oktyabrskaya_seksualnaya_revolyuciya/.

며 심지어 동성애에 관한 금지령도 반드시 폐지해야 한다."고 했다.7)

볼셰비키가 정권을 탈취한 후, 1917년 12월 19일에 발표한 '레닌수칙'에는 '결혼 폐지' '동성애 처벌 취소' 등의 내용이 포함됐다.8)

당시 소련에 '염치를 타도하자!'라는 매우 열광적인 구호가 있었다. 볼셰비키는 빠른 속도로 사회주의 '신新인류'를 만들기 위해 나체로 거리를 활보하게 해 사람들의 사상을 변이시켰다. 그들은 곳곳으로 돌아다니며 열광적, 히스테리하게 "염치를 타도하자!" "염치는 소비에트 인민의 과거 부르주아다."라고 외쳤다.9)

1918년 12월 19일 페트로그라드에서는 '결혼 폐지' 법령을 제정한 날을 기념하기 위해 레즈비언 단체들이 축하 행사를 열었다. 트로츠키는 자신의 회고록에서 이 사실을 증명했다. 그는 레즈비언들의 축하 행진 소식에 레닌이 매우 기뻐했다고 했다. 레닌은 "계속 노력하시오, 동지들!"이라며 더욱더 많은 사람이 나체로 걸어 나오도록 격려하기도 했다.10)

1923년 소련 소설 〈삼대三代의 사랑(The Loves of Three Generations)〉은 '물 한잔 이론(glass-of-waterism)'이라는 말이 순식간에 퍼지게 했다. 이 소설 저자는 사회복지 인민위원회의 위원(부장) 알렉산드라 콜론타이(Alexandra Kollontai)였다. 콜론타이는 전통가정에서 볼셰비키 진영으로 넘어와 여성해방이란 '대의'를 위해 싸운 투사였다. 소설이 선동하는 물 한잔 이론은 실질적으로 성생활 방종의 대명사다. 공산주의 사회에서 성적 욕구를 충족시키는 것은 물 한 잔을 마시는

---

7) 위와 같음.
8) 위와 같음.
9) 위와 같음.
10) 위와 같음.

것처럼 간단하고 평범하다는 것이다. 물 한잔 이론은 노동자, 특히 청년 학생들 사이에서 널리 퍼져나갔다.

당시의 소련에서는 혼외정사가 크게 성행했고, 청년의 성생활 방종이 이미 공공연해져 성 경험이 없는 대학생은 전체의 12%에 불과했다. 모스크바 노동대학 게리만 교수의 연구에 따르면 당시 남학생 15.7%, 여학생 44.8%가 장기간 성관계를 가졌고 남학생 84.3%, 여학생 55.2%가 단기간 성관계를 했다.[11]

그뿐만 아니라 사회적으로 또 대규모 이혼 운동이 일어났다. 자료에 따르면 1924년에서 1927년 사이의 이혼율은 5%에서 20%로 급증했으며, 그중 결혼한 지 1년도 안 돼 이혼한 경우가 33%를 차지했다. 모스크바에는 또 나체 행진을 하거나 남녀 여러 명이 동거하는 가정이 등장했으며, 강간 사건도 수시로 발생했다.[12]

구소련의 성해방 기간에 '스웨덴 가정'이라는 현상도 등장했다. 많은 사람이 남녀 구분 없이 동거하는데 보통 10~12명의 봉사자로 '가정'을 구성한다. 스웨덴 가정이라고 불렸지만 스웨덴과는 아무런 관련이 없는, 순수한 러시아식이었다. 이 현상은 난잡한 성관계와 성문란의 문을 활짝 열어 윤리 붕괴, 가정 분열, 동성애, 성병, 강간 등의 사건을 급증시켰다.[13]

사회주의 공동체가 발전함에 따라 스웨덴 가족은 전 소련에 전면적으로 보급됐다. 이 현상을 여성 '국유화' 또는 '사회주의화'라고 부른다. 1918년 3월 예카테린부르크의 '사회주의 여성'을 예로

---

11) 夏侯(샤허우), 「공산주의의 음란한 유전자-성해방」, 에포크타임스. http://www.epochtimes.com/b5/17/4/9/n9018949.htm.

12) 위와 같음.

13) Александр Мельниченко, Великая октябрьская сексуальная революция, http://ruskline.ru/opp/2017/avgust/21/velikaya_oktyabrskaya_seksualnaya_revolyuciya/.

들어 보겠다. 볼셰비키가 이 도시를 점령한 후 〈소비에트 이즈베스티야(Soviet Izvestiya)〉 일간신문에 법령을 하나 발표했다. 이 법령에는 16~25세 사이의 젊은 여성은 모두 반드시 사회화해야 한다고 규정했는데, 이는 내무부 위원 브론스타인(Бронштейн)이 제안하고 추진한 것이다. 이 법령에 따라 지휘관 카라셰프(Karashev)가 바로 젊은 여성 10명을 사회화했다.14)

하지만 볼셰비키는 1920년대 말에 이러한 성性 정책을 접었다. 레닌은 여성 활동가 체트킨(Clara Zetkin)과의 담화에서 '물 한잔' 이론을 강하게 비판하면서 그것에 '반反마르크스주의' '반사회'라는 모자를 덮어씌웠다. 성해방이 부산물로 대규모 신생아 문제를 불러왔고, 그들을 돌보고 키워주는 사람이 없어 가정 해체와 사회 붕괴로 이어졌기 때문이다.

2) 옌안延安의 성해방

중국 공산당 탄생 초기의 상황은 소련과 유사했다. 그것들은 같은 독 나무에 열린 다른 독 열매일 뿐이었다. 초기 지도자 천두슈陳獨秀는 사생활이 방탕한 것으로 유명했다. 정차오린鄭超麟과 천비란陳碧蘭의 회고록에 따르면, 취추바이瞿秋白, 차이허썬蔡和森, 장타이레이張太雷, 샹징위向警予, 펑수즈彭述之 등의 로맨스는 난잡했고 성性에 대한 태도도 소련의 '물 한잔' 이론이 성행하던 시기와 비슷했다.

상류층 지식분자 지도자들뿐만 아니라 초기에 개척한 중앙 소비에트 지구와 어위완鄂豫皖(후베이-허난-안후이 지역) 소비에트 지구의 일반인의 삶에서도 성 자유가 충분히 드러났다. 여성 평등과 결

---

14) 夏侯(샤허우), 「공산주의의 음란한 유전자-성해방」, 에포크타임스.
http://www.epochtimes.com/b5/17/4/9/n9018949.htm.

혼·이혼의 절대적 자유를 제창한 결과, 성욕을 충족시키느라 혁명 사업이 방해받는 상황이 대거 발생했다. 소비에트 청년들 또한 '양어머니를 삼는다.'는 핑계로 대중에게 다가가 연애를 하는 경우가 종종 있었고, 젊은 여성에게 6~7명의 성 파트너가 있는 경우도 적지 않았다. 〈어위완 소비에트 지구 혁명역사문서 모음집〉에 따르면, 훙안紅安, 황마黃麻, 황퍼黃陂, 광산光山 등의 당내 책임자 중 4분의 3이 늘 수십, 수백 명의 여성과 성관계를 가졌다.15)

1931년 늦봄, 소비에트 어위완 지구의 정무를 주관한 장궈타오張國燾가 매독이 만연한 사실을 알고 부득이 중앙에 보고해 '매독을 치료하는 의사'를 요청했다. 몇 년 후 그의 회고록에는 당시 소비에트 지구에서 '여성을 희롱한 일' '여성에게 제멋대로 한 일' 그리고 일부 고급장교들의 '정부情婦'에 관한 기억이 여전히 생생하다고 했다.

1937년 리커눙李克農은 중국 공산당 팔로군 베이징 주재 사무실 주임을 맡아 군인의 급여와 보급품, 의약품, 물자 등을 수령하는 일을 책임졌다. 한번은 국민당 정부 주관 부처가 팔로군 의약품 목록을 검토할 때 그 속에 성병 치료 약품이 상당히 많은 것을 발견했다. 업무 담당자는 리커눙에게 "설마 귀 군대 중에 이런 병에 걸린 사람이 많은 건 아니겠지요?"라고 묻자 리커눙은 잠시 말문이 막혀 머뭇거리다가 어쩔 수 없이 "현지인들을 치료할 것들"이라고 둘러댔다.16)

1930년대의 중국 공산당의 성적 자유도 마찬가지로 정권을 위태

---

15) 중국중앙당안관(中央檔案館) 등, 『어위완 소비에트 지구 혁명역사문서 모음집(鄂豫皖蘇區革命歷史)』, 후베이인민출판사(1987).
16) 양닝(楊寧), 「팔로군은 왜 대량의 매독약을 구입했을까?」, 에포크타임스. http://www.epochtimes.com/b5/18/1/18/n10069025.htm.

롭게 했다. 소련과 같은 사회 붕괴 문제가 있었을 뿐만 아니라 결혼한 홍군 전사들의 사기를 동요시켰고, 군에 입대한 후 아내의 외도와 재가에 대한 우려가 군의 전투력에 영향을 미쳤다. 아울러 이런 고도의 성자유가 '공산공처'란 악명을 증명하기도 했다. 그래서 소비에트 지역에서는 비로소 군인의 혼인을 보호하고 이혼 횟수를 제한하는 등의 정책을 선포할 수밖에 없었다.

5. 공산주의는 어떻게 서방의 가정을 파괴했나?

공산주의 악령의 각종 변이된 사조는 서방에서 19세기부터 백여 년간 변태變態·진화를 거친 후 1960년대에 먼저 미국에 대대적으로 등장했다.

1960년대는 신마르크스주의와 각종 급진적인 이데올로기의 영향으로 공산주의 악령이 조종하는 각종 사회문화 운동이 미국에 속속 등장했다. 이를테면 히피족의 반정통反正統 문화운동, 신좌파 급진운동, 페미니즘운동, 성혁명 사조 등이다. 이러한 사조와 운동은 밀물처럼 미국의 정치체제와 전통적 가치체계, 사회기반을 격렬하게 흔들고 부패시킨 후 곧바로 유럽으로 전파됐다. 서방의 사회 관념, 가정 관념, 성 관념, 문화적 가치 이념 등은 모두 크게 변이됐다. 이와 동시에 '동성애권' 운동도 끊임없이 고조됐다. 이 모든 것이 서방이 전통가정이 가치관을 끊임없이 야화시켰고 전통가정 모델을 날로 미약하게 만들었다. 이와 동시에 사회적 불안은 일련의 심각한 사회문제를 일으켰다. 예를 들어 에로문화 범람, 마약, 성도덕 붕괴, 청소년 범죄율 상승, 사회복지단체 확대 등이다.

1) 성해방을 선동하다

1960년대 미국에서 시작된 성해방(성혁명)은 이후 전 세계로 급속히 확산돼 인류의 전통 도덕관념, 특히 전통가정 관념과 성도덕에 치명적인 타격을 줬다.

성해방이 서방사회에서 기승을 부리게 하려고 공산주의 악령은 충분한 준비과정을 거쳤다. 특히 '자유연애주의(Free love)' 운동을 통해 점차 전통적인 이념을 무너뜨리는 포석을 깔아놓았다. 19세기부터 시작된 자유연애주의는 전통가정의 도덕관념을 경멸했으며, 어떤 형태의 성 활동이든 모두 간섭받지 말아야 하고 혼인, 낙태, 음란행위를 포함한 개인의 성 활동도 정부와 법률의 제약을 받지 말아야 한다고 주장했다.

푸리에(Charles Fourier)의 추종자이자 기독교 사회주의자인 노이스(John Humphrey Noyes)는 처음으로 자유연애라는 개념을 제시했다.

근대에서 자유연애의 주요 추동자는 거의 사회주의자이거나 사회주의 사상에 깊이 영향을 받은 자들이다. 예를 들면 영국의 자유연애의 선봉장은 사회주의 철학가 카펜터(Edward Carpenter)인데, 그는 초기 동성애 권리 운동 제창자이기도 하다. 이 운동의 가장 유명한 제창자인 영국의 철학자 버트런드 러셀(Bertrand Russell)은 익히 알려진 사회주의자로, 한때 페이비언협회(Fabian Society) 구성원이었다. 그는 도덕이 인간 본능의 즐거움을 제한해서는 안 된다면서 혼전·혼외 성관계를 부추겼다. 프랑스 자유연애의 가장 주요한 선구자는 에밀 아르망(Émile Armand)이다. 그는 초기에는 무정부 공산주의자였다가 후에는 푸리에의 유토피아 공산주의를 발전시켜 프랑스의 개인 무정부주의(넓은 의미로 보면 사회주의 범주에 속함)를 개척함으로써 무분별한 섹스, 동성애, 양성애를 부추기는 데 기여했다. 무정부주의자 플레밍(Chummy Fleming)은 호주 자유연애의 개척자다.

'자유연애주의 운동'이 미국에서 거둔 중요한 성과 중 하나는 1953년에 창업한 포르노 잡지 '플레이보이(Playboy)'였다. 이 잡지는 아트지紙를 사용하고 원가가 만만치 않은 컬러 인쇄를 더해 일종의 '예술'로 착각하게 함으로써 전통 관념상으로 천하게 여기던 저속한 포르노 소재를 단시간에 주류사회로 진입시켜 '고급' 레저로 만드는 데 성공했다. 반세기가 넘는 동안 그것은 자유연애의 독소를 전 세계 일반 대중에게 퍼뜨리고 제멋대로 전통 성도덕관념을 공격했다.

20세기 중엽에 이르러 히피문화가 유행하고 자유연애 관념이 보편적으로 받아들여짐에 따라 '성혁명(성해방)'이 정식으로 등장했다. 성혁명은 공산주의 정신분석의 원조인 독일 공산당원 빌헬름 라이히(Wilhelm Reich)가 처음 제기했다. 그는 마르크스주의와 프로이트(Freud)의 정신분석을 결합한 후, 전자는 '경제 압박'에서 사람을 해방하고 후자는 '성 억압'에서 사람들을 해방했다고 주장했다. 또 한 명의 성해방 이론 창시자는 프랑크푸르트학파(Frankfurt School)의 마르쿠제(Marcuse)다. '사랑하라, 전쟁하지 말고(make love, not war)'라는 그의 슬로건은 60년대 서방의 반反문화 운동 중에서 성해방 관념이 사람들의 마음속에 깊이 자리 잡게 했다. 그 후, 동물학자 알프레드 킨제이(Alfred Kinsey)의 책 〈남성의 성적 행동(Sexual Behavior of Human Male)〉과 〈여성의 성저 행동(Sexual Behavior in the Human Female)〉이 출판되고 경구피임약을 보편적으로 사용하는 환경이 됨으로써 성해방 관념이 60년대에 서방에 널리 퍼졌다. 특히 현대 학자들은 킨제이가 이른바 '인류 성행위 보고서'에서 과장하거나 지나치게 단순화하는 등의 수법으로 통계 데이터를 왜곡해 많은 사람이 혼외 성행위, 동성 성행위 등을 보편적인 사회현상으로 착각하게 만들어 성해방, 동성애 운동을 부추기는 작용을 했음을 발견했다.[17]

한때 성해방은 현대사회에서 유행하는 도덕적 가치관이 됐다. 청소년들은 문란한 성생활을 정상으로 여겼고, 10대 소녀가 자신이 처녀임을 밝히면 친구들의 비웃음을 살 지경이 됐다. 자료에 따르면 1954년과 1963년 사이에 15세가 된 미국인, 즉 60년대 청년 중 82%가 30세 전에 혼전 성경험이 있는 것으로 나타났다.[18] 2010년대에 이르러서는 결혼 전에 처녀성을 지킨 신부는 단지 5%에 그쳤고, 18%는 결혼 전에 섹스 파트너가 10명 이상 있었다.[19] 따라서 성性이 대중문화에서 유행의 주제가 됐고, 성 묘사로 독자를 끌어들이는 문학작품이 넘쳐났으며, '연소자 관람불가' 영화가 극장에서 인기를 얻었다.

2) 여권女權운동을 부추기고 전통가정을 버리도록 선동하다

(1) 여권신장운동女權伸張運動 배후의 공산주의 사상

여권신장운동, 즉 페미니즘 운동은 공산주의 악령이 가정을 파괴하는 데 이용하는 또 하나의 숙달된 도구다. 초기 페미니즘 운동(1차 페미니즘 운동)은 18세기 유럽에서 발단했는데, 여성도 교육,

---

17) Judith A. Reisman, Ph.D.; Edward W. Eichel, Kinsey, Sex and Fraud: The Indoctrination of a People (Lafayette, Louisiana: Lochinvar-Huntington House, 1990); "Dr. Judith A. Reisman and her colleagues demolish the foundations of the two (Kinsey) reports."; "Really, Dr Kinsey?" The Lancet, Vol. 337 (March 2, 1991): 547.

18) Finer LB, 「Trends in Premarital Sex in the United States, 1954-2003」 Public Health Reports 122(1) (2007): 73-78.

19) Nicholas H. Wolfinger, 「Counterintuitive Trends in the Link Between Premarital Sex and Marital Stability」 Institute for Family Studies, https://ifstudies.org/blog/counterintuitive-trends-in-the-link-between-premarital-sex-and-marital-stability.

취업, 정치 분야에서 남성과 동등한 대우를 받아야 한다고 주장했다. 19세기 중엽에 페미니즘 운동의 중심이 유럽에서 미국으로 바뀌었다.

1차 페미니즘 운동이 일어났을 때, 전통가정의 사회적 기반은 여전히 견고했다. 이 시기의 페미니즘 운동은 전통가정에 직접적으로 도전할 것을 주장하지 않았다. 당시 영향력이 두드러졌던 페미니스트는 18세기에는 영국의 메리 울스턴크래프트(Mary Wollstonecraft), 19세기에는 미국의 마가렛 풀러(Margaret. Fuller)와 영국의 존 스튜어트 밀(John Stuart Mill) 등이다. 그들은 일반 여성은 결혼을 하면 가정 위주로 살아야 하고, 자신의 잠재능력은 주로 가정 영역에서 발전해야 하며, 가족을 위하는 활동(자녀 교육, 가정 관리 등)으로 자신을 풍요롭게 해야 한다고 주장했다. 그러나 특별히 뛰어난 여성은 아무런 방해 없이 자유롭게 재능을 발휘해야 하며 심지어 남성과도 경쟁할 수 있어야 한다고 주장했다.

1920년대 이후, 여성의 선거권이 각국에서 법률로 허용되면서 1차 페미니즘 운동은 점차 잠잠해졌다. 이후 대공황의 충격과 제2차 세계대전의 영향으로 페미니즘 운동은 거의 휴면 상태가 됐다.

공산주의 악령은 전통가정과 성도덕 관념을 파괴하는 씨앗을 일찌감치 심어놓았다. 19세기에 초기 공상空想사회주의자들은 현대의 급진적인 페미니즘 운동을 위해 방향을 잡아놓았다. 페미니즘의 아버지로 불리는 프랑수아 마리 찰수 푸리에(François Marie Charles Fourier)는 혼인이 여성을 사유재산으로 만들었다고 주장했고, 로버트 오언(Robert Owen)은 혼인을 사악이라고 저주했다. 이런 공상사회주의자들의 사상은 일부 페미니스트들에 의해 계승 발전했다. 예를 들어 19세기 페미니스트 프란시스 라이트(Frances Wright)는 푸리에의 사상을 계승해 여성의 성적 자유 실현을 주장했고, 영국의 페미니즘 활동가인 안나 휠러(Anna Wheeler)는 오언의 사상을 계승해 '혼인이 여성을 노예로 만들었다.'고 격렬하게 비난했다. 동시에 사회주의 페미니즘 활동가들도 19세기 페미니즘 운동의 중요한 구성 부분이었다. 당시 프랑스에는 가장 영향력 있는 페미니즘 간행물이 있었다. 예를 들면, 프랑스의 최초 페미니즘 일간지 '여성들의 목소리(La Voix des femmes)' '자유의 여성(La Femme libre, 나중에 '여성칼럼'으로 바뀜)' '여성 정치(La Politique des femmes)' '여성 평론(La Politique des femmes)' 등인데, 이 간행물의 설립자들은 유토피아 사회주의자인 생시몽(Saint-Simon)이나 푸리에의 추종자들이었다. 당시 페미니즘과 사회주의가 밀접하게 연관돼 있었기 때문에 당국은 페미니즘을 엄격히 조사했다.

우리는 1차 페미니즘 운동이 왕성하게 진행되는 시기에 붉은 악령도 각종 급진적인 사조를 동시에 배치하고 전통가정과 혼인 관념에 충격을 주어 뒤이어 닥쳐올 더욱 급진적인 페미니즘 운동을 위해 포석을 깔아놓은 사실을 확인했다.

2차 페미니즘 운동은 1960년대 말 미국에서 시작됐다. 그 후 서유럽과 북유럽으로 파급되면서 신속하게 서방세계 전체로 퍼져나갔다. 60년대 말엽의 미국사회는 민권운동, 베트남 반전운동 그리고 각종 급진적인 사회 사조가 잇달아 고개를 들어 혼란한 상태였다. 페미니즘은 이 기회를 틈타 더욱더 급진적이고 변이된 모습으로 나타나 세계적으로 널리 퍼졌다.

페미니즘 운동을 다져놓은 첫 번째 초석은 1963년에 출판된 〈여성의 신비(The Feminine Mystique)〉와 이 책의 저자인 베티 프리단(Betty Friedan)이 주도해 설립한 '전미여성조직(NOW, the National Organization for

Women)'이다. 이 책의 저자는 교외 중산층 가정주부의 각도에서 여성의 전통적인 가정 역할을 강하게 비판했는데 전통적인 즐거움, 만족, 행복한 가정주부의 이미지는 이른바 '가부장적 사회'가 만들어낸 신화라고 주장했다. 그녀는 중산층 교외 가정을 '미국 여성의 편안한 수용소'라고 정의하면서 교육을 받은 현대 여성들은 남편을 돕고 아이를 가르치는 데 만족하는 성취감에서 뛰쳐나와 가정 밖에서 진정한 자아를 실현해야 한다고 주장했다.[20]

수년 후 더욱 급진적인 페미니스트들이 전국 여성 조직을 지배하면서 베티 프리단의 페미니즘 사상을 계승 발전시켰다. 그들은 예부터 모든 여성이 가부장적 문화에 의해 억압받았다고 주장했다. 그들은 여성이 억압받는 근원을 가정에 귀결시키는 한편 사회제도와 전통문화를 철저하게 변혁하고 경제, 교육, 문화, 가정 등 모든 분야에서 전 방위적으로 투쟁해 여성의 평등을 실현해야 한다고 주장했다.

사회를 어떤 방식으로든 '억압받는 자'와 '억압하는 자'로 구분해 '투쟁' '해방' '평등'을 선동하는 것이 바로 공산주의의 핵심 전략이다. 전통적인 마르크스주의는 경제적 지위로, 신新페미니즘은 성별로 군중을 구분했다.

사실상 〈여성의 신비〉의 저자 베티 프리단 자신은 자신의 책에서 암시한 것처럼 가정의 자질구레한 일에 권태를 느끼는 중산층 가정주부가 아니었다. 스미스대학(Smith College)의 교수 대니얼 호로위츠(Daniel Horowitz)는 1999년에 전기傳記 〈베티 프리단과 어싱의 신비 만들기(Betty Friedan and the Making of The Feminine Mystique)〉를 썼다. 그는 조사를 통해 프리단이 대학시절부터 1950년대까지 급진적인 사회주

---

[20] Betty Friedan, The Feminine Mystique (New York: W.W. Norton & Company, 1963).

의 운동가로서 좌익노동자운동 신문을 위해 글을 썼으며 심지어 한때 공산주의자이자 핵물리학자인 한 젊은이의 정부情婦였다는 사실을 밝혀냈다.21)

미국 학자 케이트 웨이간드(Kate Weigand)는 〈레드 페미니즘(Red Feminism)〉이란 책에서 실제로 페미니즘은 20세기 초에서 1960년대까지 미국에서 결코 조용하지 않았다고 지적했다. 수전 앤서니(Susan Anthony), 엘레노어 플랙스너(Eleanor Flexner), 거다 러너(Gerda Lerner), 이브 메리엄(Eve Merriam) 등 공산주의 배경을 가진 레드 페미니즘 작가들은 이 시기에 이어서 도래할 제2차 페미니즘 운동을 위해 다방면으로 이론적 포석을 깔아놓았다. 앤서니는 일찍이 1946년부터 마르크스의 분석 방법을 원용해 백인이 흑인을 억압하는 것처럼 남성도 여성을 억압하고 있다고 지적했다. 다만 매카시(McCarthy)가 펼친 반공反共 활동의 영향으로 공산주의에 대한 악평이 자자하자 그들은 그때부터 자신의 붉은 배경에 관해 입을 다물었다.22)

유럽에서는 프랑스 작가 시몬 드 보부아르(Simone de Beauvoir)의 대표작 〈제2의 성(The Second Sex)〉이 제2차 페미니즘 열풍을 이끌었다. 보부아르는 초기에 사회주의자였으며, 1941년에 그녀는 공산주의자이면서 철학자인 장 폴 사르트르(Jean-Paul Sartre)를 포함한 여러 작가와 함께 프랑스 지하 사회주의 조직인 '사회주의와 자유(Socialisme et Liberté)'를 창설했다. 1960년대에 페미니즘의 명성이 급속히 높아지자 그녀는 사회주의를 더는 믿지 않는다고 선언하고 자신은 페

---

21) Daniel Horowitz, Betty Friedan and the Making of The Feminine Mystique: The American Left, the Cold War, and Modern Feminism (Amherst, Massachusetts: Univ. of Massachusetts Press, 2000).

22) Kate Weigand, Red Feminism: American Communism and the Making of Women's Liberation (Baltimore, Maryland: Johns Hopkins University Press, 2002).

미니스트일 뿐이라고 주장했다.

　그녀는 "(여자는) 여자로 태어나는 것이 아니라 여자로 만들어진다."고 주장하면서 성(sex)은 인간의 생리 특성에 의해 결정되지만, 성별(gender)은 후천적으로 형성된 자아 인지적 심리 개념이라고 선동했다. 여자아이의 순종적이고 영리하고 애교 부리고 모성이 넘치는 여성 기질은 모두 후천적인 가부장적 사회에서 정성 들여 설계한 '신화(myth)'에서 온 것으로, 가부장적 사회를 유지하기 위해 여성을 억압하는 것이라고 주장했다. 그녀는 여성들에게 전통적 이념을 타파하고 구속받지 않는 자아를 실현할 것을 주장했다. 이런 사상은 실제로 동성애, 양성애, 성전환 등을 위한 각종 변이된 관념에 온상 역할을 했다. 그 후 각양각색의 페미니즘 사상이 쏟아져 나왔는데, 모두 여성의 불평등은 전통적 가부장적 사회의 억압에서 비롯된 것이라는 기조를 계승했다. 따라서 페미니스트들에게 전통가정의 혼인 관념은 여성 평등을 실현함에 있어 주요 장애물이었다.23)

　보부아르는 결혼이 여성을 속박하므로 '창녀처럼 역겹다.'고 생각했다. 그녀는 사르트르와 평생 연인관계를 유지하면서도 결혼은 거부했다. 그와 사귀는 동시에 그녀는 또 다른 남자들과도 우연한 사랑을 유지했고, 사르트르 역시 다른 여성들과 관계를 맺었다. 그녀의 혼인관은 당대의 급진적 페미니스트 주류의 태도였다. 사실상, 이런 복잡하고 혼란한 성관계가 바로 유토피아 공산주의의 선구자인 푸리에가 19세기에 구상한 공처제다.

　(2) 어권운동의 결과: 가정파괴, 인륜훼손, 성별혼란

　오늘날 페미니즘은 이미 사회 전반에 널리 퍼져 있다. 하버드대

---

23) Simone de Beauvoir, The Second Sex, trans. Constance Borde, Sheila Malovany-Chevallier (New York: Vintage Books, 2011).

가 2016년 봄에 실시한 여론조사에 따르면, 여성의 약 59%가 페미니즘을 지지했다.

현대 페미니즘의 두드러진 관점을 이렇게 요약할 수 있다. '남성과 여성 사이에는 생식기관의 생리적 차이가 있을 뿐 여타 육체적, 심리적 차이는 없다. 그런데도 여전히 존재하는 남녀 간의 행동과 성격 차이는 전적으로 사회적, 문화적 요인이 조성한 것이다. 따라서 이런 불평등 현상은 모두 여성에 대한 차별과 억압이다.'

예를 들어 대기업 임원, 엘리트 대학의 정상급 학자, 정부의 고위 관료 중에는 남성이 여성보다 훨씬 더 많다. 페미니스트들은 이것이 주로 성차별에 의한 것이라고 믿는다. 사실 공정한 평가는 업무 능력, 근무 시간, 근무 태도 등을 비교해서 한다. 이 같은 고위직은 종종 주말과 저녁을 희생하거나 갑작스러운 긴급회의, 빈번한 출장 등 장기적이고 강도 높은 초과 근무가 필요하다.

여성들은 흔히 출산휴가 기간에는 회사를 쉰다. 또 남성들은 강인함이 요구되는 고위직이 적성에 맞는 경향이 있는 반면, 여성들은 친절하고 온화한 경향이 있다. 이러한 요소들로 인해 소수의 여성만이 높은 지위에 오르게 된다.[24] 페미니스트들은 이 모든 것이 사회 관념이 여성들에게 강요하는 '불평등'이라고 생각하고, 여성은 성품이 온화해야 하고 자녀와 가정을 보살펴야 한다는 관념에 반대하며, 정부가 영유아 보육과 교육을 전담하는 공공서비스를 제공해야 한다고 생각한다.

현대 페미니즘은 남성과 여성 사이의 자연스러운 생리적, 심리적 차이에 근거한 남녀 불평등에 대한 어떤 해명도 용납하지 않는

---

[24] "Jordan Peterson Debate on the Gender Pay Gap, Campus Protests and Postmodernism," Channel 4 News, January 16, 2018, https://www.youtube.com/watch?v=aMcjxSThD54&t=781s.

다. 즉, 잘못을 모두 사회적 원인과 전통적 도덕관념으로 돌려야 '유일한 진리'이며 '정치적 올바름'에 부합한다고 생각한다.

2005년 로렌스 서머스(Lawrence Summers) 하버드대 총장은 학술회의에서 최상위 대학의 과학과 수학 분야에서 왜 여성 교수 비율이 남성보다 낮은지에 대해 발언했다. 그는 이 직책을 수행하기 위해서는 주당 80시간에 달하는 근무시간과 예측할 수 없는 일정이 필요할 뿐만 아니라 고급 수학과 과학 분야에서 남성과 여성의 능력에는 차이가 있을 수 있다고 설명했다.

페미니스트 단체 NOW는 그를 '성차별적'이라고 비난하며 해임을 요구했다. 언론의 집중 공격을 받은 그는 공개사과를 해야 했다. 그리고 그는 하버드대 교수진의 '성별 다양성'을 제고하기 위해 5천만 달러를 배정하기로 했다.

1980년 사이언스지는 중학생 수학 추리능력 평가에서 남학생이 여학생보다 점수가 더 높다는 연구 결과를 발표했다.[25] 이어서 실시한 연구에서는 남학생의 '수학 천재' 비율이 더 높다는 결과가 나왔다. 또 SAT(미국 대학수학능력시험) 수학 시험 점수를 비교한 연구에서 남학생이 여학생보다 600점 이상 받을 가능성이 4배 높았고, 700점을 상회할 가능성은 13배 높았다.[26] 같은 연구팀이 2000년에 또 다른 연구를 했는데, SAT 점수에서 수학적 재능을 보인 남녀학생 모두 과학·수학 관련 분야에서 고급 학위를 취득하는 경향이 있었고 성취도도 높았다는 사실을 발견했다. 로렌스 서머

---

25) C.P.Benbow and J.C.Stanley, "Sex Differences in Mathematical Ability: Fact or Artifact?" Science, 210 (1980):1262-1264.
26) Benbow, C., "Sex Differences in Ability in Intellectually Talented Preadolescents: Their Nature, Effects, and Possible Causes," Behavioral and Brain Sciences 11(2) (1988): 169-183.

스의 주장은 자료에 의해 과학적으로 입증된다.27) 일찍이 언론은 2005년 서머스 사건처럼 관념이 다르다고 공개사과를 강요한 것은 공산주의 국가들이 사용하는 '재교육(re-education)'과 매우 유사하다고 지적했다. 불평등의 근원을 밝히기도 전에 다양화를 부추기는 것은 사실 여교수의 수를 늘려 '결과의 평등'을 이루려는 것이다.

19세기 프랑스 외교관이자 정치학자 알렉시스 드 토크빌(Alexis de Tocqueville)은 일찍이 "민주주의와 사회주의는 '평등'이란 단어 하나 밖에 공통점이 없다. 사회주의가 '결과의 평등'을 추구하는 반면 민주주의는 '기회의 평등'을 추구한다."고 지적한 바 있다. 이로써 페미니즘 이면에 숨겨진 공산주의 유전자를 엿볼 수 있다.28)

강조할 것은, 여기서는 지능이나 능력 면에서 남성이 여성보다 우월함을 증명하려는 것이 아니라는 점이다. 남성과 여성의 재능이 각각 다른 측면에서 발현되기 때문에 인위적으로 남녀 차이를 없애는 것은 상식에 어긋날 뿐만 아니라 남녀 특유의 장점을 살리는 데도 불리하다.

만약 남성과 여성의 심리적, 지적 차이를 즉각적으로 느낄 수 없다고 해서 페미니스트들이 남녀 간의 생리적, 체력적 차이를 부인하는 것은 상식 밖의 논리다. 동서양의 전통적인 관념은 남성이 보호자 역할을 맡고 소방관이 남성 일색인 현상을 정상으로 여긴다. 페미니스트들은 남녀의 절대적 평등을 주장하면서 여성에게 전통적인 남성의 역할을 감당하라고 요구한다. 이 또한 예기치 못한 결과를 가져온다.

---

27) CamillaPerssonBenbowet.al.,"Sex Differences in Mathematical Reasoning Ability at Age 13: Their Status 20 Years Later," Psychological Science 11(6) (2000): 474-480.
28) FriedrichHayek,TheRoadtoSerfdom(Chicago:UniversityofChicagoPress,1994).

2005년 뉴욕 소방서는 체력 테스트를 통과하지 못한 여성을 처음으로 소방관으로 채용했다. 소방관이 되려면 산소 탱크와 50파운드짜리 중장비를 메고 일련의 체력 테스트를 거쳐야 한다. 이 테스트에 참여한 한 여성은 기준에 못 미쳤다. 이런 사람이 소방관이 되면 유사시에 동료 팀원들에게 부담과 위험을 안겨줄 수 있다며 소속 소방관들이 우려를 표명했지만, 소방서는 여성 단체의 소송이 두려워 이 여성을 고용하기로 했다.29)

여성 단체는 뉴욕 소방서가 정한 체력 기준이 지나치게 높아 여성 소방관의 비율이 낮다고 줄곧 비난했다. 시카고 소방서도 비슷한 상황에 직면해 부득이 기준을 낮추고 추가로 여성을 채용해야 했다. 실제로 호주에서는 많은 도시의 소방서가 성별 할당제를 시행한다. 이 제도는 소방관의 남녀 비율을 동일하게 맞출 것을 요구한다. 이 요건을 충족시키기 위해 남성 지원자에게 적용하는 체력 기준을 여성보다 훨씬 높게 책정해야 했다.

이처럼 결과의 평등을 추구하는 비이성적인 행동은 예기치 못한 결과를 가져왔다. 여성 단체들은 여자 소방관들이 남자 동료들로부터 따돌림을 당한다고 불평했다. 남자 소방관들이 그들에게 소방관 자격이 없다고 비난함으로써 '괴롭힘'을 당하고 '심리적 압박'을 받았다는 것이다.30) 이는 여성 단체에 진일보한 투쟁, 즉 '평등'을 쟁취할 기회를 줬다. 이것이 바로 페미니스트들이 "우리가

---

29) SusanEdelman,"Woman to become NY firefighter despite failing crucial fitness test," New York Post, May 3, 2015, https://nypost.com/2015/05/03/woman-to-become-ny-firefighter-despite-failing-crucial-fitness-test/
30) UnaButorac,"These Female Firefighters Don't Want a Gender Quota System," The Special Broadcasting Service, May 24, 2017,
https://www.sbs.com.au/news/the-feed/these-female-firefighters-don-t-want-a-gender-quota-system.

해야 할 일이 아직도 많다."고 외치는 이유다.

그러나 이런 비이성적인 행동은 공산주의 악령이 배치한 것이다. 그 배후에서 주도하는 사상은 사실상 가부장적 사회, 즉 전통사회에 도전함으로써 전통가정을 무너뜨리는 것이다. 이는 계급투쟁을 통해 자본주의를 뒤엎는 것과 일맥상통한다.

전통사회는 남성의 강건함과 여성의 유순함을 당연하게 받아들인다. 남성은 보호자로서 가정과 사회를 지탱하며 여성과 아이를 보호하는 책임을 진다. 페미니스트들은 바로 이런 가부장적 사회구조에 도전한다. 그들은 남녀 간에는 차이가 없음에도 이런 가부장적 사회가 '남성우위' '여성억압' 풍조를 조성했다고 여긴다. 따라서 그들은 전통 기사도 정신과 신사적인 매너를 경멸한다. 페미니스트들의 이상대로라면, 미래의 사회에서는 타이태닉호가 침몰할 때 남성이 여성에게 구조 기회를 양보하는 것과 같은 미덕을 다시는 볼 수 없을 것이다.

가부장적 사회에 대한 페미니즘의 반대 운동은 교육 영역으로 확대됐다. 1975년 페미니스트들이 추진한 '남녀평등 헌법수정안(ERA)'이 펜실베이니아 주에서 통과된 후, 그들은 펜실베이니아 주 대학에 대항해 '스포츠연맹'을 상대로 소송을 제기했고, 펜실베이니아 법원은 "대학교는 레슬링과 미식축구를 포함한 모든 체육활동에 남학생과 여학생을 모두 포함해야 한다."고 명령했다. 결과적으로 여학생들은 미식축구 수업에 빠질 수 없게 됐다.[31]

미국의 학자 크리스티나 호프 소머스(Christina Hoff Sommers)는 자신의 저서 〈소년들과의 전쟁: 잘못된 페미니즘이 남자아이들에게 미치는 해악(The war against boys: How Misguided Feminism Is Harming Our Young Men)〉에

---

31) Commonwealthv.PAInterscholasticAthleticAssociation(1975).

서 남학생을 억압하는 사례를 많이 들었다. 그녀는 주로 저소득층 가정의 학생을 받아들이는 뉴욕 퀸즈의 항공고등학교를 예시로 소개했다. 이 학교는 아이들을 우수한 학생으로 키웠고, 미국의 학교 평가 전문 매체인 'US뉴스 앤 월드리포트(US News and World Report)'는 이 학교를 전미 최고의 고등학교 가운데 하나로 꼽았다.

이 학교는 아이들에게 전기, 기계, 항공기를 만들 수 있는 다양한 기회를 제공했다. 누구나 짐작할 수 있듯이 입학생은 남학생이 절대다수를 차지했다. 여학생의 수적 비율은 낮았지만, 차등 대우를 받지는 않았다.

그런데도 더 많은 여학생이 입학하기를 바라는 여성단체들은 지난 10년간 이 학교에 비난과 소송 위협을 가하고 있다.[32] 여성 단체인 미국여성법센터(National Women's Law Center) 설립자는 2010년 백악관 연설에서 '성 불평등' 사례로 뉴욕 항공고등학교를 특별히 언급하면서 "우리는 절대평등을 얻을 때까지 영예에 안주하지 않을 것이며, 우리가 갈 길은 아직 멀다."고 했다.

전통가정에서는 어릴 적부터 사내아이에게는 남자다운 기상과 독립적이고 모험적이며 진취적인 정신을 길러주고, 여자아이에게는 따뜻하고 자상하며 가정적인 성품을 길러준다. 페미니스트들은 이런 교육이 성 불평등, 성 억압, 성차별을 초래하는 근원이라고 한다.

실제로 페미니즘의 극단적인 행동에서 오는 또 다른 나쁜 결과는 사회가 성별이 없는 방향으로 발전해 남녀 고유의 성적, 심리적 특징이 없어진다는 것이다. 이런 현상은 젊은이들, 특히 아이들의

---

[32] Christina Hoff Sommers, The War Against Boys: How Misguided Feminism Is Harming Our Young Men (New York: Simon & Schuster, 2000).

심리적 발달에 영향을 미치고, 그럼으로써 동성애자, 양성애자, 또는 성 전환자를 더 많이 낳는 결과를 초래한다.

일부 유럽 국가에서는 이러한 추세가 이미 나타났다. 갈수록 많은 아이가 학교에서 돌아와 부모에게 "엄마, 나는 (성별이) 잘못된 몸으로 태어났어요."라고 한다. 2017년 한 해 동안 유사 사례로 약 2,000명이 런던 타비스토크 클리닉(Tavistock Clinic)을 찾았는데, 2009년에는 100명에 불과했다.[33]

이 또한 페미니즘 배후의 공산주의 유전자가 이루고자 하는 목적이다.

전통문화에서 신(하늘)은 여성에게 자식을 낳아 기르고 교육하는 책임을 부여했고, 동서양 전통문화 중의 위대한 영웅 뒤에는 모두 위대한 어머니가 있다. 그러나 페미니스트들은 이러한 전통이 가부장적 사회가 여성을 억압하는 명백한 예라면서 '끝이 없고 지루하며 아무런 보상이 없는 의무'라고 주장한다.

한 통계 자료에 따르면, 유명 페미니스트들은 거의 이혼을 했거나 평생 결혼하지 않았거나 결혼을 했어도 자녀가 없다. 그들은 당연히 한 여성이 결혼해서 가정을 이루고 자식을 양육하는 가운데 모성의 권리와 기쁨을 누린다는 사실을 이해할 수 없을 것이다.

오늘날 페미니즘은 형형색색의 변이된 사조를 파생시켰다. 예를 들어 개인의 일은 정치적 의미가 있다고 주장하는데, 그 본질은 개인의 일을 정치와 동일시해 가정에서 '성별 전쟁'을 일으키는 것이다. 그들은 남성을 '여성의 몸과 사상을 노예로 삼는 뱀파이어'로

---

33) Simon Osbone, "Angry Parents Blame New NHS Guidelines for Rise in Children Seeking Sex Changes," The Daily and Sunday Express, October 30, 2017, https://www.express.co.uk/news/uk/873072/Teenage-gender-realignment-school-children-sex-change-nhs-tavistock-clinic-camhs.

보는가 하면, 여성이 잠재력을 실현하는 데 가장 큰 장애물이 자녀라고 여기면서 '가정'을 여성이 억압받는 근원이라고 결론짓는다.

사실 현대 페미니즘은 전통가정을 파괴하려는 목적을 숨기지 않는다. 이를테면 "결혼제도를 끝내는 것은 여성 해방의 필수 조건이다."34) "가정에 봉사하고 주부가 되는 것이 여성의 옵션이 되도록 허용해서는 안 된다."35) "혼인을 없애지 않으면 남녀 불평등을 없앨 수 없다."36) 등의 주장이 그것을 반영한다.

페미니즘은 도덕적 해이로 인한 사회문제를 '해방'이라는 이름으로 '해결'함으로써 사람의 관념을 변이시키고 도덕 파괴를 심화했다. 미국 학자 휴렛(Hewlett)은 "현대 페미니즘은 편모偏母 가정을 양산하는 주요 요인이고, 페미니즘이 적극 추진했던 '무책 이혼(No Fault Divorce)'은 실제로는 역으로 남성에게 책임을 회피하는 수단을 제공할 뿐만 아니라 여성의 안식처인 가정을 파괴하는 작용을 한다."고 지적했다.37)

페미니스트들의 주장과는 달리 이혼은 여성들에게 '원하는' 자유를 주지 않았다. 연구 결과에 따르면, 여성이 이혼 후 빈곤에 빠진 비율이 27%(남성의 3배)나 된다.38) 이는 놀라운 일이 아니다. 공산주의 악령은 가정을 해체하고 윤리를 파괴하려 할 뿐, 여성의 권리에는 관심이 없다.

---

34) "The Declaration of Feminism," November 1971.
35) Vivian Gornick, as quoted in The Daily Illini (April 25, 1981).
36) Robin Morgan, Sisterhood Is Powerful: An Anthology of Writings from the Women's Liberation Movement (New York: Vintage, 1970), 537.
37) Sylvia Ann Hewlett, A Lesser Life: The Myth of Women's Liberation in America (William Morrow & Company, 1986).
38) Darlena Cunha, "The Divorce Gap," The Atlantic, https://www.theatlantic.com/business/archive/2016/04/the-divorce-gap/480333/.

3) 동성애를 고취하고, 가정의 정의를 변이시키다

동성애(LGBT) 권리운동은 그 발단에서부터 공산주의와 갈라놓을 수 없다. 초기 공상空想사회주의자들은 동성애를 '인권자유'를 선택하는 형식 가운데 하나로 봤다. 공산주의는 인류를 전통적 도덕관념의 속박에서 해방한다고 주장한다. 따라서 공산주의 이론에서는 동성애 권리를 포함한 성해방이 인간이 얻어야 할 '권리'에 속한다고 주장한다. 사실상 동성애를 지지하는 성해방 운동가들은 공산주의자이거나 그들의 견해에 동조하는 자들이다.

1890년대 독일 사회민주당의 주요 인물 가운데 몇몇이 세계 최초로 기세등등하게 동성애 권리운동을 시작했다. 성 과학 연구자인 마그누스 히르슈펠트(Magnus Hirschfeld)가 이끄는 사회민주당의 당원들은 이론적으로 동성애 행위가 '자연적' '도덕적'이라고 주장했다. 1897년 마그누스 히르슈펠트가 설립한 과학인권위원회(WhK)는 세계 최초의 동성애(LGBT) 권리 단체다. 1895년 영국 작가 오스카 와일드(Oscar Wilde)가 남성 간 성관계를 맺은 혐의로 기소됐다. 독일 사회민주당은 당시 와일드의 동성애 행위를 지지하는 유일한 정당이었다. 사회민주당 지도자인 베른슈타인(Eduard Bernstein)은 남성 간 동성 성행위를 금지하는 법률을 폐지할 것을 주장했다.

가장 급진적인 성해방 운동 사례 중 하나는 러시아 '10월 혁명' 이후의 상황에서 나왔다(이 장의 4편 참조). 이 운동을 통해 남성 간 동성애를 금지하는 법률이 폐지됐고, 당시 동성애자 운동가들은 소련을 동성애 분야에서 가장 진보적인 국가로 여겼다.

세계 최초로 동성 결혼을 인정한 헌법은 1997년 남아프리카공화국의 아프리카민족회의(African National Congress)가 정권을 장악한 후 제정됐다. 아프리카민족회의는 사회당 인터내셔널(기존의 제2인터내셔널 지부)의 구성원으로, 사회주의 정당에 속한다. 동성애 권리를 지지하는 것은 그들의 일관된 정책이다.

현대 미국 동성애 운동 중 최초의 동성애 권리 단체는 독일 이민자 헨리 거버(Henry Gerber)가 과학인권위원회(WHK)에 자극을 받아 1924년에 시카고에서 창립한 인권학회(Society for Human Rights)다. 그러나 이 조직은 결성된 지 몇 달 만에 구성원들이 경찰에 체포되면서 해체됐다. 1950년에 이르러 미국에서 처음으로 영향력 있는 동성애 조직이 결성됐는데, 바로 '매터신협회(Mattachine Society)'다. 미국의 공산주의자 해리 해이(Harry Hay)가 주도해 로스앤젤레스에서 설립한 이 조직은 다른 지역으로 확대됐고 간행물도 발간했다.

1957년, 동물학자 에벌린 후커(Everlyn Hooker)가 심리테스트를 통해 동성애자의 심리상태와 보통 사람의 심리상태는 차이가 없다는 연구보고서를 발표했다. 이 연구 결과는 동성애 행위가 정상적이라는 가장 중요한 과학적 근거가 됐다. 이 연구는 매터신협회의 한 회원이 동성애를 지지해 달라고 후커를 설득해 진행된 것으로 밝혀졌다. 연구 대상은 무작위로 선정한 것이 아니라 모두 매터신협회 출신이었다. 그 점이 후커의 연구가 비판 받는 이유 중 하나다.[39]

1960년대에는 성해방과 히피운동이 사람들의 전통적 관념에 충격을 주면서 동성애 권리운동이 점차 공론화됐다. 여성 인권단체 '전국여성연합(NOW)'은 동성애 권리(LGBT)를 지지한 최초의 대규모 조직이다.

---

[39] HilaryWhite, "The Mother of the Homosexual Movement – Evelyn Hooker PhD," The Life Site News, July 16, 2007, https://www.lifesitenews.com/news/the-mother-of-the-homosexual-movement-evelyn-hooker-phd.

1974년 미국정신의학협회(APA)는 후커의 연구보고서를 가장 중요한 근거로 삼아 동성애를 심리적 질병으로 간주하지 않기로 했다. 학회가 이를 표결할 때 39%가 반대했다. 다시 말해 이 결의 자체가 일반인들이 흔히 생각하는 것처럼 과학계의 일치된 인식이 아니다.

후커와 그 후속 연구자들은 이른바 '적응성(adjustment)' 테스트 결과를 인용해 동성애자의 심리상태를 가늠하는 기준으로 삼았다. 쉽게 말하면, 누구든 사회에 적응하고 자존감과 정상적인 인간관계를 유지하며 사회생활에서 아무런 심리적 장애가 없다면 그의 심리상태를 '정상'으로 판정한다.

2015년 로버트 키니(Robert L. Kinney, III) 박사가 후커의 이 적응성 기준의 결함을 분석해 의학 저널 린코르(Lincore)에 게재했다. 그는 이 적응성 테스트를 기준으로 삼으면 아주 많은 종류의 정신질환자가 심리적으로 정상에 든다고 지적했다. 예를 들어, 제노멜리아(xenomelia)라고 불리는 정신질환이 있는데, 이 질환을 가진 환자들은 건강한 팔다리를 잘라내고 싶은 강한 욕구가 있다. 일부 동성애자가 잘못된 성기를 가지고 태어났다고 확신하는 것처럼 제노멜리아 환자들은 자신의 신체 중 일부가 자신의 것이 아니라고 강하게 믿는다. 이런 환자도 사회에 적응하고 자존감을 유지하며 좋은 대인관계를 유지하고 심리적 장애 없이 사회생활을 할 수 있다. 하지만 사지를 절단하는 수술을 한 후에야 만족감을 느끼고 그들의 삶이 개선됐다고 생각한다.[40]

키니 박사는 또 다른 정신질환도 열거했다. 예를 들면 어떤 정신

---

[40] RobertL.Kinney,III,"Homosexuality and Scientific Evidence: On Suspect Anecdotes, Antiquated Data, and Broad Generalizations," Linacre Quarterly82(4) (2015): 364-390.

질환자는 플라스틱을 즐겨 먹는데 그 과정에서 만족감을 얻는다. 또 다른 일부 환자는 자신의 신체를 자해하려는 강한 욕구(자살은 아님)가 있다. 이들은 대부분 사회 적응성을 잘 갖추고 있으며 대부분 대졸 이상의 학력을 가졌지만, 이는 심리학계에서 공인하는 심리적 이상異常에 속한다. 키니 박사는 '적응성' 테스트를 기준으로 심리상태의 이상 유무를 판단하는 것은 사실상 논리적인 순환논증循環論證이라고 지적했다.[41]

많은 연구 결과가 동성애자가 일반인보다 에이즈(AIDS)에 걸리거나 자살하거나 마약을 복용할 확률이 월등히 높다는 사실을 증명했다.[42] 동성결혼이 일찍이 합법화된 국가에서도 마찬가지다.[43] 남성 동성애자들의 에이즈·매독 발병률은 정상인 집단의 38~109배에 달한다.[44] 에이즈 치료가 획기적으로 진전되기 전인 1990년대에는 동성애자들의 평균수명이 전체 인구의 그것보다 8~20년이나 짧았다.[45] 이러한 사실은 일부 사람들이 선동하는 것처럼 동성애가 건전하고 정상적이지 않음을 보여준다.

동성애 권리운동이 거세지면서 '동성애 혐오론(homophobia)'은 강한 살상력을 가진 '정치적 올바름'이란 프레임에 씌워져 집중 포격을 받는 대상이 되었고, 동성애가 정신질환에 속한다는 주장을 고

---

41) 위와 같음.
42) Cameron, P., Playfair, W. L., & Wellum, S., "The Longevity of Homosexuals: Before and after the AIDS Epidemic," Omega 29 (1994): 249-272.
43) Cameron, P., Cameron, K., Playfair, W.L., "Does Homosexual Activity Shorten Life?" Psychological Reports 83(3 Pt 1) (1998): 847-66.
44) David W Purcell, Christopher H Johnson, Amy Lansky, Joseph Prejean, Renee Stein, Paul Denning, Zaneta Gau, Hillard Weinstock, John Su, and Nicole Crepaz, "Estimating the Population Size of Men Who Have Sex with Men in the United States to Obtain HIV and Syphilis Rates," The Open AIDS Journal 6 (2012): 98-107.
45) Hogg RS, Strathdee SA, Craib KJP, O'Shaughnessy MV, Montaner JSG, Schechter MT., "Modelling the Impact of HIV Disease on Mortality in Gay Men," International Journal of Epidemiology 26(3) (1997): 657-61.

수하는 전문가들은 전부 소외됐다. 반면, 상당수 동성애자가 심리학과 정신병리학 전공자로서 동성애 심리학 연구 분야의 전문가가 됐다.

동성애를 정상적인 행위로 보는 논리를 뒷받침하기 위해 오늘날 널리 인용되는 과학적 증거는 '성적 성향에 대한 적절한 치료 반응에 관한 태스크포스 보고서(Report of the Task Force on Appropriate Therapeutic Responses to Sexual Orientation)'다. 이 보고서는 미국정신의학협회(APA)가 2009년에 임명한 실무그룹이 작성했다. 키니 박사는 실무그룹 일곱 명 중 위원장을 포함한 여섯 명이 동성애자이거나 양성애자라고 지적했다. 따라서 그 연구는 과학적인 측면에서는 중립적이라고 할 수 없다.

'동성애 연구 및 치료를 위한 전미 협회(NARTH)'의 창립자인 고故 조셉 니콜로시(Nicolosi Nicolosi)가 밝힌 바에 의하면, 당시 상당한 자격을 갖춘 전문가들이 그 실무그룹에 지원했지만, 그들이 동성애 치료를 지지하는 학파 소속이었기에 아무도 받아들여지지 않았다.46) 니콜라스 커밍스(Nicholas Cummings) 전 APA 회장은 "협회 내에서 정치가 과학을 압도하고, 동성애자 권리운동을 부추기는 극단적인 자유파가 협회를 주도하고 있다."고 공개적으로 비난한 바 있다.47)

현재 후커의 적응성 기준은 APA에서 다른 성 심리학적 이상異常을 진단하는 데도 폭넓게 사용되고 있어 혼란을 준다. 예를 들어 APA의 치료 매뉴얼에 따르면, '소아성애증(Pedophilia)'의 심리적 이상 유무를 가늠하는 기준이 모호해진다. 만약 한 성인이 어린이에

---

46) Joseph Nicolosi, "Who Were the APA 'Task Force' Members?" https://www.josephnicolosi.com/collection/2015/6/11/who-were-the-apa-task-force-members
47) Matthew Hoffman, "Former President of APA Says Organization Controlled by 'Gay Rights' Movement," The Life Site News, June 4, 2012, https://www.lifesitenews.com/news/former-president-of-apa-says-organization-controlled-by-gay-rights-movement.

게 통제할 수 없는 성적 욕구나 성적 환상을 가지면서도 죄책감과 수치심, 정신적 장애를 느끼지 않는다면 '소아성애증' 성향이 있는 것으로만 볼 뿐, 성 심리학적 이상으로 간주하지 않는다.

여기서 우리가 주목해야 할 것은 소위 인간 심리에 대한 이런 진단 표준이 인류의 보편적 가치를 정반대로 몰고 간다는 것이다. 즉, 부도덕한 행위를 함으로써 수치심과 도덕적 죄책감을 느끼는 것을 심리적 질병으로 간주하고, 반대로 변이되고 부도덕한 행위를 정상으로 간주한다. 바로 이 적응성 기준이 이미 동성애 행위와 동성 결혼을 합법화한 만큼, 악마의 다음 단계인 '소아성애자 행위 합법화'가 추진될 날도 머지않았다.

미국 공산당원이자 트로츠키주의(Trotskyism)자인 데이비드 토르스타드(David Thorstad)가 북미 소아성애 단체인 '북미남성·소년사랑협회(NAMBLA)'를 설립했다. NAMBLA의 또 다른 소아성애 추종자이자 미국의 동성애 권리운동의 선구자인 앨런 긴즈버그(Allen Ginsburg)는 공산주의 동조자이자 카스트로(Fidel Castro) 추종자다. 또 다른 주요 소아성애 단체인 'CSC(Childhood Sensuality Circle)'는 독일 공산주의자이자 성 해방의 원조인 빌헬름 라이히(Wilhelm Reich)의 제자가 1971년 미국 캘리포니아에서 설립했다.

판도라의 상자는 오래전에 열렸다. 오늘날 심리학의 적응성 기준에 따르면 유토피아 사회주의 시조 푸리에가 부추긴 다양한 변태적 성 자유, 즉 근친상간, 집단 결혼, 수간(獸姦) 등을 모두 정상적인 심리상태로 간주할 수 있다. 신이 정한, 한 남자와 한 여자로 이루어지는 정상적인 부부 개념에 이미 동성 부부를 포함할 정도로 결혼관이 왜곡됐다. 그렇다면 다음에는 근친상간은 물론 인간과 짐승 간의 결혼도 합법화될 수 있다. 인간을 도덕적 기준이 없는 짐승과 동일시하는 것은 바로 악령이 인류를 훼멸하는 수단이다.

　동성애 운동, 성해방, 페미니즘 등이 함께 얽혀서 전통적인 성도덕과 가정 관념을 철저히 뒤엎었고, 신이 인간에게 규정한 전통 혼인과 가정을 송두리째 흔들었다.

　강조할 것은 동성애를 차별하지 말자는 주장이 아무리 선한 소망에서 비롯됐다 할지라도 악령은 인간의 그 선량함을 이용해 사람을 속이고 인간을 훼멸하는 목적을 실현한다는 점이다. 이는 인간이 신의 가르침을 잊었기 때문이다. 신은 자신의 형상을 본떠서 남자와 여자를 만들고 인간의 도덕규범을 규정했다. 만약 인간이 신을 배신하고 악마를 따라 욕망을 방종하면, 그래서 자신을 변이시켜 남자가 남자 아니고 여자도 여자 아니게 만듦으로써 신이 규정한 도덕적 규범을 포기한다면 결국 최후에는 신에게서 버림받고 영원히 되돌아갈 수 없는 나락으로 떨어질 것이다.

　잘못된 길에 들어서 벼랑 끝으로 달려가는 사람에게 "우리는 당신의 선택을 존중한다."고 고무하는 것은 선량한 마음에서 비롯됐다 할지라도 결과는 상대방을 더욱 위험한 경지로 몰고 간다. 진정한 선량함은 잘못 이끌려간 사람들에게 옳고 그름을 구분하게 하고 바른 선택을 하게 해 파멸을 피할 수 있도록 돕는 것이다.

4) 이혼권과 낙태권을 고취하다

　1969년 이전까지만 해도 미국 각 주의 이혼법은 종교적 전통을 바탕으로 한 타당한 이혼 사유를 제출해야 했다. 1960년대에 이르러 프랑크푸르트학파가 주도한 반反전통 조류가 전통 혼인 관념을 급속히 타락시켰다. 그 중에서도 자유주의와 페미니즘이 가장 큰 재앙을 불러왔다.

자유주의자들은 결혼의 신성함을 부인하고 세속의 단순 계약으로 격을 떨어뜨렸다. 페미니즘은 전통가정이 여성을 억압하는 도구이므로 이혼은 억압받는 여성들이 그 굴레에서 벗어날 수 있는 길이라고 주장한다. 이러한 견해는 '무책 이혼법(No-fault Divorce Law)'으로 이어졌고, 부부 중 누구든 일방적으로 결혼생활에 타협할 수 없는 갈등이 있다고 주장하면 이혼할 수 있게 됐다.

1970년대 미국의 이혼율이 급격히 증가했다. 미국 역사상 처음으로 배우자의 사망이 아닌 이혼으로 해체된 가정이 더 많았다. 1970년대 초에 결혼한 부부 중 절반 정도가 이혼으로 결별했다.

이혼이 자녀에게 미치는 부정적인 영향은 깊고 오래간다. 마이클 레이건(Michael Reagan, 로널드 레이건 전 대통령의 양자)은 부모의 이혼을 이렇게 묘사했다. "이혼이란 성인 두 명이 아이에게 중요한 모든 것, 즉 아이의 집과 가족, 안전 그리고 사랑받고 보호받는 느낌을 모두 회수해 산산조각을 낸 뒤 나가버려서 아이 혼자 그 모든 것을 수습하게 하는 것이다."[48]

'낙태권'을 추진하는 것은 공산주의 악령이 인류를 훼멸하는 또 하나의 수단이다. 최초에 낙태 합법화를 고심하게 된 것은 강간, 근친상간 등 부득이한 특수 상황과 산모의 정신질환, 심리질환 등 건강이 좋지 않은 상황으로 제한했다.

'성해방 운동' 지지자들은 섹스를 부부간으로 제한할 필요가 없다고 여겼다. 하지만 원치 않은 임신은 이러한 생활방식에 가장 큰 장애가 됐다. 피임은 실패할 수 있으므로 낙태 합법화를 피임 실패의 보완 수단으로 추진했다. 1994년 카이로에서 열린 국제인구개발회의(ICPD)에서 인간이 갖는 '출산의 권리'를 확대 해석해 "인간

---

48) Phyllis Schlafly, Who Killed The American Family?(Nashville, TN:WND Books, 2014).

은 만족스럽고 안전한 성생활을 할 권리가 있기 때문에 낙태할 권리도 있다."고 주장했다.[49]

또한, 페미니스트들은 '내 몸, 내 권리(My body, my rights)'를 내세워 "여성은 태아를 낳을 것인지 죽일 것인지 스스로 결정할 권리가 있다."고 주장했다. 이렇게 낙태는 '부득이한' 선택으로 출발해 태아의 생명을 '마음대로' 뺏을 수 있는 단계에 이르렀다. 악령은 인간의 욕망을 방종하는 동시에 여성의 권리와 성해방을 이용해 태아 학살을 조장함으로써 사람들에게 엄청난 범죄를 저지르게 하고 생명을 신성시하는 전통 관념을 짓밟게 했다.

5) 복지제도를 내세워 한 부모 가정을 장려하다

1965년에 미국에서 출생한 신생아 가운데 미혼모가 낳은 아이는 5%에 불과했다.[50] 그 당시의 아이들에게는 부모와 함께 사는 것이 당연한 일이었다.

그러나 2010년대에는 미혼모 출산율이 전체의 40%를 차지했다.[51] 1965년에 330만 가구였던 한 부모 가정이 2012년에는 1,300만 가구로 급증했다.[52] 일부 친부는 동거를 하거나 결혼을 해서 자녀와 함께 살았지만, 미혼모가 낳은 아이 대다수는 아버지가 없는

---

49) "Programme of Action of the International Conference on Population and Development," International Conference on Population and Development (ICPD) in Cairo, Egypt (5-13 September 1994).
50) The Vice Chairman's Staff of the Joint Economic Committee at the Request of Senator Mike Lee, "Love, Marriage, and the Baby Carriage: The Rise in Unwed Childbearing," https://www.lee.senate.gov/public/_cache/files/3a6e738b-305b-4553- b03b-3c71382f102c /love-marriage-and-the-baby-carriage.pdf.
51) 위와 같음.
52) Robert Rector, "How Welfare Undermines Marriage and What to Do About It," Heritage Foundation Report (November 17, 2014),
https://www.heritage.org/welfare/report/how-welfare-undermines-marriage-and-what-do-about-it.

가정에서 자랐다. 아버지는 어머니와 상호보완적인 역할을 한다. 아버지는 아들에게 모델이 돼 사내대장부가 되는 법을 알게 하고, 딸에게는 여성으로서 받아야 할 존중을 느끼게 한다.

연구 결과에 따르면, 아버지 없이 자란 청소년은 여러 가지 부정적인 행동 양상을 보였다. 자신감 부족, 무단결석, 중퇴(전체 중퇴학생의 71%), 너무 이른 성생활, 음란, 소녀 임신, 폭력조직 가입, 수감(전체 수감 청소년의 85%), 마약 복용, 떠돌이 생활(전체 가출 청소년의 90%), 성 학대(일반인의 40배 이상) 등이 포함된다.[53]

싱크탱크 브루킹스연구소(Brookings Institution)는 청소년들의 빈곤 퇴치를 위한 3대 요건을 정리했다. '고등학교를 졸업할 것', '풀타임 일자리를 찾을 것', '21세 이전에 결혼하거나 아이를 낳지 말 것' 등이다. 이들의 연구에 따르면, 이 세 가지만 충족해도 75%는 중산층이 됐고, 빈곤 상태에 머무는 비율은 2%에 불과했다.[54] 다시 말해 조기 결혼과 혼외 출산을 피하고, 교육을 받고, 취업을 하는 것은 책임감 있는 성인이 되고, 나아가 건강하고 생산적인 삶으로 들어서는 가장 확실한 길이다.

현재 미혼모는 정부의 복지에 의존해야 하는 상황이다. 미국 헤리티지재단(The Heritage Foundation) 보고서는 상세한 통계수치를 통해, 페미니스트들이 강하게 추진하는 복지정책이 도리어 미혼모 가정을 양산하고 심지어 정상적인 가정을 징벌(결혼을 하면 동거하는 경우보다 복지 혜택은 적고 세금은 더 많이 내게 하는 등의 불이익

---

53) Phyllis Schlafly, Who Killed The American Family?(Nashville, TN:WND Books, 2014).
54) Ron Haskins,"Three Simple Rules Poor Teens Should Follow to Join the Middle Class," Brookings, March 13, 2013,
https://www.brookings.edu/opinions/three-simple-rules-poor-teens-should-folow-to-join-the-middle-class/.

을 줌)하고, 정부가 아버지를 대신하게 한다는 것을 보여줬다. 빈곤 가정을 돕는다는 명목을 내세운 복지제도는 도리어 한 부모 가정을 지속적으로 늘렸다. 그리고 한 부모 가정에서 자란 아이는 더 쉽게 빈곤에 빠지고 복지에 더욱 의존하게 된다.55) 이 악순환은 공산주의 악령의 또 다른 목표와 맞물린다. 즉 고세율, 고복지를 통해 인간의 삶을 전면적으로 통제하는 것이다.

6) 변이된 문화를 고취하다

월스트리트저널은 미국 통계국(U.S. Census Bureau) 자료를 인용해, 2000년도에는 25세에서 34세 사이의 미국인 가운데 기혼자 비율이 55%, 미혼자 비율이 34%였지만, 2015년에는 각각 40%와 53%로 뒤바뀌었다고 보도했다. 미국의 젊은이들이 결혼을 멀리하는 이유는 명백하다. 오늘날 문화에서는 성과 결혼이 완전히 분리돼 있는데 젊은이들이 왜 굳이 결혼을 하려고 하겠는가?56)

변이된 관념이 판을 치는 요즘, '훅업(hook-up, 연인 사이가 아니면서도 필요할 때 만나 즐기는 행위)'이 유행하고 있다. 이런 성행위는 애정과 관련이 없을 뿐만 아니라 책임도 없다. 가장 무서운 것은 문화가 변이됨으로써 성적 정체성이 다양해졌다는 점이다. 페이스북은 현재 사용자에게 성적 정체성 60여 가지를 제공하고 있다. 만약 젊은이들이 자신의 성별이 모호하다면 결혼을 어떻게 생각할

---

55) Robert Rector, "How Welfare Undermines Marriage and What to Do About It," Heritage Foundation Report (November 17, 2014),
https://www.heritage.org/welfare/report/how-welfare-undermines-marriage-and-what-do-about-it.
56) Mark Regnerus, "Cheap Sex and the Decline of Marriage," The Wall Street Journal (September 29, 2017).
https://www.wsj.com/articles/cheap-sex-and-the-decline-of-marriage-1506690454

까? 공산주의 악령은 법률에서부터 사회 관념에 이르기까지 신이 설정한 혼인을 재정의했다.

동성애를 비롯한 온갖 더러운 성행위를 뜻하는 영어 단어는 원래 'sodomy'였다. 이는 성경에서 유래한 단어로, 신의 분노로 멸망한 음란한 도시 소돔(sodom)을 가리킨다. 이 단어 자체가 인류에게 보내는 경고인데, 그것은 바로 인류가 신의 가르침을 등지면 곧 끔찍한 결말을 맞게 된다는 것이다. 동성애 권리운동은 이 단어를 없애기 위해 노력했고, 기쁨을 뜻하는 단어인 '게이(Gay)'로 대체함으로써 사람들이 점점 더 깊은 수렁에 빠지게 했다.

'간통(Adultery)'은 원래 타락한 성행위를 일컫는 용어였지만, 지금은 대수롭지 않은 '혼외 성행위' '동거'로 변했다. 나다니엘 호손(Nathaniel Hawthorne)의 〈주홍글씨(The Scarlet Letter)〉 중에서, 외도를 한 유부녀 헤스터 프린(Hester Prynne)도 지금 시대라면 양심의 가책을 느낄 필요가 없을 뿐만 아니라, 도리어 고개를 빳빳이 들고 복지 혜택을 누릴 수 있다. '정조貞操'는 원래 동서양의 전통문화에서 미덕이었으나, 지금은 '자유를 속박하는' 가소로운 관념이 돼버렸다.

'정치적 올바름'이란 용어의 횡포 하에 성도덕과 동성애는 건드려서는 안 되는 화제가 됐고, 사람들이 유일하게 선택할 수 있는 것은 각 개인의 이른바 '자유 선택'을 존중하는 것이다. 이것은 일상생활뿐만 아니라 학교 교육에도 반영됐는데, 인간의 문화생활이 전통적인 도덕성과 점차 분리됨으로써 타락한 행위에 아무런 경각심도 가지지 않게 됐다. 변이와 타락을 정상적인 것으로 둔갑시켜 욕망에 빠져드는 사람들이 전혀 도덕적 구속을 받지 않게 하는 것은 악령이 인류를 훼멸하는 은밀한 수법이다.

오늘날 50세 이하의 서양인들은 자신의 사회에서 일찍이 이런 문화가 있었다는 것을 거의 기억하지 못한다. 그 당시에는 모든 어린이가 자신의 아버지와 함께 사는 것이 그렇게 자연스러웠고, 게이(Gay)라는 단어가 기쁨을 뜻했으며, 하얀 웨딩드레스가 신부의 순결을 나타냈고, 텔레비전 방송과 대중 출판물에서 포르노 영상과 언어가 금지됐었다. 짧디짧은 60년 동안에 악령은 전통문화와 생활방식을 완전히 뒤집어 놓았다.

6. 중국 공산당은 어떻게 가정을 파괴했나?

1) 남녀평등을 명분으로 가정의 구조와 안정을 파괴하다

마오쩌둥 시대의 슬로건인 '여성이 하늘의 절반을 떠받친다(Women hold up half the sky).'는 말이 이제 서구로 넘어와 페미니스트의 최신 유행어가 됐다. 중국 공산당 독재 하에서 선동할 때 쓰는 '남녀는 다 똑같다.'는 말과 서방의 페미니즘이 추구하는 남녀평등이란 말의 본질은 모두 '결과의 평등'이다. 이 둘은 수단과 방법이 유사하다. 서방에서는 '성차별'은 '정치적 올바름'을 위한 공격 무기이고, 중국에서 가장 무서운 누명 씌우기는 '마초주의(남성우월주의)'다. 한편, 동서양의 수단은 각각의 특징을 지니고 있다.

서구 페미니즘이 주장하는 남녀평등은 쿼터 보상, 경제적 보상, 기준 낮추기 등의 조치를 통해 결과의 평등을 요구한다. 중국 공산당이 '여성이 하늘의 절반을 떠받친다.'고 한 것은 '남자가 할 수 있는 것은 여자도 할 수 있어야 하고, 기준을 낮춰서는 안 된다.'는 뜻이다. 중국 공산당은 심지어 여성으로서 감당하기 힘든 일을 하는 여성을 '여자 영웅' '삼팔홍기수三八紅旗手'(모범 부녀자를 뜻하는 말로, 중국에서 매년 3월 8일 '국제 여성의 날'에 사회주의 건설에 공헌한 부녀자에게 수여하는 영예)라고 선동했다. 1960~70년대의 홍보 포스터를 보면 여성들은 대부분 둥글둥글하고 건장하고 힘이 넘치는 이미지가 많다. 마오쩌둥은 "치장을 좋아하지 않고 무장을 좋아한다."고 선동했다. 여자는 채굴, 채석, 벌목, 제철, 전투 등 하지 못하는 것이 없었다. 1966년 10월 1일, 인민일보는 '소녀도 돼지를 잡을 수 있다.'는 제하의 기사에서 "18세 도축장 여공이 마오쩌둥 사상 학습을 통해 과감하게 돼지를 때려잡을 수 있게 됐다."고 했다. 그래서 "돼지도 감히 잡지 못하면 어떻게 적을 무찌를 수 있겠는가?"라는 말이 한때 널리 회자됐다.

비록 중국 여성들이 하늘의 절반을 떠받치고 있다고 하지만, 서방의 페미니스트들에게 지탄받는 점도 있다. 예를 들면 지금까지 중국 공산당 정치국 상임위원회에 여성 위원은 한 명도 없다. 근본적인 원인은 여성의 정치 참여가 일반 국민의 정치 참여로 발전할 수 있기 때문이다. 중국 공산당은 독재 통치가 위협받는 것을 두려워한다. 따라서 중국 공산당 정부는 동성애자의 권리 또한 공개적으로 주장하지 않는다. 그렇다고 중국 공산당이 동성애를 배척하는 것도 아니다. 동성애는 악령이 인간을 파괴하는 도구이기 때문이다. 따라서 중국 공산당은 동성애를 지지하지도 않고 반대하지도 않는다. 그러면서도 중국 공산당은 미디어와 대중문화를 통제해 동성애 인구가 확대 발전하도록 종용한다. 2001년부터 중국 공산당 정부 당국이 관장하는 중하정신과학협회中華精神科學會의 진단 매뉴얼에도 더는 동성애를 정신질환으로 분류하지 않는다. 미디어에서도 동성애라는 단어가 '동지同志'라는 용어로 조용히 교체됐다. 2009년에는 중국 공산당의 묵인 하에 중국 대륙 최초의 동성애 축제인 '상하이 프라이드 위크上海驕傲週'가 열렸다.

악마가 동서양에서 각기 다른 수단을 사용했지만, 목적은 여성의 온화하고 유순한 특성을 버리도록 강요해 남성의 굳셈과 여성의 부드러움을 기반으로 하는 전통가정의 조화를 잃게 하고 자녀 교육 기능을 상실케 하는 것이다.

2) 정치투쟁으로 부부가 반목하고 가정이 파탄나다

중국인의 전통 가치는 가정 윤리에 기반을 두고 있다. 악마는 전통가치를 파괴하는 가장 효과적인 방법이 윤리倫理를 파괴하는 것임을 잘 알고 있다. 중공이 발동한 역대 정치투쟁에서 형제자매, 부부, 부자가 서로 고발하고 비판하고 투쟁하는 일이 비일비재했다. 사람마다 자신의 정치적 입장을 더 잘 나타내기 위해 너도나도 앞다퉈 경쟁해야 했고, 그러지 않으면 입장이 불투명한 것으로 간주됐다. 가장 가까운 사람과 크게 투쟁할수록 입장이 확고함을 분명히 할 수 있었다.

1966년 12월 마오쩌둥의 비서인 후차오무胡喬木는 베이징철강대학으로 끌려가서 비판투쟁을 받았다. 이날 후차오무의 딸은 무대에 올라 "후차오무의 개대가리를 부수라!"고 외치며 자신의 아버지를 비판했다. 이날 후차오무의 딸이 정말로 제 아버지의 '개대가리'를 부수지는 않았지만, 어떤 중학생은 진짜로 그렇게 했다. 당시 둥쓰東四 지구에 한 자본가 집안이 있었는데, 홍위병이 그 자본가 노부부를 때려 반쯤 죽인 다음, 그들의 아들에게 계속 때리라고 강요하자 중학생인 아들이 제 아버지의 머리를 아령으로 부수고 나서 자신도 미쳐버렸다(〈나의 집: 나의 형님 위뤄커我家: 我的哥哥遇羅克〉에서 인용).

반면, 중국 공산당이 계급의 적으로 규정한 사람들은 가족을 연루시키지 않으려고 가족과 관계를 끊는 경우가 많았다. 심지어 박해를 이겨내지 못하고 스스로 '인민을 배신했다'는 죄명을 뒤집어 쓰고 자살한 사람들도 있었는데, 그들은 가족들이 연루되지 않게 하기 위해 최선을 다해야 했다. 예를 들면 문화대혁명 기간에 중국 문학예술 이론가 예이췬葉以群이 자살할 때, 가족에게 남긴 유서 내용은 "(내가) 너희들에게 유일하게 요구하는 것은 단호하게 당의 말을 듣고, 확고히 당의 입장에 서서, 점차적으로 나의 죄를 인식하고, 나를 향한 증오를 불러일으키고, 확고부동하게 나와 관계를 단절하라!"는 것이었다.57)

1999년부터 시작된 파룬궁 수련자들에 대한 박해는 중국 공산당이 일으킨 가장 큰 정치운동이다. 20년간의 박해 과정에서 중국 공산당이 택한 수단 중 하나는 수련자의 가족을 연루시키는 것이었다. 수련자의 가족에게 행정적, 경제적, 정치적인 위협을 가하거나 거짓말로 속여 수련을 포기하도록 수련자를 압박하게 하는 수법이었다.

이를테면 '네가 타협하지 않아서 가족들까지 연루됐다'고 말하게 하거나, 심지어 '네가 수련을 포기하지 않으면 부모자식간의 인연을 끊을 수밖에 없다'거나 '이혼하겠다'는 등의 말로 설득하라고 요구한다. 이런 박해 과정을 거치면서 직간접적으로 수천만 가정이 파괴됐다.

3) 인구 통제를 명분으로 낙태를 강요하다

서방의 페미니즘이 낙태 합법화에 성공하자 중국의 여성들은

---

57) Ye Zhou(葉舟), "葉以群的最後十年, The Last Decade of Ye Yiqun," Wenhui Monthly no. 12 (1989).

'계획생육計劃生育' 정책, 즉 '한 가정 한 자녀 정책'에 따라 강제 낙태 의무를 감수해야 했다. 이 정책은 직접적인 살인을 강요하는 한편 수많은 사회적 문제를 파생시켰다.

중국 공산당은 출산 문제마저 마르크스의 유물론에 의거해 인식한다. 즉, 아이를 낳는 것은 철과 곡식을 생산하는 것과 마찬가지로 모두 물질 생산에 속한다는 것이다. 그래서 계획경제가 당연히 계획생육으로 확장될 수 있다고 믿는다. 마오쩌둥은 '인류는 스스로 통제해 계획적으로 늘릴 수 있어야 하는데, 때로는 조금 더 늘릴 수 있고 때로는 잠시 멈추게 할 수 있어야 한다.'고 생각했다.58)

중국 공산당이 1980년대에 시작한 '한 자녀' 정책은 극단적인 강제성을 띠었다. "한 사람이 초과 출산하면 마을 전체가 불임 시술을 한다!" "첫째는 낳고, 둘째는 묶고(불임시술), 셋째 넷째는 긁어내고(낙태) 긁어내고 긁어내라!" "첫째를 낳은 후에는 피임링을 넣고, 둘째를 낳은 후에는 불임 시술을 하고, 셋째 넷째는 모두 죽인다!" "피가 흘러 강이 되더라도, 한 명이라도 초과 출산을 해서는 안 된다!" "무덤 열 개를 보탤지언정 사람 한 명은 보태지 않는다!" 등등의 구호가 중국 곳곳에서 눈에 띄었다. 고액의 벌금, 가산 몰수, 강제 집 철거, 구타, 감금 등은 계획생육위원회가 일상적으로 사용하는 수단이었다. 일부 지역에서는 심지어 계획생육 정책을 주관하는 직원이 아기를 논에 던져 익사시키고 출산이 임박한 임산부를 강제 낙태시키는 경우도 종종 있었다.

'중국보건연감中國衛生年鑒'의 통계에 따르면, 1971년부터 2012년까

---

58) Pang Xianzhi(逄先知), Jin Chongji(金沖及), "毛澤東傳 Biography of Mao Zedong (1949-1976)", Central Party Literature Press, (Beijing 2003).
https://www.theepochtimes.com/chapter-eight-politics-how-the-devil-sows-chaos-part-i_2592414.html

지 중국에서 인공 유산은 최소 2억 7,000만 건에 달했다. 즉, 중국 공산당이 태아 2억 7,000만 명을 살해한 것이다.

한 자녀 정책의 가장 큰 부작용은 바로 대량의 여아가 버려지거나 살해당함으로써 30세 이하 인구의 성비에 심각한 불균형을 초래했다는 점이다. 2020년경 중국에서는 결혼적령기의 남성 4천만 명이 결혼할 여성이 없어 독신으로 지낼 것으로 보인다. 이런 현상은 성범죄, 매매혼, 인신매매, 성매매 등과 같은 심각한 사회문제로 이어진다.

7. 공산주의가 가정을 파괴한 결과

마르크스를 비롯한 공산주의자들은 당시 사회의 간통, 성매매, 사생아 등의 추악한(그들로서는 '즐기는') 현상을 일방적으로 확대해 가정 파괴 논리를 당당하게 고취했다. 빅토리아 시대(Victorian era)에 일어난 도덕성 타락 현상은 결혼이라는 신성한 제도를 훼손하고 사람들을 신의 가르침에서 더 멀어지게 했다. 공산주의자들은 여성들이 마땅히 신성한 혼인 서약을 배반하고 이른바 자신의 '개인 행복'을 추구해야 한다고 한다. 이것은 잘못된 길에서 또 더 멀리 나아간 것으로, 마치 갈증을 해소하기 위해 독주를 마시는 것과 같다. 공산주의 악령이 내놓은 처방은 도덕을 전체적으로 지옥 수준으로 끌어내리는 것이다. 따라서 본래 사람마다 비난하던 수치스러운 행위를 자주 보게 해서 이상하지 않은 평범한 일상이 되게 함으로써 모든 사람이 평등에 도달해 모두 같이 멸망의 심연으로 빠져들게 한다.

공산주의 악령은 '죄악은 도덕이 타락한 데서 비롯되는 것이 아니라 사회적 억압에 의한 것'이라고 믿게 하고 인간이 전통을 배반하는 가운데 출로를 찾게 만들어 신에게서 더욱 멀어지게 한다.

　악령이 주장하는 여성의 권리, 동성애, 성해방 등은 '자유'와 '해방'이라는 아름다운 단어를 사용하지만, 궁극적으로 초래하는 결과는 여성의 존엄이 폄하되고, 남성의 책임이 포기되고, 가정의 신성함이 짓밟히고, 양성兩性 사이의 도덕이 변이되고, 어린아이의 미래가 파괴되는 것이다. 따라서 최후에 웃는 것은 도리어 악령이다.

제8장 정치편

우리 국가에 재앙을 안기다

정치권력은 전통적인 가치를 근간으로 하는 정도로 되돌아가야 한다. 인류는 신의 가호를 받아야만 악령의 조종을 받지 않는 동시에 노예의 수렁에 빠지지 않을 수 있고, 파멸의 길을 피할 수 있고, 진정한 출로가 있을 수 있다.

제8장 정치편

우리 국가에 재앙을 안기다

머리말

오늘날의 세계는 정치개념이 거의 모든 것을 포괄한다. 정책 하나, 법령 하나, 정치사건 하나, 정치 스캔들 하나가 사회 여론을 뒤흔들 수 있고, 국가수반을 뽑는 대선은 전 세계 이목을 끌 수도 있다. 사람들은 대부분 공산당 국가에서 실행하는 것만 공산정치共産政治라고 여기고 심지어 공산당 국가마저 이미 공산주의를 포기했다고 생각한다. 공산주의 배후의 유령은 다른 형식으로 세상에 나타날 수 있지만, 사람들은 전혀 모른다. 공산주의 유령이 이 세상에 나타나는 형식은 다양하다. 공산주의, 사회주의, 자유주의, 진보주의 등이 모두 그런 형식에 포함된다. 자세히 관찰해 보면 공산주의 악령이 이미 우리 세계를 지배하고 있음을 알 수 있다.

표면적으로 보면 자유세계가 공산주의의 해악을 확실히 알고 있는 것 같지만, 〈공산당선언〉이 발표된 지 170여 년이 지난 오늘날, 의도적이든 아니든 각국 정부는 마르크스의 주장을 보편적으로 수용하고 있다. 그 실상을 알면 경악할 정도다.

자유세계의 등대로서 공산주의를 사악으로 간주하는 미국에서조차 2016년 대선 때 사회주의자임을 자처하는 대통령 후보가 나타나 권좌에 오를 뻔했다. 그리고 미국 젊은이 가운데 절반 가까이가 사회주의에 호감을 갖는 것으로 밝혀졌다.[1] 또한, 유럽에서는 사회주의가 이미 크게 성행하고 있다. 유럽의 한 정치인은 "현재 사회주의는 민주주의와 법치주의 그리고 복지국가 제도를 결합한 형태다. 따라서 나는 유럽 국민의 절대다수가 이것을 지지한다고 생각한다. 만약 영국의 토리당(Tory Party·보수당의 전신)이 감히 영국의 국민건강서비스(NHS)를 건드린다면 기필코 참수당하는 결말을 보게 될 것이다."라고 했다.[2]

공산국가에서 악령은 국가 정권을 직접 통제하고 정부 기구를 이용해 폭력으로 인민을 살육하고, 강제로 전통문화와 도덕을 파괴하고, 정교正教 수련자를 박해함으로써 결국 인류를 말살하려는 그들의 궁극적인 목적에 도달한다.

비록 동유럽 공산주의 정권이 해체되긴 했지만, 공산주의 사상은 결코 깨끗이 제거되지 않았다. 수십 년간 냉전을 치르고 간첩활동을 하고 공산주의 이데올로기를 침투시킨 데 힘입어 공산주의 악령은 실질적으로 유럽 전역에서 창궐하고 있다.

---

1) Emily Ekins and Joy Pullmann, "Why So Many Millennials Are Socialists," The Federalist, February 15, 2016, http://thefederalist.com/2016/02/15/why-so-many-millennials-are-socialists/.
2) Steven Erlanger, "What's a Socialist?", New York Times, June 30, 2012, https://www.nytimes.com/2012/07/01/sunday-review/whats-a-socialist.html.

서방에서 공산주의 악령은 국가 정권을 직접 장악하려고 했지만, 실현하지 못했다. 그러나 그것은 간판만 바꾼 사회주의 정책을 적극 추진하고, 법을 변이시키고, 폭력을 선동하고, 도덕을 변이시키고, 사회를 어지럽힘으로써 결국 서방 세계를 악마로 변질시키고 인류를 말살하려는 그들의 최종 목적에 도달하려 한다. 자유사회에서 점하는 미국의 중요성에 기초해 이번 편에서는 미국을 중점적으로 다루고자 한다.

1. 공산주의 정치가 서방을 지배하다

'공산주의 정치'는 공산당 국가의 정치에만 국한하지 않는다. 이 책에서 거듭 강조하는 것은 공산주의는 악령으로서 초자연적인 힘을 가지고 있으며 나쁜 사상을 가진 사람과 무지無知하고 쉽게 믿는 사람들을 인간세상의 대리인으로 삼아 그것의 목표를 추진한다. 그러므로 서방의 자유국가에서 공산주의 악령이 통제하고 조종하는 정치는 공산주의 정치의 또 다른 유형으로 볼 수 있다.

1) 정권을 장악해 대규모 살육을 감행하다

앞에서 언급했듯이, 공산주의는 동방 여러 나라에서 직접 정권을 탈취했다. 정권을 갖게 되자 공산주의 악령은 더욱 거리낌 없이 제멋대로 할 수 있었다. 그곳에서 행한 공산주의 악령의 모든 정치는 정권을 유지하는 동시에 영향력을 확대하기 위한 것이었다. 민중 학살, 공산당 내부 투쟁과 숙청, 그리고 외부 세계에 대한 기만과 침투 등이 그것이다. 정권을 장악함으로써 그것은 군대, 경찰, 사법, 감옥, 심지어 교육기관, 언론 등을 포함한 모든 국가기구를 총동원해 자국민을 박해, 살해하고 도덕성을 파괴할 수 있었다.

소련의 악명 높은 굴라크(Gulag, 강제수용소), 소련 공산당 내부의 정치적 대숙청, 중국 공산당 내부의 이른바 '10차 정치노선 내부 투쟁'과 역대 정치운동 과정에서 발생한 학살, 특히 중국 공산당 우두머리 장쩌민이 국가 재정 4분의 1 이상을 들여 파룬궁法輪功 수련인을 박해한 만행 등은 모두 공산독재 통제 하에서 벌어졌다. 그 모든 것이 폭력정권을 유지하고 인류를 파멸시키기 위해 자행됐다.

공산당원들은 정권 탈취가 공산주의 정치의 핵심 문제임을 잘 안다. 공산주의 창시자 마르크스와 엥겔스는 파리 코뮌의 교훈을 총결할 때, 프롤레타리아 독재 정권 수립을 강조했다. 레닌도 이를 잘 알고 있었으므로 가장 먼저 폭력으로 소비에트 공산 독재정권을 수립했다. 스탈린과 마오쩌둥도 모든 정치적 수단과 수법, 즉 음모陰謀, 양모陽謀(공개적인 계략), 총과 펜, 살육과 기만 등을 이용해 폭력으로 정권을 탈취하고 유지했다. 그들이 자유자재로 살육과 변이를 자행할 수 있었던 것은 정권을 장악했기 때문이다.

2) 사회주의 이념이 유럽과 미국에서 성행하다

유럽에서 사회주의 사조와 정책이 크게 성행한 것은 사실이지만, 미국은 특수한 국가로서 사정이 좀 달랐다. 19세기 말, 20세기 초에 유럽이 공산주의 운동에 열광할 때 미국에서는 사회주의 활동이 극히 제한적이었다. 1906년, 독일 학자 베르너 좀바르트(Werner Sombart)는 '미국에 왜 사회주의가 없는가?'라는 글에서 그 이유를 탐구했다.[3] 하지만 그 모든 것은 이제 거대한 변화가 발생했다.

---

3) Werner Sombart, P. M. Hocking, Why is There no Socialism in the United States? Palgrave Macmillan; 1st ed. (1976 edition)

2016년 미국의 한 좌파 정당 대통령 후보가 경선 중에 사회주의 이념을 공개적으로 언급했다. 공산당의 언어 체계에서 '사회주의'는 단지 공산주의의 '초기 단계'에 불과하다. 쥐가 길을 건너면 모든 사람이 때려잡으라고 소리치는 것처럼 미국인들은 대부분 원래 공산주의를 경멸한다. 이 후보도 솔직하게 이 점을 인정하며 "많은 사람이 '사회주의'란 단어를 들으면 매우매우 긴장한다는 것을 나도 안다."고 했다. 하지만 그는 사회주의 이념을 도입하겠다는 뜻을 숨기지 않았다. 그런데 이 후보가 선두 주자 두 명 가운데 한 명이 되리라고는 아무도 예상하지 못했다.

  2016년 경선 막바지 여론조사에 따르면 주요 좌파 정당 당원 가운데 56%가 사회주의를 긍정적으로 평가했다.4) 이러한 추세는 이미 2011년 퓨리서치센터(Pew Research Center) 조사에서도 나타났다. 30세 미만의 미국인 가운데 사회주의를 긍정적으로 보는 사람은 49%, 자본주의를 긍정적으로 평가하는 사람은 47%로 나타났다.5) 이것은 전반적인 사회의식의 좌경화, 좌파의 사회주의 고취, 그리고 젊은 세대의 이해 부족과 밀접한 관계가 있다.

  사실, 현재 서양인들이 사회주의에 품는 환상은 100년 전에 중국, 소련 등의 순진한 젊은이가 품었던 그것과 매우 흡사하다. 젊은 세대는 자기 민족의 역사, 문화, 전통에 대한 이해가 부족한 데다 사회주의에 저항할 능력이 없어 역사상 수많은 사람이 공산주의에

---

4) Harold Meyerson, "Why Are There Suddenly Millions of Socialists in America? " The Guardian, February 19, 2016,
https://www.theguardian.com/commentisfree/2016/feb/29/why-are-there-suddenly-millions-of-socialists-in-america.
5) Emily Ekins and Joy Pullmann, "Why So Many Millennials Are Socialists," The Federalist, February 15, 2016,
http://thefederalist.com/2016/02/15/why-so-many-millennials-are-socialists/.

쉽게 속아 넘어간 양상이 되풀이되고 있다.

마르크스의 핵심 사상인 '필요에 따라 분배한다.'는 말은 젊은이들을 현혹하는 기만성을 갖추고 있다. 그들은 북유럽 국가들처럼 고복지高福祉 사회주의 생활을 누릴 수 있다는 환상을 품고 있다. 사실 이런 국가의 고복지 제도는 이미 각종 사회문제를 초래했다. 그러나 복지제도 자체를 근본적으로 바꾸려는 사람이 있다면, 고복지에 익숙한 사람들은 반드시 일어나서 그를 낙선시킬 것이다. 이때 선거에서 승리하는 사람은 계속 세수를 늘려서라도 눈앞의 곤경을 해결해야 한다고 주장하는 정치인일 것이다. 경제학자 밀턴 프리드먼(Milton Friedman)이 "자유보다 결과의 평등을 중시하는 사회는 평등도 자유도 모두 잃게 된다. 이처럼 종종 목표는 숭고하지만, 결과는 실망스러운 것이다."라고 지적한 것과 똑같다.6)

고복지 사회주의를 통해 끊임없이 정부의 영향력을 확대하고 선거를 이용해 국민을 노예로 만드는데, 이것은 공산주의 악령의 수법 중 하나다. 일단 전 세계 국가들이 모두 사회주의 국가가 된다면, 지금의 북유럽 모델이 민주에서 독재로 가는 것은 시간문제일 뿐이다. 사회주의는 공산주의의 초급단계이기 때문에 일단 사회주의 단계가 완성되면 정치 지도자들은 바로 공산주의를 추진하고 사유재산 제도와 민주경선 제도를 곧바로 폐지한다. 그리고 국가는 신속하게 독재로 나아가고 복지제도는 폭정의 굴레로 변모할 것이다.

3) 서방의 정당, 의회, 정부, 대법원에 침투하다

서방 국가에는 미국의 삼권분립 제도처럼 익숙한 민주제도가 있어

---

6) Milton Friedman, Rose D. Friedman, Free to Choose: A Personal Statement, Mariner Books, reprint edition. (November 26, 1990)

서 동방 국가에서처럼 공산주의 악령이 직접 정권을 장악하기가 쉽지 않다. 그래서 그들은 서방 국가의 정당이나 의회 등을 장악하는 우회 정책을 써서 간접적으로 서방 국가를 지배하려는 간계를 부린다.

미국은 양당을 중심으로 하는 다당제 국가다. 공산주의가 미국 정치계의 주류로 진입하려면 반드시 양당 가운데 한 당(가능하면 두 당 모두)을 통제해야 한다. 정당을 장악하고 나면 의회를 통제하고 정부와 법원을 통제하는 단계로 나아간다. 공산주의 악령이 침투한 미국의 상황을 통해 사태의 심각성을 엿볼 수 있다.

미국에서 좌파정당은 줄곧 저소득층과 고소득층의 대립을 부추겨 표를 쟁취하는 동시에 이민자, 동성애자(LGBT), 여성, 소수민족과 같은 취약 계층을 포섭해 좌파정당의 표밭을 구축한다. 또한, 그들은 표를 얻기 위해 공산주의 이념을 선동하고 인간의 기본 도리와 신이 정한 도덕규범을 포기하도록 온갖 술수를 부린다. 심지어 죄를 범한 불법 이민자까지 비호하면서 그들을 좌파정당의 플랫폼으로 만든다.

좌파정당을 줄곧 지지해온 한 억만장자는 대선을 비롯한 각종 선거에 출마한 좌파 후보들에게 거액을 후원했고, 좌파정당 인사들이 워싱턴 정계와 국가기구에 진출하는 데도 힘을 보탰다. 심지어 그는 선거관련 업무를 책임지는 주무장관州務長官 인선에도 개입해 특정 인사를 대대적으로 지원했다.[7]

불법 이민자들이 미국에서 범죄를 저질렀을 때, 몇몇 좌파 관료는 그들을 비호했고, 이민자를 보호하는 도시 또한 그들을 제재하

---

[7] Matthew Vadum, "Soros Election-Rigging Scheme Collapses: The Secretary of State Project's death is a victory for conservatives," FrontPage Magazine, July 30, 2012, https://www.frontpagemag.com/fpm/139026/soros-election-rigging-scheme-collapses-mathew-vadum.

기 어렵게 했다. 전임 좌파 대통령은 집권 당시 불법 이민자 500만 명의 신분을 합법화하려다 대법원에서 계류돼 무산된 바 있다.8)

좌파정당은 불법 이민자에게 투표권을 부여하려고 무척 노력했다. 그 동기는 결코 불법 이민자나 사회 대중의 이익을 위해서가 아니라 표를 더 많이 얻기 위함이었다. 2017년 9월 12일 미국 동부의 한 도시에서는 미국 국민이 아닌 사람을 지방선거 투표에 참여시키는 의안을 표결에 부쳤는데, 결과는 4:3이었다. 비록 6표를 얻지 못해 통과되지는 않았지만, 이러한 추세가 미국의 앞날에 미칠 잠재적인 영향 때문에 언론의 관심을 많이 끌었다. 이 의안은 시민 외에도 영주권 소지자, 학생 비자나 취업 비자 소지자, 심지어 미등록 거주자까지 투표에 참여할 수 있도록 명시했다.9)

공산주의 악령의 통제 하에 있는 좌파정당이 이렇듯 정권을 장악하기 위해 갖은 수단을 다 씀으로써 미국의 앞날을 어둡게 했다.

4) 미국 좌파정당이 사회주의 정책을 추진하다

학자들은 연구를 통해 전임 대통령 지지 단체 중 상당수가 사회주의 조직과 밀접하게 연관돼 있음을 발견했다. 과거 좌파정부가 공산주의자와 사회주의자에게 심각하게 침투 당했기 때문이다.

전임 좌파 대통령은 신新마르크스주의자 솔 알린스키(Saul Alinsky)

---

8) Ariane de Vogue and Tal Kopan, "Deadlocked Supreme Court deals big blow to Obama immigration plan," CNN, June 23, 2016,
https://www.cnn.com/2016/06/23/politics/immigration-supreme-court/index.html/.

9) Spencer S. Hsu, "Measure to let noncitizens vote actually failed," Washington Post, September 16, 2017,
https://www.washingtonpost.com/local/md-politics/measure-to-let-noncitizens-vote-actually-failed-college-park-md-announces-with-considerable-embarrassment/2017/09/16/2f973582-9ae9-11e7-b569-3360011663b4_story.html?noredirect=on&utm_term=.cc8078ea7a5c.

의 제자다. 그는 집권 후 마오쩌둥파派의 브레인을 등용해 전全국민 건강보험을 대대적으로 추진했는데, 심지어 보험에 가입하지 않으면 벌금을 부과했다. 그와 동시에 마리화나와 동성애를 합법화하고 트랜스젠더에게도 입대를 허용하는 법령을 공포했다. 좌파가 장악한 캘리포니아 주의회에서는 일부 좌파 의원들이 '공산주의자가 정치에 참여하는 것을 금지하는 법'을 폐지하려 했다. 그러나 이 시도는 베트남계의 강력한 반대로 무산됐다.

이 정부가 제정한 어떤 정책은 심지어 인간의 윤리倫理를 파괴하는 것이었다. 2016년, 당시 대통령은 '트랜스젠더 화장실법(Transgender Toilet Order)', 즉 트랜스젠더가 성별을 자신이 선택해 화장실에 들어갈 수 있도록 허용하는 행정명령에 서명했다. 이 법이 시행됨으로써 성징性徵이 남자일지라도 본인이 여자라고 인정하면 여자 화장실에 들어갈 수 있게 됐다. 그뿐만 아니라 이 법은 전국의 모든 공립학교에 적용됐고, 거부한 주에는 연방 보조금이 중단됐다.

2. 사교邪敎적 정교합일政敎合一은 공산주의 정치의 특징

수천 년을 이어온 인류의 주요 정치체제는 군주제였다. 오랜 세월 동안 신은 군주에게 인간 사회를 통치할 권리를 부여했다. 군주의 권력은 신이 주었고 황제나 국왕은 신과 인간 사이를 소통하는 신성한 역할을 맡았다.

오늘날 많은 국가가 모두 민주제를 실행하고 있다. 실제로 민주주의는 국민이 통치하는 것이 아니라 국민이 선출한 대표자가 통치하는 제도다. 예를 들면 국민이 대통령을 선출하는 과정은 민주적이지만, 일단 선출되고 나면 대통령이 국민을 대신해 정치, 경제, 군사, 외교 등을 포함한 많은 결정을 내릴 권리를 갖는다. 민주제가 반드시 좋은 사람을 선출한다는 보장은 없다. 사회도덕이 전반적으로 미끄러져 내려갔을 때 선출된 사람은 대부분 허풍을 치고 선동을 하고 권세에 빌붙는 데 능한 사람일 수 있는데, 이런 자는 오히려 국가에 해를 입힐 뿐이다. 만약 민주제가 신이 규정한 도덕에 구속받지 않는다면 민주제의 폐단은 바로 나타날 것이고, 선동과 조작으로 얼룩진 폭도 정치는 사회를 분열과 혼란으로 몰아갈 것이다.

우리는 여기서 어떤 정치체제가 좋고 나쁜지를 구체적으로 분석할 생각은 없다. 도덕이야말로 사회 안정의 초석이고 민주와 법치는 사회 운영의 한 방식에 불과하다는 점을 지적할 뿐이다.

1) 중국 공산당의 사교적 정교합일

공산주의의 지도를 받는 중국 공산당 정권은 일종의 사교邪敎적인 '정교합일' 정치체제를 실행하고 있다. 그것은 사교 이데올로기로 사람의 사상을 통일하고 도덕을 파괴하며, 범죄집단 방식으로 사회를 통제한다. 물론 그것의 최종 목적은 인간을 말살하는 것이다.

흔히 사람들은 중국 공산당 독재를 군주전제君主專制에 비유하는데, 이런 관점은 그럴듯하기는 하나 실제는 그렇지 않다. 양자는 근본적인 차이가 있다. 중국의 전통적인 군주는 도덕을 정의定義하지 않고 오히려 신(하늘)이 규정한 도덕에 속박 받는다. 반면, 중국 공산당은 도덕 해석권을 독점하기에 아무리 나쁜 일을 하더라도 여전히 공산당은 '위대하고, 영광스럽고, 정확하다.'고 주장할 수 있다.

도덕은 신이 정한 것이지 인간이 정한 것이 아니다. 시비선악是非善惡(옳고 그름, 선과 악)의 표준은 신의 계명誡命에서 오는 것이지 어느 정당의 정책에서 오는 것이 아니다. 따라서 한 정당이 도덕 해석권을 독점하면 필연적인 결과는 바로 '정교합일'이다. 그리고 정교합일의 정치적 색채를 띤 공산당은 아래와 같은 전형적인 사교의 특징을 보인다.

- 공산당은 마르크스를 정신적인 '하느님'으로 받들고 마르크스주의를 '우주의 진리'로 삼는다. 아울러 소위 공산주의의 '인간 천국'으로 당원들을 유혹해 평생 그것을 위해 분투하게 한다. 그것의 사교적 특징은 교리 날조, 반대파 말살, 교주 우상화, 폭력 세뇌, 정신 통제, 가입은 하되 탈퇴는 할 수 없는 조직, 폭력 선동, 피비린내 숭상, 희생 강요 등이다.

- 공산국가의 지도자들은 레닌에서부터 스탈린, 마오쩌둥, 김일성에 이르기까지 모두 개인숭배 전통을 가지고 있다. 그들은 각국 공산 사교의 교주이며, 의심의 여지가 없이 도덕 해석권을 가지고 있다. 그들은 살인을 하든 거짓말을 하든 여전히 옳다. 왜냐하면 그들은 그 출발점이 '숭고한 목적을 위한 것'이라고 해석하거나 헤아릴 수 없을 만큼 심오한 '큰 바둑을 두는 것'이라고 설명할 수 있기 때문이다. 이런 나라의 국민들은 어쩔 수 없이 자신의 도덕적 판단을 포기해야 하고, 어쩔 수 없이 당을 따라 거짓말을 하고 악행을 저질러야 하므로 심적, 정신적으로 온갖 상처를 입는다.

- 전통 정교는 인간에게 선善을 가르친다. 하지만 공산주의 사교는 정반대로 증오의 기초 위에 세워졌다. 공산당도 '사랑'을 말하지만, 그 사랑은 '증오'에 바탕을 두고 있다. 예를 들면 프롤레타리아

가 계급적 우애가 있는 이유는 그들 공동의 적인 자본가를 상대해야 하기 때문이다. 중국에서 애국심을 표현하는 방식은 미국, 프랑스, 일본, 한국, 대만을 증오하고 해외에서 나라를 위한 일념으로 공산당을 비평하는 사람을 증오하는 것이다.

2) 자유주의와 진보주의의 종교적 특징

자유주의(liberalism)와 진보주의(progressivism)는 현재 서방의 '정치적 올바름'의 표준이 됐는데, 사실상 이미 종교의 위치로 밀려 올라갔다.

역사상 서양 좌파는 각기 다른 시기에 서로 다른 용어를 사용했다. 스스로를 자유주의 혹은 진보주의라고 불렀던 때도 있지만, 양자의 핵심 이념에는 뚜렷한 차이가 없다.

자유주의와 진보주의가 추구하는 궁극적인 이념은 공산주의 이데올로기와 유사하다. 즉, 이른바 인류의 '자유'와 '진보'를 부추기고 그것을 일종의 이데올로기로 신성화해 그것과 다른 어떠한 이념도 모두 비판하고 타격할 수 있게 한다. 그것의 도덕적 기반도 공산주의 무신론, 진화론, 과학주의와 유사하다. 그것은 인간의 자아와 이성으로 신에 대한 신앙을 대체해 인간 자신을 신으로 간주한다.

그것이 타격하는 목표도 공산주의와 유사하다. 사회문제를 현행 제도, 즉 자본주의 제도의 불공정함이나 결함 탓으로 돌리고 기존의 제도를 전복하거나 바꾸려고 한다.

그것의 수단도 공산주의와 유사하다. 그들은 자신들의 목적이 '숭고'해서 어떤 수단을 쓰더라도 합리적이라고 여긴다. 그래서 폭력과 거짓을 그들이 늘 사용하는 수단으로, 그리고 상황에 구애

받지 않고 활용한다.

자유주의와 진보주의의 준準종교적 특징과 그 발단이 된 역사 배경은 갈라놓을 수 없다.

18세기 이래, 과학의 진보는 인간의 자신감을 크게 강화해 일종의 '진보관'을 형성했다. 진보 사상을 개척한 프랑스 철학자 콩도르세(Condorcet)는 그의 대표작 〈인간 정신의 진보에 관한 역사적 개요(Sketch for a Historical Picture of the Progress of the Human Mind)〉에서 이성은 인류를 행복과 도덕, 선의 길로 인도할 것이라고 했다. 이에 따라 진보 사상은 갈수록 교만해져서 인간의 이성을 신단神壇에 밀어 올리기 시작했다.

진보주의 사상은 인간의 이성과 양심을 조물주와 갈라놓게 했을 뿐만 아니라 한 걸음 더 나아가 인간은 조물주를 통해 구원받을 필요가 없다고 여겼다. 따라서 자신의 이성과 양심에 의거해 탐욕, 공포, 질투 등 사악한 생각을 제거하면 결국 인간세상에서 천국을 세울 수 있으므로 신은 일고의 가치도 없다고 생각했다. 19세기 프랑스 정치가이자 예술 평론가인 쥘 카스타나리(Jules Castagnary)가 한 말에서 진보주의의 전형적이고 교만한 심리 상태를 알 수 있다. "내가 추방된 신의 정원 옆에 새로운 에덴동산을 세우겠다. 그 입구에 나는 '진보'를 세울 것이다. 그리고 나는 그(진보)의 손에 불타는 검을 쥐어줄 것이고 그는 신에게 말할 것이다. '당신은 여기에 들어올 수 없소.' 그래서 인간은 인간의 사회를 만들기 시작했다."[10]

사람이 일단 이런 생각을 갖게 되면 '인류의 운명을 장악하고 인류의 미래를 조종할 수 있다.'는 환상을 불러일으킬 수 있다. 다시 말해서 사람이 하느님의 역할을 맡으면 하느님이 없는 유토피

---

10) Luo Bingxiang, Western Humanism and Christian Thought, Furen Religious Research.

아, '인간 천국'을 창건할 수 있다는 것인데, 이는 사실 공산주의 사고방식과 일맥상통한다. 바로 하늘을 대신해서 정의를 실천하려고 하는 이런 어리석은 열정은 인간 사회에서 일파만파로 피비린내를 몰고 올 것이 분명하다.

3) 이 시대 자유주의와 진보주의는 공산주의 새로운 변종
(1) 고전 자유주의에 대한 이 시대 자유주의의 반란

고전 자유주의는 정치적으로 개인의 자유로운 권리에서 출발해 입헌으로 왕권과 정부 권력을 제한할 것을 요구했는데, 목적은 개인의 자유를 보장하는 데 있다. 개인 권리는 하늘이 부여한 것이고, 정부는 국민과 계약을 맺고 세운 것이기 때문에 그들의 직책은 오직 국민을 보호하는 데 국한한다. 정교政教분리의 목적은 정부가 국민의 사상과 신앙을 간섭할 수 없도록 하는 것이다.

이 시대 자유주의는 사실상 공산주의가 자유라는 이름을 앞세워 고전 자유주의에 침투해 반란을 일으킨 것이다. 한 방면으로는 극단적 개인주의를 강조해 인간의 욕망을 극도로 방종하고 어떠한 도덕과 규칙도 지키지 않는다. 다른 한 방면으로는 기회의 평등이 아닌 결과의 평등을 강조한다.

예를 들면 다음과 같다. ▲부富의 재분배 문제에서 그들은 납세자의 권리보다는 수혜자의 수요에 중점을 둔다. ▲각종 차별 정책을 시정할 때 그들은 부당한 대우를 받은 피해자의 입장에 설 뿐, 정책이 바뀜으로써 피해를 보게 될 사람의 입장은 무시한다. ▲법적인 방면에서 그들은 무고한 사람이 처벌받을 수도 있다는 이유로 범죄자에 대한 처벌의 필요성을 무시한다. ▲교육 방면에서 그들은 학습 능력이 낮고 소외된 가정의 아이들을 배려해야 한다는 이유로 자질이 뛰어난 학생들의 발전을 고려하지 않는다. ▲음란 출판물 단속 방면에서 그들은 표현의 자유를 구실로 도덕적으로 타락한 출판물에 대한 제재 조치를 취소한다. ▲정치와 종교를 분리하는 방면에서 그들은 '신앙의 자유'보다 '신앙이 없는 자유'를 강조한다.

이 시대 자유주의의 핵심은 실제로 이미 '자유'에서 '평등'으로 조용히 진화했지만, '평등주의'로 불리기를 원치 않는다. 그러면 사람들이 공산주의의 본질을 바로 알아차릴 수 있기 때문이다.

고전 자유주의의 관용은 본래 미덕이지만, 공산주의 악령은 이 시대 자유주의를 이용해 '관용'을 변이된 도덕을 실현하는 수단으로 삼았다. 고전 자유주의를 선도한 존 로크(John Locke)는 자신의 저서 '관용에 관한 시론(An Essay concerning Toleration)'에서 종교적 관용과 정교분리 개념에 관해 논술했다. 그가 가리키는 관용은 주로 정권을 장악한 정부가 개인의 신앙에 베푸는 관용이다. 천국으로 통하는 진리의 길에 대한 개인의 믿음이 옳은지 그른지를 판정하는 권한은 신에게 있다. 인간의 영혼은 자신이 주관하기에 누가 무엇을 믿든, 신앙이 있든 없든 정부는 강제 수단으로 핍박할 수 없다.

이 시대 자유주의는 관용의 진정한 목적을 망각한 채 관용을 '가치평가를 하지 않는 것'과 동일시함으로써 소위 '가치중립'이라는 정치 개념을 발전시켰다. 즉, 모든 가치를 평가하지 않고 똑같이 대한다는 것이다. 결국 가치중립은 좋고 나쁨, 죄악과 미덕을 똑같이 취급하는 것인데, 이것은 사실상 보편적 가치를 부정하고 뒤집는 것이다.

그것은 그럴싸한 용어로 악령에게 문을 열어주고, '자유'라는 기치를 내걸고 '도덕'과 '전통'을 반대하는 행위를 합리화했다. 동성애의 상징인 무지개 깃발은 소위 가치중립을 형상화한 것이다. 만약 정의의 힘과 목소리가 개입한다면, 이 시대 자유주의는 개인의 자유와 평등을 해치고 취약 계층을 차별한다는 등의 구실로 반격을 가할 것이다.

이 시대 자유주의는 성별조차 뒤섞어 분간할 수 없게 했다. 2003년 캘리포니아 주는 AB196 법안을 통과시켰다.[11] 이 법은 트랜스젠더(성전환자)나 트랜스베스타이트(transvestite, 이성의 옷을 입으면 성적 쾌감을 느끼는 사람)을 대상으로 고용 거부를 하는 기업이나 비영리 기구에는 최고 15만 달러의 벌금을 부과할 수 있게 했다. 그뿐만 아니라 주 상원은 '태어날 때 결정된 성별과는 관계없이 본인이 인정한 성별에 근거해 개인의 성별을 확정한다.'고 성 정체성을 정의했다.[12]

(2) 진보주의 핵심은 도덕을 변이시키는 것

다윈의 진화론이 사회 분야에서 직접적으로 파고든 결과, 이 시대 진보주의 사상은 진보라는 명분으로 전통 도덕을 끊임없이 변이시켰다.

인류는 전통 가치관의 지도하에 자신의 이성, 지혜, 노력 등을 통해 자신의 상황을 개선하는 동시에 사회 문명을 발전시켰다. 이것은 문제될 게 없다. 19세기 말, 20세기 초에 이미 미국에 '진보 시대'가 나타난 적이 있다. 정부의 일부 개혁 조치로 경제와 사회 발전 과정에서 생긴 폐단을 바로잡았다는 점에서 긍정적인 의의가 있다.

공산주의가 미국에 침투한 후 '진보'라는 단어와 '진보주의'라는 개념을 인질로 잡고 강제로 공산주의의 사악한 내용을 주입했다.

---

11) Brad Stetson, Joseph G. Conti, The Truth About Tolerance: Pluralism, Diversity and the Culture Wars (InterVarsity Press, 2005), 116.

12) "'Gender' means sex, and includes a person's gender identity and gender related appearance and behavior whether or not stereotypically associated with the person's assigned sex at birth." California Penal Code 422.56(c).

그것은 대공황 이후의 '뉴딜 정책'을 탄생시켰고, 1960년대의 민권운동, 반反문화운동, 페미니즘 운동, 환경보호 운동 등을 거쳐 오늘날 미국사회에 엄청난 변화를 일으켰다.

이 시대 진보주의의 본질은 신이 남긴 전통 사회의 질서와 가치관을 인정하지 않는 것이다. 전통 도덕 관점에서 보면 선악과 시비를 판단하는 기준은 신에게서 온다. 진보 혁명 시기에 신을 믿지 않는 사람들은 전통 도덕을 진보의 장애물로 간주해 모든 가치관을 재평가하려 했다. 그들은 절대적 도덕을 부정하고 오늘날의 사회·문화·역사 상황으로 도덕 체계를 세워 모든 도덕을 상대적 개념으로 바꾸었다. 서방 사회에서 도덕 상대주의는 진보 혁명과 더불어 정치, 교육, 문화 등 모든 면에 영향을 미쳤다.

마르크스주의는 도덕 상대주의의 전형이다. 프롤레타리아(실질은 통치계급)의 이익에 부합하면 도덕적이고 그렇지 않으면 부도덕적이라고 생각한다. 도덕이 프롤레타리아를 단속하는 것이 아니라 프롤레타리아 독재정권의 무기가 됐다.

둘 사이에 일부 유사성이 있다. 따라서 공산주의가 진보주의를 인질로 잡는 것이 마치 이치에 맞는 것 같아 사람들은 경각심을 가지지 못했다. 오늘날까지도 공산주의는 서방에서 여전히 진보주의 기치를 내걸고 노골적으로 사기를 치고 있다.

(3) 사회주의를 지향하는 자유주의와 진보주의

요약하면, 자유주의와 진보주의는 미국 헌법과 건국의 근본 및 전통 가치관에 위배된다. 그것의 본질은 전통 신앙과 도덕의 가치, 그리고 기존의 서방 사회제도를 바꾸는 것(실제로는 파괴하는 것)이다. 즉, 서방에서 진보 혁명의 목표와 결과는 바로 자본주의 사회 내부에서 사회주의와 공산주의를 실현하는 것이다.

〈공산당선언〉에서 마르크스는 자본주의를 소멸하는 열 가지 조치를 열거했다. 우리는 진보주의 기치 아래 이런 조치가 미국에서 이미 어느 정도 실현됐음을 볼 수 있다.

- 토지를 국유화하고 토지세를 징수한다.
- 고액 누진세를 징수한다.
- 상속권을 폐지한다(미국은 1916년부터 상속세를 부과했다).
- 국가 자본과 독점권을 가진 국가 은행을 통해 신용을 국가 수중에 집중한다(1913년, 미국은 중앙은행으로 운영되는 연방준비제도이사회를 설립했다).
- 모든 운송업을 국가 수중에 집중한다(미국은 각종 관리·감독 기구, 국유 우체국, 국영 철도가 있다).
- 보편적인 노동 의무제를 실시하고 산업 노동자 조직을 결성한다(1935년, 미국은 사회보장국과 노동부를 설립했고, 차별철폐조치법(Affirmative Action Act)에 의해 군 복무를 포함한 모든 직업에 여성이 남성과 동등하게 종사할 수 있도록 했다).
- 모든 어린이에게 무상 공교육을 실시한다.

행복과 진보를 추구하는 것은 잘못이 아니지만, 그러한 주의主義가 일종의 정치 사조로 바뀌어 전통 도덕과 신앙을 대체하고 배척하는 순간, 공산주의 악령이 배후에서 사람을 조종해 타락과 멸망의 나락으로 인도하는 도구가 된다.

3. 증오 선동과 투쟁 유발은 공산주의 정치의 필연적 선택

이 책은 첫머리에서 공산주의의 본질은 악령이고, 그것은 주로

'증오'로 구성됐다고 밝힌 바 있다. 이것은 증오를 확산하고 투쟁을 야기하는 공산주의 정치의 중요한 특징을 결정한다. 증오를 선동하는 과정에서 도덕을 파괴하는 한편 군중을 분열시켜 공산주의 정치세력이 권력을 탈취하고 독재정권을 수립한다. 서로 투쟁하도록 사람들을 선동하는 것은 공산주의가 정권을 탈취하는 주요 수단이다.

공산주의 정치의 핵심은 군중을 분리한 다음 증오를 불러일으켜 갈등을 조장하는 것이다. 중국 공산당은 〈마오쩌둥 선집〉 제1권 '중국 사회 각 계급 분석(1925)' 서두에 "누가 우리의 적인가? 누가 우리의 친구인가? 이 문제는 혁명의 주요 문제다."라고 썼다.[13] 원래 계급적 대립이 존재하지 않는데도 기어코 대립하는 계급으로 나눈 다음, 서로 투쟁하도록 선동한다. 이것은 공산당이 권력을 탈취하는 '마법의 무기' 중 하나다.

공산주의가 투쟁을 불러일으키는 주요 방식은 인간의 마음이 부패함으로써 조성된 각종 사회문제를 일방적으로 확대하는 것이다. 아울러 이런 문제의 근본 원인은 인간의 도덕 문제가 아니라 사회체제가 병든 데 있다고 주장한다. 그리고 그 병의 원인은 모종의 억압이기 때문에 사람들은 반드시 억압한 자를 찾아 투쟁함으로써 사회문제를 해결해야 한다고 주장한다.

공산주의 정치가 불러일으킨 증오 투쟁은 자본가와 노동자 사이에만 국한하지 않는다. 쿠바 공산주의 우두머리 카스트로는 쿠바인을 위해 '인민의 공적'을 지적했다. 풀헨시오 바티스타(Fulgencio Batista)와 그의 지지자들의 부패, 그리고 대 농장주의 억압이 모든

---

13) 마오쩌둥, 「마오쩌둥 선집 제1권 '중국사회 각 계급의 분석'」, 중문마르크스주의문고(1925)

불공정의 근원이므로 공산주의가 그들의 억압을 뒤엎고 '공평 사회'를 세울 수 있다고 약속했다. 따라서 쿠바인과 쿠바인 사이에 증오와 투쟁을 불러일으켜 공산 독재를 위한 포석을 깔아놓았다. 중국에서 마오쩌둥이 '발명'한 것은 농민에게 토지를 분배하고, 노동자에게 공장주가 되게 하고, 지식인에게 자유·평화·민주를 주겠다고 약속해 농민과 지주, 노동자와 자본가, 지식인과 국민정부가 목숨을 걸고 서로 싸우게 하고는 공산당이 그 혼란을 틈타 권력을 탈취하는 것이었다. 알제리 공산주의 두목 벤 벨라(Ben Bella)는 종교 분쟁과 민족 증오를 불러일으키는 것이 공산당이 정권을 획득하는 지름길임을 발견했다. 따라서 무슬림과 기독교 신도, 아랍인과 프랑스인이 싸우도록 원한을 불러일으켜 그는 공산 정권을 수립했다.14)

미국은 헌법으로 세워진 나라이므로 모든 국민이 헌법에 충성한다. 그리고 사회 또한 가정, 교회, 커뮤니티를 통해 강인한 유대를 형성하고 있다. 이런 특성을 지닌 미국은 사회적 계급관념이 상당히 약해 전통적인 계급투쟁 방법은 효과를 내기 어렵다. 따라서 공산주의 사령은 가능한 한 모든 기회를 잡고서 사회 각 방면에서 군중을 분열시켰다.

예를 들면 다음과 같다. ▲노동조합을 통해 직원과 고용주 사이를 분열시킨다. ▲민권民權을 빌미로 소수민족(흑인, 무슬림, 아시아계, 멕시코계 등)과 백인 간의 투쟁을 부추긴다. ▲전통 가부장제에 맞서는 페미니즘 운동으로 남녀 간의 분열을 조장한다. ▲동성애 권리운동으로 성적 취향이 다른 사람들 사이를 분열시키고, 투쟁

---

14) G. Edward Griffin, Communism and the Civil Rights Movement, https://www.youtube.com/watch?v=3CHk_iJ8hWk&t=3s.

을 강화하기 위해 새로운 성별 집단, 예를 들면 '퀴어(Queer, 동성애 등 성소수자)'를 만들어낸다. ▲종교집단 간의 분열을 부추기고 다문화주의를 빌미로 전통 서구 문화와 역사에 도전한다. ▲불법 이민자의 권리를 빌미로 국적이 다른 집단과 미국인을 분열시킨다. ▲자유라는 이름으로 군중을 선동해 민중과 공무원 사이를 분열시킨다.

이처럼 사회 집단이 모래알처럼 세분화됨에 따라 사소한 문제로도 다른 집단과 갈등하거나 심지어 투쟁할 수 있다. 투쟁을 일상적인 사회현상으로 만들고 증오를 모든 사람의 마음속에 심어 놓는 것, 이것이 바로 공산주의의 음험하고 잔인한 의도다.

공산주의는 무리로 하여금 분열하게 하고 증오를 불러일으키는 공작을 동시에 진행한다. 레닌은 일찍이 다음과 같이 말했다. "우리를 반대하는 사람들에게 우리는 반드시 언어를 통해 그들의 마음속에 증오와 반란, 멸시를 심어주어야 한다."15)

공산주의 악령이 현대 서방에서 쓰는 정치 술책은 모든 기회를 포착하고 각종 형식의 '사회정의'를 이용해 증오를 선동하고 충돌을 끊임없이 확대하는 것이다.

1935년 미국 뉴욕 할렘(Harlem)의 흑인 거주 구역에서 폭동이 일어났다. '흑인 어린이가 가게에서 물건을 훔치다가 구타로 숨졌다.'는 오보가 발단이 됐다. 미국 공산당은 이를 빌미로 즉시 흑인 민중을 동원해 대규모 시위를 벌였다. 당시 워싱턴 DC.에서 대규모 시위를 조직한 미국 공산당원 레너드 패터슨(Leonard Patterson)은 미국 공산당에서 탈퇴한 후, 자신이 조직의 명령을 받고 시위를 벌였다고 고

---

15) Bilveer Singh, Quest for Political Power: Communist Subversion and Militancy in Singapore (Marshall Cavendish International (Asia) Pte Ltd, 2015).

백했다.16)

 1931년 흑인 소년 9명이 백인 소녀 두 명을 강간한 '스카츠보로 소년 사건(Scottsboro Boys)'은 미국 흑인과 백인 사이에 심각한 대립을 불러일으켰다. 미국 공산당은 즉시 이 사건을 이용해 흑인을 지지하는 공적인 배역을 맡아 흑인들이 항의에 나설 것을 호소하고 추종자를 대거 끌어 모았다. 뒷날 좌파 대통령의 멘토가 된 프랭크 마셜 데이비스(Frank Marshall Davis)도 바로 이를 계기로 공산당에 가입했다. 미국 학자 폴 켄고르(Paul Kengor) 박사에 따르면, 이 사건에서 미국 공산당의 목적은 단지 미국 흑인을 많이 끌어 모으는 데 있는 것이 아니라 각종 자유주의자와 진보주의자 및 형형색색의 '사회정의' 투사들을 공산당에 가입시키는 것이었고, 더욱 중요한 목적은 이런 부정적인 일면을 부각해 미국을 불공정한 인종차별 국가로 매도하고 오직 공산주의와 극좌파 이상주의만이 미국을 '사악'에서, 그리고 국민을 억압하는 '병적인 상태의 시스템'에서 구해낼 수 있다고 선전하는 것이었다.17)

 이 시대 미국의 대규모 사회 충돌과 폭동 중 상당수는 공산주의 단체가 부채질한 것임을 어렵지 않게 알 수 있다. 1992년 LA의 흑인 로드니 킹(Rodney King)이 음주운전으로 백인 경찰에 체포돼 구타당하는 영상이 방영됐다. 사건 판결 후 시위대가 흩어지려고 할 때, 갑자기 누군가가 금속 광고판으로 지나가는 차를 부수는 바람에 평화로웠던 시위는 신속하게 대규모 폭동 사태로 번졌다. '이 폭동에 공산당원이 참여했느냐'는 질문을 받은 LA 경찰서장 셔먼 블록

---

16) G. Edward Griffin, Communism and the Civil Rights Movement, https://www.youtube.com/watch?v=3CHk_iJ8hWk&t=3s.
17) 위와 같음.

(Sherman Block)은 "의심의 여지가 없다. 그런 사람들이 그 와중에 불을 지르고, 부수고, 약탈했다."고 했다. 난동이 며칠간 계속되는 동안 캠퍼스와 거리 곳곳에서 미국 혁명공산당(The Revolutionary Communist Party), 사회주의노동당(Socialist Workers Party), 진보노동당(Progressive Labor Party), 미국 공산당(CPUSA) 등 각종 공산주의 단체가 배포한 전단을 볼 수 있었다. 그중 한 장에는 "로드니 킹의 판결에 복수한다! … 전사들이여, 총구를 돌려라! 군인과 노동자는 연합해 일어나라!"고 쓰여 있었다. LA의 한 경찰은 "판결이 발표되기도 전에 이 망할 놈들이 전단을 배포했다."고 폭로했다.[18]

레닌은 일찍부터 공산당원들에게 '난동 → 시위 → 거리 전투 → 독립적인 혁명대오는 대중 봉기의 발전 단계'라고 교육했다.[19]

한때 미국 공산당원이었던 레너드 패터슨(Leonard Patterson)도 공산당원들의 전문적인 훈련 과정을 폭로했다. 공산당원들은 레닌이 지시한 방법에 따라 충돌 중에 부채질을 해 시위를 폭력 난동으로 바꾸고 최후에는 거리 전투로 발전시킨다. 심지어 충돌이 없는 상황에서도 서슴지 않고 일부러 충돌을 만들어낸다.[20]

오늘날 서방사회에서 난동과 폭력을 선동하는 단체로 '인디비저블(Indivisible)' '반파시스트(antifascist)' '가부장제를 멈춰라(Stop Patriarchy)'

---

18) William F. Jasper, "Anarchy in Los Angeles: Who Fanned the Flames, and Why?" The New American, June 15, 1992,
https://www.thenewamerican.com/usnews/crime/item/15807-anarchy-in-los-angeles-who-fanned-the-flames-and-why. Chuck Diaz, "Stirring Up Trouble: Communist Involvement in America's Riots," Speak up America,
http://www.suanews.com/uncategorized/the-watts-riots-ferguson-and-the-communist-party.html.
19) V. I. Lenin, The Revolutionary Army and the Revolutionary Government,
https://www.marxists.org/archive/lenin/works/1905/jul/10.htm.
20) Leonard Patterson, "I Trained In Moscow For Black Revolution,"
https://www.youtube.com/watch?v=GuXQjk4zhZs&t=1668s.

'흑인 목숨도 소중하다(Black Lives Matter)' '파시즘 거부(Refuse Fascism)' 등을 들 수 있는데, 비록 명칭은 달라도 실제로는 모두 공산당 당원이나 공산주의 동조자들이다.

급진적이고 폭력적인 반파시스트 단체는 각종 공산주의 변종 단체 혹은 공산당 동조인으로 구성됐다. 예를 들면 무정부주의자, 사회주의자, 공산주의자와 자유주의, 사회민주주의 등이다. 반파시스트 단체는 미국 혁명공산당 위원장이 창설했다. 실제로는 좌파 급진단체로서 여러 차례 대규모 시위활동을 조직했고, 목적은 2016년 대선 결과를 뒤집는 것이었다.[21]

그들은 언론 자유라는 깃발을 내걸고 서방사회에서 끊임없이 각종 투쟁을 불러일으켰다. 그들의 진정한 취지를 이해하려면 1956년 국회 보고서에서 밝힌, 미국 공산당이 조직원들에게 보낸 지시를 보면 알 수 있다. "최전선 조직은 반드시 우리를 비난하는 사람들에게 지속적으로 치욕을 주고, 먹칠하고, 폄하해야 한다. 만약 반대자가 너무 성가시다면 그들에게 파시스트나 나치 또는 반反유대인이라는 꼬리표를 붙여라. … 끊임없이 반대자에게 악명 높은 꼬리표를 달아라. 끊임없이 반복하면 대중의 마음속에서 진실이 된다."[22]

4. 폭력과 거짓은 공산주의 정치의 가장 중요한 수단

"공산주의를 실현하는 것과 같은 숭고한 목적을 위해서는 그 어

---

[21] "Refuse Fascism," Wikipedia, https://en.wikipedia.org/wiki/Refuse_Fascism.
[22] 1956 Report of the House Committee on Un-American Activities (Volume 1, 347), quoted from John F. McManus, "The Story Behind the Unwarranted Attack on The John Birch Society," The John Birch Society Bulletin (March 1992),
https://www.jbs.org/jbs-news/commentary/item/15784-the-story-behind-the-unwarranted-attack-on-the-john-birch-society.

떤 수단을 쓰더라도 지나침이 없다. 공산당에는 폭력과 거짓이 세계를 장악하고 통치하는 도구다." 이는 공산당이 공개적으로 선언한 교의敎義다. 이 가르침에 따라 공산주의는 최초의 공산 정권인 소련이 출현하고 나서 불과 한 세기 만에 1억 명에 달하는 사람을 죽음으로 내몰았다. 공산주의자들은 살인, 방화, 납치, 기만 등 사악하기 그지없는 수단을 모두 동원했지만, 뉘우치는 기색이라고는 털끝만큼도 없다.

공산주의 악령이 만들어낸 거짓말은 '작은 거짓말' '중간 거짓말' '큰 거짓말'로 나뉜다. 이 분류법은 공산 독재 국가와 서방 국가에 공히 적용된다. 유언비어, 가짜 뉴스, 모함 등은 오히려 '작은 거짓말'에 속한다. 일정 기간 복잡한 공작을 통해 어느 정도 규모와 체계를 갖춘 것은 '중간 거짓말'이라고 할 수 있다. 2001년 파룬궁 수련자들을 증오하게 하려고 중국 공산당이 교묘히 날조한 '톈안먼 분신자살 사건' 같은 유형이 여기에 해당한다.

가장 간파하기 어려운 것은 공산주의 악령이 날조한 '큰 거짓말'이다. '큰 거짓말'은 거의 악마의 이데올로기와 같아 규모도 크고, 단계도 복잡하고, 지속 시간도 길고, 관련 범위도 넓고, '진심'으로 '헌신'하는 사람을 포함해 참여하는 사람도 많아 거짓말의 전모와 실상을 똑바로 알기가 무척 어렵다. 역사적으로 공산주의 악령이 꾸며낸 '대동사회大同社會'와 같은, 이른바 '공산주의 이상理想'은 국지적으로 또는 단기간에 검증할 수 없다는 측면에서 '큰 거짓말'이라고 할 수 있다.

위에서 분석한 바와 같이, 공산주의에 볼모로 잡힌 '진보주의' 개념 또한 '큰 거짓말'의 범주에 속한다. 지난 수십 년 동안 공산주의는 특정 사회운동을 볼모로 잡고 공산주의 악령이 원하는 소란과 혁명으로 대중을 이끌었다. 환경보호 운동 등도 여기에 속한다.

1) 공산 독재하의 폭력과 거짓말

공산당은 계급투쟁을 독려한다. 그것은 사활을 건 투쟁이다. 〈공산당선언〉은 "그들(공산당원)의 목적은 폭력으로 기존의 모든 사회제도를 전복해야만 비로소 달성할 수 있다."고 공언했다.[23] 레닌도 〈국가와 혁명〉에서 "부르주아 국가를 프롤레타리아 국가(프롤레타리아 독재)로 대체하는 것은 오직 폭력과 혁명을 통해서만 가능하다."고 주장했다.[24] 공산당은 정권을 찬탈하는 과정에서 어김없이 피비린내 나는 폭력 수단을 사용했다. 파리 코뮌, 러시아 혁명, 중국 공산당이 선동한 공농운동工農運動 등에서 그 잔혹한 폭력성을 유감없이 보여줬다. 공산당의 폭력 통치가 저지른 죄악은 필설筆舌로는 다 형언할 수 없다.

공산 사교邪敎는 폭력과 거짓말로 권력을 유지한다. 거짓말은 폭력의 윤활제이자 민중을 노예를 만드는 또 하나의 도구다. 폭력을 휘두르는 동안에는 말할 것도 없고 일시적으로 폭력이 없을 때도 거짓말은 반드시 필요한 요소다. 폭력은 때때로 잠시 멈추기도 하지만, 거짓말은 오히려 상존한다. 공산당은 무엇이든 약속하지만, 결코 그것에 얽매이지 않는다. 그들은 필요할 경우에는 얼마든지 말을 바꾸고 형식을 바꾸는데, 파렴치함이 극에 달해 도덕성의 하한선을 넘었다.

공산당은 '인간 천국'을 만들겠다면서 처음부터 거짓말을 퍼뜨려 무수한 '인간 지옥'을 만들어냈다.

---

[23] 마르크스, 엥겔스, 「공산당선언」
[24] 레닌, 「국가와 혁명」, 제1장

중국의 마오쩌둥, 알제리의 벤 베이라, 쿠바의 카스트로 등은 모두 공산 독재를 절대로 하지 않겠다고 공언했다. 그러나 정권을 잡은 뒤 즉시 강압적인 독재를 감행해 같은 당파를 숙청하고 반체제 인사들과 대중을 박해했다.

공산당은 또한 언어 자체를 교활하게 왜곡한다. 이는 공산주의 사교邪敎가 사람들을 속이는 중요한 방법 가운데 하나다. 즉, 언어의 의미를 바꾸고 심지어 반대개념으로 왜곡한다. 이러한 표현을 끊임없이 되풀이함으로써 변이된 의미가 인간의 뇌리에 깊이 새겨지도록 한다. 예를 들어 '신'은 '미신'과 같고, '전통'은 '낡고' '우매하고' '봉건적인 것'이며, '서방 사회'는 '적대 세력' 혹은 '반중反中 세력'과 동일시한다. 또한 물질적으로 가진 것이 없는 '프롤레타리아'는 '국유자산의 주인'이며, 인민은 아무런 권력이 없는데도 '모든 권력은 인민에게 속한다.'고 하고, 사회적 불공평을 지적하면 '국가 정권을 전복하려고 선동한다.'고 한다. 그러므로 공산주의 사교에 깊이 영향을 받은 사람과 이야기할 때, 종종 의사소통에 한계를 느끼게 된다. 왜냐하면 같은 말을 해도 언어의 본래 의미와 공산당이 왜곡한 의미가 다르기 때문이다.

공산주의 사교는 자신들만 거짓말을 하는 것이 아니라 전全 국민의 정치학습, 전 국민의 정치적 입장 표명, 전 국민의 정치 심사 등을 이용해 전 국민에게 거짓말을 하게 함으로써 도덕을 타락시킨다. '모세의 십계명'은 사람들에게 "거짓 증언을 하지 말라."고 경고했으며, 공자는 "예부터 사람은 모두 죽게 마련이지만, 백성의 믿음이 없으면 나라가 설 수 없다自古皆有死 民無信不立."고 했다.

사람들이 공산주의 사교가 거짓말을 꾸며내고 있음을 알게 되면 역시 거짓말로 대응할 것이다. 공산주의 사교는 당신이 거짓말을 하고 있음을 알지만, 거짓말을 한다는 것 자체가 진실을 고수하지 않는 것이기에 상관하지 않는다. 이것이 도덕이 타락했다는 징표다. 우리는 중국 공산당이 가장 바라는 것이 사람의 육신을 죽이는 것뿐만 아니라 사람들의 도덕성을 지옥으로 떨어뜨리려는 것임을 여러 차례 언급했다. 적어도 이 면에서 중국 공산당은 부분적으로 목적을 달성했다.

2) 공산악령이 서방에서 폭력을 선동하다

공산주의 악령은 증오와 우주 저층低層의 각종 부패 물질로 이루어졌다. 따라서 공산주의 이론 또한 증오로 가득 차 있다. 공산주의 악령이 선양하는 계급투쟁은 문제의 근원을 모두 전통적인 사회제도와 부자들의 착취로 돌리면서 가난한 자들의 질투와 증오를 선동해 폭력적인 행동으로 몰고 간다. 공산주의 운동이 확대되고 공산주의 악령이 조종함으로써 폭력과 거짓말은 서방사회에서도 흔히 볼 수 있게 됐고, 사회를 온통 증오로 가득 채웠다.

공산주의 정당도 노골적으로 폭력을 선전하지만, 조종을 받는 형형색색의 좌파 또한 폭력을 선동하고 있다. 예를 들어, 미국에서 좌파의 추앙을 받던 알린스키(Alinsky)는 폭력조직 출신으로, 나중에 좌파의 '군사軍師'가 됐다. 알린스키는 자신이 공산주의자임을 부인했으나, 그의 정치이념과 정치 수단은 그가 의심할 바 없이 공산당과 한통속임을 보여준다.

알린스키의 《급진주의자를 위한 규칙》은 미국 거리 운동의 교과서가 되기도 했다. 그는 이 책을 쓴 의도가 '무산자(The have-nots)'에게 마키아벨리주의(Machiavellian, 일반적으로 국가의 발전과 인민의 복리 증진을 위해서는 어떠한 수단이나 방법도 허용된다는 국가 지상주의적인 정치이념)를 심어주고, 수단과 방법을 가리지 않고 부자 수중의 권력을 가난한 자에게로 옮기고, 미국을 공산국가로 만드는 것임을 숨기지 않았다.

알린스키는 '유혈 혁명보다 점진적인 침투'를 강조했다. 그러나 본질적으로는 폭력을 높이 평가했는데, 다만 좀 더 은밀한 방식을 사용했을 뿐이다. 미국의 사회주의 조직인 '흑표당(Panther Party)'은 마오쩌둥을 신봉하고 "권력은 총구에서 나온다."는 그의 말을 슬로건으로 사용한다. 알린스키는 적이 모든 총대를 장악하고 있을 때 이런 슬로건을 다시 사용하는 것은 유치한 짓이라고 조롱하면서 "이럴 때는 투표와 민주적인 과정을 믿는다고 주장해야 한다. 총이 있을 때 다시 무력을 사용해도 늦지 않다."고 했다. 그러므로 그의 주장은 중국 공산당의 '도광양회韜光養晦(재능이나 명성을 드러내지 않고 참고 기다림)'하다가 최후에 '양검亮劍(칼을 뽑아 드러내 보임)'하는 전술과 판박이다. 그의 '규칙' 중 하나가 바로 급진파를 선동해 정치 공작을 하는 과정에서 온갖 깡패 수단을 써서 협박함으로써 기어이 '교란하고 파괴하는' 목적을 달성하는 것이다.

알린스키 전문가 데이빗 호로위츠(David Horowitz)는 "알린스키와 그의 추종자들은 현행제도에는 전혀 환상을 갖고 있지 않다. 그들은 자신들의 목표가 바로 이 제도를 완전히 파괴하는 것임을 분명히 알고 있으며, 이 과정을 전쟁으로 생각한다.25) 따라서 그들은 수단과 방법을 가리지 않는다. 실제 수요에 따라 폭력을 사용할 시기와 폭력의 종류를 결정하고 어떤 거짓말을 할 것인지 결정한다."고 했다.

미국사회에서 일부 정당은 정적을 공격하기 위해 정보를 조작하

---

25) David Horowitz, "Alinsky, Beck, Satan, and Me," Discoverthenetworks.org, August 2009, http://www.discoverthenetworks.org/Articles/alinskybecksatanandmedh.html.

고 인신공격도 불사하는 것을 볼 수 있다. 이들은 종종 폭력에 의존하는데, 공산당과 매우 흡사하다. 폭력적인 성향이 갈수록 강해지고 사회적 대립과 분열도 갈수록 뚜렷해지고 있다. 오늘날 미국의 두 주요 정당의 관계는 그야말로 공산주의 진영과 자유세계의 대립 관계로, 마치 물과 불처럼 절대로 양립할 수 없을 것 같다. 2016년 새 대통령이 당선된 뒤, 미국에서는 '안티파(Antifa, 반파시즘)'로 알려진 좌파 극단주의자들이 폭력 사태를 일으켰다. 새 대통령 지지자들과 보수 인사들을 겨냥한 것으로, 장소는 새 대통령을 지지하는 집회나 기타 공공장소였다. 안티파는 반대 진영의 발언을 저지하고 심지어 신체를 공격하기까지 했다.

최근 수년간 난민 유입 사태는 유럽에 많은 사회적 문제를 야기했다. '정치적 올바름'을 내세운 이들 국가의 좌파 '엘리트'들은 난민 정책에 반대하는 사람들을 비난하며 욕설을 퍼부었다.26)

2017년 6월 미국 공화당 당원이자 하원 다수당 원내총무인 스티브 스컬리스(Steve Scalise)는 야구를 하던 중 다른 정당 지지자에게 총격을 받아 중상을 입었다. 심지어 중부지역의 한 좌파 정치인은 이 소식을 전해 듣고 "기쁘다."고 했다.

이러한 폭력 충돌의 배후에는 모두 공산주의 악령이 있다. 모든 사람이 충돌을 원하는 것은 아니지만, 핵심적인 역할을 하는 소수의 공산주의자가 거창한 명분을 내세우면 충분히 큰 파문을 일으킬 수 있다.

공산주의 악령의 영향을 받은 일부 정당과 정치인은 야세에 몰리면 민주적 권리를 수호하고 민주주의 규범을 따르겠다고 공언하지

---

26) 허칭롄(何清漣), 「민주국가의 새로운 증상(民主國家新病症), 엘리트와 민중의 분열(精英與民眾分裂)」, 미국의소리 2016년7월5일,
https://www.voachinese.com/a/democratic-countries-elite-people-20160703/3402923.html

만, 세력이 충분히 커지면 각종 수단을 써서 의견이 다른 사람들을 억압하고 제멋대로 그들의 민주적 권리를 박탈한다. 2017년 2월 베트남계 상원의원이 미국 서부의 한 주의회에서 베트남반전운동을 했던 상원의원을 찬양하는 데 대해 비판하자 그녀의 연설을 중단시키고 강제로 연행했다.27) 이 같은 상황이 계속 발전하면 최후에는 필연적으로 공산주의 방식의 전체주의 독재로 이어질 것이다.

3) 공산악령의 거짓말이 서방 정치를 뒤덮고 있다

공산주의는 서방에서 악명이 높기 때문에 공산주의를 확장하려면 거짓말을 할 수밖에 없다.

공산주의 단체와 좌파들은 대중의 지지를 얻기 위해 종종 '자유' '진보' '공익'을 내세우지만, 실제로는 사회주의를 추진하기 위한 방편에 불과하다. 이는 공산주의가 '인간 천국'이란 말로 사람들을 속이는 것과 방법은 다르지만, 결과는 같다. 일부 정당은 공산주의와 일치하는 정책을 추진하면서 다른 이름을 붙인다. 예를 들면, 사회주의적인 국민건강보험을 추진하면서 '사회주의'라 하지 않고 '공중' 또는 '모두를 위한' 의료라고 한다. 그리고 최저임금 제도를 추진할 때도 '최저임금' 대신에 '생활임금(living wage)'이라는 말을 사용한다. 결과적으로 정부는 점점 거대해지고 시민들의 삶에 개입하는 정부의 간섭도 점점 심해진다.

친공산주의 정치인과 단체가 표를 얻기 위해 공허한 약속을 하는 것은 공산당이 민심을 훔칠 때 쓰는 수법과 흡사하다. 예를 들어, 그들은 항상 국민들에게 고高복지를 약속하고 심지어 모든 성

---

27) Mike McPhate, "After Lawmaker's Silencing, More Cries of 'She Persisted,'" California Today, February 28, 2017, https://www.nytimes.com/2017/02/28/us/california-today-janet-nguyen-ejection.html.

인에게 직업과 의료보험을 제공하겠다고 약속한다. 그러나 그 누구도 재원 조성 방안이나 정책 시행 결과에는 관심이 없다. 그들에게는 공약을 지키려는 마음이 애초부터 없기 때문이다.

미국 캘리포니아주 공화당 후보 베니토 베르날(Benito Bernal)이 최근에 밝히기를, 그가 한때 몸담았던 좌파정당이 연방정부 각료, 국회의원, 연방 상원의원, 주의원, 시의원 등을 아우르는 정치 조직을 만들고 정부의 관련 직위를 조종해 미래의 대통령을 배출하기 위한 25년 계획을 수립했다. 그는 지역사회를 돕는 데 전념하겠다고 주장한 한 단체가 조직폭력, 청소년 문제, 미성년 임신, 불법 이민, 불공정 복지 등을 다루면서 사람들을 정부에 의존하게 한다는 사실을 발견했다. 그는 이를 '노예제' 노선이라고 하면서 이렇게 말했다.

"내가 조직의 다른 사람들에게 의문을 제기했을 때, 그들은 거꾸로 내게 세 가지 질문을 했다. '첫째, 모든 문제가 해결되고 나면 다음 대선 주자가 해결할 문제가 있겠는가? 둘째, 당신은 우리가 이런 문제를 해결하기 위해 얼마나 많은 자금을 우리 도시에 들여왔는지 아는가? 셋째, 당신은 이 문제들이 얼마나 많은 일자리를 창출했는지 아는가?' 그 당시 나는 이들이 내게 '지역 사람들의 고통 속에서, 갱단의 폭력에서, 그리고 아이들이 서로 죽이는 가운데서 돈을 벌어야 한다.'고 분명히 알려주고 있다고 생각했다.

베니토 베르날은 만약 누군가가 그 당의 투표 기록을 꼼꼼히 살펴보면, 그 당이 국민들의 실망, 억압, 가난을 원한다는 것을 깨닫게 될 것이라고 했다. 그래야 중간에서 이익을 얻을 수 있기 때문이다. 이것이 그가 나중에 좌파 정당을 떠난 이유다.[28]

---

28) 장린다(姜琳達), 류페이(劉菲), 「캘리포니아 주 후보 "왜 내가 민주당을 나와 공화당에 입당했나"」, 에포크타임스 2018년 5월 7일,
http://www.epochtimes.com/b5/18/5/7/n10367953.htm

2008년 미국 대통령 선거 과정에서 40년의 역사를 지닌 자유주의 단체인 에이콘(ACORN-Association of Community Organizations for Reform Now, 개혁을 위한 지역사회 단체 연합회)이 유권자 등록표 수천 장을 위조한 것으로 드러났다.29)

2009년 에이콘은 다시 전국적인 스캔들에 연루됐다. 이 단체는 정의를 수호하고, 저소득층의 권익을 보호하고, 저소득층의 의료, 주택, 선거 등의 업무를 돕는다는 명목으로 거액의 정부 보조금과 연방 구제금을 받았다. 매춘부와 포주로 위장한 수사관 두 명이 전국의 주요 도시에 있는 에이콘 사무실을 찾아 매춘업소 운영에 관해 '도움'을 요청한 뒤 은밀하게 촬영했다. 에이콘 직원들이 매춘업소 개설, 돈세탁, 현금 은닉, 수사망 피하기, 탈세 등의 방법을 알려주는 모습이 고스란히 카메라에 잡혔다. 에이콘은 계속해서 변명했지만, 평판이 나빠지고 여론이 악화하면서 결국 자금 지원이 중단됐고 1년 후에 문을 닫았다.30)

또한, 정치적 공약들이 겉보기에는 그럴듯하지만, 최종 결과는 하버드 교수 두 명이 연구한 '컬리 효과(The Curley Effect)'처럼 국민의 미래를 망친다.31)

〈포브스(Forbes)〉저널은 컬리 효과를 이렇게 요약했다. "정치인이나 정당이 특정 정책을 실시해 경제발전을 억누르고 질식시킴으로

---

29) Bill Dolan, "County Rejects Large Number of Invalid Voter Registrations," Northwest Indiana Times, October 2, 2008,
http://www.nwitimes.com/news/local/county-rejects-large-number-of-invalid-voter-registrations/article_6ecf9efd-c716-5872-a2ed-b3dbb95f965b.html.
30) "Association of Community Organizations for Reform Now," Wikipedia, https://en.wikipedia.org/wiki/Association_of_Community_Organizations_for_Reform_Now.
31) Edward L. Glaese and Andrei Shleifer, "The Curley Effect: The Economics of Shaping the Electorate," The Journal of Law, Economics, & Organization Vol. 21, No. 1 (2005): 1-19. Doi:10.1093/jleo/ewi001.

써 표가 자기편으로 기울게 해 장기간의 주도권을 잡는다. 사람들의 직관과는 반대로 한 도시를 더 가난하게 만들면 오히려 가난을 조성한 사람이 정치적으로 성공할 수 있다."[32])

구체적으로 말하면 정치인들은 왜곡(좌경화)된 재정, 세수 재분배 정책과 여론을 이용한다. 즉, 노동조합이나 정부 프로젝트, 일부 회사 등에는 세금 혜택을 주는 반면, 기업이나 부자들에게는 세금을 늘리는 정책을 쓴다. 그럼으로써 수혜자(빈곤층, 노동조합 등)는 자신들을 우대하는 정치인이나 정당에 의지하는 동시에 표와 헌금을 통해 그 정치인을 지지하게 된다. 부자를 증오하는 정책과 중과세 정책을 폄으로써 부자와 기업이 도시를 떠나게 되면 '왜곡된' 정책을 펴는 정치인이나 정당에 반대하는 사람은 줄어든다. 이런 방식을 통해 그들의 지위는 확고해지지만, 그 도시는 세수와 일자리가 줄어들고 심지어 파산하게 된다.

포브스 기사에 따르면, 미국에서 컬리 효과가 매우 광범위하게 나타났다. 인구가 25만 명이 넘으면서 상대적으로 가난한 도시 10곳은 좌경화된 정책 때문에 가난해진 것으로 밝혀졌다. 오늘날 좌파가 절대다수를 차지하는 서부의 한 부유한 주도 사실상 같은 위험에 직면해 있다.[33])

좌파는 언어도 재정의한다. 예를 들어 보수주의자들은 '평등'을 공정하게 경쟁하는 개념의 평등, 즉 '기회의 평등'이라고 인식하지만, 좌파는 개인의 능력이나 노력과는 상관없이 다른 사람들과 동

---

32) Mark Hendrickson, "President Obama's Wealth Destroying Goal: Taking The 'Curley Effect' Nationwide," Forbes, May 31, 2012,
https://www.forbes.com/sites/markhendrickson/2012/05/31/president-obamas-wealth-destroying-goal-taking-the-curley-effect-nationwide/#793869d63d75.
33) 위와 같음.

일하게 보상받는 개념의 평등, 즉 '결과의 평등'이라고 생각한다. 또한 보수주의자는 '관용'을 다양한 신앙과 의견을 대범하게 수용하고 타인을 너그럽게 포용하는 것이라고 믿는다. 하지만 좌파가 이해하는 '관용'은 '죄에 대한 관용'이다. 이 밖에도 '자유'와 '정의'에 대한 이해도 크게 다르다. 예를 들어 좌파는 동성애, 남녀 공용 화장실, 마리화나 합법화 등의 정책을 '진보주의'라는 이름을 붙여 개인의 자유가 진보한 것인 양 포장하지만, 사실은 신이 인간에게 준 인륜人倫을 파괴하는 짓이다. 이 역시 좌파가 인간의 도덕관념을 변이시키는 수법이다.

과거에는 모두들 미국이 자유 사회의 주축이자 공산주의에 맞서 자유를 수호하는 최후의 보루라고 생각했다. 그러나 오늘날 미국에는 '고세율高稅率 고복지高福祉' '집단주의' '큰 정부(Big government)' '사회민주주의' '사회적 평등' 등 마르크스·레닌주의와 사회주의에서 온 좌파사상이 실행되고 있는데, 이는 공산주의 악령의 거짓말과 매우 큰 관계가 있다. 특히 젊은 세대는 공산주의 국가의 잔인한 역사를 알지 못한 채 막연히 동경하면서 허황한 이상을 추구한다. 따라서 모습을 바꾼 변종 공산주의에 속아 자신도 모르는 사이에 돌아올 수 없는 파멸의 길에 들어서고 있다.

5. 전체주의는 공산주의 정치의 필연적 결과

주지하다시피 공산 독재국가는 국민의 사생활을 전면적으로 통제한다. 비폭력 공산주의는 점진적으로 정부 권력을 확대하고 사회 통제 역량을 키워 궁극적으로는 전체주의 체제로 나아간다. 아직 공산주의 독재 권력이 수립되지 않은 국가에서도 사람들은 언제든지 각종 자유를 잃을 상황에 이르렀다. 더욱더 무서운 것은 현대 전체주의가 과학기술을 이용해 개인을 감시하고 통제하는 능력을 전례 없는 수준으로 끌어올렸다는 점이다.

1) 전체주의의 본질

사람은 신이 확립해준 전통가치에 따라 생활하고, 신은 사람이 전통적 가치를 기반으로 문화를 발전시키도록 이끈다. 이러한 문화는 인간과 신을 연결하는 중요한 통로이며, 문화를 바탕으로 사회를 관리하는 방법, 즉 정치 생활이 파생된다.

신은 사람에게 자유의지와 자아 관리 능력을 줬다. 사람들은 도덕적 자율을 통해 자아를 관리하고 가족과 사회를 책임진다. 19세기 프랑스의 저명한 정치학자 토크빌(Tocqueville)은 미국의 정치를 고찰한 후, 미국인들의 자국에 대한 자성自省, 사악함에 대한 이해, 그리고 인내와 비폭력 수단으로 문제를 해결하는 점을 높이 평가했다. 그는 미국의 위대함은 자신의 실수를 바로잡는 능력에 있다고 생각했다.[34]

공산주의 악령이 원하는 것은 독재정치다. 따라서 사람들을 전통과 도덕을 거스르도록 부추기고 신을 믿고 선으로 향하는 길을 막아 신의 백성이 부지불식간에 마귀의 백성이 되게 한다. 공산주의 국가에서는 정부가 경제, 교육, 언론 등 모든 사회적 자원을 독점한다. 그러므로 오직 공산당 지도자의 지시에 따라 행동해야 하며, 공산당의 '거짓·사악·폭력' 정치에 협조하고 따라야 한다. 아

---

34) Alexis de Tocqueville, Democracy in America, Volume 1, trans. Henry Reeve (New Rochelle, New York: Arlington House).

직 양심을 버리지 않고 마음을 닦고 선善으로 향하는 사람들은 공산당의 이데올로기와 정책에 위배된다. 따라서 그들이 선택할 수 있는 것은 공산당의 적이 돼 가장 밑바닥에서 허덕이는 '천민賤民'으로 전락하거나 아예 죽는 길뿐이다.

자유사회에서도 정부는 전체주의로 나아가고 점차 무소불위의 거대정부가 되고 있다. 전체주의 정치의 특징 중 하나는 국가계획을 통해 중앙정부가 정한 방향을 실현하고 경제를 통제한다는 점이다. 오늘날 서방 정부는 국가 재정, 조세, 금융 등의 거시경제 수단을 통해 경제에 개입하고 통제함으로써 국가계획의 실현 정도를 점점 높여가고 있다.

이와 동시에 서방 정부의 관리 범위가 신앙, 가족, 교육, 경제, 문화, 에너지, 교통, 통신, 여행 등의 영역으로 확대됐다. 중앙 행정에서부터 지방정부의 규제, 그리고 헤아릴 수 없이 많은 법안과 법원의 판결에 이르기까지, 모든 분야에서 이미 정부 부처의 권력이 팽창됐고 사회 통제 수위도 전례 없는 수준에 이르렀다. 예를 들면, 모든 사람이 건강보험에 가입해야 하고, 그러지 않으면 벌금이 부과된다. 정부가 공익이란 이름으로 개인의 재산과 권리를 박탈하는 것이다.

전체주의 정권은 '정치적 올바름'을 구실로 표현의 자유를 박탈하고, 말할 수 있는 것과 말할 수 없는 것을 규정한다. 누군가가 공개적으로 사악한 정책을 부정하면 '증오 발언'이라고 몰아세운다. '정치적 올바름'에 대항하는 사람은 가벼우면 고립되고 중하면 해고당하며, 심지어 협박과 인신공격을 받기까지 한다.

변이된 정치 기준으로 바른 도덕표준을 대체한 다음 법률·규정과 여론을 통해 강제로 집행하고 사회 전반에 걸쳐 강한 압력으로 개개인이 모두 위협을 느끼도록 공포 분위기를 조성함으로써 자유의지를 꺾고 하늘이 준, 선을 향하는 자유마저 억압한다. 이것이 전체주의 정치의 본질이다.

2) '요람에서 무덤까지'의 복지제도

오늘날 복지국가 정책은 이미 세계적으로 보편적인 제도가 됐다. 어느 나라, 어느 정당이든, 보수주의파든 자유주의파든 모두 복지정책을 시행할 뿐만 아니라 방법상에서도 본질적인 차이가 없다. 공산국가에서 살다가 서방으로 온 사람들은 서방 사회의 복지에 깊은 인상을 받는다. 자녀 무상교육은 기본이고 의료보험에서부터 노인복지에 이르기까지 모두 국가가 비용을 부담한다. 그들은 서방 사회가 '진정한 공산주의 사회'라 생각한다.

16세기 프랑스의 유명한 예언자 노스트라다무스(Nostradamus)는 "그때를 전후로 해서 마르스(Mars)가 천하를 통치하는데, '사람들이 행복하게 살도록 하기 위해서'라 한다."고 했다. 지금의 복지사회는 선진 자본주의 국가에서 시행하지만, 공산주의의 것이 아닌가? 다만 폭력혁명의 방식을 사용하지 않을 뿐이다.

행복한 삶을 추구하는 것은 잘못이 아니지만, 정부가 시행하는 고복지 정책의 이면에는 거대한 문제가 숨겨져 있다. 세상에 공짜는 없다. 고복지 정책은 강제 과세課稅에 기초를 두고 있는데다 복지 자체가 많은 문제를 야기한다.

영국의 법학지 다이시(Diccy)는 다음과 같이 말했다. "1908년 이전에는 건강보험에 가입하는 문제는 빈부와 관계없이 전적으로 개인이 자유롭게 결정할 문제였다. 이 같은 선택은 검은색 셔츠를 입느냐 아니면 갈색 셔츠를 입느냐 하는 문제와 같은 것으로, 국가와는 아무런 관련이 없다. 그러나 국민보험법은 결국 국가, 즉 납세자에게 영국 유권자들이 예상했던 것보다 훨씬 무거운 책임을 가져다준다. 실업보험이란 것도 사실상 모든 사람이 실업의 고통을 받지 않도록 할 책임이 국가에 있음을 인정하는 것이다. 국민보험법은 사회주의 이론에 정확히 부합한다."[35]

사회주의 복지의 북유럽 모델은 많은 국가가 인정하고 채택한 복지 유형으로, 그것은 일찍이 서방이 사회주의 번영의 긍정적인 사례로 여겨 모방한 복지제도다. 하지만 북유럽은 GDP 대비 세금이 차지하는 비율이 세계 최고이며, 몇몇 국가는 약 50%에 이른다.[36]

그러나 일부 분석가들은 정부가 관여하는 사회주의 의료 복지에 6가지 치명적인 문제가 있다고 지적했다. ▲공짜는 사람마다 더 많이 차지하려 하므로 오래갈 수 없다. ▲상벌이 없어 의료업 종사자들은 법적 책임을 면하려 할 뿐 굳이 최선을 다하지 않는다. ▲정부에 막대한 손실을 입힌다. ▲사람들은 제도의 허점을 이용해 훔치고 시스템을 남용하고 지하경제에 종사한다. ▲국가는 의료제도를 통해서 사람들의 생사를 결정한다. ▲관료 제도는 관리管理 혼란을 조성한다.[37]

2010년, 요나스(Jonas)라는 사람은 북유럽의 한 응급실에서 상처를 스스로 봉합해야 했다. 그는 처음에 진료실에 갔지만 문이 닫혀 있었고, 응급실에 가서는 3시간을 기다려도 아무런 도움도 받지 못했

---

35) A.V. Dicey, "Dicey on the Rise of Legal Collectivism in the 20th Century," Online Library of Liberty, http://oll.libertyfund.org/pages/dicey-on-the-rise-of-legal-collectivism-in-the-20thc.
36) Danish Ministry of Taxation, "Skattetrykket," June 24, 2012.
37) Paul B. Skousen, The Naked Socialist: Socialism Taught with The 5000 Year Leap Principles (Izzard Ink), Kindle Edition.

다. 어쩔 수 없이 그는 간호사가 나간 사이 피가 흐르는 상처를 실과 바늘로 직접 꿰맸고, 병원 직원은 그가 법을 위반했다고 보고했다. 이것은 단지 작은 예일 뿐이며, 실제 상황은 이보다 훨씬 열악하다. 무료 의료 복지는 '무료'이기 때문에 자원이 남용되고 대기자의 줄이 길어지는 현상을 야기한다. 진정으로 의료 혜택이 필요한 사람은 사회주의 의료제도에 의해 벌을 받는 것이나 다름없다.

효율성만 문제가 되는 것은 아니다. 더 큰 위험은 '요람에서 무덤까지'의 모든 것을 정부가 떠맡는 것이 복지인 양 여긴다는 점이다. 이는 전적으로 정부에 의존하는 것이고, 시각을 달리하면, 자신의 모든 것을 정부에 넘겨주는 것이다. 이쯤 되면 전체주의 체제로 넘어가는 것은 손바닥 뒤집듯 쉽다.

토크빌은 이렇게 말한 적이 있다. "만약 폭정이 오늘날 우리 민주국가에서 나타난다면 그것은 다른 모습으로 바뀔 것이다. 그러한 폭정은 더욱 광범위하지만, 동시에 온화한 색채를 띠기 때문에 사람들을 노예처럼 부리면서도 고통을 전혀 느끼지 못하게 할 것이다." 토크빌의 이 예측은 복지국가를 가장 잘 설명해주는 주석註釋이라 할 수 있다.38)

3) 번잡한 법률은 전체주의를 위한 포석

전체주의는 선善을 지향하는 자유를 말살했지만, 악을 위한 여지는 남겼다. 사람들은 법률로 범죄를 해결하려다 악마의 올가미에 걸려들있다. 현대사회에는 보편적으로 법률이 매우 많다. 미국 세법은 7만여 쪽이나 되고, 건강보험법은 거의 2만 페이지에 달해 일

---

38) De Tocqueville, Alexis, n.d, "Democracy In America Alexis De Tocqueville," Accessed July 3, 2018.
https://www.marxists.org/reference/archive/de-tocqueville/democracy-america/ch43.htm.

반인은 물론 법조인조차 법률 조항을 통달하지 못한다. 또한 연방과 전국 각 주, 카운티, 시 등에서 매년 4만 건 이상의 새로운 법률을 통과시킨다. 그야말로 법규가 쇠털처럼 많아 조금만 부주의하면 감옥에 갈 지경이다.

낚시를 할 때 어떤 낚싯바늘을 사용해야 하는지, 공공장소에서 음식을 먹을 때 국물을 어떻게 마셔야 하는지 등등, 모든 것을 법률로 통제한다. 미국 서부의 한 주는 에너지 사용을 제한하는 새로운 법률을 제정해 대형 텔레비전과 비닐봉지를 사용하지 못하게 규제했다. 일부 도시에서는 거주자가 자기 집 뒤뜰에 차양을 설치할 때도 정부의 허락을 받아야 한다.

너무 자질구레한 법률은 사람들의 도덕관념을 흐리게 할 수 있다. 법률이 너무 많은데다 도덕적 직관과 거리가 먼 법률도 많아서 현대사회에서 이러한 경향이 조성됐다. 즉, 사람들이 어떤 일을 하려 할 때, 합법성 여부만 따질 뿐 도덕적인지에 관해서는 관심을 두지 않는다는 것이다. 이대로 가면 공산주의 악령의 대리인이 악마의 이데올로기를 직접 법으로 제정하는 것도 더욱 편리해질 것이다.

아무리 좋은 법이라도 그 힘은 외부적인 것일 뿐, 사람의 마음을 구속하기는 어렵다. 노자老子는 "법령이 더 많고 삼엄하면 도적이 점점 늘어난다法令滋彰, 盜賊多有."고 했다. 악이 만연한 때는 법률도 제구실을 할 수 없다. 법률이 많이 제정될수록 '큰 정부'는 법률로 더 많이 통제할 수 있다. 사람들은 악마가 인간의 악한 면을 확대함으로써 사회문제가 발생한다는 사실을 무시하고 오히려 법률에 문제가 있을지도 모른다고 생각한다. 그 결과, 법으로 문제를 해결하는 악순환에 빠져들어 사회를 한 발 한 발씩 전체주의로 밀고 가고 있다.

4) 과학기술을 이용한 통제가 극에 달하다

전체주의는 국가기구와 비밀경찰을 이용해 민중을 감시하고 통제한다. 현대 과학기술은 사람에 대한 통제를 최고 수준으로 밀어붙여 사람들을 두려움에 떨게 한다.

최근 '비즈니스 인사이더(Business Insider)'는 중국 공산당이 국민을 감시하는 방법을 다음과 같이 요약했다.[39)]

- ▲안면인식 기술을 사용해 수많은 군중 속에서 표적 인물을 잡아낸다.
- ▲그룹 채팅 관리자를 통해 대화를 감청한다.
- ▲정부가 휴대전화 사진과 동영상을 모니터링 할 수 있는 앱을 다운로드하도록 강요한다.
- ▲국민의 온라인 쇼핑을 관찰한다.
- ▲무작위로 보행자를 검문하고 휴대전화를 검열한다.
- ▲개인의 소셜 미디어 게시물을 추적하고 사용자의 가족 및 위치를 찾는다.
- ▲예측 소프트웨어를 구축해 사람들의 정보를 종합하고 당국에 위협이 될 만한 인물을 표시한다.

파이낸셜타임스(FT)는 중국 공산당의 사회신용시스템의 불순한 의도를 다음과 같이 지적했다. "중국 공산당은 빅데이터를 이용해 신용 점수를 매길 뿐만 아니라 전 국민의 정치적 성향도 분석해 수치화한다." 이 사회신용시스템을 새로 정비하면 '애국' 점수를

---

39) Alexandra Ma, "China Is Building a Vast Civilian Surveillance Network — Here Are 10 Ways It Could Be Feeding Its Creepy 'Social Credit System'," Business Insider, April 29, 2018, http://www.businessinsider.com/how-china-is-watching-its-citizens-in-a-modern-surveillance-state-2018-4.

산출할 수 있다. 즉, 국민 한 사람 한 사람의 관점이 집권 공산당의 가치관과 얼마나 일치하는지를 평가하는 점수다.[40]

인사 파일과 빅 데이터가 결합하는 순간 점수가 낮은 사람은 일자리를 잃거나 주택 대출이 중지되거나 운전면허가 취소되거나 병원 치료가 거부될 수 있다.

오늘날 중국 공산당은 세계 최대 규모의 감시 시스템을 갖추고 있다. 중국의 공공장소와 도로 어디에서나 감시 카메라를 발견할 수 있으며, 14억 명 중에서 블랙리스트에 오른 사람을 7분 안에 찾아낼 수 있다. 휴대전화에 있는 위챗(WeChat) 등 모니터링 앱은 감시 시스템을 '집 안에 들여놓는 꼴'이 돼 휴대전화를 소지한 사람은 프라이버시가 전혀 없고 도망갈 곳도 없다. 과학기술이 갈수록 발달하고 정부의 권력이 갈수록 커지는 상황에서 자유사회의 정부가 계속 좌경화로 나아가면 민중들은 똑같이 끔찍한 감시를 당하는 운명에 직면하게 되는데, 이는 결코 과언이 아니다.

6. 서방 세계를 위험한 전면전쟁에 빠뜨리다

오늘날의 미국사회는 공산주의 악령이 침투해 전례가 없을 정도로 분열됐다. 좌파는 모든 역량을 동원해 전통적인 정치 견해를 가진 사람들을 공격하고 있다. 이 상황을 '전쟁'으로 표현해도 결코 지나치지 않다.

---

[40] Gilliam Collinsworth Hamilton, "China's Social Credit Score System Is Doomed to Fail," Financial Times, November 16, 2015,
https://www.ft.com/content/6ba36896-75ad-356a-a768-47c53c652916.

근대 미국에서는 선거 기간에 말싸움이 치열할 수도 있지만, 선거가 끝나면 치유 단계를 거쳐 균열을 봉합하고 정상적인 정치활동으로 돌아갔다. 오늘날의 서구 정치계를 살펴볼 때 가장 우려스러운 것은 격렬하게 대립하고 분열하면서 정치 질서가 기형적으로 변했다는 점이다. 정치인은 정치인끼리 정당은 정당끼리 서로 헐뜯고 공격하면서 정책적으로 방해한다. 민간 시위 또한 여기저기서 일어나고 규모도 계속 커지는 데다 폭력적인 양상으로 치닫고 있다.

2016년 대선 초기, 정부 내 일부 좌파 관료는 정치 견해가 다른 후보를 다루는 방안을 짜기 시작했다. 선거가 끝난 뒤 좌파 진영은 대선 결과를 뒤집기 위해 소송을 걸었다. 새 대통령이 취임한 후, 미국 서부의 한 좌파 주지사는 이제 새로운 대통령에 대한 전면적인 저항을 지지하는 '토네이도'가 일어나고 있다고 했다. 이 좌파 정당의 고위 인사들은 격분한 진보 진영이 새 대통령에 대한 '전면전全面戰'을 벌이고 정부를 무조건 반대하기를, 그래서 이를 통해 대중의 지지를 되찾기를 원한다고 시인했다.41)

좌파는 여러 가지 방식으로 목표를 달성하려고 한다. 정책 문제에서 좌파는 반대를 위한 반대를 할 때가 많다. 일반적으로 각 당이 구체적인 정책을 놓고 견해 차이를 보이는 것은 놀라운 일이 아니다. 또한 그 차이가 아무리 심각하더라도 각 당파는 모두 국가안보와 공공안전을 우선시한다는 공감대가 형성돼 있다. 하지만 놀랍게도 국경을 보호하기 위한 제안이 심하게 공격받았고 심지어 일부 주에서는 불법체류자 '피난처 도시(Sanctuary City)' 법안을 통과시

---

41) Jonathan Martin and Alexander Burns, "Weakened Democrats Bow to Voters, Opting for Total War on Trump," New York Times, February 23, 2017, https://www.nytimes.com/2017/02/23/us/democrats-dnc-chairman-trump-keith-ellison-tom-perez.html.

켰다. 이 법안의 취지는 해당 주 정부가 연방정부의 이민 제한정책을 거부하고 불법체류 이민자를 보호하는 데 있다. 따라서 주 정부는 연방 이민세관단속국(ICE)에 불법 이민자 관련 정보를 제공하지 않는 등 이민자 단속업무를 방해하거나 협조하지 않을 수 있다.

또한 좌파가 주도하는 주류 언론들은 대선을 앞두고 좌파 후보의 낙승을 점쳤다가 예상이 빗나가자 눈이 휘둥그레졌다. 선거가 끝난 뒤 주류 언론들은 좌파 정치인들과 함께 각종 사건을 대대적으로 조작해 새로운 대통령에 대한 비판 여론을 조성하고, 심지어 가짜 뉴스를 만들어 국민을 혼란스럽게 했다. 주류 언론들은 새 대통령의 각종 치적은 거의 외면하고, 좌파 후보가 안고 있는 심각한 문제점은 어물쩍 넘어가는 행태를 보였다.

정상적인 사회에서는 단체나 당파에 따라 서로 주장이 다를 수 있고 심지어 갈등을 일으킬 수도 있다. 그러나 갈등은 일시적이고 부분적일 뿐, 궁극적으로는 양측이 평화적으로 문제를 해결하려고 노력한다. 하지만 공산주의 악령의 계급투쟁 사유에 지배당하면 화해나 협력을 할 여지는 사라지고 오직 전투태세로 상대를 철저히 물리치고 체제를 전면적으로 전복해야 한다고 생각한다.

이 같은 전면전은 정치 게임, 정책 대결, 언론전 등 전면적인 대결 양상으로 나타나 심각하게 사회를 분열시키고 극단적인 폭력을 증가시키는 결과를 초래했다. 이것이 바로 공산주의 악령이 바라던 결과다.

2016년 AP통신과 여론조사기관인 공공문제연구센터(NORC)가 실시한 여론조사에 따르면, 응답자의 약 85%가 미국이 과거보다 정치적으로 더욱 심각하게 분열됐다고 생각했으며, 80%는 미국인들에게 가장 중요한, 가치관이 심각하게 분열돼 있다고 믿었

다.42)

한 나라가 통일되려면 공통적인 가치관과 문화가 필요하다. 비록 각 종교의 교리는 다르지만, 선과 악의 기준은 비슷하다. 이것은 미국이라는 이민국가에서도 각 인종이 화목하게 지낼 수 있는 힘의 원천이다. 그러나 가치관이 분열되면 국가의 분열도 빨라진다.

맺음말

사람은 누구나 약점과 악한 면이 있고, 권력과 부와 명성을 추구하는 속성은 예부터 있었다. 악령은 인간성의 악한 면을 집중적으로 이용해 각 국가에 '악령의 대리인' 체계를 만들었다. 국가는 인체와 같고 각 기관은 인체의 각 기관과 같아서 각기 담당하는 기능과 직무가 있다. 만약 국가의 각 기구에 악령의 대리인이 침투한다면, 그것은 마치 외부의 의식이 인간의 영혼을 대체하거나 인체를 직접 조종하는 것과 같다.

만약 누군가가 사회 전체를 악령의 통제에서 벗어나게 할 경우, 이 악령의 시스템은 모든 수단을 동원해 전면적으로 저항할 것이다. 예를 들어 ▲매체를 이용해 인신공격을 하고 ▲잘못된 정보로 대중을 교란하고 ▲각 부서 사이에 갈등을 조성하고 ▲사회를 분열과 투쟁의 늪에 빠뜨리고 ▲각종 방식으로 경제적 사회적 문제를 야기하고 사회 불안을 조성한다. 이렇게 함으로써 실상은 모르는 이들로

---

42) The Associated Press-NORC, "New Survey Finds Vast Majority of Americans Think the Country Is Divided over Values and Politics," August 1, 2016, http://apnorc.org/PDFs/Divided1/Divided%20America%20%20AP-NORC%20poll%20press%20release%20%20FINAL.pdf.

하여금 악령을 반대하는 그 '누군가'에게 창끝을 겨누게 한다. 알고 보면, 많은 사람이 이 시스템의 창조자이고 피해자다. 그러나 그들이 나쁜 일을 했을 수는 있지만, 결코 인류의 진정한 적은 아니다.

정치는 개인의 역량과는 비교할 수 없는, 천문학적인 자원을 운용할 힘과 모든 이슈에 개입할 능력이 있다. 이를 선하게 사용하면 만인에게 행복을 가져다주는 큰 공을 세울 수 있지만, 남용하면 하늘 아래 큰 죄업을 짓게 된다.

이 장의 목적은 오늘날의 세계 정치에서 공산주의 악령의 요소를 적나라하게 드러냄으로써 사람들이 선과 악을 분별하고 악령의 간계를 간파할 수 있도록 도와 정치를 올바른 길로 되돌리기 위함이다.

로널드 레이건(Ronald Reagan) 전 미국 대통령은 "때때로 우리는 사회가 너무 복잡해 자치적으로 관리할 수 없으며, 지식인 계층에 의한 정부가 모든 국민에 의한 정부보다 좋다는 유혹에 빠진다. 그러나 우리 자신이 자신을 통제할 능력이 없다면 어느 누가 다른 사람을 통제할 능력을 가질 수 있겠는가?"라고 했다.[43] 트럼프 미국 대통령은 "우리는 정부를 경배하지 않고 신을 경배한다."고 했다.[44]

정치권력은 전통적인 가치를 근간으로 하는 정도正道로 되돌아가야 한다. 인류는 신의 가호를 받아야만 악령의 조종을 받지 않는 동시에 노예의 수렁에 빠지지 않을 수 있고, 파멸의 길을 피할 수 있고, 진정한 출로가 있을 수 있다.

---

43) Ronald Regan, "Inaugural Address," January 20, 1981, http://www.presidency.ucsb.edu/ws/?pid=43130.
44) Donald Trump, "Remarks by President Trump at the 2017 Values Voter Summit," October 13, 2017,
https://www.whitehouse.gov/briefings-statements/remarks-president-trump-2017-values-voter-summit/ http://www.epochtimes.com/gb/18/6/5/n10457370.htm
https://www.theepochtimes.com/chapter-nine-the-communist-economic-trap-parti_2596547.html

제9장 경제편

악령의 미끼

　공산주의 악령은 인류를 파멸시키기 위해 전 방위로 치밀한 배치를 했는데, 경제 분야는 단지 일부에 불과하다. 인류가 공산주의 악령의 통제에서 벗어나려면 그것의 음모를 인식하고, 그것의 거짓말과 기만을 똑똑히 보고, 그것에게 환상을 품지 않고, 전통도덕으로 회귀하고, 덕德을 중시하고 선善을 행해야 한다. 그러면 인류는 지속적인 번영과 행복을 맞이할 것이고 세계 문명도 새로운 활력을 되찾을 것이다.

제9장 경제편

악령의 미끼

머리말

100여 년 전, 마르크스는 〈자본론〉을 발표해 공유제로 사유제를 소멸할 것을 주장했다. 반세기 이후 공산주의 공유제의 광풍이 전 세계 국가 중 3분의 1을 휩쓸었다.

1990년을 전후로 동유럽 공산주의 진영이 해체되고 많은 동유럽 국가는 '충격요법(shock therapy)'을 실시해 시장경제로 돌아갈 수밖에 없었다. 공산당이 집권하지 않았는데도 사회주의식 국유화를 신봉해 공유제와 계획경제를 실시한 국가는 빈곤과 고통을 겪은 후 어쩔 수 없이 부분적 자유 시장경제 제도를 도입했다.

공산주의 악령은 동서양을 가리지 않고 전면적으로 공격함으로써 세계를 지배하려는 야욕을 상당부분 실현했다. 그런데 많은 나라가 공산주의와 사회주의 경제모델을 버렸다. 그렇다면 이는 공산주의 악령의 목적이 실패했음을 방증하는 것일까? 실은 그렇게 간단한 문제가 아니다. 공산주의 악령의 특징 중 하나는 최종 목적을 위해 원칙 없이 이리저리 모습을 바꾼다는 것이다. 공산주의 악령이 고수해온 일부 방식과 수단을 스스로 부정하는 것도 더 큰 목적을 위한 방편이다. 이런 수법은 특히 경제 분야에서 두드러진다.

지금 세계 경제상황과 배후의 본질을 자세히 분석해 보면 공산주의 악령이 이미 경제 각 분야에 검은손을 뻗었음을 알게 돼 경악을 금치 못할 것이다. 환상적이고 아름다운 각종 청사진, 그리고 정부에 대한 맹목적인 숭배 속에서 각국 경제는 한 걸음씩 자유경제의 궤적을 벗어나 도덕적 근본을 상실하고 공산주의 악령의 손아귀에 빠져들고 있다. 그 진실을 규명하고, 사고하고, 대책을 만드는 일을 한시도 늦출 수 없다.

1. 서방 선진국이 시행하고 있는 또 다른 형식의 공산주의

마르크스는 〈공산당선언〉에서 "공산주의자들은 자신의 이론을 한마디로 요약할 수 있는데, 바로 사유제를 소멸하는 것이다. 개인에게 있어서는 '부르주아의 개성·독립성·자유를 소멸하는 것'이고, 사회에 있어서는 '자신의 정치적 통치를 이용해 부르주아의 자본 전체를 조금씩 약탈하고 모든 생산도구를 국가, 즉 통치계급으로 조직된 프롤레타리아의 손에 집중시키는 것'을 의미한다."고 했다.[1]

---

1) Karl Marx and Friedrich Engels, "Manifesto of the Communist Party," Marx/Engels Selected Works, Vol. One (Moscow: Progress Publishers, 1969), 98-137.

이러한 목적을 달성하기 위해 공산주의 악령은 공산국가에서 폭력과 학살 방식을 사용했다. 하지만 자유 사회에서는 폭력적인 공산주의가 크게 환영받지 못하므로 비폭력 방식을 채택하고 각종 변형사회주의 형식을 사용해 단계별로, 그리고 정도를 달리해 사회 전반에 침투한다. 따라서 표면적으로는 그리 쉽게 판별할 수 없다.

현재 서방사회의 많은 경제정책은 표면적으로 사회주의처럼 보이지 않고 명칭 또한 사회주의가 아니지만, 궁극적으로는 사유재산권을 제한하거나 탈취하고 기업의 자유를 제약한다. 또한, 정부 권력을 확대해 사회주의에 근접하는 고세율과 고복지, 그리고 국가 경제에 국가가 전면적이고 적극적으로 개입하는 등의 수단을 사용한다.

1) 서방 선진국의 고세율高稅率, 고복지高福祉

서방국가에서 실시하는 공산주의·사회주의 경제의 중요한 특징 중 하나가 고복지다. 공산국가에서 온 사람들이 서방 선진국의 고복지 정책을 접하면 오히려 더욱 공산주의 같다는 느낌을 받는다.

(1) 변형된 사회주의

정부는 본래 가치를 창출하는 주체가 아니다. 양털은 양에서 나오듯 고복지의 재원은 세수나 국채國債이고, 이는 최종적으로 국민이 지불하는 것이다(국채는 시간차가 있을 뿐, 결국 납세자들이 부담한다). 고복지는 바로 변형된 공산주의로, 서방 사회는 단지 공산당의 폭력혁명을 부르짖지 않을 뿐이다.

높은 세수는 국가가 경제에 개입해 부를 재분배하기 위해 대량의 사유재산을 강제로 국가에 넘기는 것으로, 그 본질은 점진적이고 은밀한 방식의 사유재산 폐지 정책이다.

고세율 정책과 공산정권의 공유제·평등주의는 가는 길이 다를 뿐 목적지는 동일하다. 둘의 차이는 단지 국가 점유가 생산 이전에 일어나느냐 생산 이후에 일어나느냐 하는 것뿐이다. 공산정권의 공유제에서는 국가가 직접 생산 자원을 점유하는 반면, 서방국가의 고세율 정책은 개인이 생산 자원을 점유하지만, 생산해낸 부는 세수 형식으로 거둬들여 국가가 점유한다. 이 둘은 사실 국민의 부를 갈취하는 것이나 다름없다. 단지 후자는 공산주의의 공유제만큼 폭력적이지 않고 또 투표와 입법 방식을 통해 '합법적'으로 시행할 뿐이다.

복지제도에 긍정적인 면이 있기 때문에 현혹되는 측면이 있다. 그래서 공산주의 악령에게 고복지, 고세율 정책을 계속 추진하도록 빌미를 준다. 이재민이나 불의의 사고를 당한 사람에게 사회보장과 같은 정부의 구제 정책은 분명 합리적이다. 하지만 복지제도의 긍정적인 일면이 더 큰 혼란을 야기한다. 바로 공산주의 악령에게 변명거리를 마련해주어 끊임없이 고복지, 고세율 정책을 관철할 수 있기 때문이다. 이런 측면에서 볼 때, 고복지 제도는 공산주의 경제가 인류와 사회, 그리고 도덕을 파괴한 것과 동일한 부작용을 이미 가져왔다. 공산주의 경제는 인성을 파괴하는 필연성을 내재하고 있어서 경제적 측면에서 악을 자극하고 도덕을 손상할 수 있다. 이것이 바로 공산주의 악령이 공산국가와 자유사회를 포함한 전 세계에 공산주의 경제관을 퍼뜨리는 근본적인 이유다.

(2) 고세율 실태

서방 선진국이 시행하는 고복지 정책에는 재정수입이 대량으로 투입돼야 한다. 만약 세수가 많지 않다면, 즉 막대한 사유재산을 납세를 통해 공공영역으로 옮기거나 국가가 빚을 지지 않으면 고복지 정책은 유지할 수 없다.

예를 들어 미국에서는 세수의 절반 이상이 사회복지와 의료에 쓰인다. 개인소득세와 사회보장세가 전체 세원 중 80% 이상을 구성하며, 기업세는 11% 정도다.[2] 미국에 비해 서방국가의 복지제도는 더 멀리 나아간 상태이므로 자연히 세수가 더 많이 필요하다.

경제협력개발기구(OECD)의 2016년 자료에 따르면 통계 대상 35개 시장경제 국가 중 27개국의 근로소득세율은 30% 이상이다. 가장 높은 나라(54%)와 2위(49.4%)가 모두 유럽 국가였다.[3] 또한 유럽에서는 식사를 하거나 물건을 살 때도 부가가치세를 내야 한다. 어떤 국가의 부가가치세는 20%에 달한다. 이는 모두 소비자의 부담으로 작용하는데, 여기에 기업세와 다른 잡세를 더하면 전체 세율은 더욱 높아진다.

또 다른 연구에 의하면, 1900년 전후로 20개 경제 선진국의 개인소득세는 모두 상당히 낮았다. 예를 들어 1900년 이탈리아의 최고세율은 10%, 일본과 뉴질랜드는 5%였다. 하지만 1950년에 이르러 이 20개국의 세율은 최고조에 달했는데, 평균치가 60%를 초과했다. 그 후 완만히 감소해 현재는 40% 선을 오르내리고 있다.[4]

고세율 제도는 부유층만을 겨냥하지 않는다. 빈곤층 또한 직접적으로 혹은 비합리적으로 피해를 본다. 부자들은 흔히 사업을 비

---

[2] Max Galka, "The History of U.S. Government Spending, Revenue, and Debt (1790-2015)," Metrocosm, February 16, 2016, http://metrocosm.com/history-of-us-taxes/.
[3] "OECD Tax Rates on Labour Income Continued Decreasing Slowly in 2016," OCED Report, http://www.oecd.org/newsroom/oecd-tax-rates-on-labour-income-continued-decreasing-slowly-in-2016.htm.
[4] Kenneth Scheve and David Stasavage, Taxing the Rich: A History of Fiscal Fairness in the United States and Europe (Kindle Locations 930-931) (Princeton: Princeton University Press, Kindle Edition).

롯한 다양한 방법으로 세금을 합리적으로 회피할 수 있다. 반면 빈곤층은 수입이 증가할수록 사회복지 혜택에서 멀어지는 상황에 직면한다. 일정 수입 범위 내에서는 일을 많이 할수록 세금은 더 많이 내고 복지 혜택은 줄어드는 상황이 발생한다.

(3) 고복지 실태

1942년 영국 경제학자 윌리엄 베버리지(William Beveridge)는 '복지국가' 건설을 주장하며 '모든 국민에게 혜택을 제공하는 전면적이고 보편적인 사회보장체제'를 계획했다. 하지만 현대사회의 고복지 제도는 이미 실업, 의료, 양로, 산업재해, 주거, 교육, 자녀 양육 등 많은 방면을 포괄하는 체제로 확대됐는데, 이는 전통적 자선 개념의 빈곤 구제 범위를 훨씬 초월한다.

미국 헤리티지 재단의 보고서에 따르면, 2013년 미국에는 1억 명 이상(총인구의 1/3)이 각종 복지(사회안전보험과 연방의료보험 제외) 혜택을 받았으며, 1인당 평균 9,000달러 상당의 보조를 받았다.5) 미국 통계청 데이터에 따르면, 2016년 기초생활보장선 인구는 12.7%다. 하지만 미국의 빈곤 인구의 생활수준은 상당히 높다.

미국정부 조사에 따르면 빈곤가정 부모 중 96%는 자녀가 굶은 적이 없다고 대답했다. 빈곤가정 49.5%는 단독주택에서 살고 기타 40%는 연립주택에서 살며, 이동식 주택에 사는 가정은 9%에 지나지 않았다. 또한 에어컨이 있는 가정은 80%, 대형스크린 액정TV가 있는 가정은 40%, 차를 보유한 가정은 4분의 3이었다.6) 이렇게 인위적으로 구획 지어진 방대한 '빈곤 인구'는 더욱더 복지를 확대할

---

5) Rachel Sheffield and Robert Rector, "The War on Poverty after 50 Years," Heritage Foundation Report, September 15, 2014,
https://www.heritage.org/poverty-and-inequality/report/the-war-poverty-after-50-years.
6) 위와 같음.

충분한 변명거리를 제공한다.

OECD 가입국 중 미국의 복지는 평균 이하에 속한다. 수많은 북유럽과 서유럽 국가의 국민은 미국을 훨씬 뛰어넘는 복지를 누리고 산다. 예를 들어 덴마크의 '요람에서 무덤까지'의 안전망에서는 가장 부유한 시민도 무료 의료보건, 무료 대학교육, 복지금 등 엄청난 혜택을 똑같이 누린다. 경제위기 이전 그리스에서는 1년에 14개월 치 급료를 받고, 61세에 퇴직하고, 월급의 90%가 넘는 연금을 받았다. 또한 스웨덴에서는 최장 550일 연속 유급병가 혜택을 누렸다.

자선 차원의 전통 빈곤 구제 단계에서 전 국민을 대상으로 하는 고복지 단계에 이르렀는데, 이는 실제로 공산주의 악령이 점진적으로 공산주의 경제를 실현하는 수단이다.

(4) 고복지를 이용해 도덕을 타락시키고 빈부 갈등을 키우다

경제적 시각에서 보면 복지국가의 본질은 일부 사람의 돈을 다른 사람에게 쓰는 것이라 할 수 있다. 하지만 중간에서 정부가 부의 분배를 담당하기 때문에 복지 수혜자가 '불로소득'을 취함으로써 받는 도덕적 압력이 크게 낮아진다. 고복지 제도가 야기하는 도덕 관념 부패 현상은 북유럽에서 매우 두드러진다.

스웨덴 학자 니마 사난다지(Nima Sanandaji)는 '세계 가치관 조사' 데이터를 이용해 이러한 현상을 분명히 증명했다. 1980년대 초 스웨덴인 82%와 노르웨이인 80%는 '받아서는 안 될 정부 복지 혜택을 받는 것은 부당하다.'는 데 동의했다. 하지만 2005년과 2008년에 진행된 조사에 따르면 노르웨이인 56%와 스웨덴인 61%만이 동의했다.[7]

---

[7] Nima Sanandaji, Scandinavian Unexceptionalism: Culture, Markets, and the Failure of Third-Way Socialism (London: Institute for Economic Affairs, 2015), 132.

복지정책 하에서는 열심히 일하는 사람이 받는 보수는 매우 적고 정부의 복지에 의탁해 살아가는 사람은 오히려 우대받는다. 시대의 변화에 따라 도덕관념이 어느새 바뀌고 있다. 복지제도 하에서 자란 세대는 대부분 스스로 분투하고, 독립하고, 책임을 지고, 열심히 일하는 선조들의 정신을 하나씩 잃어가고 있다. '복지를 누리는 것'을 일종의 권리로 여기며 심지어 '인권'에 해당한다고 생각한다. 정부에 의지하는 습관이 지나쳐 도리어 정부를 협박하기까지 한다.

관념이 바뀌어 되돌아가기가 거의 불가능한 상태가 됐다. 악령은 마치 '냄비 속 개구리'를 삶듯이 고복지 정책으로 사회도덕을 야금야금 허물어뜨리고 있다.

이뿐만 아니라 고복지 제도는 전통 자선활동에서 보장했던, 기부자가 선행을 할 권리와 수혜자가 은혜에 감사할 기회를 모두 빼앗아버렸다.

전통사회의 빈곤 구제는 개인의 자발적 행위로 이루어졌다. 개인이 도움이 필요한 사람을 직접 돕거나 교회 등의 자선 조직에 기부하는 방식이었다. 이러한 상황에서는 기부자와 수혜자가 매우 명확하다. 수혜자는 기부자에게 감사하는 마음을 갖게 되고, 나아가 진취적으로 자신의 상황을 바꾸려고 노력한다. 또한 상황이 나아지면 같은 선행으로 사회에 보답한다.

프랑스 사상가 토크빌은 전통적 덕행德行, 즉 자선행위를 통해 은혜를 베푸는 미덕과 은혜에 감사하는 미덕이 사회적으로 상호 촉진작용을 하고 사회 전반의 도덕성을 성장시키는 긍정적인 역할을 한다는 사실을 관찰했다. 또한 이러한 쌍방향의 정서적 교감을 통해 빈곤층과 부유층 간의 대립과 갈등을 해소할 수 있다. 자선을

통해 두 계층의 개체가 정서와 이익을 기반으로 연결되기 때문이다.8)

지금의 고복지 제도는 기부자와 수혜자 간의 관계를 단절한다. '기부자'는 세금을 내는 것이지 자선을 행하는 것이 아니다. 이는 사실상 선행을 베풀 권리를 박탈당하는 것이다. 반면, 수혜자는 누가 시혜자인지 알 수 없기에 보답할 마음을 가지지 못한다(국가 복지제도 자체는 진정한 기부자라 볼 수 없으며, 진정한 시혜자는 납세자다).

이 외에도 토크빌은 복지제도로 인해 경제 계층 간 갈등이 심화한다고 지적한다. 부유층은 부의 일부를 납부하도록 강요받을 뿐 도움을 받는 대상을 만나 동정심을 가질 기회가 없다. 오히려 그들은 빈곤 계층을 미워하거나 멸시하면서 '탐욕스러운 타인'으로 간주한다. 또한 빈곤층은 이러한 물질적 구제를 당연시하고 충족감을 느끼지 못할 것이다. 한 계층은 공포와 증오심으로 세상을 바라보고, 또 한 계층은 낙담하고 질투하는 마음으로 자신의 불행을 바라보게 된다.9)

시기심과 투쟁을 일으키는 것은 바로 공산주의 악령이 고복지 경제로 사람을 망치는 또 다른 수단이다. 이러한 갈등은 그리스 경제위기 발발 이후 크게 두드러졌다. 그것도 최빈곤층과 최부유층 간의 갈등이 아닌 대다수 중산층과 부유층 간의 갈등이었다. 그리스 사람들은 높은 세금 부담을 지기 싫어하며 탈세 현상이 심각하다. 이코노미스트 기고문에 따르면 그리스 관료는 탈세를 그리스

---

8) Alexis de Tocqueville, Memoir on Pauperism, trans. Seymour Drescher (Lancing, West Sussex, UK: Hartington Fine Arts Ltd, 1997).
9) 위와 같음.

의 '전 국민 운동'이라고 불렀다.[10] 경제에 문제가 생기면 부자들의 탈세가 특히 눈에 띈다. 그리스 정부는 유권자들에게 미움을 사지 않기 위해 세수로 채우지 못한 공간을 장기간 빚을 내어 메꾸는 방식으로 유럽연합의 다른 회원국과 동일한 수준의 고복지 상태를 유지했다.

위기가 발발한 후 정부가 복지를 축소하려 하자 고복지에 배가 부른 민중의 불만이 크게 폭발했다. 사람들은 부자들에게 화살을 돌리며 부자 증세를 외쳤다. 경제위기의 책임 소재는 과연 부자들에게 있는가 아니면 중산층에 있는가? 정부는 바로 이런 문제로 골머리를 썩이고 있다. 그러나 어찌 됐든 도덕을 파괴하고 질투와 원한을 야기해 내부 균열을 일으키려는 공산주의 악령의 목적은 이루어진 셈이다.

복지제도는 '불로소득' 풍조를 키운다. 이는 열심히 일하고 진취적으로 살아가는 사회기풍을 약화하는 동시에 경제에 해악을 끼칠 것이다.

헤라 등 세 명의 경제학자는 복지국가에 대한 경험적 동태 분석을 통해 복지국가가 분명히 사회의 진취성을 약화한다는 점을 수치로 증명했다. 이러한 부정적 효과는 상당히 오랜 시간이 지난 후에야 실질적으로 드러나게 마련이다. 세 학자는 '복지국가가 자신의 경제기반을 스스로 무너뜨린다.'고 결론 내렸다.[11]

(5) 복지제도가 조성한 '빈곤 문화'

2012년 뉴욕타임스는 '아이들의 문맹을 유지해 이익을 취하다.'

---

[10] "A National Sport No More," The Economist, November 3rd, 2012, https://www.economist.com/europe/2012/11/03/a-national-sport-no-more.

[11] Martin Halla, Mario Lackner, and Friedrich G. Schneider, "An Empirical Analysis of the Dynamics of the Welfare State: The Case of Benefit Morale," Kyklos, 63:1 (2010), 55-74.

라는 제하의 기사를 통해 미국 복지제도가 빈곤 가정에 가져다 준 서글픈 이야기를 다뤘다.

취재 대상은 애팔래치아(Appalachian) 산기슭 이동식 주택에 거주하는 빈곤 가정이었다. 이런 가정의 부모는 자녀들에게 글을 배우지 못하게 한다. 아이들이 글을 배우면 문맹 보조금이 끊어질 수도 있기 때문이다. 이들 빈곤 가정은 아이가 18세가 될 때까지 매달 연방 정부에서 지급하는 698달러짜리 생활보조금 SSI 수표를 받는다.[12] 이런 눈앞의 보조금이 자녀 교육을 포기하게 만드는 것이다.

40여 년 전에 이 복지정책을 처음 시행할 때의 구제 대상은 진정으로 육체적으로나 정신적으로 결함이 있는 아이를 가진 가정이었다. 하지만 2012년 당시 혜택을 받는 '장애아' 중 55%는 기준이 모호하거나 장애 정도가 불명확한 상태, 즉 '정신 장애가 있는' 등급에 속했다. 미국 전역에 이런 아이가 120만 명 있었고, 이들을 위해 매년 세금 90억 달러가 투입됐다.[13] 이런 허점을 타고 복지정책과 인성의 악한 일면이 서로 부추기고 있다. 이는 물론 복지정책을 애초에 제정한 사람의 의도는 아닐 것이다. 하지만 사람을 해치려는 악령의 목적이 실현되도록 간접적으로 도왔다.

이미 백여 년 전에 토크빌은 복지제도가 수혜 대상의 진실성(즉 수혜자의 빈곤이 자신의 나쁜 습관 때문인지 아니면 진짜 불행 때문인지)을 가려낼 수 없어서 진짜로 도움이 필요한 사람을 효과적으로 돕지 못할 것으로 내다봤다.[14]

---

12) Nicholas Kristof, "Profiting from a Child's Illiteracy," New York Times, December 7, 2012, https://www.nytimes.com/2012/12/09/opinion/sunday/kristof-profiting-from-a-childs-illiteracy.html.
13) 위와 같음.
14) Alexis de Tocqueville, Memoir on Pauperism, trans. Seymour Drescher (Lancing, West Sussex, UK: Hartington Fine Arts Ltd, 1997).

복지 남용은 국가 재정에 부담을 줄 뿐만 아니라 가난한 아이들에게 더 큰 비극을 가져다준다. 2009년의 한 연구에 따르면, 복지 혜택을 받은 가난한 아이 중 3분의 2가 18세 이후에 다시 성년 장애인 복지의 수혜자가 됐다. 다시 말해 그들은 평생 빈곤한 처지에서 벗어나지 못하는 것이다.[15]

이 사례에서 보듯이, 복지제도상에서 '장애'의 정의가 끊임없이 확장된 것은 복지정책이 유권자들의 요구에 맞춰 끊임없이 확대됐음을 보여주는 증거다. 복지제도를 '부정적으로 부추기는 것'은 복지 남용을 초래해 도덕을 쇠퇴시키고 경제 문제를 유발한다.

복지는 일종의 응급수단으로 삼을 수는 있지만, 일상적인 것이 돼서는 안 된다. 복지는 뜻밖의 충격(산업재해, 질병, 자연재난 등)에서 일어나도록 도와줄 수는 있지만, 빈곤 문제를 근본적으로 해결할 수는 없다. 미국을 예로 들면 2014년까지 존슨(Lyndon Johnson) 대통령이 시작한 50년간의 '빈곤과의 전쟁'은 세금 2조 2천억 달러를 소비했다.[16] 하지만 미국 통계국 자료에 따르면 미국의 빈곤율은, 최초 십여 년을 제외하고, 약 40년간 안정적으로 유지되고 있을 뿐, 구제를 통해 낮아지지는 않았다.[17]

미국 경제학자 윌리엄 니스카넨(William Arthur Niskanen)에 따르면, 복지제도는 '빈곤 문화'를 조성하거나 '빈곤 문화'와 인과관계가 있다. 여기서 빈곤 문화란 가난, 복지 의존성, 미혼 출산, 폭력범죄,

---

15) Nicholas Kristof, "Profiting from a Child's Illiteracy," New York Times, December 7, 2012, https://www.nytimes.com/2012/12/09/opinion/sunday/kristof profiting-from-a-childs-illiteracy.html.
16) Robert Rector, "The War on Poverty: 50 Years of Failure," Heritage Foundation Report, September 23rd, 2014,
https://www.heritage.org/marriage-and-family/commentary/the-war-poverty-50-years-failure.
17) U.S. Census Bureau, "Annual Social and Economic Supplements," Current Population Survey, 1960 to 2016.

실업, 낙태 등을 포함한다. 니스카넨의 경험적 연구는 '아동부양가정 보조제도(AFDC)'의 수혜자가 받는 구제 지원금 소득이 1% 늘어날 때마다 AFDC가 도움을 주어야 할 사람이 3%, 빈곤 인구가 0.8%, 혼외 자녀 출산율이 2.1% 증가하며, 낙태 횟수와 강력범죄도 그에 비례해서 증가한다는 사실을 입증했다.[18] 이는 고복지의 역동성이 복지에 대한 의존성을 초래하고 인간의 책임감을 감소시킨다는 사실을 입증한다.

빈곤 문화가 낳은 한 가지 중요한 부작용은 가족 해체다. 미국 흑인 빈곤 문제의 역사와 현황을 조사한 경제학자 월터 윌리엄스(Walter E. Williams)에 따르면, 현재 흑인 아이들 가운데 85%가 편모 가정에서 태어났으며, 이들이 흑인 빈곤율을 높이는 중요한 요소가 됐다. 아울러 복지제도에 영향을 받은 미혼모들은 자신의 행동에 대해 책임지지 않고 정부에서 보조금, 주택수당, 식권 등을 지원받는다. 복지는 미혼모 출산율을 높이는 조력자가 돼 더 많은 빈곤을 만든다.[19]

지난 30년간 미국의 복지수준은 끊임없이 높아졌는데도 빈부 격차는 더 커지고 있다. 평균임금(인플레이션 배제)은 완만하게 성장한 반면, 부는 가장 부유한 계층으로 흘러 들어갔고 심지어 워킹푸어(Working Poor, 근로빈곤층)가 나타났다. 이럴수록 좌파는 빈곤 문제를 해결한다는 구실로 큰 정부, 고세율, 고복지를 주장해 악순환에 빠지게 한다.

---

[18] Niskanen, A., "Welfare and the Culture of Poverty," The Cato Journal, 16:1(1996), https://object.cato.org/sites/cato.org/files/serials/files/cato-journal/1996/5/cj16n1-1.pdf.

[19] Walter E. Williams, "The True Black Tragedy: Illegitimacy Rate of Nearly 75%," cnsnews.com, May 19, 2015, https://www.cnsnews.com/commentary/walter-e-williams/true-black-tragedy-illegitimacy-rate-nearly-75.

(6) 복지정책을 이용한 좌파의 포퓰리즘

좌파 정치인들은 고복지, 고세율 정책을 주장하고 종종 '가난한 사람을 돕는다.', '공평한 사회를 만든다.'는 등의 '고상한' 이유를 대며 도덕적인 우위를 차지한다. 사실 그들 자신은 복지의 시혜자가 아니며 그들의 방식은 부유한 계층과 중산층의 재산을 가져다가 가난한 사람들에게 나눠주는 것에 불과하다. 그런데도 이런 복지정책을 주장하고 제정한 자들이 도리어 수혜자들의 감사와 보답을 받는다. 그들은 투표로 이들 좌파 정치인들에게 보답한다. 좌파 정치인들은 복지에 대한 약속으로 자신의 표밭을 만드는데, 이런 현상은 미국과 유럽에서 광범위하게 존재한다.

2) 서방국가의 경제에 적극 개입하다
(1) 국가의 간섭 현상

현재 상황에서 볼 때, 자유사회의 정부 역시 경제 영역에 깊숙이 개입하고 있다. 이는 두 가지 요인에서 비롯된 것으로 보인다. 한 가지는 사회주의 이념의 영향을 받은 '복지정책'이다. 정부는 복지 차원에서 갈수록 더 '부의 분배'에 말려들고 있다. 또 한 가지는 1930년대 경제위기 이후 국가의 간섭을 주장하는 '케인스 경제학(Keynesian economics)'이다. 정부는 이 학설에 영향을 받아 재정·금융 정책으로 경제를 통제하고 있다.

정상적인 사회에서 국가의 역할은 제한적이다. 통상적으로 정부는 자연재해가 있을 때나 특별한 시기 또는 위기상황에서만 경제에 간섭한다. 하지만 케인스주의가 현재 일종의 사조이자 '유행'이 됨으로써 각국 정부가 앞다퉈 적극적인 국가간섭 정책을 실시하고 있다. 정부가 전면적으로 경제에 개입함에 따라 일거일동이 시장에 큰 영향을 미치며 경제의 바로미터가 됐다. 많은 정책과 법규가 직접적으로 기업이나 산업의 성패를 결정하고 심지어 수많은 기업과 개인투자자도 정부의 입김에 영향을 받는다. 정부의 역할은 통상적인 규칙 제정자·감독자에서 경제활동의 지도자·참여자로 변했다. 이는 심판이 선수를 겸하는 것과 같은 현상이다. 정부는 '보이는 손'으로 '보이지 않는 손'을 대신해 자본과 시장 운용의 주요 지휘자이자 조정자가 됐고 사유私有경제의 주체 역할을 대신하기에 이르렀다.

적극적인 재정 정책과 고복지 정책은 많은 정부에 막대한 부채를 떠안겼다. OECD 자료에 따르면, 국가 부채가 GDP의 100%를 넘어선 국가가 절반 정도나 되고 심지어 200% 넘는 나라도 있다.[20] 방대한 재정적자는 이미 많은 국가의 경제와 사회 발전에 큰 잠재 위험이 되고 있다.

노벨경제학상 수상자 로널드 코스(Ronald Coase)는 국가 간섭과 그 효과에 관한 다수의 논문을 통해 정부의 간섭이 거의 모든 경제 방면에 부정적인 효과를 미쳤음을 밝혀냈다. 그는 정부의 간섭이 커짐으로써 경제학자들이 말하는 소위 '수확체감의 법칙(law of diminishing returns, 자본과 노동 등 생산요소를 늘려도 일정 시점에 도달하고 나면 생산량이 점차 감소하게 되는 경제법칙)'에 도달했다고 봤다.[21]

그런데도 우리는 어떤 나라든 갈수록 더 적극적으로 경제에 개입하고 있음을 보게 되는데, 정부의 간섭 능력이 이미 불가사의한

---

20) "OECD Data," https://data.oecd.org/gga/general-government-debt.htm
21) Thomas Winslow Hazlett, "Looking for Results: An Interview with Ronald Coase," Reason, (January 1997), https://reason.com/archives/1997/01/01/looking-for-results.

지경에 이르렀다.

(2) 국가의 간섭, 그 결과와 본질

국가권력이 대량으로 경제영역에 개입한 결과 적어도 두 가지 문제를 낳았다.

첫째, 정부의 권력, 역할, 규모 등이 팽창됐다. 관료들은 갈수록 자신이 경제를 간섭할 능력이 있고 정부가 구세주 역할을 할 수 있다고 여기며 적극적으로 개입했다. 위기 상황에서 정부가 끼어들었다가 위기가 사라져도 정부의 기능은 여전히 유지되는 경우가 많았다.

둘째, 사람들이 정부 권력에 더 의지하게 됐다. 사람들은 문제가 생기거나 자유 시장에서 기대했던 이익을 얻지 못하면 정부가 더 많이 간섭해 자신의 요구를 충족시켜 달라고 요구했다. 이로 인해 정부의 권력은 갈수록 더 커지고 민간 기업과 시장의 공간은 갈수록 줄어드는 악순환이 형성됐다. 또 정치인을 통해 이익을 얻는 사람들이 정부에 부를 분배하도록 요구하거나 심지어 법규를 제정해 강제로 집행할 것을 요구했다.

서방에서는 한 가지 강력한 정치적 흐름이 사회를 좌경화되게 했다. 일부는 본래 좌파와 사회주의·공산주의 유파였고, 일부는 본래 좌파가 아니었지만 좌파의 침투와 위협 하에 좌파의 동맹군으로 변했다. 각종 세력이 하나로 뭉쳐 정부가 각종 방식으로 경제에 개입하고 민간 기업을 간섭하게 함으로써 인류의 정상적인 경제생활을 갉아먹게 했다. 많은 사회운동이 겉으로는 민간의 자발적인 행동처럼 보이지만, 사실 그 배후에는 모두 공산주의 악령이 조종하는 요소가 있다.

주지하다시피 서방 정부는 이미 갈수록 '정치적 원인'과 '평등'

을 구실로 공공권력을 사용해 시장을 간섭하거나 심지어 법률 형식으로 간섭을 고착화하고 있다. 이는 의심할 바 없이 시장경제의 주체인 인간의 자유의지를 박탈하고 국가의 의지를 시장에 강요하는 것이다. 이는 실제로 끊임없이 정부의 권력을 경제에 집중시키고 시장경제를 권력경제로 바꾸고 시장을 권력의 예속물로 만들어 버린다. 장기간 이렇게 나아간다면 공권력이 전면적으로 경제와 민생을 통제하고 경제적인 수단으로 정치권력을 집중시켜 국민과 전 사회를 노예로 부리게 될 것이다.

겉으로는 일상적인 경제정책으로 보이지만, 국가의 간섭이 점진적으로 실행되는 과정에서 서서히 극단으로 나아가게 된다. 공산주의 악령은 바로 이렇게 인류를 한 걸음씩 공산주의로 향하게 한다.

3) 공산독재로 유도하는 사회주의 경제

고세율과 고복지를 포함해 국가가 대규모로 간섭하는 정책은 서방 자본주의제도 하에서 사회주의를 실천하는 것으로, 계획경제의 핵심 사상과 일치한다. 즉, 모두 국가 명의로, 권력 방식으로 경제를 좌우하는데, 정부가 전지전능하다고 보고 정부에 신의 역할을 맡기겠다는 꿍꿍이속이다. 단지 현재 서방국가에서는 민간의 자유 역량이 제약하고 있는데다 자본주의 제도가 보충하고 있어서 공산국가의 계획경제처럼 그렇게 극단적으로 국가가 개입하지 않을 뿐이다.

저명한 경제학자이자 사상가인 프리드리히 하이에크(Friedrich Hayek)는 국가가 통제하고 진행하는 어떠한 대규모 재분배 계획도 필연적으로 시장을 간섭할 것이고 또 필연적으로 독재정치를 초래할 것이라고 경고하면서, 이는 '민주·비민주'와는 아무런 관계가 없다고 했다. 그는 현재 유럽과 미국의 '사회주의'가 비록 이전의 공유제나 계획경제와는 다르다 해도 주된 의미는 세수와 복지국가제도를 통해 광범위하게 소득재분배를 하는 것이니만큼 계획경제와 마찬가지로 '노예화'를 초래할 것이라고 판단했다.22)

본서 전문前文에서 이미 지적했다시피 마르크스, 엥겔스, 레닌은 모두 사회주의를 공산주의로 가기 위한 필연적 단계로 봤다. 마치 열차가 중간 역에 정차하더라도 그것이 종점으로 향하는 데 아무런 영향을 주지 않는 것과 같다. 한 국가가 사회주의로 향하는 배후의 추동 인자는 바로 공산주의 악령이며, 그것은 기어코 계속해서 앞으로 나아갈 것이다. 인류사회는 경제와 여타 방면에서 일단 전통을 버리고 공산주의 악령의 '가치관'을 받아들이기만 하면 삿된 길로 가게 된다. 그 속도에 지나치게 관심을 기울일 필요는 없겠지만, 방향이 변하지 않는다면 조만간 그 길의 종점에 도달하게 될 것이다.

전통에서 벗어나는 그 길의 종점은 '인간 천국(유토피아)'이 아니라 '인류 파멸'이다. 사실상 악령은 '천국'이 실현되든 안 되든 관심이 없다. 애초부터 사람을 유혹하기 위해 동원한 허상이기 때문이다. 오직 인류를 훼멸할 수 있다면 악령은 매우 흡족해 한다.

2. 중국 공산당 모델 - 사회주의 괴물 경제

공유제와 계획경제가 중국에 빈곤의 고통을 안기자 중국 공산당은 어쩔 수 없이 소위 '개혁개방'을 하고 시장경제를 실시했다. 많

---

22) F. A. Hayek, The Road to Serfdom (London: Routledge Press, 1944).

은 사람이 중국 공산당이 자본주의를 한다고 하지만 사실은 그렇지 않다.

1) 공산주의 악령은 중국 경제에 대한 통제를 늦추지 않았다

중국 공산당은 부득이 일부 경제부문의 제약을 풀고 시장 메커니즘을 일부 도입해 일정 부분 민간경제를 허락했다. 하지만 이것이 공산 악마가 통제를 느슨히 했음을 뜻하는 것은 아니다. 이것은 단지 공산주의 악령이 자신의 생존을 유지하고 세계를 기만하기 위해 술수를 부린 것에 불과하다.

중국 공산당의 경제모델은 사회주의, 국가주의, 시장경제 등이 기형적으로 결합한 '괴물'이다. 비록 민영기업이 일부 존재하긴 하지만, 중국 공산당은 지금까지 민중에게 사유재산권을 허용하겠다고 약속한 적이 없다. 따라서 토지를 포함한 모든 자원은 근본적으로 국유자산이다. 더구나 중국 경제는 국가권력으로 경제를 통제하고 국가계획으로 경제를 움직이는 권력 경제에 속한다. 시장은 다만 국가가 경제를 추진하기 위해 이용하는 일종의 수단에 불과해 진정한 독립성도 없고 시장을 지원하는 제도나 시스템도 없다. 또한 명확한 재산권 제도와 법치 정신이 있는 것도 아니다. 환율이 자유롭게 조절될 수도 없고, 부를 자유롭게 반출입할 수도 없고, 외국 기업이 경영을 자유롭게 할 수도 없다.

중국 공산당은 수출을 자극하기 위해 기업에 정부 보조금을 지급하고 수출세도 환급해 주는데, 이는 세계 무역질서를 어지럽히는 행위다. 모든 경제활동은 반드시 정치적 필요에 부합해야 하며, 기업과 개인의 경제 자유와 경제 자원은 정치의 부속물이므로 정치적인 이유로 수시로 박탈될 수 있다. 바로 이런 이유로 유럽과 아메리카의 시장경제 국가들이 장기간 중국의 시장경제 지위를 승인하지 않은 것이다.

　서방 정부의 사람들은 대부분 순진하게도 경제발전이 중국에 정치적 자유민주주의를 가져다주리라 생각했다. 불행하게도, 중국 공산당은 자본주의의 영양분으로 사회주의의 몸을 살찌우고 공산당의 영도領導 지위를 더욱 강화했을 뿐, 여전히 공산주의 악령을 죽어라 끌어안고 놓지 않았다. 중국 공산당은 더 많은 돈이 생겼고 더 잔혹하게 민중을 탄압했다. 1999년 7월부터 중국 공산당은 파룬궁 수련자 1억 명에 대한 박해를 시작했다. 진眞·선善·인忍이라는 보편적 가치를 겨냥한 이 총성 없는 전쟁은 지금까지 이어지고 있다. 2013년, 중국 공산당은 소위 '안정 유지비'로 7천억 위안(약 114조 원) 이상을 지출했다. 목적은 단 하나, 자국민을 탄압하기 위해서였다.

2) 중국 경제성장 배후의 진실

　중국은 약 40년 동안 GDP가 성장했는데, 이것은 마치 사회주의 경제의 '우월성'을 보여준 것처럼 보인다. 정계, 학계의 엘리트와 싱크탱크를 포함한 서방의 많은 인사가 경이로운 눈빛으로 바라보며 전체주의 체제의 높은 효율성을 칭찬했다. 사실 중국 공산당 경제 모델은 복제할 수 없는 것이다. 이 점은 경제가 성장한 원인을 살펴보면 확인할 수 있다. 중국 경제는, 한편으로는 사회주의 경제 제도의 내재적 문제를 증명했고, 다른 한편으로는 부도덕한 권력 경제가 조성한 끔찍한 해악을 드러냈다.

　중국 경제가 약 40년간 성장한 원인은 아래 몇 가지 요소들과 밀접한 관련이 있다.

첫째, 공유제 경제를 완화하고 완전 중앙계획경제를 포기함으로써 사유경제와 민간 기업이 부흥해 중국 경제가 강력한 추동력을 얻게 됐다. 근면하고 총명한 중국인들이 수십 년간 공산당에 손발이 묶여 궁핍한 생활을 하다가 기회가 생기자 돈을 벌려는 소망이 풀려나와 자연스레 거대한 힘을 낳은 것이다.

둘째, 서방의 자금과 기술이 중국으로 대거 유입됐다. 중국에는 원래 천문학적인 규모의 개발 가능한 토지, 노동력, 시장 등이 있었는데, 값으로 환산할 수 없는 보물이었다. 후자가 땔감이라면 전자는 기름과 불인데, 양자가 결합하자 중국경제가 활활 타올랐다. 만약 공산당 독재 통치가 없었더라면 이 불은 더 빨리, 더 왕성하게, 더 오래, 더 안전하게 타올라 중국경제는 벌써 발전했을 것이다.

중국에 유입된 서방 자금의 규모는 외부에서 상상하기 힘들 정도로 크다. 통계에 따르면 2000년부터 2016년까지 미국의 대對중국 직접투자만 약 8,000억 달러(현재 가치로 약 893조 원)에 달한다.[23] 1979년부터 2015년까지 중국이 실제로 사용한 외국 자금은 총 1조 6,423억 달러(1,833조 원)에 달한다.[24]

세 번째, 서방국가는 중국에 최혜국 대우 관세율을 적용하고 광활한 시장을 줬다. 2000년 5월, 미국은 중국에 '항구적 정상무역관계(PNTR)' 지위를 부여했다. 2001년 12월 11일, 중국이 정식으로 세계무역기구(WTO)에 가입했다. 국제 시장이 중국에 대문을 활짝 열어준 것이다.

---

[23] Direct Investment Position of the United States in China from 2000 to 2016, Statistica.com, https://www.statista.com/statistics/188629/united-states-direct-investments-in-china-since-2000/.
[24] 중국 상무부, 「중국 외국인투자보고서(中国外商投资报告) 2016」, 「중국 외국인직접투자연대개황(中国外商直接投资历年概况)」
http://images.mofcom.gov.cn/wzs/201612/20161230131233768.pdf.

네 번째, 중국 공산당은 오직 경제성장을 위해 열악한 작업환경(Sweatshop), 노동자·농민 착취, 폭력적인 강제 철거 등의 부도덕한 방식을 채용한데다 환경오염과 장기적인 손실은 아랑곳하지 않고 원가절감과 속도전에 매달렸다.

중국 공산당은 서방의 자금, 기술, 시장, 유리한 무역 조건 그리고 중국 내의 저렴한 노동력과 생산원가를 이용해 매년 대량의 외화를 벌어들였다. 미·중 간의 무역 격차는 2000년 약 800억 달러에서 2017년 3,750억 달러로 급증했다.

마지막으로, 중국 공산당은 세계 무역 규칙을 파괴해 부당한 이익을 얻고 막대한 외화를 벌어들였으며, 국가 전략으로 지적재산권을 절취해 기술 격차를 좁혔다.

미국 지적재산권침해위원회(TCTAIP)가 2017년에 발표한 보고서에 따르면, 중국이 매년 상품위조, 소프트웨어 불법복제, 산업기밀 절도 등으로 미국에 끼친 손실액은 2,250억~6,000억 달러에 달한다. 지난 3년간 미국이 침해당한 지적재산권 손실액은 1조 2천억 달러로, 절대다수는 중국이 조성한 것이다.[25)26)] 2015년 11월, 미국 국가정보국이 발표한 보고서에 따르면, 매년 산업스파이 해킹으로 입은 손실액이 4,000억 달러에 달하는데, 그중 90%가 중국의 소행이다.[27)]

---

25) Liz Peek, "Finally, a President Willing to Combat Chinese Theft," The Hill, March 26, 2018, http://thehill.com/opinion/finance/380252-finally-a-president-willing-to-combat-chinese-theft.
26) The Commission on the Theft of American Intellectual Property, Update to the IP Commission Report, 2017, http://www.ipcommission.org/report/IP_Commission_Report_Update_2017.pdf.
27) Chris Strohm, "No Sign China Has Stopped Hacking U.S. Companies, Official Says," Bloomberg News, November 18, 2015, https://www.bloomberg.com/news/articles/2015-11-18/no-sign-china-has-stopped-hacking-u-s-companies-official-says.

이로써 중국의 경제성장은 주로 사회주의 이념 완화, 서방 선진국의 수혈, 기술 절도, 부도덕한 경제행위 등으로 조성된 것임을 알 수 있다. 이는 중국이 경제성장을 이룬 것은 결코 사회주의 제도가 우수해서가 아니고 중국이 정상적인 자본주의 길을 걸었기 때문도 아님을 의미한다. 서방에서는 중국 공산당의 이런 부도덕한 공산독재 경제모델을 '국가 자본주의'라 부르기도 하는데, 사실 중국 공산당을 미화한 표현이다. 중국 공산당 독재 하에서 경제는 단지 정치의 시녀에 불과하며 시장경제를 표방하는 것은 단지 세계를 농락하기 위한 술수에 불과하다.

중국 공산당의 경제모델은 전 세계에 하나의 가상을 심어줬다. 바로 국가 역량을 동원하면 경제가 빠르게 발전할 수 있고 부도덕한 수단을 쓰면 경제 경쟁에서 승리할 수 있다는 그릇된 믿음이다. 이로 인해 여러 나라가 '국가가 적극적으로 간섭하는 사회주의' 방향으로 앞다퉈 나아갔다. 만약 중국 공산당의 경제모델을 하나의 '성공 사례'로 보고 그것이 일으킨 결과, 즉 인권 탄압과 도덕 타락 등의 재앙을 무시한다면 목이 마르다고 독주를 마시는 것과 같은 우를 범하는 것으로, 그 오판의 대가는 엄중할 것이다.

3) 기형적 경제 모델이 초래한 결과

중국 공산당의 기형적인 경제발전 모델은 끔찍한 도덕 위기를 초래했다. 공산주의 악령은 중국이 경제력을 과시하는 동시에 도덕을 전면적으로 타락시키도록 했고, 도덕이 부패한 줄 모르는 사람들이 우쭐거리며 경제적 이익을 만끽하는 사이 자기도 모르게 파멸로 나아가게 했다.

오늘날 중국은 짝퉁이 진품을 대신하고, 유독有毒 식품이 범람하고, 음란과 도박 풍조가 만연하고, 부정부패가 판을 치면서도 수치스러워하지 않고 도리어 큰소리친다. 신뢰가 무너지고, 빈부 격차가 심화되고, 관과 조폭이 결탁하고, 사회가 충돌하고, 사법이 불공정하고, 인명을 경시하는 등등, 권력경제하의 타락이 극에 이르렀다. 특히 중국 공산당 관료의 부패는 상상을 초월하는데, 국유자산 수십 수백억 위안을 예사로 집어삼킨다.

2011년 10월 광둥 포산佛山에서 발생한 사건 하나가 중국은 물론 전 세계를 놀라게 했다. 왕웨王悅라는 2세 여아가 승합차에 부딪혔다. 아이를 친 운전사는 차를 세우지 않고 그대로 밀고 지나간 후 달아났다. 뒤따르던 차들도 마찬가지로 쓰러진 아이를 치고 지나갔고 행인도 18명이나 현장을 목격했지만, 아무도 아이를 구하지 않았다. 아이는 결국 죽었다. 한 외국 언론은 "중국은 영혼을 상실했는가?"라며 탄식했다. 이는 이 사회가 이미 도덕의 한계선을 넘어섰음을 보여준다.

도덕을 상실한 경제 발전은 안정적이지도 못하고 오래갈 수도 없을뿐더러 오히려 재앙을 부른다. 비인도적인 경제는 생태 위기를 조성하고 사회적 충돌을 심화한다. 부도덕하게 진행하는 국제 경쟁도 더는 지속가능하지 않은데, 중국 경제는 이미 그 대가를 지불하기 시작했고 위축 시기에 접어들었다. 중국 경제는 악령이 잠시 조성한 신기루로, 중국은 '강대한 약소국'에 불과하다. 경제적으로 눈앞의 이익에만 급급해 겉으로는 번영하지만, 도덕이 전면적으로 타락하고 사회 위기가 전면적으로 폭발하면 모래성처럼 하루아침에 무너질 수 있다.

악령의 올가미에서 빠져나오지 않으면 현재의 경제 모델은 중국에 밝은 미래를 가져다주지 못할 것이다. 왜냐하면 공산주의 악령은 파멸만이 진정한 목적일 뿐, 애초부터 중국의 경제 발전에는 전혀 관심이 없었기 때문이다.

3. 후진국을 막다른 골목으로 이끄는 사회주의

1) 구 동유럽 공산주의 경제의 잔재

지금도 줄곧 전 세계인이 마음속에 공산주의를 담고 있다. 서방 선진국들이 은밀하게 사회주의를 하고 있는데다 중국 공산당이 사회주의 괴물 경제를 계속하고 있고, 그 외에도 옛 동유럽 공산주의 국가들이 공산주의 죄악을 철저히 청산하지 못해 공산주의 망령이 남아있기 때문이다. 이는 정치·경제 각 방면에 반영된다. 예를 들어 러시아와 벨로루시는 여전히 국유기업과 고복지, 그리고 국가가 고도로 경제에 개입하는 정책을 상당 부분 유지하고 있다. 동유럽 국가들은 체제 전환기에 경제가 위기에 빠지면서 실업률이 높아지고 경제성장이 완만해졌다. 이는 또 수그러들던 공산주의와 사회주의에 회복할 기회를 만들어 주었고 좌익 정당이 활약하게 했다. 과거 공산주의를 그리워하는 정서가 동유럽 공산국가에 가득 차 있는데,[28] 공산주의 망령이라 할 수 있다.

2) 제3세계의 실패한 사회주의 경제

아시아, 아프리카, 라틴아메리카 등 제3세계 국가 가운데 1960년

---

28) Kurt Biray, "Communist Nostalgia in Eastern Europe: Longing for the Past," November 10, 2015,
https://www.opendemocracy.net/can-europe-make-it/kurt-biray/communist-nostalgia-in-eastern-europe-longing-for-past.

대 대다수 아프리카 독립국들이 사회주의를 받들고 사회주의의 길을 걷겠다고 선언했지만, 혼란만 남았다. 최근의 예로는 베네수엘라와 짐바브웨가 있다.

베네수엘라는 일찍이 라틴아메리카에서 가장 부유한 나라였지만, 지금은 경제가 마비되고 굶주림과 범죄가 창궐해 절망적인 분위기가 만연하다. 짐바브웨 역시 아프리카에서 가장 부유한 나라였지만, 지금은 경제가 철저히 무너져 상상할 수 없을 정도로 인플레이션이 심하다.

사회주의는 부유한 나라 베네수엘라를 파산시켰다

베네수엘라는 풍부한 석유자원이 있다. 1970년대 베네수엘라는 라틴아메리카에서 성장이 가장 빠르고 소득 불균형이 가장 낮은 국가로, 이 지역에서 1인당 GDP가 가장 높았다.[29] 당시 이 나라는 상대적으로 자유로운 경제 정책에다 이탈리아, 포르투갈, 스페인의 숙련 노동자들을 끌어들인 이민제도와 재산권에 대한 보호가 더해져 1940~1970년에 전례 없는 경제성장을 이뤘다.[30]

하지만 1999년 새 대통령이 취임한 후 사회주의를 실행하면서 국유화 운동을 벌였고, 그 결과 베네수엘라 경제가 무너졌다. 이 대통령은 일찍이 '21세기 사회주의'를 공언했었다.[31]

사회주의를 한다는 것은 석유, 농업, 금융, 중공업, 철강, 통신,

---

[29] John Polga-Hecimovich, "The Roots of Venezuela's Failing State," Origins, 10:9 (June 2017), http://origins.osu.edu/article/roots-venezuelas-failing-state.

[30] José Niño, "Venezuela Before Chavez: A Prelude to Socialist Failure," Mises Wire, May 04, 2017, https://mises.org/wire/venezuela-chavez-prelude-socialist-failure.

[31] John Bissett, "Hugo Chavez: Revolutionary Socialist or Leftwing Reformist?" Socialist Standard No. 1366 (June 2018)
https://www.worldsocialism.org/spgb/hugo-chavez-revolutionary-socialist-or-leftwing-reformist.

에너지, 교통운수, 관광업 등을 포함한 수많은 민간 기업을 징발하거나 국유화함을 뜻한다. 민간 기업 국유화 추진은 2007년 이 대통령이 재선에 성공한 후 더 두드러졌다. 이 정부는 2007~2012년 사이에 민간 기업 1,147개를 징발함으로써 재난 수준의 악영향을 미쳤다. 생산 부문은 폐쇄되고 비효율적인 국유기업이 이를 대체했으며 놀란 투자자들은 빠져나갔다. 생산 부문이 무너지면서 베네수엘라는 수입에 더 의존하게 됐다. 여기에 외환 통제와 가격 통제 등 일련의 정부 간섭이 더해지고 유가 하락까지 겹치면서 결국 재앙을 맞게 됐다.

어떤 이는 이 참극을 석유 위기 탓으로 돌리지만, 그렇게 간단하게 볼 일이 아니다. 세계은행의 자료에 따르면, 베네수엘라보다 석유 의존도가 높은 7개국이 2013~2017년 사이에 모두 경제가 성장했다.[32]

문제의 근본은 사회주의 경제제도에 있다. 베네수엘라의 경제정책은 기본적으로 마르크스가 〈공산당선언〉에서 사회주의로 나아가는 국가에 제출한 열 가지 요구에 부합한다.[33] 베네수엘라의 참상은 공산주의 악령이 조성한 경제 재앙이다.

짐바브웨, '아프리카의 곡창'에서 대기근으로

짐바브웨는 1980년 정식으로 독립한 뒤 사회주의를 발전 방향으

---

[32] Julian Adorney, "Socialism Set Fire to Venezuela's Oil Crisis," Real Clear World, August 29, 2017,
https://www.realclearworld.com/articles/2017/08/29/socialism_set_fire_to_venezuelas_oil_crisis_112520.html.

[33] José Niño, "John Oliver is Wrong About Venezuela – It's a Socialist Country," Mises Wire May 30, 2018,
https://mises.org/wire/john-oliver-wrong-about-venezuela-%E2%80%94-its-socialist-country.

로 선택해 마르크스·레닌주의에 따라 사회주의를 건설했다. 이 나라의 초대 대통령은 젊었을 때 마르크스주의의 신도였고 그의 유격대는 마오쩌둥 사상의 지도를 받고 중국 공산당 정부의 무조건적인 원조를 받아 중국 공산당과 관계가 밀접했다. 사회주의를 신봉하는 다른 아프리카 국가들과는 달리 짐바브웨는 바로 국유화를 하지는 않았다.

2000년 토지개혁 이후 짐바브웨 경제가 곤경에 빠져들기 시작했다. 짐바브웨의 토지개혁에 따라 백인 농장은 토지가 없는 흑인이나 정치적 관계가 좋은 사람들에게 배분됐다. 이 계획으로 짐바브웨의 생산성이 급격히 떨어졌다. 짐바브웨 중앙은행은 화폐 발행량을 늘려 위기에서 벗어나려 했지만, 이것이 악성 인플레이션의 원인이 됐다.

짐바브웨 중앙은행의 자료에 따르면, 2008년 6월 통화팽창이 2억 3,100만%에 달한다. 이 숫자는 2008년 11월 중순 피크에 도달해 거의 800억% 돌파했다. 정부에서는 심지어 월간 통계 발표를 포기하기에 이르렀다. 1년 후 짐바브웨 화폐는 달러 대비 '3경 5천조 : 1'이 돼 어쩔 수 없이 자국 화폐를 포기하기에 이른다.[34] 2008년 이 나라에 수많은 사람이 굶어죽는 대기근이 발생해 1,600만 인구 중 350만 명이 식량난을 겪었다.

공산주의 악령은 이 세상에 엄청난 해악을 끼쳤고, 그로 인한 현실적이고 잠재적인 위험은 여러 나라에서 나타나고 있다. 그것이 서방 선진국에 가져온 문제는 지금 드러나고 있고 개발도상국에는 이미 침통한 현실이 됐다. 악령이 일시적으로 경제적인 평안과 만

---

34) 「짐바브웨에서 무슨 일이 일어났는지 말해주는 10개의 숫자 (10个数字让你了解：津巴布韦到底发生了什么)」, BBC 중국어 홈페이지, 2017년 11월 22일. http://www.bbc.com/zhongwen/trad/world-42077093

족을 가져다 줄 수는 있다. 하지만 반드시 기억해야 할 것은 그것의 본성은 바뀌지 않는다는 사실이다. 공산주의 악령은 기어코 도덕을 파괴하고 인류를 죽음의 구렁텅이로 끌고 갈 것이다.

4. 공유제와 계획경제는 천리天理를 거스르는 노예제

하늘은 사람을 창조하고 노동을 통해 정당한 보상을 받도록 지혜와 힘을 부여했다. 미국 〈독립선언문〉은 다음과 같이 천명했다. "우리는 다음과 같은 사실을 자명한 진리로 받아들인다. 즉, 모든 사람은 평등하게 태어났고, 창조주는 양도할 수 없는 몇 가지 권리를 부여했으며, 그 중에는 생명과 자유와 행복을 추구할 권리가 있다."[35] 이러한 권리에는 당연히 재산을 소유하고 지배할 권리가 포함된다.

마르크스는 〈공산당선언〉에서 "공산주의자들은 자신의 이론을 한마디로 요약할 수 있는데, 바로 사유제를 소멸하는 것이다."라고 분명하게 밝혔다.[36] 이는 바로 공유제를 실행하겠다는 것이다. 공유제는 필연적으로 계획경제의 실행을 요구하며, 이런 제도는 본질적으로 천리天理와 인간성에 위배되는 노예제다.

1) 공유제는 악령이 사람들의 목에 씌운 굴레

미국 반공운동의 선구자이자 사상가인 프레드 슈왈츠(Fred Schwarz,

---

[35] "United States Declaration of Independence," http://www.ushistory.org/declaration/document/.
[36] Karl Marx and Friedrich Engels, "Manifesto of the Communist Party," Marx/Engels Selected Works, Vol. One (Moscow: Progress Publishers, 1969)

1913~2009) 박사는 자신의 저서 〈당신은 공산주의자를 신뢰할 수 있다(You Can Trust The Communists)〉에서 의미 있는 일화를 소개했다.37) 구소련의 자동차 공장과 미국의 자동차 공장을 차례로 방문한 사람이 그곳의 노동자들과 나눈 대화 내용이다.

"이 공장의 소유주는 누구입니까?" (방문객)

"우리입니다." (소련 노동자)

"그럼 이 공장의 부지는 누구 겁니까?"

"우리 것이죠."

"이 공장에서 생산해낸 자동차들은요?"

"역시 우리 것입니다."

건물 밖에 아주 큰 주차장이 있었는데, 모퉁이에 승용차 세 대가 주차돼 있었다. 방문객이 물었다.

"저 주차장의 차들은 누구 겁니까?

"모두 우리 겁니다. 한 대는 공장장이, 한 대는 당서기가, 또 한 대는 비밀경찰이 사용하고 있습니다."

이 방문자가 이번에는 미국의 자동차 공장에서 노동자들에게 똑같은 질문을 했다.

"이 공장의 소유주는 누구입니까?"

"헨리 포드입니다."

"그럼 공장 부지는 누구 겁니까?"

"헨리 포드 것이죠."

"이 공장에서 생산해낸 자동차들은요?"

"역시 헨리 포드 겁니다."

---

37) Fred Schwartz and David A. Noebel, You Can Trust the Communists… to Be Communists (Socialists and Progressives too) (Manitou Springs, CO: Christian Anti-Communism Crusade, 2010), 43-45.

건물 밖에 아주 큰 주차장이 있었는데, 각양각색의 승용차들이 빼곡히 차 있었다.

"저 주차장의 차들은 누구 겁니까?"

"아, 저거요? 우리 개인들 것이죠."

이 이야기는 공유제와 사유제가 가져온 결과를 생생하게 보여준다. 공유제하에서는 국가가 각종 자원을 독점하고 노동성과도 국가가 점유한다. 그래서 사람들의 적극성과 창의성을 북돋우는 인센티브와 메커니즘도 없고, 재산을 소유하는 데 따르는 책임 정신도 없다. 공유재산은 명목상으로는 국가와 국민이 공유하는 재산이지만, 실제로는 특정 세력이 소유하므로 필연적으로 특권층을 형성하게 된다.

경제 발전의 가장 중요한 요소는 사람이다. 공유제는 사람의 생산 의욕과 활력을 질식시키므로 필연적으로 사기 저하, 비효율, 과도한 낭비, 생산성 후퇴 등을 초래한다. 이런 부작용은 구소련의 집단농장과 중국 인민공사(집단농장)에서 충분히 입증됐고 캄보디아, 북한 등지에서도 명확히 확인됐다. 결국 공유제가 가져온 것은 인위적인 기근에 의한 수천만 명의 죽음이었다.

사유제는 먹고 살기 위해 일하는 속성, 즉 인간의 본성에 부합한다. 이는 마치 물의 흐름을 따라 배를 모는 것과 같다. 공유제는 이런 본성을 어기는 것으로, 마치 물을 거슬러 배를 모는 것과 같다. 인간의 본성에는 선과 악이 있는데, 사유제는 인성 중의 '선善'을 발양해 근면과 절약을 촉진하는 반면, 공유제는 인간의 '악惡'을 확대해 질투와 게으름을 증폭시킨다.

경제학자 하이에크(Friedrich August von Hayek)는 사유재산을 중시하는 사회적 전통에 의존해 문명이 성장하며, 이런 전통은 현대 자본주의 제도와 그에 수반하는 경제성장을 낳았다고 주장했다. 현대문명을 포함한 모든 풍속과 전통은 항구적으로 존재하는 자생적이고 자발적인 질서를 낳을 수 있다. 따라서 자발적인 사회질서를 통제하려는, 사회주의와 같은 체계적이고 근본적인 행동은 모두 '치명적인 자만(Fatal conceit)'을 갖고 있어 필연적으로 실패할 수밖에 없다.38)

사유제가 자유와 불가분의 관계라면, 공유제는 강제 및 독재와 분리할 수 없다. 공유제가 모든 자원을 국유화함으로써 국민의 생존 기반인 경제적 조건을 박탈하고 모든 사람을 국가에 종속시켜 노예로 만든다. 누구든지 당의 지휘를 따라야 하고, 정권과 일치하지 않는 생각과 목소리는 모두 경제적 처벌을 통해 쉽게 말살 당할 수 있으며, 사람들은 국가의 간섭과 예속을 막을 방법이 없다. 따라서 공산주의 악령은 사유제를 폐지하고 공유제를 수립해 반드시 정치적 독재를 조성할 것이다. 이로써 사람들은 자유, 특히 선을 향한 자유를 완전히 상실하고 공산 정권의 사악한 도덕 기준에 따라 행동할 수밖에 없다.

'권력은 사유私有할 수 없고 재물은 공유할 수 없는바, 그렇지 않으면 인류는 재난의 대문을 열게 된다.'는 말이 있다. 인류는 지금 이 말의 진정한 의미를 비싼 대가를 치르며 깨닫는 중이다.

2) 계획경제는 필연적으로 실패한다

계획경제제도 하에서는 사회 전체의 생산, 자원 배치, 제품 배분은 전적으로 국가가 통일적으로 수립한 강제적인 지령指令성 계획

---

38) F. A. Hayek. "The Use of Knowledge in Society," The American Economic Review, Vol. 35, No. 4. (September 1945), 519-530.

에 따라 이루어지는데, 이는 정상적인 기업 계획이나 개인 계획과는 완전히 다르다.

계획경제에는 자생적인 폐단이 있다. 첫째, 그것은 반드시 방대한 데이터를 취합해야만 합리적인 생산과 배치를 할 수 있다. 한 나라, 특히 인구가 많은 현대 국가의 경우, 관련 정보의 양은 상상할 수 없을 정도로 많다. 예를 들어, 구소련 물가국物價局은 2,400만 가지 상품의 가격을 책정해야 했다.39) 이는 비현실적이다. 그리고 사회와 인간 자체의 복잡성과 변동성은 획일적인 계획경제로는 해결할 수 없다.40) 현대의 빅 데이터와 인공지능 기술을 적용해 이같은 천문학적인 정보량을 다루더라도 완전한 입력 변수를 얻을 수 없다는 딜레마에 빠진다.

경제학자 루드비히 폰 미제스(Ludwig von Mises)는 사회주의와 시장의 관계에 관한 논문인 〈사회주의 사회에서의 경제계산(Economic Calculation in the Socialist Commonwealth)〉에서 "진정한 시장이 없기 때문에 사회주의 사회는 합리적인 경제 계산이 불가능하다."고 했다. 즉, 합리적인 자원 배치가 불가능하기 때문에 경제적으로 실패할 수밖에 없다는 것이다.41)

둘째, 계획경제는 국가가 경제 흐름을 통제하고 경제 자원을 장악해 운용 계획을 세우는 일종의 권력경제다. 따라서 계획경제는 계획 과정에서 필연적으로 절대 권력의 지령이 개입하고 모든 단계마다 강제적인 요소로 가득 차게 된다. 권력경제가 우선시하는

---

39) Thomas Sowell, Intellectuals and Society, Revised and Expanded Edition (New York: Basic Books, 2012), Chapter 2.
40) F. A. Hayek. "The Use of Knowledge in Society," The American Economic Review, Vol. 35, No. 4. (September 1945), 519-530.
41) Ludwig von Mises. "Economic Calculation in the Socialist Commonwealth." Mises Institute. Accessed July 26, 2018.

것은 정부 수요와 정치 정책상의 요구를 만족시키는 것이지 국민의 수요를 충족시키는 것이 아니다. 생산이 경제운행의 법칙에 부합하지 않을 때, 국가권력은 필연적으로 경제운행을 짓밟고 왜곡해 각종 경제문제를 야기한다. 따라서 계획경제는 실패할 수밖에 없다.

계획경제와 고압 정치는 불가분의 관계다. 국가계획은 필연적으로 결함이 있기 때문에 문제가 생겼을 때 국민과 정부 내부에서 의문이 제기될 수밖에 없다. 이때 집권자는 자신의 권위가 도전 받는다고 생각할 것이고, 그 생각은 필연적으로 '정치적 강압'과 '정치적 숙청'으로 이어지게 된다. 마오쩌둥이 경제법칙을 무시하고 강행한 '대약진'은 결국 3년간의 대기근을 초래했고 자신의 권력도 도전 받는 결과를 낳았다. 그는 이를 계기로 문화대혁명을 일으켰다.

계획경제와 공유제의 비참한 결과는 중국 국유기업의 현 상황에서 충분히 드러났다. 최근 몇 년 사이에 많은 국유기업이 채산성이 떨어져 조업을 중단하거나 단축했고, 재정이 악화돼 정부 보조금과 은행 대출로 경영을 유지하고 있다. 이들 기업은 장기간 국민경제의 기생충이 됐기에 '좀비기업'으로 불린다. 보도에 따르면, 중국의 국유기업 15만 개 가운데 석유, 통신 등 국유 독점기업을 제외한 나머지는 수익은 미미하고 손실은 심각한 것으로 나타났다. 2015년도 국유기업의 총자산은 GDP의 176%, 총 부채는 GDP의 127% 차시했고, 이익은 GDP의 3.4%에 불과했다. 일부 경제학자는 좀비기업이 중국 경제를 납치했다고 주장한다.[42]

---

42) Shi Shan. "Quagmire in the Reform of China's State-Owned Enterprises," Radio Free Asia, September 22, 2015,
https://www.rfa.org/mandarin/yataibaodao/jingmao/xql-09222015103826.html.

이와 동시에 계획경제는 경제인의 자유를 완전히 박탈하고 국가가 그들의 역할을 대신하게 한다. 그 본질은 모든 사람을 노예 또는 기계로 만들고 공산주의 악령이 그들의 삶을 전면적으로 통제하는 것이다. 또한 신이 부여한 자유의지를 강제로 단속해 신이 배치한 삶을 바꾸게 하는 것이다. 이는 공산주의 악령이 경제를 이용해 신과 천리天理를 등지게 하는 전략이다.

5. 선악을 뒤바꾸고 원한을 선동하는 마르크스의 '착취론'

마르크스는 노동만이 가치를 창출할 수 있다고 주장했다. 가령 기업주가 1,000만 달러를 투자해 1,100만 달러를 벌었다면, 이윤 100만 달러는 모두 종업원이 창출한 것이라는 말이다. 마르크스의 이론에 따르면, 자본(생산 설비, 시설, 물품 등도 포함)은 가치를 창출하지 않고 상품 원가의 일부로만 전환된다. 그러나 종업원이 창출한 가치(1,100만 달러)는 원가(인건비 포함)보다 높으며, 늘어난 이윤 100만 달러는 바로 종업원이 창출한 잉여가치다. 이 잉여가치를 사장이 무상으로 점유한다는 것이다.

그래서 마르크스는 자본가들이 돈을 버는 '비밀'을 찾았다고 선언하면서, 이것이 바로 부르주아의 원죄인 '착취'라 주장했다. 자본가가 자본을 투자해 공장을 설립하고 회사를 차릴 때는 당연히 이윤을 내야 하는데, 마르크스의 관점에 따르면, 이 과정에서 프롤레타리아를 착취할 수밖에 없다. 이런 원죄는 자본주의 제도에서 비롯된 것으로, 그것은 전체 부르주아에 속한다. 따라서 마르크스는 이러한 착취의 죄악을 없애려면 반드시 전체 자본주의 사회 전반을 파괴해 부르주아 계급을 소멸하고 모든 자본가의 재산을 몰수해 공유제 사회를 건설하고 공산주의를 실현해야 한다고 결론지었다.

마르크스 착취 이론의 황당함은 주로 두 방면에서 나타난다. 우선, 그것은 군중을 서로 대립하는 두 계급, 즉 자본을 소유한 부르주아와 자본을 소유하지 않은 프롤레타리아로 나누었다. 사실 예부터 지금까지 각 계층 간에는 뛰어넘을 수 없는 경계가 존재하지 않고, 각 계층 간의 상호 이동이 수시로 이루어지고 있다. 현대의 '프롤레타리아'가 주식을 사들여 회사의 지분 일부를 갖게 되면 더는 프롤레타리아가 아니다. 만약 프롤레타리아와 부르주아가 이렇게 마음대로 전환할 수 있다면, 이러한 계급 구분은 투쟁을 일으키는 것 외에는 아무런 의미가 없다.

한편, 마르크스주의는 '교묘하게' 설계한 이론으로 사람들을 속여 그가 날조한 표준으로 전통적인 도덕표준을 대체하게 한 다음, 그것으로 옳고 그름과 선악을 가늠하게 한다. 즉, 인간의 좋고 나쁨을 도덕과 품행으로 가늠하는 것이 아니라 자본 소유 여부로 가늠한다. 부르주아이기만 하면 바로 유죄다. 그들이 자본을 통해 프롤레타리아(노동자)를 착취했기 때문이다. 프롤레타리아는 억압받고 착취당하기 때문에 그들은 자연히 도덕성의 우위를 차지하며 그들이 자본가를 어떻게 다루든 정당할 수 있다. 이는 실질적으로 재산 소유를 죄악으로 만들고 재산 강탈을 정의로 둔갑시켜 폭력적인 상발을 합법화하는 것이다.

이러한 착취 이론은 국가가 국민에게 테러를 자행하도록 '지도'했고, 그 결과는 곧바로 나타났다. 중국, 구소련, 동유럽 등 옛 공산권 국가에서 공산당은 가는 곳마다 지주의 땅을 뺏고 자본가의 공장을 약탈했으며 심지어 살인 방화, 인간성 파괴 등의 만행까지 서슴지 않았다. 또한 전통적인 도덕규범, 신앙, 성인聖人은 도리어 모두 '착취 계급'이라는 낙인이 찍히고 마음대로 타도할 수 있는 대상이 됐다.

마르크스의 이론은 경제학계와 철학계에서 전면적으로 비판받고 있다.[43] 다음은 마르크스 착취 이론의 황당무계함을 보여주는 예인데, 단지 빙산의 일각에 불과하다.

마르크스는 노동이 가치를 창출하고, 그 가치는 생산에 필요한 노동시간에 의해 결정된다고 주장했다. 이것은 터무니없는 이론이다. 상품의 가치는 객관적 속성(특정한 요소 하나에 의해 결정되는 성질)이 아니라 주관적 속성(다양한 요소에 의한 '수요와 공급'의 변화에 따라 형성되는 성질)을 지닌다. 일찍이 많은 경제학자가 가치의 근본 문제를 연구한 적이 있다. 현재 다수의 경제학자가 마르크스의 단편적인 가치 일원론과는 달리 가치는 토지, 자본, 노동, 과학기술, 조직관리, 투자 위험 등 여러 가지 요소에 의해 창출된다고 본다. 경제활동은 생산 체인의 서로 다른 단계를 포함하는 복잡한 시스템이다. 생산의 다른 요소들은 일정한 관리방식이 필요하고 사람들은 각기 다른 역할을 하는데, 이것은 전체 생산 사슬에 없어서는 안 되는 것으로, 모두 '잉여가치'를 창출하는 데 기여한다.

한 자본가가 100만 달러를 투자하고 엔지니어 2명과 마케터 1명을 고용해 새로운 장난감을 만들어 팔았는데, 2년 후 5,000만 달러를 벌었다고 가정할 때, 이 5,000만 달러는 모두 두 엔지니어와 세

---

43) John Kenneth Galbraith, The Good Society: The Humane Agenda (Boston, MA: Houghton Mifflin Co., 1996), 59-60.

일즈의 특별한 노동이 창출한 잉여가치일까? 물론 그렇지 않다. 이 장난감이 이윤을 낼 수 있었던 것은 상품의 창의성, 자본가의 시장 안목, 조직관리 능력, 모험적인 도전 등이 긍정적으로 작용했기 때문이다.

만약 이 장난감의 아이디어가 한 엔지니어에서 나왔다고 가정한다면, 발생한 이윤(이른바 잉여가치) 5,000만 달러를 모두 자본가가 무상으로 점유한 것인가? 그것 또한 아니다. 만약 이 엔지니어가 자신의 아이디어가 제값을 받지 못했다고 생각한다면, 보수가 더 높은 다른 회사로 옮길 수 있기 때문이다.

자유 시장에서 일반화된 이런 경쟁은 결국 균형을 이루고 부당 이득을 가로챈 회사를 퇴출시킨다. 또한 자본가가 2년간 투자금을 회수하지 않고 기다린 것도 이윤을 내는 데 한몫 했다. 따라서 이에 대한 추가 보상도 당연한 것이다. 이는 돈을 빌려주면 이자를 받는 것과 같은 이치다.

상품의 가치를 결정하는 데는 또 많은 '우연한' 요소가 있는데, 이런 요소는 오직 전통 신앙과 전통문화를 참조해야만 합리적으로 이해할 수 있다.

어떤 상황에서는 이른바 사회적 노동과 무관하게 가치가 생성되고 소멸한다. 오늘날 고가에 거래되는 다이아몬드가 수천 년 전에는 사회적 수요가 없었기에 가치가 전혀 없었을 것이다. 할아버지에게 물려받은 황무지가 개발 붐을 타고 땅값이 수백 배 뛸 수도 있다. 이때 증가한 가치에는 노동이 포함돼 있지 않다. 이렇게 날아온 부를 'Fortune(부와 운을 뜻함)'이라고 부르기도 하는데, 여기에는 부富를 신이 인간에게 베푸는 은혜라고 여기는 전통 이념이 담겨 있다.

마르크스는 공유제의 '합리성'과 '필요성'을 논증하기 위해 잉여가치에 기초한 착취론을 날조해 정상적인 기업 경영으로 부자가 되는 경제활동을 부도덕 행위로 매도했다. 그리고 그 속에 증오를 주입해 기존의 모든 경제 질서와 경제제도를 파괴하도록 선동했다.

자본가와 노동자, 지주와 농민은 사실상 이익공동체로, 서로 협력하고 의존하는 '상생 관계'다. 마르크스는 그들의 모순을 절대화·극단화하고 무한 확대해 적대관계로 변모시켰다. 사실, 자본가 중에는 좋은 사람도 있고 나쁜 사람도 있으며, 노동자도 마찬가지다. 제재를 받아야 하는 사람은 자본가도 노동자도 아닌, 정상적인 경제활동을 파괴하고 상대에게 손실을 입히는 자들이다. 사람을 평가하는 근거 역시 부와 지위가 아니라 도덕성이다.

사람은 누구나 노력을 통해 자신의 경제적 상황과 지위를 바꿀 수 있다. 노동자는 부를 축적해 투자자가 될 수 있고, 투자자 또한 투자 실패로 무산자가 될 수 있다. 현대사회에서 노동자와 투자자의 배역은 언제든지 바뀔 수 있고 두 가지 배역을 겸할 수도 있다. 그들은 공동으로 창조한 이윤을 생산에 투입해 일자리를 창출하고 사회적 부를 키워 많은 사람을 행복하게 할 수 있다. 미국 노조운동의 창시자조차 "노동자들에게 짓는 최악의 범죄는 이윤 없는 회사다."라고 했다.[44]

'잉여가치론'이라는 터무니없는 이론은 토지 소유자와 자본가의 정상적인 경영활동에 '착취'라는 꼬리표를 붙이고 수많은 원한과 투쟁을 선동해 수천만 명의 목숨을 앗아갔다.

---

44) Rothschild, Michael, Bionomics: Economy as Business Ecosystem (Washington, D.C.: Beard Books, 1990), 115.

6. 절대평균주의의 뿌리는 증오와 질투

1) 증오와 질투의 기초 위에 세워진 절대평균주의

공산주의는 '절대평균주의'를 주창한다. 이는 '사람마다 평등하고人人平等, 하늘 아래 모두가 동등하다天下大同'는 것인데, 한편으로는 그럴싸하게 보여 사람들이 맹신하게 하고, 다른 한편으로는 증오와 질투를 불러일으킨다.

절대평균주의 사상은 주로 두 가지 측면으로 나타난다. 첫째는 사람들이 아직 '평균' 상태에 있지 않은 상황에서 나타나는데, 자신의 경제적 지위에 불만을 갖는 것이다. 이는 악령이 증오와 원한을 부추기는 특효약이다. 그것은 사람들에게 다른 사람이 가지고 있는 것은 나도 가져야 한다는 생각을 불러일으킨다. 그 결과, 폭력을 써서 빼앗고 심지어 타인의 생명을 해치며, 극단적인 상황에서는 폭력혁명을 일으킨다.

마르크스는 사람의 불만을 야기하기 위해 사회를 철저히 대립하는 두 계급으로 나눴다. 농촌에서는 지주와 농민, 도시에서는 자본가와 노동자로 구분해 상대 계급을 증오하게 하고, 대립하는 한쪽이 다른 한쪽의 목숨을 앗아가게 했다.

지주는 부유하고 농민은 가난한데 어떻게 해야 하는가? 빼앗아야 한다! 지주는 무슨 근거로 잘사는가? 잘살려면 다 같이 잘살아야 한다. 그래서 중국 공산당은 '토지개혁'을 하자고 농민들을 꼬드겼다. 바로 "토호土豪를 타도하고 땅을 나누자"는 것이다. 지주의 토지를 강제로 빼앗고 불복하면 죽였다. 심지어 지주의 가족까지 남김없이 죽였다. 공산당은 우선 일하기 싫어하고 놀고먹기 좋아하는 건달들을 선동해 소동을 일으켰는데, "주인집 딸과 며느리의 상아 침대 위에서 뒹굴 수 있다."고 했다.45) 이어서 모든 농민이 일어나 지주와 계급투쟁을 하도록 강요해 수백만 지주의 머리가 잘렸다.

둘째는 주로 '평균' 상태에 도달한 집단 안에서 발생한다. 좋은 것이 있으면 모두가 똑같이 나누고, 두각을 나타내는 사람은 공격하며, 일을 많이 하든 적게 하든, 심지어 하지 않더라도 모두가 똑같이 대우받아야 한다는 것이다.

겉으로는 모든 사람이 똑같아 보이지만, 사람의 개성, 지능, 체력, 도덕 수준, 직업, 교육 수준, 근면성, 창의력 등이 다르고 사회에 기여하는 정도도 다르다. 그런데 어떻게 같은 결과를 추구할 수 있겠는가? 이런 측면에서 불평등은 진정한 평등이며, 공산주의가 추구하는 평등은 진정한 불평등이고 불공정이다. 중국 옛사람들은 '하늘은 스스로 돕는 자를 돕는다.'고 했다. 즉, 하늘은 각자의 노력에 상응하는 보상을 준다는 것이다. 절대평등은 현실에서는 존재할 수 없는 '억설'이다.

절대평균주의 하에서는 일을 잘하든 못하든, 근면하든 게으르든 같은 결과를 얻는다. 게으른 사람은 변칙적으로 혜택을 받고, 부지런하고 능력이 있는 사람은 변칙적으로 징벌을 받으며 심지어 원한과 적대감에 시달린다. 모든 사람이 가장 뒤처진 사람과 보조를 맞춤으로써 '경제가 아래로 끌려 내려가는' 기형적인 현상이 발생한다. 사실 이것은 모든 사람을 나태하게 하고, 불로소득을 바라게 하고, 남의 것을 탐하게 한다. 그 결과 '도덕의 하향평균화' 현상이 조성됐다.

---

45) 마오쩌둥, '후난농민운동검토보고(湖南農運動考察報告)'「마오쩌둥 전집 제1권」

절대평균주의가 불러일으키는 증오와 질투는 공산주의 경제의 근원적인 독소다. 인간성에는 선과 악이 동시에 존재한다. 서방의 종교에서는 '7대 죄악七罪宗'을 규정했고, 동방문화는 인간에게 불성佛性과 마성魔性이 있다고 한다. 불성은 선량, 인내, 배려 등으로 표현된다. 반면, 마성은 탐욕, 게으름, 증오, 질투, 음란, 포악, 생명 경시, 불로소득 추구 등으로 표현된다. 공산주의 경제는 마성을 자극하고 증폭해 인간의 본분을 잊게 함으로써 수천 년간 전해온 전통 가치관을 버리게 한다. 그것은 인간성에서 가장 나쁜 면, 가장 나쁜 것을 끌어내 공산혁명의 원시적인 구동력이 되게 한다.

경제학자 애덤 스미스(Adam Smith)는 그의 저서 〈도덕감정론(The Theory of Moral Sentiments)〉에서 도덕은 인류 번영의 토대라고 했다. 보편적인 도덕규범을 준수하는 데 대해 "인류사회가 존재할 수 있는 기초다. 만약 인류가 그러한 중요한 행동 규칙에 대한 경외심에 보편적으로 감명을 받지 못한다면, 우리 사회는 순간적으로 무너지게 될 것이다."라고 했다.46)

래리 커들로(Larry Kudlow) 미 백악관 국가경제위원장(NEC)은 경제 번영은 도덕과 함께해야 한다고 주장했다. 사람들이 경제에서 도덕적 원칙에 따라 행동해야만 자유 시장과 경제가 순조롭게 돌아갈 수 있다. 커들로는 "만약 우리가 '최고 원칙'이라고 부르는 신조, 즉 미국 건국의 근간이 되는 도덕과 가치관을 끝까지 지킬 수 있다면 이 나라의 발전은 끝이 없을 것이다."라고 썼다.47)

절대평균주의가 세계 각국에서 가져온 나쁜 결과는 결코 의외가

---

46) Adam Smith, The Theory of Moral Sentiments (Philadelphia: Anthony Finley, J. Maxwell Printer, 1817).
47) Lawrence Kudlow, American Abundance: The New Economic and Moral Prosperity (New York: HarperCollins Publishers, 1997).

아니다. 공산주의의 평균주의는 국가가 타인의 사유재산을 빼앗는 것이다. 한편으로는 악령의 권력을 강화하고, 다른 한편으로는 많은 사람의 죄의식을 약화해 무상 점유가 가져온 그들의 득의양양한 만족감을 강화한다. 악령이 사람을 유혹하는 이유가 바로 여기에 있다.

2) 경제 평등권 확산은 공산주의로 가는 발판

절대평균주의 사상의 영향으로 서구에서는 '사회정의(Social Justice)'를 강력하게 요구하고 있으며 '최저임금제'와 '소수집단 우대정책(Affirmative Action)', '동일노동, 동일임금'과 같은 요구가 나왔다. 이런 요구는 모두 의도적으로 '결과의 평등'을 요구하는데, 배후에는 공산주의 악령의 요소가 숨어 있다. 사람들은 자칫하면 악령의 함정에 빠지게 된다.

이런 요구를 선동하는 자의 배후에 있는 악령은 사실 그런 취약계층이 평등을 얻는지, 지위가 개선됐는지에 관심이 없다. 다만 이런 운동을 이용해 불만을 선동할 뿐이다. 만약 성사된다면 한발 더 나아가 새로운 평등권을 요구할 것인데, 영원히 끝이 없다. 성사되지 못하면 불만을 계속 선동하면서 평등권 관념을 강화해 폭넓은 사회 여론을 형성한다.

공산주의 악령이 선동하는 불만은 여러 분야에서, 여러 가지 방식으로, 동시다발적으로 이루어지기 때문에 일단 이러한 불만들이 증폭하면서 동시에 폭발하게 되면 더 큰 사회 불안과 혁명의 불씨가 된다. 배후의 조종자는 항상 군중 속에서 취약한 집단을 찾아낸다. 그리고 그들의 경제적 평등을 요구하며 '절대평균'이 이루어질 때까지 이 과정을 반복한다. 이른바 '사회정의'를 앞세운 이러한 요구는 공산주의 악령이 공산주의로 가는 발판이 됐다. 서방 자유 국가들이 공산주의 악령의 조종 하에서 공산주의에 잠식된 것은 부정할 수 없는 사실이다.

실제로는 이러한 요구가 종종 기대에 어긋나 원래 보호하려던 대상이 오히려 차별과 타격을 받는다. 최저임금제의 경우, 표면적으로는 노동자의 권리를 보장하는 것처럼 보이나, 생산원가를 높여 고용을 위축시키고 실업률을 끌어올린다. 인간의 기능은 하루아침에 이뤄지지 않으며, 부단히 축적하고 발전하는 과정이 있다. 만약 무조건 최저임금만을 강조한다면 사실상 근로자들이 저임금 저기능 직종에 안주함으로써 더 높은 보수를 받는 직위로 갈 기회가 박탈되는 것이다. 임금 수준을 칼로 자르듯이 일률적으로 똑같게 규정하는 것은 경제 법칙에 어긋날 뿐만 아니라 정부의 과도한 개입을 초래한다.

그리고 '동일노동, 동일임금'을 핑계로 사회개혁을 요구하는 사람들도 종종 있다. 그들은 통계수치를 인용해 흑인 남성의 평균임금이 백인 남성의 평균임금보다 낮고, 여성의 평균임금 또한 남성보다 낮다면서 이런 소득 차이는 인종차별이나 성차별의 결과라고 주장한다. 사실, 이 같은 두루뭉술한 비교는 비합리적이다. 만약 같은 조건에서 비교한다면 결과가 완전히 달라질 것이다. 일부 학자의 연구에 따르면, 부부가 모두 대학을 졸업한 경우, 흑인 가정이 백인 가정보다 소득이 높았다.[48] 단지 이런 흑인 가구의 비율이 낮기 때문에 전체 평균임금에서 치이를 보일 뿐이다. 이처럼 비슷한 부류를 비교하는 것이 상식이지만, 공산주의 악령이 배후에서 투쟁을 선동할 때는 사람들은 사리를 분별하는 눈이 멀게 된다.

---

[48] Thomas Sowell, Economic Facts and Fallacies (New York: Basic Books, 2008), 174.

공산주의 악령은 취약계층의 복지에는 관심이 없다. 그것은 사람들을 현혹하는 구호로 인류를 공산共産의 길, 파멸의 길로 인도한다.

3) 노동조합은 자본주의 경제를 타격하는 무기

모두가 알다시피 미국 제조업 부문의 일자리가 많이 사라졌다. 하지만 사람들은 노동조합이 바로 일자리를 없애는 주범이라는 사실을 모르고 있다. 노동계급을 돕는다는 노동조합이 왜 노동자의 이익을 해치는 주범이 됐을까? 이 점은 우리가 노동조합의 역사와 '사명'이 어떻게 발전하고 변천했는지를 살펴보면 분명히 알 수 있다.

노동조합은 기술이 없거나 기술 수준이 낮은 노동자가 자발적으로 설립한 조직이다. 처음에는 사측과 협상해 노동자와 자본가 간의 갈등을 해결하는 데 어느 정도 도움을 줬다. 공산주의 악령은 노동조합을 공산주의 운동과 정책을 추진하는 도구로 삼았다.

엥겔스는 노동조합 문제를 논할 때 분명히 밝혔다. "고임금과 노동시간 단축을 쟁취하는 투쟁, 그리고 오늘날 노동조합이 진행하는 모든 활동은 목적이 아니라 수단일 뿐이다. 매우 필요하고 효과적인 수단이지만, 더 높은 목적을 달성하기 위한 수많은 수단 중 하나일 뿐이다. 더 높은 목적은 바로 고용노동제도의 완전한 철폐다."[49]

레닌은 노동조합을 설립하고 노동조합의 합법적인 지위를 쟁취하는 것이 프롤레타리아가 부르주아로부터 민주주의 혁명의 영도

---

49) Friedrich Engels, "1881: Trades Unions," Marxists.org, May 20, 1881, https://www.marxists.org/archive/marx/works/1881/05/28.htm.

권을 빼앗는 중요한 방법이라고 생각했다. 레닌은 "노동조합은 당의 버팀목이 되고 부르주아와의 투쟁에서 주된 역량이 될 것이다."라고 했다. 레닌은 또 "노동조합은 공산주의의 학교이며, 공산당과 대중 간의 관계를 형성하고, 일상의 업무를 통해 대중을 자본주의에서 공산주의로 넘어가도록 설득하는 수단이자 국가 정권의 '저수지'다."라고 주장했다.50)

19세기 중후반, 공산주의와 좌익 세력은 노동조합을 이용해 대규모 파업을 선동했다. 때로는 가혹한 요구를 제기하고 심지어 기계와 공장 건물을 파괴했다. 이처럼 공산주의 운동은 자본주의를 타격하는 예리한 무기이자 정치 '투쟁'을 진행하는 중요한 도구가 됐다. 공산주의 악령은 천하가 혼란해지지 않을까 봐 걱정한다. 혼란해야만 흐린 물속에서 고기를 잡듯이 그 속에서 이익을 얻을 수 있기 때문이다.

1905년 10월, 러시아 노동자들은 러시아 전역에서 정치 파업을 감행했다. 참여자는 170여만 명에 달했고, 전국의 경제는 마비됐다. 그 사이 '노동자 대표 소비에트'를 결성해 더욱 급진적인 노동조합 조직을 설립했다. 레닌은 이를 '혁명정부의 새싹'이라면서 장차 전체 러시아 정치의 '중심'이 될 것이라고 했다. 즉, 1917년 10월 쿠데타로 출범한 소비에트 정권은 노조에서 기원起源한 것이다.51)

서방 선진국들의 노조도 공산주의 악령에게 광범위하게 이용당하고 있다. 노동자와 자본가는 본래 공생관계다. 공산주의 악령은 죽기 살기로 그들 사이의 갈등을 확대, 격화하는데, 그 중요한 도구

---

50) Friedrich Engels, "1881: Trades Unions," Marxists.org, May 20, 1881, https://www.marxists.org/archive/marx/works/1881/05/28.htm.
51) 뤼지아민(呂嘉民), 「레닌노동조합학설사」, 랴오닝인민출판사(1987).

중 하나가 바로 노조다. 노조는 노사협상을 프롤레타리아와 부르주아의 투쟁으로 끌어올려 대립관계를 강화함으로써 자신의 존재에 합법성을 부여한다. 이를 위해 노동자들의 불만을 끊임없이 선동하고 자본가의 문제점을 비난한다. 갈등을 조장해 충돌을 일으키는 것은 그들의 첫 번째 생존 비결이 됐다.

노조는 노동자에게 단기적으로는 작은 이익을 가져다줄지 모르지만, 장기적으로는 노동자를 희생시킨다. 기업이 무너지면 노동자가 일자리를 잃기 때문이다. 노조는 노동자를 위해 투쟁하는 것 같지만, 기업의 경쟁력을 잃게 만든다. 그 이유는 크게 두 가지다.

첫째, 노동조합은 노동자의 권익을 보호한다는 구실로 기업이 종업원을 해고하기 어렵게 한다. 여기에는 일을 제대로 하지 않거나 실적이 나쁜 직원도 포함된다. 이는 근무 환경과 조직 관리에 부정적인 영향을 미친다. 더욱 심각한 것은 열심히 일하는 직원이 오히려 불이익을 당하게 돼 근무 의욕을 상실한다는 점이다. 노동조합이 불량 직원에게 보호 우산을 제공하는 관행은 장기적으로는 기업의 경쟁력을 상실케 한다.

둘째, 노조는 복지를 구실로 끊임없이 회사의 자금 부담을 가중한다. 회사는 부득이 연구개발 투자비를 줄이거나 제품 가격을 올리는 등의 비이성적인 결정을 하게 된다. 연구 결과에 의하면, 이것이 바로 노조가 없는 도요타와 혼다는 성능이 좋고 저렴한 차를 만들 수 있는데 비해 노조가 있는 디트로이트의 자동차 공장은 그러지 못하는 이유다.[52]

---

52) James Sherk, "What Unions Do: How Labor Unions Affect Jobs and the Economy," Heritage Foundation Website, May 21, 2009,
https://www.heritage.org/jobs-and-labor/report/what-unions-do-how-labor-unions-affect-jobs-and-the-economy.

에드윈 풀너(Edwin J. Feulner) 헤리티지재단 창립자는 노조에 대해 "이들은 회사의 목에 걸어 놓은 알바트로스(Albatross, 걱정거리 혹은 장애) 같아서 변화하는 시장의 요구에 유연하고 현명하게 대응할 수 없게 만든다."고 평가했다.[53]

이 같은 상황은 노조가 노동력 시장을 독점함으로써 더욱 심각해지고 있다. 노동조합은 기업의 의사결정에 막대한 영향을 미치고 무리한 요구를 수없이 제기한다. 기업이 그 요구를 충족시키지 못하면 노조는 파업과 사회운동을 부추겨 '투쟁'을 벌인다. 기업들은 곤란을 겪고 심지어 파산한다.

전미자동차노조(United Auto Worker)는 디트로이트 자동차 노동자를 대표하는 노동조합으로, 그들은 항상 파업을 조직한다. 2008년 금융위기 이전, 노조는 근로자의 임금과 복지를 합쳐 시간당 70달러까지 올렸다. 결국 미국 자동차 제조업은 거의 파산했다.[54]

노조가 기업 경쟁력을 떨어뜨리면 결국 일자리 감소로 이어질 수밖에 없다. 1977년부터 2008년까지 노조가 있던 제조업 일자리가 75%가 줄어든 반면, 노조가 없는 제조업 일자리는 오히려 6% 증가했다. 제조업 이외의 상황도 비슷하다. 건설업계의 경우, 미국 건설업은 1970년대 말 이후 성장세를 보였다. 노조가 없는 건설업체의 일자리는 1977년 이후 159% 늘어난 반면, 노조가 있는 업체의 일자리는 오히려 17% 줄어들었다.[55]

---

[53] Edwin J. Feulner, "Taking Down Twinkies," Heritage Foundation Website, November 19, 2012, https://www.heritage.org/jobs-and-labor/commentary/taking-down-twinkies.
[54] James Sherk, "What Unions Do: How Labor Unions Affect Jobs and the Economy," Heritage Foundation Website, May 21, 2009, https://www.heritage.org/jobs-and-labor/report/what-unions-do-how-labor-unions-affect-jobs-and-the-economy.
[55] 위와 같음.

노조는 또 공산주의 악령이 기업 내부에서 평균주의를 실행하는 도구다. 미국 헤리티지재단(Heritage Foundation)의 연구 보고서에 따르면, 노조는 기업에 대한 기여도나 근무 태도 대신 근로자 개개인의 근무연한(사회주의 국가의 '근속연수'에 해당)에 따라 임금을 지급하라고 요구하고 있다. 노동조합이 노리는 최종 효과는 작업 능률이 높은 직원의 임금은 낮추고 작업 능률이 낮은 직원의 임금은 올리는 것이다.[56]

이는 공산주의의 절대평균주의와 맥을 같이하는 것으로, 종업원들의 재화財貨를 재분배하는 것과 같은데, 단지 기업 내에서만 실행하는 것뿐이다. 이렇듯 기업의 의사결정에 개입하고 노동력 시장을 독점하는 것은 사실상 자유 시장을 파괴하는 일이다. 결국 강성強性 노조활동은 기업은 물론 경제 전반에 손실을 안겨준다. 2005년 한 설문조사에 따르면 미국 기업의 노조원은 대부분 노조를 반대했는데, 노조 매체에서는 반대하는 이유를 공개적으로 논의하거나 노조협약에서 다루지 않았다.[57]

여러 면에서 볼 때, 진정으로 성실하게 일하는 노동자는 오히려 희생양이 된다. 그러나 공산주의 악령은 노동조합을 운영하는 과정에서 대성공을 거두었다. 근본적으로 공산주의 악령은 노조를 이용해 장기적, 점진적으로 자본주의 자유경제를 파괴하고 자본주의 제도를 뒤집어엎어 인류의 정상적인 생활 방식을 파괴한다.

공산주의에 침투당한 노조, '진보운동' 지도하의 노조는 하나의 이익집단으로 변했다. 노조 지도부는 기업도 아니면서 마치 기업

---

56) 위와 같음.
57) Steve Inskeep, "Solidarity for Sale: Corruption in Labor Unions," National Public Radio, February 6, 2007, https://www.npr.org/templates/story/story.php?storyId=5181842.

인 양 막대한 이익을 챙기는데, 이런 부패 현상은 늘 비난받는다.58)

노동조합은 여러 방면에서 좌파의 도구가 돼 민주국가에서 자본주의와 투쟁하는 데 이용됐다. 끊임없이 '사회정의'와 '공평'을 요구해 방대한 복지 부담을 조성하고, 미국의 제조업·서비스업·교육·정부 분야의 개혁과 효율성 향상에 큰 걸림돌이 됐다. 시기가 미숙할 때는 숨었다가 시기가 성숙하면 공공연히 나서서 큰 사회운동을 일으킨다. 노동조합은 공산주의 악령이 자유사회에 심어 놓은 비밀공작원이다.

7. '공산주의의 이상理想'은 인류를 파멸로 유인하는 미끼

공산주의 이론이 허점과 자기모순으로 가득한데도 여전히 많은 사람이 속아 넘어간다. 그것은 공산주의 악령의 인간세상 대리인인 마르크스 등이 공산주의 천국을 아름답게 묘사해 세상사람들을 현혹하기 때문이다. 그 그림 속에는 '물자가 대단히 풍부하다.' '도덕수준이 매우 높다.' '사회 구성원은 모두 능력에 따라 일하고 필요에 따라 분배 받는다.' '사유제도 없고, 빈부격차도 없고, 통치계급도 없고, 착취도 없다.' '사람마다 자유롭고 평등하며, 사람들의 재능은 전면적으로 발전할 수 있다.' '사람들은 더없이 아름답고 행복한 생활을 누린다.'는 등의 환상이 들어있다.

당초에 많은 사람이 이러한 기만적인 논조에 끌려들어 갔다. 현재 적지 않은 서방 사람들이 공산 독재국가에서 생활한 쓰라린 경험이 없기 때문에 일방적으로 환상을 품고 공산주의와 사회주의를

---

58) 위와 같음.

선동한다.

사실, 마르크스주의가 내놓은 모든 구상은 공상에 불과하다.

마르크스주의는 공산주의 사회에 물자가 대단히 풍부할 것이라고 주장했다. 그러나 인간의 욕망은 끝이 없고 수요 또한 끝이 없다. 인간은 제한된 지식, 한정된 근로 시간, 제한된 자원 속에서 필연적으로 결핍할 수밖에 없다. 이것은 또한 모든 경제학 연구의 가장 기본적인 출발점이기도 하다. 이러한 제약이 없다면, 사람들은 어떤 생산방식이 효율적인지를 탐구할 필요가 없이 마음대로 낭비할 수 있다.

마르크스주의는 공산주의 사회에서는 도덕수준이 크게 향상된다고 주장했다. 그러나 인간에게는 선과 악이 공존하는데다 도덕수준이 향상하려면 개개인의 노력과 더불어 정통 신앙과 가치관의 지도가 필요하다. 하지만 마르크스주의는 무신론과 계급투쟁으로 인간의 악한 일면을 무한히 확대했다. 공산주의 사회에서는 신앙의 자유가 있을 수 없고, 종교 또한 공산당의 정치 도구일 뿐이다. 게다가 종교가 폭정을 옹호하고 세상 사람들을 오도하고 신을 배척하는 데 이용돼 사람들이 갈수록 신에게서 멀어졌다. 사람들이 신에 대한 바른 믿음이 없고 스스로를 단속하지 못할 때 도덕은 급격히 추락할 수밖에 없다. 또한 마르크스, 엥겔스, 레닌, 스탈린, 마오쩌둥 등은 모두 오만하고 음란하고 부도덕한 교주인데, 신도들의 도덕수준이 크게 높아질 것으로 기대하는 것은 '연목구어緣木求魚(나무에 올라 물고기를 구하는 것)'와 다를 바 없다.

마르크스주의는 또 모든 사람이 평등하다고 선언했다. 그러나 앞에서 밝혔듯이, 공산주의는 필연적으로 전체주의로 이어진다. 권력은 자원 배치의 기초이고 전체주의의 권력 배분은 가장 불평등하기 때문에 자원 분포도 가장 불평등하다. 사람들은 사회주의를 실시한 모든 국가에서 드러난, 민중과 특권계급 간의 현저한 빈부격차, 그리고 일반 국민을 압박하는 정권의 폭력을 봤다.

마르크스주의는 '능력에 따라 일하고 필요에 따라 분배 받는다.'며 사람들을 속였다. 그러나 사회주의는 권력경제이고 모든 것은 권력의 지휘봉을 따라 움직이므로 사회 구성원은 기본적인 자유조차도 없다. 따라서 근본적으로 자기 능력을 다 발휘할 수 없다. 그리고 인간의 수요는 끝이 없는데 어떻게 그것을 충족시킬 수 있는가? 수요에 따라 제품을 분배한다는 것은 불가능하다.

공산주의는 또 '사회 모든 구성원의 재능이 모든 면에서 발휘되도록 하겠다.'며 사람들을 속였다. 마르크스주의는 분업이 소외를 야기한다고 주장한다. 사실, 노동분업은 사회가 존재하는 필요조건이다. 애덤 스미스(Adam Smith)가 〈국부론(The Wealth of Nations)〉에서 논증한 바와 같이, 분업은 생산성을 높이고 경제 번영을 촉진한다. 각 분야에 종사하는 사람들은 모두 끊임없이 도덕성을 높이고 사회에 공헌하며 타인에게 행복을 가져다 줄 수 있다.

공산주의의 경제관은 일종의 반도덕적 경제체제로, 그것의 폐해는 이미 공산주의와 사회주의 국가에서 충분히 증명됐다. 서방 사회의 각종 변형된 공산주의 경제 방식 또한 사회에 각종 상처를 안긴다. 공산주의는 불가피하게 독재와 폭정, 빈곤과 기근을 조성하고 인간 마음속의 악마를 끝없이 선동해 도덕을 무너뜨린다. 공산주의는 인류 역사상 인류 문명을 역류시킨 가장 사악하고 가장 나쁜 사상 체계다.

공산주의의 100여 년 역사를 되돌아보면, 엄연히 존재하는 잔혹한 현실이 그것이 증오심을 선동한 역사, 학살의 역사, 죄악의 역사임을 다시 한 번 말해준다. 모든 공산독재 국가는 가장 흉악하고 폭력적인 국가들이고 기본적인 자유와 인권조차 없는 나라들이다. 공산주의자들은 폭력으로 백성들의 고혈을 짜서 극소수 권력 집단을 살찌웠다.

공산주의 운동은 소중한 생명을 빼앗았을 뿐만 아니라 전통 도덕과 문화를 철저히 파괴했다. 특히 중국에서는 도덕이 상상할 수 없을 정도로 타락했다. 심지어 살아 있는 사람의 장기를 강제로 적출해서 팔아먹는 만행을 조직적으로 자행하고 있는데, 국가가 주관하는 산업으로 자리 잡았다. 공산주의 악령은 생명을 살리는 의료진을 살인하는 악마로 바꿔 놓았고, 중국 공산당은 마수를 전 세계로 뻗어 인권을 수호해야 할 국가마저도 끔찍한 장기 산업을 묵인하는 방조자로 만들었다.

지난 세기에 공산주의 악령은 주로 원조 공산주의의 이상理想으로 많은 프롤레타리아 일반 대중과 지식인, 젊은이들을 성공적으로 유혹했다. 이에 비해 동유럽 공산 정권이 붕괴된 후 남은 공산주의 정권은 폭력적인 공산주의 이미지를 버리고 자본주의 경제 체제를 흡수해 고세율, 고복지, 부의 재분배를 촉진하는 체제로 바꾼 다음 모든 사람이 사회주의의 '좋은 날'을 즐길 것이라고 높이 외치면서 계속해서 세상 사람들을 속이고 있다.

공산주의 악령은 아름다움을 추구하는 인간의 일면에 교활하게 영합해 그것을 종교적인 열광으로 이끈다. 소위 아름다움을 추구한다는 구실로 신의 요구에서 끊임없이 벗어나게 하고 관념을 변이시킨다. 또한, 인간의 마성을 강화해 온갖 범죄를 저지르게 하고 심지어 천리天理에 어긋나는 악행을 저지르게 한다. 공산주의 악령은 사람들을 물질적인 향락에 빠지게 해 생명의 참뜻을 잊게 하고 신앙을 추구하지 못하게 한다. 공산주의 악령은 사람들을 선동해 피와 땀을 흘리게 하지만, 수확하는 것은 독주毒酒와 백골이다. 공산주의는 인류를 파멸의 길로 이끄는 목적이 있다. 인류가 각성하지 않으면 공산주의 악령이 만든 더 끔찍한 재난에 직면하게 될 것이다.

맺음말: 덕德을 중히 여겨야만 부유하고도 태평해질 수 있다

행복을 추구하는 것은 인간의 본성이다. 경제 번영은 인류에게 행복을 가져올 수 있지만, 경제는 홀로 존립할 수 없다. 만약 경제 발전 과정이 도덕과 괴리된다면 재앙을 초래한다. 도덕 기반이 무너질 때, 경제적 풍요는 행복을 주지 못할 뿐만 아니라 재난으로 변한다.

중국 공산당 기관지 〈인민일보人民日報〉는 2010년 보도에서 '경제가 성장하고 있지만, 국민의 행복지수는 매년 하락하고 있다.'고 시인했다. 중국은 세계 2위 경제 대국이지만, 지금은 만연한 부패, 심각한 환경오염, 유독 식품 등의 문제로 중국인들은 생활에서 안정감을 느끼지 못하고 있다. 부富의 성장과 도덕적 해이, 행복감 하락이 맞물려 혼란스러운 상황이다.

이는 공산주의 경제학의 치명적인 결함을 반영한다. 사람은 물질적인 동시에 영적인 존재다. 사람이 세상에 오면 신은 삶의 길을 마련해 준다. 중국인들은 '물 한 모금 밥 한술도 전생에 정해지지 않은 것이 없다一飮一啄, 莫非前定.'고 말하고, 서방의 신을 믿는 사람들은 식사하기 전에 음식을 내린 신께 감사한다. 신을 믿는 사람은 사람의 부가 신의 은혜임을 알기에 항상 감사하는 마음으로 '지족상락知足常樂(만족할 줄 알면 항상 즐겁다)' 할 줄 안다.

타이타닉호가 침몰할 때 세계적 갑부인 존 제이콥 애스터 4세(John Jacob Astor IV)가 배에 타고 있었다. 그의 자산은 타이타닉 30척을 건조할 수 있을 정도로 많았다. 그러나 재앙이 닥쳤을 때, 그는 어린애 두 명에게 자리를 양보했다.59) 같은 배를 탄 메이시 백화점의 파트너인 이시도어 스트로스(Isidor Straus)는 "나는 절대로 다른 남자보다 먼저 구명정을 타지 않겠다."고 했다. 그의 아내 역시 시종 구명정 승선을 거절했다. 그녀는 막 고용한 하녀 앨런 버드에게 자신의 구명보트 자리를 넘기고 마지막 순간을 남편과 함께 보내기로 했다.60)

그들은 부와 생명을 보전하고픈 유혹에 직면했을 때 전통 가치를 지키는 길을 택했다. 그들이 도의道義를 선택함으로써 인류 문명과 인간성은 찬란히 빛을 발했다. 고상한 인격은 생명보다 귀중하고 재부財富보다 소중한 가치를 지닌다.

파룬따파法輪大法 창시인 리훙쯔李洪志 선생은 '부이유덕富而有德'이라는 글에서 다음과 같이 밝혔다.

> "백성을 잘살게 함은 군신의 도리君臣之道이나, 돈을 숭배함은 최하책下下之擧이라. 부유하지만 덕德이 없다면 중생을 해칠 것이요, 부유하면서도 덕이 있음이 바로 중생이 바라는 바이니, 부유하다고 하여 덕을 펴지 않으면 안 된다. … 덕은 전생에 쌓는 것이니, 군君·신臣·부富·귀貴는 모두 덕에서 생기며, 덕이 없으면 얻지 못하고 덕을

---

59) Children on the Titanic (a documentary, 2014).
60) Isidor Straus, Autobiography of Isidor Straus (The Straus Historical Society, 2011), 168-176.

잃으면 모든 것이 흩어져 없어진다. 고로 권력을 도모하고 재물을 얻고자 하는 자는 반드시 먼저 그 덕을 쌓아야 하며, 고생을 겪고 선을 행해야만 많은 덕을 쌓을 수 있다. 이로써 인과관계를 알게 되고 이를 잘 알면 나라政와 백성民의 마음을 자연히 단속할 수 있어 천하는 부유하고도 태평해질 수 있다."[61]

만약 이런 마음으로 삶을 대한다면 탐욕, 게으름, 질투 등으로 인한 경제 문제는 크게 줄어들 것이다. 인간이 사욕을 억제하면 공산주의의 사설邪說은 사람의 마음을 현혹하지 못할 것이다. 인간의 도덕이 고상하면 신의 축복을 받게 되고, 천하가 풍요롭고, 사람들의 마음이 평온하고, 사회가 안정된다.

공산주의 악령은 인류를 파멸시키기 위해 전 방위로 치밀한 배치를 했는데, 경제 분야는 단지 일부에 불과하다. 인류가 공산주의 악령의 통제에서 벗어나려면 그것의 음모를 인식하고, 그것의 거짓말과 기만을 똑똑히 보고, 그것에게 환상을 품지 않고, 전통도덕으로 회귀하고, 덕德을 중시하고 선善을 행해야 한다. 그러면 인류는 지속적인 번영과 행복을 맞이할 것이고 세계 문명도 새로운 활력을 되찾을 것이다.

---

[61] 리훙쯔 선생, '부이유덕(富而有德)', 『정진요지(精進要旨)』. http://dafamedia.org/assets/falundafa/book/HTML/jjyz.html

제10장 법률편

법률로 사악을 합법화하다

증오를 기반으로 한 공산당 국가의 법률이나 공산주의에 의해 점차 잠식되는 서방의 법률은 이미 법률의 기본 정신인 '신에 대한 공경'과 '전통 도덕'을 모두 상실했다. 만약 우리가 이 마지노선을 지킬 수 없고 신의 계명을 선악을 가늠하는 최종 기준으로 삼을 수 없다면, 우리는 사법 독립과 도덕을 유지하는 마지노선을 잃을 것이다. 그리고 결국 공산주의 악령이 지배하는 대리인이 법률을 이용해 인류를 멸망시키려는 사령의 최종 음모를 수행할 것이다. 우리가 사령의 통제에서 한시바삐 벗어나야 하는 이유가 여기에 있다.

제10장 법률편

법률로 사악을 합법화하다

1. 법률과 신앙

　법률은 공정公正과 정의를 유지하는 엄정한 힘이자 악惡을 징벌하고 선善을 선양하는 규범이다. 따라서 법을 제정하는 사람은 선과 악을 어떻게 정의할 것인가 하는 문제에 직면하게 된다. 신을 믿는 사람에게는 선악의 기준이 신에게 있고 법률의 근원과 근거 또한 종교 경전에서 나온다.

　인류 역사상 최초의 성문법成文法은 고대 바빌로니아의 '함무라비 법전(The Code of Hammurabi)'이다. 법전이 새겨진 비석 상단에는 바빌로니아의 정의의 상징인 태양신 샤마시(Shamash)가 함무라비에게 법률을 수여하는 모습이 새겨져 있다. 그것은 신이 함무라비를 택해 '법에 따라 만민을 다스리는' 권한을 주었음을 의미한다.

　〈구약성서〉에서 '모세의 십계'는 히브리인들에게 신의 계명戒命

이자 법률이었다. 서방의 법률은 이러한 전통을 이어왔다. 서기 4세기 로마 황제에서부터 서기 6~8세기 동로마 유스티니아누스 1세(Justinian I)와 그의 후계자들 그리고 영국 역사상 최초의 '앵글로 색슨족(Anglo-Saxon Kings)' 국왕 알프레드(Alfred) 대제에 이르기까지 모든 위정자가 '모세의 십계'와 기독교 교의를 바탕으로 법을 만들었다.[1]

신을 믿는 사람은 법률의 구체적인 규정은 반드시 신이 정한 선악과 종교 교의에 부합해야 하며 그렇지 않은 법률은 폐기해야 한다고 생각한다. 지난 세기 미국의 '비폭력 불복종' 운동의 사상적 근원은 초기 기독교 신념으로 거슬러 올라갈 수 있다. 로마 황제가 기독교 신자들에게 로마의 신을 섬기고 유대교 성당에 로마 황제의 조각상을 올리라고 명령했다. 기독교 신자들은 십자가에 못 박히거나 화형을 당할지언정 황제의 법률을 따르지 않았다. 바로 최상위 법인 십계명에 저촉되기 때문이다.

'모세의 십계명'은 대체로 두 부분으로 나눌 수 있다. 앞의 네 가지는 사람과 신의 관계를 서술한 것으로, 사람이 어떻게 신을 사랑하고 공경해야 하는지에 관한 것이고, 뒤의 여섯 가지는 사람과 사람 사이의 관계, 즉 '다른 사람을 자신처럼 사랑하는 것'에 관한 것이다. 이 가운데 사람이 신을 공경하는 것은 근본이고 신이 주재하는 공정과 정의의 원칙은 영원하기 때문에 인간 법률의 도덕적 기반은 확고할 수 있다. 따라서 이 원칙은 시대의 형세에 따라 변할 수 없는 특성을 지닌다.

중국에서도 마찬가지다. 역사상 법률을 제정하는 천자天子는 반드시 하늘의 뜻을 받들어 천지 운행의 법칙을 따랐다. 바로 황제와

---

[1] Harold J. Berman, The Interaction of Law and Religion (Nashville: Abingdon Press, 1974), 51~55.

노자가 말한 '도道'이다. 한나라 유학자 동중서董仲舒는 "도의 큰 근원은 하늘에서 나왔다道之大原出於天, 하늘이 변하지 않는 한 도 역시 변하지 않는다天不變道亦不變."고 했다.2) 중국 옛사람들이 말한 '하늘'은 추상적인 자연의 힘이 아니라 만물을 지배하는 신이다. 하늘과 도에 대한 믿음은 중국문화의 도덕적 토대이며, 이에서 파생된 정치와 법률제도는 수천 년을 이어온 중국 역사에 영향을 미쳤다.

미국 법학자 버만(Harold J. Berman)은 법률의 역할은 보편적인 사회 도덕과 신앙의 준칙을 준수하는 데 있다고 했다. 그는 또 법률과 종교는 두 영역이지만, 상호 의존관계여서 분리할 수 없다고 했다. 모든 사회에서 법률은 사람들로 하여금 자신 내면의 신성을 바탕으로 정의를 위해 헌신하게 해야 한다.3)

간단히 말하면 법률은 반드시 권위가 있어야 하는데, 그 권위는 '공정과 정의'에서 비롯되며, 그 '공정과 정의'는 신에게서 온다는 것이다. 그러므로 법률은 정의로운 동시에 신성하다. 현대사회의 법률에는 여전히 종교와 유사한 의식이 많고 또 신성성神聖性으로 법의 권위를 강화한다.

2. 법률은 공산국가의 폭정을 위한 도구

공산당은 신을 반대하는 사교邪敎이기 때문에 신의 가르침을 결코 법률의 기초로 삼지 않는다. 공산당은 또 전통문화와 함께할 수 없기에 전통도덕을 배척한다. 따라서 공산당의 법률은 공정과 정

---

2) 반고(班固), 「한서, 동중서전(漢書·董仲舒傳)」
3) Berman, The Interaction of Law and Religion.

의를 수호할 수 없는 태생적 한계가 있다.

1) 공산주의의 폭력은 법률을 초월하는 국가 테러리즘

전통사회에서 기독교는 '다른 사람을 자신처럼 사랑하라'고 하고, 유교는 '인자仁者는 타인을 사랑한다.'고 한다. 여기서 언급한 사랑은 남녀·가족·친구 사이의 사랑뿐만 아니라 자비慈悲·연민憐憫·공의公義·자기희생 등 이타적인 사랑도 포함한다. 이런 기점에서 만들어진 법률은 신성할 뿐만 아니라 인류애 정신을 구현한다.

어떤 법률도 인간세상에서 일어나는 모든 분쟁을 해결할 수는 없다. 또한 법률에는 객관적인 법 규정뿐만 아니라 모든 참여자의 주관적인 요소도 내재돼 있다. 따라서 법관에게 반드시 법의 정신에 입각하되 선을 구현하는 판결을 하도록 요구한다.

예루살렘 성전에서 예수는 위선적인 바리새인(Pharisees)들을 비난한 적이 있다. 그들이 모세 율법을 글자 그대로 엄격하게 따랐지만, 율법이 요구한 공의, 연민, 성실 등의 덕목을 무시했기 때문이다. 예수는 율법 표면의 뜻에 얽매이지 않고 안식일(The Sabbath)에도 환자를 돌봤고 비非유대인들과도 함께했다. 왜냐하면 예수가 마음에 둔 것은 율법의 선량한 정신이기 때문이다.

이와는 반대로, 공산주의는 증오의 기반 위에 세워졌다. 공산주의는 신은 물론 신이 인간에게 창조해준 문화와 삶의 방식, 그리고 전통을 모두 적대시한다. 마르크스는 자신이 세계를 폐허로 만들고 "조물주처럼 이 폐허 위를 활보하겠다."고 거리낌 없이 말했다.4)

---

4) W. Cleon Skousen, The Naked Communist (Salt Lake City: Izzard Ink Publishing, 1958, 2014).

러시아의 미치광이 '혁명가' 네차예프 세르게이(Sergey Gennadievich Nechayev)는 그의 소책자 〈혁명가의 교리문답〉에서 "(혁명가는) 문명 세계, 법과 관습, 사회적 예의와 도덕규범 등에 묶여 있는 연결 고리를 이미 끊었다. 혁명가는 그것들과 철천지원수다. 그가 존재하는 것은 이 사회를 파괴하기 위해서다."라고 했다.5)

네차예프는 이 세상에 대한 적대감을 분명히 표출했고 법률에 제약받지 않겠다는 뜻도 명확히 밝혔다. 그는 '교리문답'이라는 종교적 표현을 쓰면서 사이비 종교를 만들 의향을 내비쳤다. 그는 또 "동정심이 조금이라도 있는 사람은 혁명가라고 할 수 없다."고 했다. 레닌도 이와 비슷한 관점을 밝혔다. "독재정권은 직접적으로 폭력에 기초하고 그 어떤 법적 제한도 받지 않는다. 프롤레타리아의 혁명 독재는 폭력을 휘두르며 부르주아 계급을 타격해 통치권을 획득하고 수호한다."6)

법적 제약 없이 공권력을 동원한 무차별적인 학살과 고문은 사실상 국가 테러다. 초기 공산주의 국가들은 이러한 테러로 첫걸음을 내디뎠다.

1917년 볼셰비키가 집권한 지 한 달 만에 수십만 명이 정치적 이유로 숨졌다. 그 다음 달에는 '체카'라는 '숙청위원회'를 만들어 재판 없이 사람을 죽일 수 있는 권한을 부여했고, 그 권한으로 1918년부터 1922년까지 200여만 명을 죽였다.7)

소련 공산당 중앙선전부장과 정치국위원 및 대통령 고문을 지낸 야코블레프(Alexander Nikolaevich Yakovlev)는 자신의 책 〈한 잔의 쓴 술,

---

5) Sergey Nechayev, The Revolutionary Catechism, 1869.
6) Vladimir Lenin, The Proletarian Revolution and the Renegade Kautsky, https://www.marxists.org/archive/lenin/works/1918/prrk/common_liberal.htm.
7) 리위쩐(李玉貞), 「20세기 러시아사」, 염황춘추(炎黃春秋) 2010년 10호

러시아의 볼셰비즘과 개혁운동(Bitter Cup: Russian Bolshevism and Reform Movement)〉의 서문에서 "이번 세기만 해도 러시아는 전쟁, 기근과 탄압으로 6,000만 명의 사망자를 냈다."고 했다. 공개된 자료에 따르면, 소련 공산당의 탄압과 박해로 2,000만~3,000만 명이 사망했다.

1987년 소련 정치국은 소련 공산당 치하의 억울한 사건을 재심하기 위한 위원회를 설립했고, 야코블레프도 그 일원이었다. 관련 자료 수십만 건을 조사한 후 야코블레프는 "오랫동안 나는 한 가지 느낌을 떨쳐버리지 못했다. 바로 폭정의 조직자들이 전부 정신병 환자로 보인다. 하지만 이러한 해석이 문제를 단순화할 위험이 있음을 알고 있다."고 했다.

만약 우리가 야코블레프의 말을 더 직설적으로 번역한다면 '그러한 폭력은 정상인의 사유나 일시적인 충동이 아니라 주도면밀하게 계획됐고, 아름다운 세상을 만들려는 열망이 아니라 생명에 대한 깊은 원한에서 비롯됐다.'는 뜻이다. 공산주의를 추진하는 사람들은 무지한 것이 아니라 사악하기 때문이다.

법률의 제약을 받지 않는 국가 테러리즘은 소련 이후에 수립된 공산당 국가들이 답습했다. 중국, 캄보디아, 북한 등이 대표적이다.

〈9평 공산당(Nine Commentaries on the Communist Party)〉의 제7장 '공산당의 살인 역사'에서 열거한 공산당의 만행은 더욱더 끔찍하다. 중국 공산당의 '개혁개방' 이전에만 6,000만~8,000만 명이 비정상적으로 사망했는데, 이는 두 차례 세계대전에서 발생한 사망자 수를 합친 것보다 많다.

2) 끊임없이 변하는 옳고 그름의 기준

공산주의의 최종 목적을 달성하기 위해 공산당은 대내적으로는 국가 테러리즘을 자행하면서 법을 마음대로 짓밟지만, 경제무역 협력, 문화교류, 지정학적 교류 등을 명분으로 자유사회와 교류할 때는 법의 탈을 쓴다.

예를 들어 중국 공산당 첫 번째 '형사소송법'은 1979년, 즉 '개혁개방' 이후에 통과됐다. 겉으로는 '절차 공정성(Procedural Justice)'을 달성하기 위한 것이지만, 실제로는 제대로 집행하지 않았다.

마르크스는 조금도 거리낌 없이 "법률은 통치계급의 의지의 표현이며, 계급사회의 산물이자 계급 통치의 도구다."라고 했다. 그러므로 공산당의 법률은 신에게서 비롯된 것도 아니고 인간에 대한 사랑에서 비롯된 것도 아니며 공정과 정의를 유지하려고 나온 것은 더더욱 아니다. 공산당의 법률 속에는 신의 계명과 윤리조항倫理綱常은 없고 통치계급의 이익만 있다. 그리고 그 이익은 언제든지 변할 수 있고, 이익이 변하면 법률도 어김없이 거기에 맞춰 변한다.

이로써 우리는 중국 공산당이 집권 초기에 이데올로기상으로는 계급투쟁을 축으로 삼고 법률상으로는 '반혁명죄'를 설치해 저항하는 사람들을 감금하거나 총살한 이유가 국민의 재산을 빼앗기 위함이었음을 쉽게 이해할 수 있다.

중국 공산당은 '공유제'라는 명목으로 약탈을 완료한 후, 이 돈을 자기들 주머니에 넣기 위해 이데올로기를 '경제건설 중심'으로 바꾸고 사유재산을 '보호'하는 법률을 제시했다. 이것은 본질적으로 약탈한 재산을 보호하려는 것이지 국민의 재산을 보호하려는 것이 아니다. 중국에서 끊이지 않는 '강제 철거 사건'이 바로 국민의 재산을 폭력으로 침해한 사례 중 하나다. 1999년 초, 중국 공산당은 '의법치국依法治國(법에 따른 통치)'을 천명한 지 몇 달도 안 돼 '진眞, 선善, 인忍' 신앙을 가진 파룬궁 수련자들에게 폭력을 가하기 시작했다. 그들은 법률에 근거하지 않고 파룬궁 수련자를 박해하기 위해 공안·검찰·법원·사법 위에 초법적 조직 '610 사무실'을 설치했다.

중국 공산당은 그 막대한 피의 빚을 감추기 위해 끊임없이 적을 만들어내야 했다. 그 '적'은 지주, 자본가에서부터 6.4 톈안먼 민주화운동'에 참여한 학생, 파룬궁 수련자, 인권변호사에 이르기까지 끊임없이 바뀌었으며, 법률도 거듭 바뀌었다. 중국 공산당은 1954년 최초로 헌법을 제정한 이후 전면 개정을 세 차례 했고, 1982년에 발표한 네 번째 헌법을 또 네 차례 수정했다. 또한 중국 공산당은 일련의 정치운동을 '법률'이란 이름으로 미화했다.

3) 공산당은 결코 법을 성실하게 집행하지 않는다

중국 공산당은 '법치주의'와 '국제성'을 보여주기 위해 법조문에 그럴듯한 겉치레를 한다. 하지만 결코 그런 것들로 인해 법이 성실하게 집행되지는 않는다. 중국 공산당의 헌법에서 규정한 '신앙의 자유' '표현의 자유' 그리고 '결사結社의 자유' 등이 대표적인 예다.

마르크스는 법을 통치계급의 의지의 표현이고 계급 통치의 도구라고 했다. 그렇다면 수시로 법을 만들어 적을 진압하는 것은 공산당의 법체계에서는 필연적이고 '정당'하다.

이러한 시스템은 누구든지 '통치계급의 의지', 즉 공산당의 이익에 도전하면 즉시 '법'에 따라 탄압 대상으로 분류한다. 실업 노동자, 제대 군인, 토지를 잃은 농민, 인권변호사 등도 예외가 아니다.

변호사의 관점에서 볼 때, 표면적인 법률 조항은 결코 현실만큼 강력하지 못하다. 왜냐하면 변호사가 법조문에 규정한 정의를 추구할 때, 공산당의 판사와 검사는 중국 공산당의 '법 정신'에 의거해 이야기하기 때문이다. 그들은 품위 있는 학술 용어를 이해하지 못하지만, 노골적으로 변호사에게 '법원은 공산당이 열었다.'면서 당의 말을 들어야 한다고 한다. 그들은 무의식적이지만, 확실히 공산당 국가의 '법 정신'을 말한다.

중국 공산당의 판사들은 파룬궁法輪功 사건 재판에서 '당신은 나한테 법률을 말하지 마라. 나는 당신에게 정치를 말한다.' '당은 변호를 허락하지 않는다.' '지도자들의 말이 곧 법이다.' '법원은 공산당의 지도하에 있고, 당의 말을 따라야 한다.' '파룬궁 문제는 법적 절차를 밟지 않아도 된다.' '나에게 양심을 말하지 마라.'와 같은 말들을 유행어처럼 쓰고 있다.8) 영국 철학자 베이컨(Francis Bacon)은 '사법에 관하여(Of Judicature)'라는 글에서 "한 차례 불공정한 심판을 한 결과가 여러 차례 지은 범죄보다 더 나쁘다. 범죄는 물을 오염시키는 것과 같지만, 불공정한 재판은 물의 원천을 오염시키는 것과 같다."고 했다.9)

공산당의 법률이 오락가락하다 보니 어떤 부분은 집행할 수 있고 어떤 부분은 절대 집행하지 않는다. 따라서 이런 법은 신성성神聖性을 말할 여지도 없다. 더욱이 공산당의 이러한 '계급 통치의 도구'에 기초한 '법 정신'은 지난 60여 년간, 심지어 100여 년 동안 억울한 사건을 헤아릴 수 없이 많이 만들어냈다. 이 또한 '공산당'이라는 칭호를 물려받은 모든 통치자가 짊어진 '피의 빚', 즉 8,000만~1억 명의 원혼冤魂에게 진 빚이다.

'사람을 죽이면 목숨으로 보상하고, 빚을 지면 돈으로 갚아야 한

---

8) 어우양페이(歐陽非),「홍색황당언론(紅色荒唐言論)」, 밍후이왕(明慧網), 2015년 1월 8일, http://www.minghui.org/mh/articles/2015/1/8/302850.html.

9) Francis Bacon, "Of Judicature," Essays, Civil and Moral, http://www.bartleby.com/3/1/56.html.

다.'는 가장 기본적인 상식선에서 공산당이 법치를 한다면 공산당 자체가 법적 책임을 추궁 당하는 문제에 직면하게 된다. 그렇기 때문에 공산당은 자신이 만든 법률을 제대로 집행할 엄두를 내지 못한다.

3. 공산악령이 서방의 법률을 변이시키다

악마는 법률을 다방면에 이용한다. 공산국가에서는 폭력 통치를 유지하고 이데올로기를 공고히 하고 백성을 억압하는 도구로 사용하며, 자유국가에서는 전통 신앙과 도덕적 기반을 뒤엎고 선과 악의 기준을 변이시키고 법률 제정권과 집행권을 쟁탈하고 악마가 바라는 법률 준칙을 확립하는 데 사용한다.

이번 편에서는 법치국가의 선두 주자로 꼽히는 미국이 법률 분야에서 광범위하게 입은 피해를 중점적으로 다루고자 한다. 법률은 정치, 종교, 교육 등과 밀접한 관계가 있다. 공산주의 악령이 전 세계에 침투해 검은손을 구석구석까지 뻗친 지금, 서양의 법률도 악령의 전면적인 침투와 변이에서 벗어나지 못했다.

1) 법률의 도덕적 기반을 뒤집어엎다

종교나 신앙에 기초한 법률은 신성하다. 그러나 공산당과 형형색색의 동조자들이 전 세계에 진화론, 무신론을 보급함에 따라 법률은 신과의 연결고리가 끊어져 사람들 간에 복수를 하고, 분쟁을 해결하고, 흥정을 하고, 이익을 분배하는 도구로 전락했다. 신앙의 원천이 단절되면서 법률 정신은 정도正道에서 이탈해 인간의 관념과 욕망을 수호하는 쪽으로 기울기 시작했다. 이는 배후의 공산주의 악령이 대리인을 이용해 변이된 관념으로 그것이 원하는 법률을 통과시킴으로써 사람을 망치고 사회를 파괴하려는 목적을 달성할 수 있게 한다.

미국의 경우, 공산주의에 영향을 깊게 받은 '공정사회' '자유주의'와 같은 사조가 도덕관념을 바꾸고 법률의 도덕적 토대를 무너뜨리고 있다. 실제로 공산당의 대리인은 이른바 '자유' '진보' '관용'이라는 구호로 은근슬쩍 개념을 바꾸고 법률의 도덕적 신앙 기반을 파괴함으로써 법률 제정, 법률 해석, 법관의 판결 등에 영향을 미쳤다.

전통 신앙의 관점에서 혼인은 신이 규정한 '남자와 여자'의 결합인바, '동성同性결혼'은 신의 가르침에 반하는 부도덕한 행위로 간주한다. 이는 필연적으로 혼인에 대한 법률의 정의와 해석에 영향을 미친다. 만약 도덕이 신의 계명에서 비롯됐다는 믿음을 고수한다면 도덕은 비뚤어지지 않을 것이고 법률도 변치 않는 이 상위법에 근거해 실행될 것이다. 이를테면 어떤 행위가 2천 년 전에 죄악시됐다면 오늘날에도 죄악시돼야 마땅하다. 자유주의는 전통 신앙과 도덕적 판단을 배척하고 도덕을 사회 발전에 따라 변화하는 세속적 약속으로 간주한다. 그래서 혼인을 단순한 '계약'으로 간주하고 '동성결혼'을 인정하는 것을 '진보' 혹은 '자유' 원칙에 부합한다고 여긴다. 따라서 법률은 변이될 수밖에 없다.

1992년, 대법원에서 심리한 한 낙태 사건에서 대법관 세 명이 이러한 태도를 직접적으로 나타냈다. "어떤 사람들은 낙태가 우리의 기본도덕 원칙에 위배된다고 여기지만, 이것은 결코 우리의 결정을 좌우할 수 없다. 우리의 책임은 모든 사람을 위해 '자유'를 규정하는 것이지 우리 자신의 도덕적 원칙을 강제로 실행하는 것이 아닙니다."10)

대법관들이 여기서 강조하는 것은 법률의 주된 관심사가 '자유'이지 도덕적 원칙이 아니라는 것이다. 이것은 보편적인 가치인 자유와 도덕을 분리하는 데서 나온 발상이다. 미국의 국부國父들이 정의한 자유는 '따로 증명할 필요가 없는' 보편적 가치에 기반을 두고 있다.

인류의 보편적 가치는 문화에 따라 달라지는 것이 아니다. 왜냐하면 그것은 신(이를테면 '미국 헌법'에서 말하는 창조주)에게서 왔기 때문이다. 보편적 가치에서 벗어나 이른바 '자유'를 일방적으로 확대하는 것은 악령이 법률을 변이시키고 인류를 타락하게 만드는 수단이다.

2) 법 제정권과 시행권을 빼앗다

법률의 효력은 일련의 절차를 거쳐서 발생한다. 입법부는 법률을 제정하고, 행정 수반은 법률에 서명하고, 법관은 법률에 따라 판결하고, 법 집행부서는 법률을 집행한다. 이 과정에서 교육계, 언론계, 법조계, 연예계 등 다양한 분야의 단체와 개인이 법률 제정과 시행에 영향을 미친다.

공산주의 악령은 각 분야에서 자신의 대리인을 앞세워 법률 제정권과 시행권을 장악하려고 한다. 따라서 공산주의 악령에게 이용당하는 정치단체들은 같은 생각을 가진 사람들을 정치 지도자,

---

10) Planned Parenthood of Southeastern Pennsylvania v. Casey (Nos. 91-744, 91-902). "Some of us as individuals find abortion offensive to our most basic principles of morality, but that cannot control our decision. Our obligation is to define the liberty of all, not to mandate our own moral code."

판사, 검사, 사법 시스템의 중요 직책에 앉히려고 갖은 수를 다 쓴다.

예를 들어, 자유주의를 선호하는 대통령은 어떻게든 자신과 비슷한 견해를 가진 대법관을 임명해 판결에 영향을 미치거나 자신의 행정권을 이용해 법률의 효력을 침해하는 경향이 있다. 미국의 한 대통령은 재임 중 죄수 1,385명을 감형하고 212명을 사면해 트루먼 대통령 이후 사면을 가장 많이 한 대통령이 됐다.11) 이 자유주의 성향의 대통령은 백악관을 떠나면서 특별 사면령을 내려 209명의 형량을 줄이고 64명을 사면했다. 감형 받은 죄수는 대부분 마약 범죄자였다. 그 중에는 미국 군사기밀 70만 건을 유출한 사람도 있었는데, 그는 2013년 유죄를 인정하고 징역 35년형을 선고받았지만, 대통령의 특별사면으로 4년 만에 출소했다. 비록 사면은 헌법상 대통령의 합법적인 권한이긴 하지만, 이런 대규모 특별사면은 법의 권선징악勸善懲惡 기능을 갉아먹는 행위임에 틀림없다.12)

1954년에 미국 상원의원을 지내고 훗날 미국 대통령이 된 린든 존슨(Lyndon Johnson)이 제출한 '존슨 수정안(The Johnson Amendment)'은 교회를 포함한 면세 단체가 몇몇 활동을 할 경우 면세 혜택을 상실할 것이라고 규정했다. 이 때문에 일부 기독교 교회는 면세 자격을 상실할까 봐 목사가 설교대에서 정치적 주제, 특히 논쟁의 여지가 있는 낙태, 동성애, 안락사, 배아줄기세포 연구 등의 사회적 문제를 고의로 회피했다.

---

11) Tom Murse, "Number of Pardons by President," ThoughtCo, March 09, 2018, https://www.thoughtco.com/number-of-pardons-by-president-3367600.
12) Gregory Korte, "Obama Commutes Sentence of Chelsea Manning in Last-minute Clemency Push," USA TODAY, January 17, 2017,
https://www.usatoday.com/story/news/politics/2017/01/17/obama-commutes-sentence-chelsea-manning/96678814/.

공산주의 악령은 검찰의 법 집행 방향을 바꾸려고 각종 정치단체를 조종해 선거에 영향을 미쳤다. 진보주의 지지자들과 정치단체들이 자리에 올려놓은 지역 검사장은 취임 첫 주에 검사 31명을 해고했다. 그는 '대량 투옥(mass incarceration)'을 종식한다는 명목으로 마리화나 소지자에 대해 기소중지 명령을 내렸다. 다른 주州에서도 비슷한 양상이 나타났다. 한 검찰총장은 이것은 검사들에게 법 집행을 선택적으로 하도록 촉구하는 것과 같다고 했다. 이런 현상은 매우 위험한데, 왜냐하면 그것은 공무원들에게 법을 무시하도록 요구하는 것이기 때문이다.13)

또한 판사는 판결권으로 행정부처의 법령을 금지할 수도 있다. 예를 들어 미국 이민법에 따라 대통령은 필요한 경우 모든 외국인의 입국 금지를 명령할 수 있다. 그러나 자유주의 성향의 판사들은 '신앙 차별'을 이유로 대통령의 여행 금지령을 4개월 넘게 막아오다 대법원에서 뒤집힌 사례도 있다.

변호사는 판사와 배심원의 판결에 큰 영향을 미친다. 즉, 변호사 단체의 정치성향이 법률시행 과정에 미치는 영향력은 지대하다. 미국의 한 유명 변호사협회 창립자는 자신이 사회주의자임을 분명히 했다. 그는 공유제를 주장하면서 최종 목표는 공산주의를 수립하는 것이라고 했다.14) 이 조직은 미국 전역에서 수십만 명의 회원을 거느리고 있으며 연간 지출은 1억 달러 이상이다. 그들의 주요

---

13) Paige St. John and Abbie Vansickle, "Here's Why George Soros, Liberal Groups Are Spending Big to Help Decide Who's Your Next D.A.," Los Angeles Times, May 23, 2018, http://www.latimes.com/local/california/la-me-prosecutor-campaign-20180523-story.html.
14) Affidavit of Roger N. Baldwin, December 31, 1938, Investigation of Un-American Propaganda Activities in the United States. Hearings before a Special Committee on Un-American Activities, House of Representatives, 75th-78th Congress, 3081-3082.

활동은 미국 법원에서 소송을 통해 동성애 결혼, 동성애자 아동 입양 권리, 낙태 등을 지지하고 동성애·양성애·트랜스젠더(성소수자)에 대한 차별을 없애는 것이다.

자유주의와 진보주의가 미국 정치판을 대거 점령하고 교육, 미디어, 사회운동 영역을 장악한 지금, 악마가 학계와 여론을 통해 법률 제정과 시행에 미치는 영향력은 이미 막강하다.

3) 대리인을 이용해 악법을 만들고 법을 왜곡하다

(1) 신에 대한 찬양을 금지하다

미국인들의 삶에서 신神을 빼놓을 수 없다. 미국의 공식 잠언箴言인 '우리는 신을 믿는다(In God We Trust)'는 미국 국가 가사뿐만 아니라 미국 달러 지폐에도 사용하고 있다. 미국의 〈독립선언서〉는 신을 '창조주'라 일컫고 인권은 창조주가 준 것이라고 명시했다. 미국의 대통령과 판사를 포함한 모든 공무원은 취임 선서를 할 때 "신이시여, 도와주소서(So help me God)"라 한다. 대통령 연설의 끝부분은 일반적으로 '신이시여, 미국을 축복해 주소서(God bless America)'이다. 또한 공립학교에서 일상적으로 열리는 '국기에 대한 맹세(Pledge of Allegiance)'에서도 미국을 '신아래 하나의 국가(One nation under God)'로 칭한다.

이러한 전통 중 일부는 200여 년간 지속됐는데, 미국 건국의 역사와 거의 일치한다. 그러나 지난 60년간 이러한 전통은 끊임없이 공산주의 추종자들의 도전을 받아왔다.

앞서 언급한 변호사협회의 중요한 목표는 바로 미국 공공장소에서 '모세의 십계'를 없애버리는 것이다. 그중 가장 유명한 사례는 앨라배마 주 몽고메리에서 일어났다. 2001년, 이 조직은 주 법원의

원형 로비에 있던 십계명 석판을 강제로 철거할 것을 요구하면서 당시 대통령이 임명한 민주당 출신 판사를 찾아 재판을 진행했다. 이 판사는 76쪽의 판결문을 써서 아주 황당한 이유로 이 조직에 유리한 판결을 내렸다. 예를 들어, 원형 홀의 엄숙한 분위기, 석판 뒤의 벽화, 인공폭포가 조성한 성스러운 분위기가 십계를 없애려는 이유라고 했다. 또한 석판이 비스듬히 놓여 있는 것이 마치 성경을 펼쳐 놓은 것 같아서 '앨라배마 주가 기독교를 고무하고 인정하며 지지하는 것 같은 인상을 준다.'는 것도 이유라고 했다.[15]

사실 이것뿐만이 아니다. 1980년, 미국 대법원은 공립학교 교실에 '십계명'을 전시하지 못하게 했다. 이 판결은 전 미국에서 '십계명'을 제거하는 운동을 일으켰다. 변호사협회는 심지어 유타주에서 없애지 않고 남아있는 '십계명'을 찾아 신고하는 사람은 보상을 받을 수 있다고 발표했다.[16]

미국 순회법원은 2002년 6월 26일, '신아래'라는 표현을 문제 삼아 공립학교의 '국기에 대한 맹세'를 금지하는 판결을 내렸다(이 판결은 2004년 6월 14일 대법원에서 뒤집혔다).[17]

이런 힘겨루기는 계속되고 있다. 미국 국가, 국가 표어, 국기에 대한 맹세, 학교 기도 등은 줄곧 무신론자나 좌파 운동가들의 공격을 받고 있다.

위에서 언급한 '신'은 글자 그대로 신이다. 독립선언서에서는 '창조주'라고 부른다. 종교마다 창조주에 대한 이해와 정의가 다르

---

[15] Phyllis Schlafly, The Supremacists: The Tyranny of Judges and How to Stop It(Minneapolis, MN: Richard Vigilante Books, 2006), 26-27.

[16] Phyllis Schlafly, "Pots of Gold Behind Crosses and Ten Commandments," The Eagle Forum Report, June 4, 2004, http://eagleforum.org/column/2004/june04/04-06-23.html.

[17] "The U.S. Pledge of Allegiance: Circuit Court Decision, Reactions, etc.," Religious Tolerance, http://www.religioustolerance.org/nat_pled3.htm.

다. 따라서 '신'이라는 단어 자체는 특정 종교를 선전하는 것도 아니고 미국의 수정 헌법을 위반한 것도 아니다. 신앙이 깊은 나라에서 신을 찬양하는 것을 법으로 금지하려는 극단적인 시도, 이것이야말로 악령이 법률 영역에 침투한 정도가 얼마나 심각한지를 보여주는 사례다.

(2) 법 해석과 판례를 통해 헌법의 내포를 바꾸다

미국의 국부들은 〈헌법〉을 제정하면서 삼권분립의 원칙을 정했다. 그중 사법권은 원래 권력이 가장 작았다. 국회는 입법을 맡고 대통령은 행정을 맡았지만, 대법원은 입법권도 행정권도 없었다.

대법원에서 '국기에 대한 맹세' 관련 재판을 하는 동안 실시한 여론조사에서 참여자 90%가 '신아래(under God)'란 표현을 보존하는 데 동의했다. 또한 하원 표결에서 찬성 416표, 반대 3표,[18] 상원 표결에서 찬성 99표, 반대 0표로 '국기에 대한 맹세'를 지지한 것으로 나타나 진정한 민심을 보여줬다.[19]

국회의원과 대통령은 국민이 뽑는다. 주류 민의가 신이 정한 도덕에 부합한다면 대통령과 국회의원이 좌파로 쏠릴 공간은 한정된다(예를 들어, 주류 여론이 '동성결혼'을 반대하면 선거를 통해 뽑힌 관료들은 아무리 공산주의 악령의 '동성결혼' 계획을 받들고 싶어도 실행하기 어렵다). 반면 종신제終身制인 대법원 판사는 여론에 귀 기울일 필요가 없다. 그리고 대법관은 9명에 불과하므로 이들의 판결에 영향을 주는 것이 주류 민의에 영향을 미치는 것보다 상대

---

18) Passed/agreed to in House: On Motion to Suspend the Rules and Agree to the Resolution Agreed to by the Yeas and Nays: (2/3 required): 416 - 3, 11 Present (Roll no. 273) https://www.congress.gov/bill/107th-congress/house-resolution/459.

19) Submitted in the Senate, Considered, and Agreed to without Amendment by Yea-Nay, 99-0, June 26, 2002, https://www.congress.gov/bill/107th-congress/senate-resolution/292.

적으로 쉽다.

판사는 법률 조항에 따라 판결하고 법률 조항은 헌법을 근거로 한다. 그래서 법률로 사회를 바꾸려면 헌법을 먼저 바꿔야 한다. 미국에서 개헌은 의원 3분의 2의 지지와 전체 주州 중 4분의 3의 수락이 필요하다. 따라서 현실적으로 헌법 개정은 상당히 힘들다.

그렇기 때문에 진보주의자들의 전략은 헌법을 개정하는 것이 아니라 헌법을 재해석함으로써 원래 의미를 바꾸는 것이다. 그들은 헌법을 '살아있는' 그리고 끊임없이 '진화하는' 법전으로 본다. 또한 그들은 대법관을 통해 '판례' 형식을 빌려 좌파의 의견대로 법률을 바꾸는데, 이것은 헌법을 뒤집어엎는 것이고 헌법을 위반하는 것이다.

자유파 대법관에게 신의 계명은 더는 최고 원칙이 아니기에 헌법은 자유파 대법관의 판사봉에 의해 상처투성이가 됐다. 대법관의 판결은 최종 판결이어서 대통령도 따라야 한다. 이 때문에 미국 국부들이 제정한 자치(self-governing)와 '삼권분립' 정신은 훼손되고 힘의 균형이 사법부로 쏠리는 경향이 있다. 이로써 미국에서 사법 지상주의가 나타나 대법관에게 일부 입법권, 심지어 행정권까지 부여했다.

자유파 대법관이 미국사회에 끼치는 폐해는 매우 심각할 뿐만 아니라 제거하기도 어렵다. 현재 상황에서 대법관은 판례를 통해 공립학교, 공공장소, 공원 등에 설치된 '십계명'을 제거하라는 판결을 내릴 수 있고, 형사소송 절차를 다시 쓸 수 있고, 세금을 인상할 수도 있다. 또한 낙태, 동성결혼, 음란물 출판·전시 등의 권리를 인정할 수도 있다.

'사법 지상주의'와 자유파 대법관은 공산주의 악마가 실현하려는 계획의 중요한 도구로 전락했다.

(3) '자유'라는 이름으로 음란물을 퍼뜨리다

1960년대 미국사회에 심각한 변혁이 일어났다. 전통에 위배되는, 좌파의 각종 학생운동, 반전운동, 로큰롤, 히피, 여권운동, 성 해방운동 등이 기승을 부렸다. 이때 대법원장은 자유파 출신 얼 워런(Earl Warren)이었다.

워런이 대법원장으로 재임할 당시, 대법원은 공립학교에서 기도를 못 하도록 하는 법을 제정하는 등 훗날 미국사회에 영향을 지대하게 미친 판결을 내렸다.20) 또한 음란물 발행을 전면 허용했다.21)

미국 학자 필리스 슐래플리(Phyllis Schlafly)는 〈지상주의자-법관의 폭정을 어떻게 종식할 것인가(The Supremacists: The Tyranny of Judges and How to Stop It)〉에서 통계 자료를 제시했다. 이 자료에 따르면 1966년부터 1970년까지 대법원은 하급 법원의 음란물 금지 판결 34건을 뒤집었다. 대법원의 이 판결은 서명도 없었고 한두 마디로 뭉뚱그렸을 뿐이었다. 바꾸어 말하면 판결의 합리성을 입증할 논거가 없었다.22)

이러한 판결로 고무된 할리우드는 1966년 영화 심의규정에서 음란물 제한규정을 없애버렸고, 이후 각종 음란물이 폭발적으로 늘어나 지금은 없는 곳이 없다.

미국 수정헌법이 규정한 언론의 자유는 정치적 견해를 표현하는 자유를 의미하지 음란물을 출판하는 자유가 아니다.

(4) 마약 합법화

---

20) Phyllis Schlafly, The Supremacists: The Tyranny of Judges and How to Stop It, p.30.
21) 위의 책, p.58.
22) 위의 책, pp.60-61.

2017년 12월 31일, 전 세계가 새해를 맞이할 때 CNN이 눈살을 찌푸리게 하는 영상 하나를 방영했다. 한 여성이 마리화나를 흡연하는 장면을 여러 차례 보여줬고, 정신이 혼미해진 그녀는 자신이 어디에 있는지도 몰랐다.[23)]

마리화나는 심각한 환각을 일으키고 심지어 생명을 위협할 수 있어 '마약불법거래 방지에 관한 유엔협약'에 따라 엄격하게 단속하는 물질이다. 1996년 캘리포니아는 미국 최초로 마리화나를 처방약으로 합법화했고, 많은 주가 그 뒤를 따랐다. 2012년에는 콜로라도 주와 워싱턴 주가 '법률'로 마리화나를 '오락' 용도로 사용할 수 있게 했다. 이 두 개 주에서 성인을 상대로 마리화나를 재배, 생산, 판매하는 것은 완전히 합법이다. 현재 캘리포니아 주도 마리화나를 합법화했다. 캐나다 정부도 2018년 7월 1일부터 마리화나를 합법화한다고 발표했다.

마약은 신체에 손상을 입히는 것도 문제지만, 더욱 심각한 것은 정신적으로 마약 의존성을 유발한다는 점이다. 마약 중독자는 발작이 시작되면 마약을 얻기 위해서 도덕 마지노선을 넘는다. 그러나 마리화나 합법화를 주장하는 사람들은 마리화나를 합법적인 경로를 통해 구하게 하면 불법 마약 유통을 효과적으로 줄일 수 있으며, 또 합법화를 통해 마약 단속을 강화하고 마약 관련 범죄를 억제할 수 있다고 주장한다.

미국의 많은 주가 마리화나를 합법화했고, 마약이 정부에 수십억 달러의 수입을 가져다 줄 것으로 기대하고 있다. 그러나 우리는

---

23) "CNN Revels in Pot Smoke during New Year's Eve Report from Denver," Fox News, January 1, 2018,
http://www.foxnews.com/entertainment/2018/01/01/cnn-revels-in-pot-smoke-during-new-years-eve-report-from-denver.html.

마약에 의존하게 되면 일을 해서 부를 창출할 의욕을 잃게 되고, 그러면 사회적 부富도 크게 줄어든다는 것을 어렵지 않게 예측할 수 있다. 그리고 마약 중독자가 증가하면 의료비 부담이 늘어나므로 정부의 수입이 늘어날 수 없다는 것도 어렵지 않게 알 수 있다. 게다가 신성한 존재인 인간은 경제적인 득실보다 더 우선적으로 고려해야 할 가치가 있다. 바로 신의 기준으로 평가해야 한다는 것이다. 전통적으로 서방 종교는 인체를 '성령의 전당'으로 여기고 동방에서는 수련을 통해 육신이 고차원으로 승화할 수 있다고 믿는다. 사람이 마약을 흡입하는 것은 신성한 인체를 파괴하고 모독하는 짓이다.

로스앤젤레스 타임스(Los Angeles Times) 보도에 따르면, 미국에서 마리화나 합법화를 추진하는 중요한 인물 중 한 명이 진보주의자인 거부巨富라고 보도했다.24) 2017년 3월, 미 상원 의원 6명이 국무부에 서한을 보내 '이 사람이 자신이 장악한 재단을 이용해 다른 나라에서 진보주의를 추진하고 보수주의를 전복하려 한 혐의를 조사해 달라'고 요청했다.25)

마약 합법화는 인간의 자제력을 상실케 하고, 신에게서 멀어지게 하고, 사회 혼란을 조성하고, 경제를 침체시켜 공산주의 악령이 정치권력이란 무기를 장악할 수 있게 만든다.

(5) 동성결혼 합법화

---

24) Patrick McGreevy, "Billionaire Activists like Sean Parker and George Soros Are Fueling the Campaign to Legalize Pot," Los Angeles Times, November 2, 2016, http://www.latimes.com/politics/la-pol-ca-proposition64-cash-snap-20161102-story.html.
25) Adam Shaw, "GOP Senators Ask Tillerson to Probe US Funding of Soros Groups abroad," Fox News, March 15, 2017, http://www.foxnews.com/politics/2017/03/15/gop-senators-ask-tillerson-to-probe-us-funding-soros-groups-abroad.html.

〈성경·창세기〉에 소돔(Sodom)의 멸망에 관한 이야기가 나오는데, 그때 인간이 지은 죄악의 하나가 바로 동성애다. 따라서 성경에 관해 약간의 상식만 있으면 동성애는 신의 계율에 어긋나는 짓임을 알 수 있다. Sodom이라는 도시 이름은 영어 'Sodomy'로 변해 남성 동성애를 가리키는 말이 됐다.

2015년 6월, 미국 최고 법원 대법관 9명은 찬성 5표(자유파 법관 4명 및 중도파 1명), 반대 4표(보수파 4명)로 동성결혼 '합법' 판정을 내렸다.26) 그러자 당시 미국 대통령은 백악관의 트위터 이미지를 동성애를 상징하는 무지개 깃발로 바꿨다. 이 판결이 있기 전에는 모두 14개 주에서 동성결혼을 금지했다.

2015년 8월, 켄터키주 론 카운티(Rowan County)의 한 시청 직원이 개인 신앙을 이유로 동성결혼 혼인증서 발급을 거부했다가 법원 명령에 복종하지 않았다는 이유로 체포돼 5일간 구금당했다.27) 이 판결은 헌법이 정한 신앙의 자유를 위반했다. 이는 사법부의 판결이 신의 계명보다 우위에 있음을 보여준 사례 중 하나다.

대법원이 동성결혼 '합법' 판결을 내리자 아칸소 주지사를 지낸 마이크 허커비(Mike Huckabee) 전 공화당 대선 후보는 이를 두고 '사법 폭정(Judicial tyranny)'이라고 했다.28)

미국의 보수파 정치인 필리스 슐래플리(Phyllis Schlafly)는 법관의 9

---

26) Ariane de Vogue and Jeremy Diamond, "Supreme Court Rules in Favor of Same-sex Marriage Nationwide," CNN News, June 27, 2015,
https://www.cnn.com/2015/06/26/politics/supreme-court-same-sex-marriage-ruling/index.html.
27) Todd Starnes, "Kentucky Clerk: This is a fight worth fighting," Fox News, September 3, 2015,
http://www.foxnews.com/opinion/2015/09/03/kentucky-clerk-am-prepared-to-go-to-jail.html.
28) "Attorney for Kim Davis Speaks out, Huckabee Blasts 'Judicial Overreach' in Case," Fox News, September 8, 2015,
http://www.foxnews.com/transcript/2015/09/08/attorney-for-kim-davis-speaks-out-huckabee-blasts-judicial-overreach-in-case.html.

가지 도덕 파괴행위를 열거했다. 헌법 개정, 신에 대한 찬양 금지, 결혼 재정의, 미국 주권 훼손, 포르노 조장, 페미니즘 장려, 법 집행 방해, 선거 개입, 세금 인상 등이 그것이다.

2017년까지 25개국에서 동성결혼을 공식적으로 인정하거나 받아들였다. 여기에 미국, 영국, 프랑스, 독일, 스페인, 노르웨이, 덴마크, 핀란드, 스웨덴, 포르투갈, 벨기에, 호주, 뉴질랜드, 캐나다 등 서구 선진국들이 포함됐다는 점이 충격적이다.[29] 법률은 도덕을 구현할 수도 있고 도덕이 엉뚱한 방향으로 흘러가게 할 수도 있다. 전통에 어긋나는 행위를 합법화하는 것은 정부와 법률이 사람들에게 도덕을 위배하고 신의 계명을 어기라고 가르치는 것과 같다.

반면, 사회 대중이나 민간단체, 특히 신앙집단이 동성결혼 합법화로 인한 사회적 혼란을 비판하는 것은 이른바 '정치적 올바름'이란 미명하에 정치적, 법률적 차원에서 저지되거나 금지된다. 비도덕적인 행위가 합법화된 후, 이를 비평하거나 비판하는 것을 법률 위반으로 간주했다. 법률 위반의 죄목은 '성차별'과 같은 것들이다. 이런 법률은 도덕적 판단을 변칙적으로 규제하는 구실을 함으로써 동성애를 부추기고 사람의 욕망을 방종케 한다.

(6) 개인의 책임을 떠넘기다

전통 종교는 모두 개인의 책임을 중시한다. 성경 에스겔서(Ezekiel)에는 "아들은 아버지의 죄악을 담당하지 아니할 것이요 아버지는 아들의 죄악을 담당하지 아니하리니 의인의 공의도 자기에게로 돌아가고 악인의 악도 자기에게로 돌아가리라."라는 구절이 있다. 부자간이라 해도 책임은 각자가 져야 한다는 뜻이다. 여기서 말하는

---

29) 동성결혼에 관한 위키백과,
https://ko.wikipedia.org/wiki/%EB%8F%99%EC%84%B1%EA%B2%B0%ED%98%BC

것은 바로 개인 책임의 문제다. 성경에서는 '뿌린 대로 거둔다.'고 했고, 중국인들은 '선악에는 응보가 따른다.'고 믿었다.

'자유란 책임을 의미한다.'고 한다. 이는 자유의지에 따라 행동하되 그에 걸맞은 책임을 져야 한다는 뜻이다. 사람이 죄를 지으면 그에 상응하는 벌을 받아야 하는 것이 정의의 원칙이다. 하지만 자유파 법관들은 사람들에게 책임을 회피하고 사회 환경에 책임을 돌리도록 권장한다. 예를 들면 경제, 인종, 생리적 혹은 심리적 건강, 교육 등의 이유를 내세워 법적 제재를 피하게 하는 것 등이다.

4) 법 집행을 제한해 범죄자들에게 유리하게 하다

자유주의의 영향으로 많은 판사와 입법부가 의도적으로 법 집행부서의 정당한 권리를 제한함으로써 범죄자들에게 청신호를 켜 줬다. 공산주의 악령의 궁극적인 목적은 이러한 것들로 국가기관을 마비시키고 사회에 불안을 조성해 정부 권한을 확대하기 위한 구실을 만들거나 쿠데타 혹은 혁명을 꾀하는 것이다.

미국의 많은 주에서 극좌파의 법률을 통과시켰는데, 가장 대표적인 것이 바로 '피난처 주(Sanctuary state)' 법령이다. 이 법령에 따라 정책을 시행하는 어떤 주는 연방 공무원이 현지 감옥에서 불법 이민자를 체포하는 것을 금지하고, 경찰이 민사 체포영장으로 불법 이민자를 체포하는 것을 금지한다. 또한 지방 법 집행기관이 이민법 시행을 위해 연방 관계자와 협력하는 것도 금지한다.

피난처 법은 대중에게 심각한 안전 문제를 가져왔다. 2015년 7월, 불법 이민자 사라트(Jose Ines Garcia Zarate)는 '피난처 도시법'에 따라 샌프란시스코 교도소에서 풀려났다. 사라트는 이미 미국에서 많은 범죄를 저질렀다. 마약, 강도, 총기 범죄 등의 가중죄를 일곱 차례나 범했고, 다섯 차례나 추방됐다. 연방 이민부서 관계자가 사라트를 여섯 번째 추방하기 위해 이민국에 신병을 넘길 것을 요구했지만, 샌프란시스코 정부는 그를 석방했다. 석방된 그는 몇 시간 후, 샌프란시스코 피셔맨스 워프(Fisherman's Wharf)에서 산책하던 여성을 총으로 쏴 죽였다.

판사가 유죄 판결을 내릴 때는 검찰에 요구하는 범죄혐의 입증 요건이 까다롭다. 피고인의 권익을 보호하기 위함이지만, 그것이 범죄인들이 파고들 수 있는 법의 허점이 되기도 한다. 특히 힘 있고 영악한 변호사가 피고인을 변호할 때는 더더욱 그러하다. 따라서 피고인이 실제로 죄가 있더라도 유죄판결이 나기가 쉽지 않다.

'성해방' 풍조가 확산됨에 따라 법원은 이른바 생리학生理學과 성과학性科學 연구 결과를 인용해 성범죄의 피해가 심각하지 않고 심지어 무해하다는 논리를 펴면서 성범죄를 가볍게 처벌하는 사례가 상당히 많다.[30]

또한 예산 부족이나 수감자 권익 보장을 이유로 범죄자를 조기 석방하는 사례도 많다. 그러나 실질적으로는 '정치적 올바름'을 앞세워 법 효력을 약화하고 사회 안정을 파괴해 정부에 권력을 확대할 토대를 마련해 주는 것이다.

법의 공정성은 지은 죄에 상응하는 형벌을 내림으로써 확보된다. 이를테면 사람을 죽이면 목숨으로 갚아야 하는 것이 예부터 전해 내려오는 통칙이다. 그러나 어떤 국가와 주州는 오히려 '인도人道' '관용' '생명 존중'을 내세워 사형제를 폐지했다.

변이된 자유주의, 진보주의에 영향을 받은 일부 사람은 늘 범죄

---

30) The Stop the Kinsey Institute Coalition, "Kinsey Helped Undermine Laws Protecting Women & Children," http://stopthekinseyinstitute.org/more/undermining-laws/.

자의 '권익'에 관심을 갖는다. 범죄자가 아무리 흉악무도한 범죄를 저질러도 그들의 권리를 부르짖는다. 하지만 피해자들 앞에서는 침묵한다. 만약 흉악범이 살인을 해도 목숨으로 죗값을 치르지 않은 채 인신의 자유만 잃고 평생 납세자들의 공양을 받는다면, 이것이 억울하게 죽은 영혼과 그 가족들 앞에서 공정한가?

미국의 많은 학자가 사형제가 살인 범죄율을 효과적으로 낮춘다고 지적했다. 미국의 싱크탱크 '전통 재단'의 연구원 뮐하우젠(David Muhlhausen)은 상원 사법위원회 청문회에서 '사형제가 범죄를 막고 생명을 구한다.'고 증언한 바 있다. 90년대 폴 루빈(Paul Rubin) 등 학자 3명이 미국 3,000여 개 도시에서 20년간 발생한 범죄 자료를 연구한 결과, 사형 집행 1건으로 평균 18명의 생명을 구할 수 있는 것으로 밝혀졌다. 미국에서 사형제에 반대하는 학자들조차도 사형제는 살인 범죄를 억제하는 효과가 있음을 인정했다.[31]

아이러니한 것은 그 변이된 법률이 반도덕적 행위에 대해서는 매우 관대한 반면, 사회상의 정상적인 활동에 대해서는 오히려 매우 가혹하다는 점이다. 예를 들면 부모가 자녀를 엄격하게 훈육하지 못하도록 통제하는 것 등이다. 이는 실질적으로 가정교육을 방해하는 것으로, 이른바 '사랑'이라는 이름으로 자녀의 미래를 망치는 짓이다.

법률이 가지는 '자유'와 강제성을 극단으로 몰아가는 것은 악마가 법률을 변질시키고 법률의 신성함과 합리성을 파괴하는 중요 수법이다.

---

[31] 차오창칭(曹長青), 「절대로 사형제를 폐지해서는 안된다(絕不應廢除死刑)」, 중국보도주간(中國報導週刊), http://www.china-week.com/html/6405.htm.

5) 외국 법률을 이용해 미국의 주권을 약화하다

자유파 대법관은 미국 헌법에서 자신의 의견을 뒷받침할 조문을 찾을 수 없으면 외국 법률에서 근거를 찾는다.

어느 대법관은 '로렌스 대 텍사스(Lawrence v. Texas)' 사건 판결에서 텍사스 주의 '동성 성행위를 반대하는 법'을 뒤집으려 했으나, 헌법에서 이를 뒷받침할 근거를 찾을 수 없었다. 그래서 미국 밖의 '권위 있는 기구'의 조항을 인용해 '많은 나라에서는 동성 성행위가 인간의 자유를 완성하는 데 없어서는 안 될 부분이 됐다.'고 하면서 동성애자들의 성행위에 '자유'를 부여했다.32) 이 판결과 동시에, 동성 간 성관계를 금지하는 여타 13개 주의 '소도미 법(Sodomy Law)'이 자동으로 폐기됐다.

공산주의 사조는 다양한 방식으로 전 세계를 휩쓸고 있다. 아시아와 유럽이 사회주의화되는 경향이 이미 뚜렷이 나타나고 있으며 아프리카와 라틴아메리카도 매우 심각하다. 짐바브웨, 베네수엘라 등 많은 국가가 사회주의라는 타이틀이 없는 사회주의 국가다. 캐나다조차도 이 영향에서 자유롭지 못하다.

교역이 확대되고 세계화가 광범위하게 진행됨에 따라 미국은 갈수록 다른 국가들과 한데 묶이게 됐다. 자유파 대법관은 국제관례를 명분으로 공산주의 요소를 아주 쉽게 미국에 도입할 수 있다. 실제로 그런 요소들이 판례를 통해 미국의 헌법정신을 훼손하고 있다. 자유세계를 선도하는 미국조차 전통을 유지하는 선線을 지키지 못한다면 전 세계는 공산주의의 늪에 빠질 것이다.

---

32) Phyllis Schlafly, The Supremacists: The Tyranny of Judges and How to Stop It, 49.

4. 법의 정신을 회복해야 한다

위에서 언급한 각종 법률의 혼란상은 법률이 이미 신의 가르침과 도덕 신앙에서 멀리 벗어났음을 보여준다. 또한 반전통적이고 반도덕적인 법률이 통과되고 집행되는 '상식 밖'의 상황은 법률의 전통도덕 기반이 이미 악령의 손에 흔들리고 있음을 보여준다. 지금 인류의 도덕은 이미 전면적으로 위기에 처했다. 반전통적인 법률이 악행을 합법화하고 일상화해 죄악의 문을 열고 선량의 문을 닫음으로써 인류를 파멸의 길로 인도하고 있다.

반도덕적인 법률은 법률 자체의 권위와 구속력을 약화시킬 뿐만 아니라 사회질서를 어지럽히고 나아가 정부 개입을 유발한다.

변이된 법률은 전통 신앙을 지속적으로 파괴하고, 종국에는 사회를 독재로 이끌 것이다. 프랑스 사상가 토크빌(Alexis de Tocqueville)은 신앙이 없는 사회는 전제적 사회일 수밖에 없다고 했다. 왜냐하면 오직 전제 체제만이 믿음이 없는 사람들을 하나로 모을 수 있기 때문이다.[33]

일단 악령이 법률을 완전히 통제하게 되면 법률은 인간을 파괴하는 강력한 무기가 되고, 인류는 영원히 악령의 속박에서 벗어나지 못할 것이다. 이런 어려움에 직면하면 사람들은 두 가지 선택을 할 수밖에 없다. 법 집행을 거부하거나 자신의 도덕 가치관을 바꿔 변이된 법률의 요구에 순응하는 길뿐이다. 전자의 경우, 법학자 버먼(Harold Berman)이 "법은 믿음이 있어야 한다. 그렇지 않으면 유명무

---

[33] 알렉시스 드 토크빌(Alexis de Tocqueville), 「미국의 민주주의」.

실해진다."고 했듯이34), 법이 없는 것이나 마찬가지가 된다. 그러면 사회적으로 정치적으로 혼란을 초래해 정부 규제가 강화될 것이다.

후자의 경우는, 전통도덕이 무너지고 법률은 더욱 변이될 것인데, 심지어 '악법'으로 변해도 아무도 알아차리지 못하는 지경이 될 것이다.

만약 이 단계까지 간다면 대중은 자신의 의지와는 상관없이 악령의 함정에서 빠져나오기 힘들어진다.

〈벌거벗은 공산주의자(The Naked Communist)〉라는 책에는 공산당이 미국을 잠식하기 위해 계획한 45개 행동 목표가 열거돼 있다. 아래는 그 중에서 법률과 관련된 내용이다.

[목표-16] 법원을 이용해 미국 주요기관을 약화시키면서 그 기관의 활동이 민중의 권리를 침해한다고 주장한다.

[목표-24] 음란물을 제한하는 모든 법을 언론과 표현의 자유를 침해하는 검열로 묘사해 폐기시킨다.

[목표-29] 미국 헌법이 불충분하고 시대에 뒤떨어지고 현대사회의 요구에 부합하지 않아 전 세계 국가 간 협력을 방해한다며 의문을 제기한다.

[목표-33] 공산주의 조직 활동에 방해가 되는 모든 법률과 법규를 제거한다.

[목표-38] 경찰의 범인 체포권을 사회기관으로 넘기게 한다. 문제가 되는 모든 행동을 정신착란으로 간주하고 정신과 의사의 처리에 따르게 한다.

[목표-39] 정신의학 분야에 대한 통제권을 빼앗고 공산주의 목표

---

34) Berman, The Interaction of Law and Religion.

를 받아들이지 않는 사람들을 통제하기 위해 정신 건강법을 적용한다.

[목표-45] 자동유보(automatic reservation, 일명 '코널리 수정(Connally Amendment)' 조항을 폐기하게 한다.

이 규정은 국제사법재판소의 판결에 대해 미국에 국내 관할권을 행사할 수 있는 권리를 부여한다. 이 목표의 목적은 미국이 국내 주권을 보호하는 것을 막는 동시에 국제사법재판소 같은 국제기구가 미국 사법부를 지배하게 하는 것이다.

현실에 비추어 보면, 이러한 목표들은 거의 실현됐거나 하나씩 실현될 것이다. 공산주의가 법률을 수단으로 미국 사법을 잠식한 현황은 그야말로 충격적이다.

증오를 기반으로 한 공산당 국가의 법률이나 공산주의에 의해 점차 잠식되는 서방의 법률은 이미 법률의 기본 정신인 '신에 대한 공경'과 '전통도덕'을 모두 상실했다.

만약 우리가 이 마지노선을 지킬 수 없고 신의 계명을 선악을 가늠하는 최종기준으로 삼을 수 없다면, 우리는 사법독립과 도덕을 유지하는 마지노선을 잃을 것이다. 그리고 결국 공산주의 악령이 지배하는 대리인이 법률을 이용해 인류를 멸망시키려는 사령의 최종 음모를 수행할 것이다. 우리가 사령의 통제에서 한시바삐 벗어나야 하는 이유가 여기에 있다.

제11장 예술편

신을 찬미하는 데서 신을 모독하는 데로

도덕성을 회복하고 신앙과 전통을 되찾아야만 인류는 비로소 예술 부흥의 길로 나아갈 수 있으며 아름답고 신성하고 휘황한 전통예술을 재현할 수 있다.

제11장 예술편

신을 찬미하는 데서 신을 모독하는 데로

1. 예술은 신이 인간에게 전해준 것이다

인류는 미학에 관심이 많다. 따라서 신을 믿는 사람은 지극히 아름다운 것이 모두 천국 세계에서 왔음을 안다. 뛰어난 예술은 모두 천국의 미를 모방해 인간 세상에 전시한 것이다. 일부 예술 용어는 그와 관련된 신의 이름에서 직접 따왔다. 만약 어느 예술가가 신에게서 계시나 영감을 받을 수 있다면 그는 그 영역에서 걸출한 인재가 될 것이다.

르네상스 시기의 예술 대가들은 독실한 신앙심으로 신을 찬양하는 작품을 창작했다. 그들의 바른 생각과 아름다운 선행은 신의 인정과 은총을 불렀다. 다빈치(Da Vinci), 미켈란젤로(Michelangelo), 라파엘로(Raphael) 등 르네상스 중기의 예술가들이 이 부류에 속한다. 기법상에서 그들은 이전 시대는 물론, 동시대 예술가들의 수준을 훨씬 뛰어넘었고, 회화·조각·건축 등 그들이 남긴 불후의 명작은 수백 년간 인류 예술의 교과서가 됐다.

이런 작품들을 통해 후대 예술가들은 순정純正한 예술 기법을 배울 수 있을 뿐만 아니라 일반인도 신의 존재와 사랑을 느낄 수 있다. 인류가 그들의 예술성과 정신을 잘 보존해 신과 연계를 유지할 수 있다면 설사 도덕이 타락하더라도 전통과 구원의 길로 되돌아갈 희망이 있다.

음악도 마찬가지다. 독일의 어느 극장에는 이런 말이 전해진다. "바흐(Bach)는 우리에게 신의 언어를 주었고, 모차르트(Mozart)는 신의 웃음을 주었으며, 베토벤(Beethoven)은 신의 불꽃을 줬다. 신은 우리가 언어를 사용하지 않고도 기도할 수 있도록 음악을 줬다." 바흐는 평생을 신을 공경하고 찬미했을 뿐만 아니라, 이것을 최고의 창작 원칙으로 삼았다. 바흐의 모든 중요 악보에는 SDG란 세 글자가 적혀 있다. 이는 'Soli Deo Gloria'의 약자로, 신에게 영광을 돌린다는 뜻이다. 이는 예술가가 표현할 수 있는 가장 높은 경지, 즉 신의 계시를 받아 천국 세계의 사물을 우리 물질공간에 표현한 것이다. 인류 역사상 위대한 회화와 조각, 고전음악 중에서 가장 걸출한 것은 모두 신을 믿는 사람이 창조했고, 그것은 모두 인류 예술의 최고봉이 됐다.

예술에서 가장 중시하는 세 가지 요소는 모방·창조·소통이다. 예술 창작은 모두 '주제主題'를 중심으로 진행되는데, 이 주제는 작가가 시·회화·조각·사진·소설·연극·무용·영화 등의 예술 형식을 통해 표현하고자 하는 모종의 정보다. 예술가는 이 주제를 독자나 청중 혹은 관객에게 전달하는데, 이 과정이 바로 '소통'이다. 다시 말해 청중과 관객에게 작가의 사상을 전달하는 것이야말로 예술 창작의 목적이다.

소통의 목적을 달성하기 위해 예술가는 모방 능력이 뛰어나야 한다. 모방 대상은 신의 세계나 인간 세계일 수도 있고 악령의 세계일 수도 있다. 예술가는 모방의 토대 위에 창조를 더하고, 또 모방 대상에서 더욱 깊고 본질적인 요소를 포착해내 예술가의 표현력과 소통 능력을 높인다. 만약 어떤 사람이 신에 대한 경건한 믿음과 고상한 도덕을 지니고 있다면 신은 그에게 창작의 영감을 불어넣어 줄 수 있다. 그가 창작한 작품은 신성하고 순수하고 아름다워 본인은 물론 관객과 사회에 유익할 것이다.

반대로, 도덕을 버리고 마성을 방종하면 공산주의 악령과 사탄, 그리고 그것이 통제하는 저급한 영체靈와 썩은 귀신이 빈틈을 타고 들어와 추악한 형상, 심지어 저급한 악령의 세계를 표현하게 하는데, 이런 작품은 창작자 본인은 말할 것도 없고 관객과 사회 전반에 해악을 끼칠 것이다.

우리가 이 점을 안다면, 정통예술의 가치를 이해하기가 어렵지 않다. 동서양을 막론하고 신이 전한 문화예술은 다양한 신과 인류 문명을 연결하는 통로가 돼 아름다움, 선량함, 광명, 희망 등의 정보를 전달했다. 그러나 공산주의 악령이 사람을 조종해 만들어낸 각종 변이된 예술은 사람을 신에게서 멀어지게 하고 악령과 가까워지게 한다.

2. 예술은 인류에게 거대한 영향을 미친다

위대한 예술작품은 문명을 계승하고 도덕을 함양하며 지식을 전파하고 정서를 도야陶冶하는 작용을 한다. 따라서 동서양을 막론하고 주요 문명은 모두 숭고한 지위를 지닌다.

고대 그리스의 수학자이자 철학자인 피타고라스(Pythagoras)는 음악의 신비는 천체가 보여주는 조화의 수를 모방하고 우주의 조화를 반영하는 데 있다고 했다. 중국인들도 비슷한 관점을 갖고 있다. 〈사기史記·율서律書〉와 〈악서樂書〉에 천지의 수를 모방해서 음악과 오행을 대응시키고 악기를 제작한다는 기록이 있다. 그래야 음악이 천지와 조화를 이룰 수 있음이니, 달리 말하면 '대악大樂이 천지와 동화'할 수 있다는 것이다. 이러한 음악은 선학仙鶴이나 봉황鳳凰 같은 신조神鳥를 불러들일 뿐만 아니라 신선神仙도 청할 수 있다.

공자는 일찍이 "주나라는 (하, 은) 두 나라를 본받아 문화가 찬란하니, 나는 주나라를 따르겠노라周監於二代, 鬱鬱乎文哉, 吾從周."[1]라고 한 바 있다. 공자는 주공周公이 예禮와 악樂으로 나라를 다스린 것을 숭배했기 때문이다. "순舜임금이 오현五弦의 거문고를 만들어 남풍南風의 시를 노래하니 천하가 다스려졌다舜作五弦之琴, 歌南風之詩而天下治."[2]고 한 말 역시 순수하고 바른 음악이 사람을 교화하는 작용을 한다는 것을 설명한다.

당 태종 이세민李世民은 '진왕파진악秦王破陣樂(당 태종이 진왕이었을 때 류무주劉武周를 평정한 공을 기리기 위해 군중軍中에서 지은 악곡)'으로 주변 오랑캐들을 굴복시켰다. 〈신당서新唐書〉 기록에 의하면 현장玄奘이 경전을 얻으러 서역에 갔을 때 멀리 중천축中天竺의 계일왕戒日王 시리일다屍羅逸多가 현장에게 "당신 나라 임금은 진왕파

---

1) 공자(孔子), 「논어, 팔일(論語 八佾)」
2) 사마천(司馬遷), 「사기, 악서(史記, 樂書)」

진악을 만들었으니 성인聖人이오."3)라고 했다.

　루이 14세(Louis XIV) 시대 프랑스 궁정은 무용과 예술을 통해 우아함과 시민의 규범을 펼쳐 보였다. 무용은 단지 기교뿐만 아니라 사회 예절과 행동 규칙을 전파한다. 루이 14세의 예술과 문명은 유럽에 감화를 주었고 다른 궁정과 대중에게도 본받게 했다. 프로이센(Prussia)의 프리드리히(Frederick) 대왕 역시 뛰어난 군주이자 음악가로, 작곡은 물론 플루트 연주도 했다. 그는 베를린 오페라하우스를 만들어 직접 오페라 감독을 맡아 다양한 사회 계층이 오페라를 접할 수 있게 했다. 오늘날에 이르러 오페라는 도이치 민족문화를 구성하는 중요 부분이 됐다. 이 몇 가지 예는 정통예술 전파의 광대함과 감화력을 보여준다.

　정통예술은 자연이나 우주의 법칙에 부합해 신의 지혜를 본받는다. 따라서 특별한 힘과 효과가 있어 인간의 몸과 정신에 긍정적인 영향을 깊게 미친다. 사람들이 정통예술 창작에 종사할 때 육체만 참여하는 것이 아니라 정신을 집중해 예술이 표현하는 주제와 소통해야 한다. 종종 이 물질세계를 초월하는 특수한 체험을 하기도 한다. 가령 신을 찬양하는 가곡을 부를 때의 그 엄숙하고 장엄함은 그 어떤 말로도 표현하기 어려운, 신에 가까워지는 체험이다.

　예술은 신과 통할 수 있는 특수한 매개체다. 그 배후에는 수많은 사람의 지혜와 창조의 영감이 응축돼 있어 종종 표면적 감흥을 초월하는 깊은 내포가 담겨 있다. 어떤 작품은 심지어 특수한 정신에너지를 전달하기도 한다. 이런 것들은 모두 영성과 정신적인 면에서 일으키는 독특한 작용인데, 다른 물질 수단으로는 이를 대신할 수 없다.

　훌륭한 예술가는 감동적인 스토리 하나하나를 통해 사람들의 마

---

3) 구양수(歐陽修), 송기(宋祁), 「신당서(新唐書), 제237권」.

음속에 추상적인 가치를 주입할 수 있다. 설사 학문이 깊지 않거나 제대로 교육받지 못한 사람일지라도 예술을 통해 심령의 깨우침과 도덕적 훈도를 받을 수 있다. 전통사회에서는 시비선악是非善惡에 대한 인식이 뚜렷했는데, 서양에서는 '인어공주'나 '백설공주' 등의 동화를 통해 얻고 중국에서는 4대 고전명작(삼국연의, 수호전, 서유기, 홍루몽)이나 이야기 강설講說, 연극 등을 통해 얻었다. 또 천국 세계를 표현한 그런 작품에서 우리는 신의 위대함을 느끼고 신에게 귀의하고 싶은 소망을 가지게 된다.

물론 좋지 않은 가치관이 예술을 통해 무의식적으로 사람들에게 영향을 미칠 수도 있다. 시나리오 작가 로버트 맥키(Robert McKee) 교수는 자신의 저서 〈스토리(STORY)〉에서 "모든 효과적인 이야기는 우리에게 가치를 판단하는 생각을 전달하는데, 이 사상은 우리 영혼에 쐐기처럼 박힐 수 있다. 어떤 이야기는 설득력이 너무 강력해서 도덕적으로 불쾌하다고 여길지라도 우리는 여전히 그것이 전달하는 가치를 믿을 수 있다."[4]고 했다.

예술은 정반正反(긍정과 부정) 두 측면에서 모두 인류의 도덕적 가치, 사상과 행위에 큰 영향을 끼칠 수 있다. 이 점은 결코 과장된 것이 아니다. 현 사회에서 우리는 여전히 구체적인 사례를 많이 찾을 수 있다.

'모차르트 효과(Mozart Effect)'가 전 세계적으로 주목받고 있다. 과학계는 모차르트의 음악이 인간과 동물에게 미치는 긍정적인 영향에 관해 연구를 많이 했다. 2016년에 수행한 한 연구에서 모차르트의 음악이 인간의 인지능력과 행동에 긍정적인 영향을 준다는 사

---

4) Robert McKee, Story: Style, Structure, Substance, and the Principles of Screenwriting (New York: Harper-Collins Publishers, 1997), 129-130.

실이 밝혀졌다. 하지만 더 놀라운 것은 모차르트의 음악을 거꾸로 틀면 완전히 역작용을 일으킨다는 점이다. 이는 쇤베르크(Arnold Schoenberg)의 무조성無調性(정해진 선율 없이 연주하는 곡의 형태) 현대음악이 일으키는 작용과 아주 흡사한데, 바로 부정적인 영향을 끼친다는 것이다.5)

로큰롤은 무조음악보다 부정적인 영향을 더 크게 미친다. 비슷한 규모의 두 도시를 비교 연구한 자료에 따르면, 로큰롤 음악을 많이 방송한 도시는 미혼모, 학교 중퇴, 청소년 사망, 범죄 등이 정상적인 음악을 튼 도시에 비해 50% 정도 높았다. 조사를 진행한 연구원은 많은 로큰롤이 자살을 미화한다면서6) "로큰롤의 부정적인 멜로디와 사람을 우울하게 만드는 가사가 자살을 부추긴다고 볼 수 있다. 젊은이들이 로큰롤 음악을 많이 듣고 자살하는 것은 엄연한 사실이다."라고 했다.7) 또한 로큰롤 가사에서 묘사한 자살 방법을 모방하는 청소년이 적지 않고 로커가 우울증이나 약물 남용에 빠지거나 심지어 자살하는 것도 보편적인 현상이라고 했다.

이 외에 널리 알려진 부정적인 예로 나치 선전영화 '의지의 승리(Triumph of the Will)'가 있다. 이 선전물(레니 리펜슈탈 감독은 다큐멘터리라고 주장했다)은 예술 기법이 뛰어났다. 웅장한 장면과 힘은 그 배후에서 전달하는 정신적 힘을 관객들에게 느끼게 했고, 최초로 도입한 촬영 기법과 다양한 선진 기술은 후대 영화에 영향을 미쳤

---

5) Yingshou Xing, et al, "Mozart, Mozart Rhythm and Retrograde Mozart Effects: Evidences from Behaviours and Neurobiology Bases," Scientific Reports Vol. 6, Article#: 18744 (2016), https://www.nature.com/articles/srep18744.

6) DavidA.Noebel,TheMarxistMinstrels:AHandbookonCommunistSubversionofMusic, (Tulsa,OK: AmericanChristianCollege Press,1974),58-59.

7) DavidCloud,"Rock Music and Suicide," Way of Life Literature, December 20, 2000, https://www.wayoflife.org/reports/rock_music_and_suicide.html.

다.

이 영화는 히틀러와 나치 독일을 선전하는 역할을 충실히 이행함으로써 '가장 권위 있는 선전영화'로 손꼽히게 됐다. 2003년 영국 일간지 〈인디펜던트는(The Independent)〉는 논평에서 "'의지의 승리'는 수많은 사람을 홀려 경멸해야 할 나치즘을 찬양하게 하고 나치당이 세계적으로 큰 지지를 얻도록 한 것은 틀림없는 사실이다."라고 했다.8)

예술의 거대한 힘을 이해하면 전통예술이 왜 중요한지, 그리고 악령이 왜 인류 예술을 변이시키려 하는지 똑똑히 알 수 있다.

3. 공산주의 악령이 예술을 파괴하고 이용하다

예술이 사회를 크게 변화시킨다는 것은 부정할 수 없는 사실이다. 따라서 공산주의 악령이 예술을 '사회공학(social engineering)'의 중요 수단으로 삼아 이용하고 통제한다는 것 또한 전혀 놀라운 일이 아니다.

1) 공산국가의 예술 이용과 통제

공산국가는 예술의 힘을 잘 알기에 모든 예술 형식을 세뇌 수단으로 만들어버렸다. 중국 공산당의 가수나 배우가 장군으로 불리는 데 대해 많은 사람이 '군사훈련이나 전투를 지휘한 적도 없으면

---

8) ValWilliams,"Leni Riefenstahl: Film-maker Who Became Notorious as Hitler's Propagandist," September 10, 2003,
https://web.archive.org/web/20090830045819/http://www.independent.co.uk/news/obituaries/leni-riefenstahl-548728.html.

서 장군은 무슨 장군이냐?'고 비꼰다. 사실 중국 공산당은 이런 예술가들이 공산주의 사이비 교리를 보급하고 수호하는 작용이 군대 못지않게 크다고 보기 때문이다. 이런 의미에서, 그들에게 계급을 주는 것은 공산당의 원칙과 일치한다고 할 수 있다. 이는 마오쩌둥이 "우리는 또 문화 군대를 보유해야 한다. 이것은 우리 스스로를 단결시키고 적을 물리치는 데 필수적인 군대다."9)라고 한 것과도 일맥상통한다.

이처럼 대내외적으로 일으키는 선전과 세뇌 작용은 군대가 수행할 수 없는 것이다. 공산국가의 문예공연은 국민이 공산당 치하에서 겪는 고통을 잊게 하고 공산당에 대한 충성심을 고양하는 데 없어서는 안 될 수단이 됐다.

거액을 들인 중국 공산당의 베이징 올림픽 개막식, 북한의 대형 집단체조 '아리랑' 공연, 구소련의 발레단 등은 모두 예술 형식으로 당에 복무하기 위해 조직됐다. 2011년 9월 중국 공산당 문화부는 미국 워싱턴DC 케네디 예술센터에서 소위 '중국: 한 나라의 예술'이라는 중국 문화절 행사를 시리즈 형식으로 거행했다. 그들은 기어이 이 국제적인 무대에 계급 간 증오와 공산 폭력혁명을 선양하는 발레극 '홍색낭자군紅色娘子軍'을 올려 외국인들을 '세뇌'했다.

만약 신성神性이 충만한 예술이나 인류의 전통가치를 널리 알리는 예술이 동시에 펼쳐진다면 공산당의 예술은 그 마성魔性이 곧바로 간파돼 사라지거나 세뇌 효과를 잃을 것이다. 이것이 바로 모든 공산국가에 예술과 출판 분야를 엄격하게 통제하는 검열제도가 존재하는 이유다.

---

9) 마오쩌둥, 「연안문화예술좌담회 강화」, 마오쩌둥 선집 제3권.

2) 전위예술 배후의 공산주의 악령

고전 예술은 수세기에 걸쳐 이어져 내려왔다. 하지만 이런 전통은 20세기에 들어와 갑자기 중단됐다. 급진적이고 전위적인 주의主義, 이른바 전위주의前衛主義(아방가르디즘)에 잇따라 대체되면서 빠르게 변이됐기 때문이다. 예술가 로버트 플로크작(Robert Florczak)이 "웅대하고 감동적이고 아름다운 것은 새로운 것, 이질적인 것, 그리고 추한 것으로 대체됐다."[10]고 한 것처럼 예술의 표준은 표준이 없어질 정도로 떨어졌고, 다만 뒤틀린 자기표현만 남았다. 인류는 미학의 보편적 가치를 잃었다.

이 모든 새로운 예술운동이나 '주의主義'의 근원을 되짚어보면 모두 공산주의 사조와 밀접한 관련이 있다. 그중 많은 예술가가 공산당원이거나 변종 공산주의자이거나 혹은 이런 사조에 영향을 받은 이들이다.

프랑크푸르트학파(Frankfurt School)는 코민테른 헝가리 문화위원이자 서양 마르크스주의 창시자인 게오르크 루카치(Georg Lukács)가 창립했다. 이 학파의 임무 중 하나는 전통문화를 버리고 새로운 문화형식을 만드는 것인데, 이 문화형식에서는 반드시 '창조주의 예술을 의식적으로 모방하는 것'을 배제한다. 독일 사회주의자이자 프랑크푸르트학파를 대표하는 마르쿠제는 〈미학의 차원(The Aesthetic Dimension)〉에서 "예술은 현존하는 사회관계에 항의하고 초월하는데, 그것은 통치 지위를 차지하는 의식, 즉 일상 경험을 뒤집어엎는 것이다."라고 했다.[11]

---

10) Rober Florczak, "Why Is Modern Art So Bad?" PragerU, https://www.youtube.com/watch?v=lNI07egoefc.

11) Herbert Marcuse, The Aesthetic Dimension: Toward a Critique of Marxist Aesthetics (Boston:BeaconPress,1978), ix.

다시 말해, 예술이 신을 반대하고 전통도덕을 전복하도록 독려해야 한다는 것이다. 이런 관점이 현대예술의 흐름을 주도했다.

프랑스 사실주의 화파畫派를 창시한 귀스타브 쿠르베(Gustave Courbet)는 파리 코뮌의 참가자 중 한 명이었다. 그는 코뮌 위원과 급진적인 '예술가 연맹(Federation of Artists)'의 위원장으로 선출됐다. 쿠르베는 낡은 제도를 탈바꿈하고 새로운 예술 방향을 정립하는 데 전념했다. 그는 신고전주의 건축물인 방돔 콜룸(Vendôme Column, 나중에 재건됨)을 철거했다. 그는 인류가 신의 피조물임을 부인하고 프롤레타리아 계급의 세계관과 유물주의를 표현하는 데 집중했다. 그는 "나는 천사를 그릴 수 없다. 왜냐하면 천사를 본 적이 없기 때문이다."[12] 라는 유명한 말을 남겼다.

쿠르베는 예술을 개혁하는 것이 진정한 혁명이라고 믿었다. 그는 '사실寫實'이란 이름으로 추한 것을 아름다운 것으로 둔갑시키고 여인의 나신, 특히 음부를 그리는 것을 '혁명적 행위'로 삼아 전통 사조를 거부하고 공산주의 운동을 선동했다. 쿠르베의 인생 이력에서 우리는 현대예술이 탄생 초기부터 공산주의와 긴밀히 관련됐음을 볼 수 있다.

현대주의의 영향 아래, 19세기 후반 몇 십 년간 예술가의 '혁명 열정'이 지속적으로 고조됐고 일련의 예술운동이 잇달아 나타났다. 전통적인 유파와 달리 이런 예술은 전통과 단절하는 '아방가르드(Avant Garde) 운동'이었다. 아방가르드란 단어는 사회주의 학자들이 예술 이론에 처음 사용했는데, 정치 혁명에 걸맞은 문화 사조로 삼았다.

19세기 말, 악마가 배치한 인상파印象派(impressionism)가 등장했다. 이

---

12) "Gustave Courbet Quotes," http://www.azquotes.com/author/3333-Gustave_Courbet.

때부터 현대 예술가들은 전통 회화기법에서 요구하는 비율·구조·투시·명암 등을 고려하지 않고 주관적인 감각을 '탐색'해 반영하기 시작했다. 신인상파(neo-impressionism, 점묘파)와 후기인상파(postimpressionism)가 잇달아 나타났는데, 조르주 쇠라(Georges-Pierre Seurat)와 빈센트 반 고흐(Vincent W. van Gogh)가 각각 이 유파를 대표한다. 이 두 사람은 모두 사회주의 정서를 지니고 있다. 심한 알코올 중독자였던 고흐는 말년에 정신병을 얻었는데, 그의 그림은 마치 마약에 중독된 사람이 바라보는 세상 같다.

예술작품은 창작자와 관객이 소통하는 매개체이며 작품 속에는 창작자가 전달하려는 정보가 있다. 르네상스 전성기 예술가들이 관객에게 전한 것이 오로지 선善과 미美였다면 현대파 예술작가들이 전한 것은 음침하고 부정적인 것들이다. 후자는 자신의 사상을 방종하고 귀신과 저급한 영체靈에 통제됐기 때문이다. 고흐 등 인상파 화가의 그림은 대부분 관객에게 몽롱하고 음산하고 퇴폐적이고 비이성적인 느낌을 준다.

인상파 이후 표현주의(expressionism)와 포비즘(fauvism)에 이어 피카소(Picasso)를 대표로 하는 입체주의(cubism)가 등장했다. 1944년 신문에는 피카소가 프랑스 공산당에 가입했다는 기사가 실렸다. 그는 〈나는 왜 공산주의자가 되었는가?〉라는 문장에서 입당 동기를 밝혔다. "내가 공산당에 가입한 것은 내 생명과 작품 중의 논리적 단계이며, 이것은 그것들에 의미를 부여했다. … 억압과 저항 속에서 나는 단지 그림만 이용해선 안 되고 목숨을 걸고 투쟁해야 한다."[13]

피카소는 전통 화법을 타파하도록 고취했고 모든 사물을 진흙

---

13) PabloPicasso,"Why I Become a Communist,"
http://houstoncommunistparty.com/pablo-picasso-why-i-became-a-communist.

덩어리를 멋대로 주무르듯 괴상하게 표현할수록 더 만족스럽게 여겼다. 괴상함을 추구하는 이런 과정은 그림을 파괴하는 과정이 됐고, 결국 관객이 이해할 수 없는 단계에 이르게 했다. 심지어 그와 함께 입체파를 대표하는 화가들조차 '아비뇽의 처녀들(Les Demoiselles d' Avignon)'이란 작품을 좋아하지 않았는데, '기름을 머금고 불을 뿜는 듯' 비이성적으로 그렸다고 여겼다.14)

한편 입체파 화가 중 한 명인 마르셀 뒤샹(Marcel Duchamp)은 주변에서 흔히 볼 수 있는 '기성품(readymade)'으로 작품을 만드는 방식으로 전통예술을 파괴했다. 이른바 '다다이즘(dadaism)'을 발전시킨 그는 '서양 현대미술의 아버지'로 불렸으며, '변기·돌·배설물 등 그 어떤 것도 예술이 될 수 있다.'는 이념으로 미의 개념을 바꾸어 놓았다. 독일 다다이스트들이 선언한 행동강령에서 알 수 있듯이 공산주의와 직결돼 있다. "급진적 공산주의에 기초한, 창조력이 풍부한 남녀는 모두 혁명적인 국제연합을 실행하고 … 즉각적으로 사유재산을 없애고 공동으로 나누며 전 인류를 해방해야 한다."15)

전통을 맹렬히 비판한 다다이즘이 프랑스에서 초현실주의(surrealism)로 발전했고, 이를 대표하는 인물은 공산당원인 앙드레 브르통(André Breton)이었다. 그는 공산주의 혁명이야말로 이상적인 형태의 혁명이라고 여겼다. 그는 그 당시 유럽 현대예술의 전형적인 관점을 대표하는 이성理性·문화·사회제도 등에 의한 '억압'에 반대했는데, 이는 당시 유럽 현대예술의 전형적인 관점을 대표한다.

---

14) RobertHughes,TheShockoftheNew:TheHundred-YearHistoryofModernArt—Its Rise, Its Dazzling Achievement, Its Fall (London: Knopf, 1991), 24.
15) Richard Huelsenbeck and Raoul Hausmann, "What Is Dadaism and What Does It Want in Germany?" in Robert Motherwell, ed., The Dada Painters and Poets: An Anthology, 2nd ed., (Cambridge, MA: Belknap Press, 1989).

그 이후에도 추상주의(abstractionism), 미니멀리즘(minimalism), 팝아트(pop art) 등의 예술운동이 나타났다. 추상주의는 주로 대상을 심상적心象的으로 표현하는데, 형태 파괴·무질서·허무·현실도피 등을 반영하는 내용이다. 나중에 포스트모더니즘(postmodernism)에 이르러 공인된 사실이나 규칙, 추리와 도덕적 가치는 모두 산산조각이 났다.16) 더 심각한 경우에는 직접적으로 예수와 성모마리아를 모독하는 '예술' 작품도 있다.17)

현대파 예술가들이 모두 좌익 정치를 지지하는 것은 아니지만, 공산주의와 정신적으로 서로 잘 맞는다. 즉, 신을 배척하고 신을 대신하는 것을 이성적 삶의 출발점으로 삼는다. 이들 '이데올로기主義'는 일단 득세하면 눈덩이 효과가 일어나 고전예술을 철저히 비주류로 전락시킨다.

3) 전통 미적 기준을 뒤바꾸다

각종 현대예술이 출현해 전통미학을 철저히 뒤엎음으로써 추한 것을 아름다운 것으로 여기고 심지어 눈 뜨고 볼 수 없을 정도로 천박하고 반도덕인 것을 찬미하는 세상이 됐다.

1917년 마르셀 뒤샹(Marcel Duchamp)은 '샘(Fountain)'이란 제목을 붙인 소변기를 뉴욕 '독립미술가전'에 출품했다. 비록 주최 측이 거절해 전시할 수 없었지만, 이 혐오적인 '작품'은 오히려 후대의 여러 미술가에게 '독창성'이 있다고 인정받았다. 이 시대에 이르러 이젤

---

16) Michael Wing, "Of '-isms,' Institutions, and Radicals: A Commentary on the Origins of Modern Art and the Importance of Tradition," The Epoch Times, March 16, 2017, https://www.theepochtimes.com/of-isms-institutions-and-radicals_2231016.html.

17) Katherine Brooks, "One of The World's Most Controversial Artworks Is Making Catholics Angry Once Again," Huffington Post, May 13, 2014,
https://www.huffingtonpost.com/2014/05/13/piss-christ-sale_n_5317545.html.

페인팅(easel painting)은 전례 없이 부정되고 설치미술(installation art)이 뒤이어 등장했다. 이브 클랭(Yves Klein)은 1958년 파리 이리스 클레르(Iris Clert Gallery) 화랑에서 '텅 빈 전시회(The Void)'를 열었다. 작품은 화랑 내부를 온통 하얗게 칠한 다음 텅 비워놓은 것이다.

독일 아방가르드 미술의 정신적 지도자 요제프 보이스(Joseph Beuys)는 1965년 머리에 꿀과 금박을 뒤집어쓴 채 죽은 토끼를 세 시간 이상 끌어안고 '죽은 토끼에게 어떻게 그림을 설명할 것인가'라는 퍼포먼스를 했다. 그는 '모든 사람이 예술가'라 믿었다. 한번은 어떤 사람이 참을 수 없어 보이스에게 질문했다. "당신은 태양 아래 모든 것을 말하면서 예술에 관해서는 말하지 않는가?" 보이스는 평온하게 "나는 태양 아래 모든 것이 다 예술이라고 본다."고 했다.

모더니즘(modernism) 예술을 대표하는 피에로 만초니(Piero Manzoni)는 1961년 자신의 대변을 작은 깡통 90개에 넣어 '예술가의 똥'(Merda d'Artista)이라는 제목으로 출품했다. 2015년 그중 하나가 런던에서 18만 2,500파운드(약 2억 7,000만 원)에 팔렸는데, 이는 당시 같은 무게의 금값보다 수백 배 비싼 금액이었다. 그는 또 발가벗은 여인의 둔부에 서명한 후 '살아있는 조각'(Sculture viventi)이란 제목을 붙여 전시회를 연 적도 있다.

또한 발가벗은 몸에 개똥을 칠해 출품한 여 교수도 있고, 동물의 똥을 멋대로 칠한 '작품'으로 대상을 수상한 화가도 있다. 중국의 어떤 '예술가'는 스스로 발가벗고 온몸에 꿀과 생선 기름을 발라 파리가 달라붙게 했다. 이런 퍼포먼스는 인간의 생명이 천하고 추하며 역겹다는 느낌을 준다.[18]

---

[18] Arnaud Hu, 「현존 미술에 대한 범론(泛談當今的美術)」, 정견망(正見網). https://www.zhengjian.org/node/158434.

BBC의 다큐멘터리 '베이징 스윙스(Beijing Swings)'는 중국의 '극단적인 예술(extreme artists)'을 다뤘는데, 이 영상 중에는 한 행위예술가(performance art)가 죽은 아기의 시신을 먹는 공연도 있다. 이 프로그램의 진행자 월드마 자누스작(Waldemar Januszczak)은 "중국은 지금 전 세계에서 가장 황당하고 어두운 예술을 만들고 있다."고 평했다.[19] 사실 이는 사람이 마성魔性을 추구한 결과다. 소위 현대예술의 더럽고 메스껍고 후안무치함은 이미 인류가 심리적으로 감당할 수 있는 한계를 뛰어넘었다. 아방가르드의 전통미학에 대한 파괴행위는 바로 예술분야의 '문화대혁명'이다.

이러한 추세는 모더니즘 예술가들에게 물 만난 물고기처럼 신명나는 '살판'을 제공했지만, 전통 기법에 충실하고 전통 가치를 고수하는 화가와 조각가들에게는 활동 무대는 물론, 생존 공간마저 사라지게 하는 작용을 했다. 1922년 영국 빅토리아풍의 근엄하고 사실적인 신고전주의 양식 화가 존 윌리엄 고드워드(John William Godward)는 피카소 화풍을 존중하는 미술계에서 차별대우를 받다가 자살했다. 죽기 전에 그가 남긴 말은 "세상은 나와 피카소를 동시에 포용할 만큼 크지 않다."는 것이었다.[20]

악령이 음악을 부패시킨 방식도 이와 유사한 수단을 채용했다. 정통 음악은 이론과 규범에 따르며 음률과, 음률에 따라 생기는 각종 음색과 음계는 조화로운 자연법칙에서 유래한 것이다. 신이 창조한 우주는 조화로운바, 사람은 그 조화를 감상함으로써 미적 감각이 생길 수 있는데, 이는 사람도 신이 창조했기 때문이다.

---

19) "'Baby-eating' Artist Sparks TV Row," BBC News, December 30, 2002, http://news.bbc.co.uk/2/hi/entertainment/2614643.stm.
20) "John William Godward: Biography," Heritage Auctions.

현대파의 무조음악(atonal music)은 음계, 화음, 선율 등 음악의 전통 요소를 배척하며 구성에 규범이 없다. 이는 신이 전한 고전음악을 부정하는 것이다. 무조음악과 우주의 조화는 대립적이다. 이는 일반 청중이 현대음악을 듣기 거북해 하는 이유다. 이에 대해 현대파 '음악가'들은 변이된 '미학 이론'을 내세워 이런 음악에 익숙해지려면 청중의 귀를 훈련해야 한다고 설명한다.

현대파 음악의 기틀을 다진 아놀드 쇤베르크(Arnold Schoenberg)는 무조음악의 기초 위에 소위 12음기법을 적용해 반전통적 음악인 '12음 음악'을 창조했다. 쇤베르크의 음악은 당시 반독일 음악문화, 즉 스타일, 감정, 전통과 모든 미학 원칙에 대한 배신으로 여겨졌다. 그의 음악은 당시 독일인에게 코카인으로 불렸다. "쇤베르크 음악을 연주하는 것은 사람들에게 코카인을 주는 것과 같은 효과가 있다. 코카인은 독이고, 쇤베르크는 바로 코카인이다."[21] 후대 음악평론가들은 이렇게 평가한다. "쇤베르크의 위대한 업적 중 하나는 바로 그가 죽은 지 50년이 지났음에도 지구상의 그 어떤 콘서트홀도 텅 비게 만들 수 있다는 것이다."[22]

쇤베르크의 파격적인 음악을 널리 인정받게 한 것은 프랑크푸르트학파의 아도르노(Theodor W. Adorno)의 음악이론이다. 아도르노는 1949년 쓴 〈현대음악철학〉에서 쇤베르크의 12음 음악이 음악 창작 발전의 '정점'에 도달했다고 철학이론으로 '논증'했다. 후세 현대파 음악창작자와 비평가들이 쇤베르크의 12음 음악을 널리 받아들

---

21) Walter Frisch, ed., Schoenberg and His World (Princeton, N.J.: Princeton University Press, 1999), 94.
22) Norman Lebrecht, "Why We Are Still Afraid of Schoenberg," The Lebrecht Weekly, July 8, 2001, http://www.scena.org/columns/lebrecht/010708-NL-Schoenberg.html.

이게 하는 데 길을 닦아줬다.23) 이후 많은 사람이 쇤베르크를 모방함으로써 아방가르드 음악에 거대한 추진 작용을 일으켰고 음악계에도 큰 영향을 미쳤다.

현대파 음악이 전통을 파괴한 후 '아방가르드 예술'은 로큰롤을 이용해 고전음악이 사람들의 생활 중에서 차지하던 위치를 대신했다. 미국 공산당 음악 이론의 선구자인 시드니 핀켈스타인(Sidney Finkelstein)은 공개적으로 고전음악과 대중음악의 경계를 타파할 것을 요구했으며, 이는 강렬한 리듬의 로큰롤 음악이 미국에 침투해 고전음악과 전통음악의 입지를 크게 약화시키는 결과를 낳았다.24)

로큰롤은 하모니가 조화롭지 못하고 멜로디가 불규칙해 마치 공산주의 투쟁철학처럼 비트, 감정 충돌, 모순으로 가득 차 있는 것이 특징이다. 〈사기史記〉에는 도덕에 부합하는 소리音라야 비로소 음악樂이라 칭할 수 있다는 말이 있다. 하지만 로큰롤 음악가의 삶과 창작의 주요 테마는 성性, 폭력과 마약이다.

로큰롤 음악 이후 미국에서는 랩(rap)과 힙합(hip hop) 등이 나타나 한 세기를 풍미했다. 랩은 욕설·마약·폭력·상스러운 말 등으로 전통사회에 대한 반발을 표현한다.25) 도덕이 전반적으로 미끄러져 내려감에 따라 과거에는 '비주류 문화'로 취급 받던 이런 예술형식이 주류예술로 떠받들어지고 예술의 전당에도 입성했다.

앞에서 우리는 주로 미술과 음악이 처한 현 상황에 대해 언급했

---

23) Golan Gur, "Arnold Schoenberg and the Ideology of Progress in Twentieth-Century Musical Thinking," Search Journal for New Music and Culture 5 (Summer 2009), http://www.searchnewmusic.org/gur.pdf.
24) DavidA.Noebel,TheMarxistMinstrels:AHandbookonCommunistSubversionofMusic,44-47.
25) Jon Caramanica, "The Rowdy World of Rap's New Underground," New York Times, June 22, 2017, https://www.nytimes.com/2017/06/22/arts/music/soundcloud-rap-lil-pump-smokepurrp-xxxtentacion.html.

다. 사실, 현대파 예술의 영향으로 예술계 전체가 큰 충격을 받았다. 특히 전통적인 창의력·수법·기교 부문에서 전통과 괴리 현상이 나타났다. 조각·건축·무용·패션·디자인·사진·영화 등도 마찬가지다. 현대예술에 종사한 사람 중 상당수가 공산 이데올로기의 영향을 강하게 받았다. 예를 들면, 현대무용의 창시자 이사도라 덩컨(Isadora Duncan)은 양성애자이자 무신론자였다. 그녀는 발레를 추하고 반자연적이라며 반대했다. 그녀는 학생 100명과 함께 '인터내셔널가'를 주제로 모스크바에서 레닌을 위해 공연하기도 했다.26)

이런 것들이 세상에 존재하고 트렌드를 형성하고 심지어 주류가 될 수 있었던 것은 공산주의 악령이 예술계에서 그들의 대리인을 통해 신이 전한 예술을 파괴한 것과 밀접한 연관이 있다. 또한 대다수 사람을 기만해 쓰레기조차도 예술로 받아들이게 하는 논리, 즉 그럴듯한 미학이론이 뒷받침한 것과도 관련이 있다.

이러한 아방가르드 예술과 전통예술의 차이를 유심히 살펴보면, 르네상스 시기 예술가들은 예술로 신을 찬미했을 뿐만 아니라 아름다움을 통해 마음속에 '진眞'과 '선善'을 불러일으키고 도덕을 유지했음을 발견할 수 있다.

반대로, 각종 변이된 아방가르드 예술은 르네상스의 모든 업적을 뒤집는 데 전력을 다하고 있음을 알 수 있다. 이것들은 사람들을 부추겨 '추함'을 감상하게 한다. 이런 '추함'은 마성을 불러일으켜 어둡고 퇴폐적이고 폭력적이고 사악한 생각들이 사람을 주도하게 함으로써 신이 창조한 장엄하고 아름다운 자연·신성·도덕·사회를 해체하고 추악하게 만든다. 심지어 직접 신을 모독하게 함으로써 신과

---

26) "Politics and the Dancing Body," https://www.loc.gov/exhibits/politics-and-dance/finding-a-political-voice.html.

멀어지게 하고 또 내면의 신성과 전통 가치와도 격리되게 한다.27)

4) 문학을 이용해 인류 훼멸을 꾀하다

문학은 특수한 예술 장르다. 그것은 언어를 매개체로 신이 인간에게 준 지혜를 전승하고 또 인류의 삶의 경험을 기록한다. 고대 그리스의 고전 서사시 〈일리아드(The Iliad)〉와 〈오디세이(The Odyssey)〉는 트로이 전쟁(Trojan War) 전후의 복잡다단한 역사 이야기를 생생하게 서술했으며 신과 인간이 함께하며 공동으로 창조한 역사의 장엄한 대서사大敍事를 진실하게 그려냈다. 이 서사시는 용기·관용·재치·정의·절제 등의 미덕을 찬양함으로써 고대 그리스 문명과 전체 서구문명의 가치관 형성에 중요 원천이 됐다.

문학이 인간에게 미치는 막대한 영향력을 간파한 공산주의 악령은 그들의 인간 대리인과, 명성과 부를 추구하고 진상을 모르는 세인世人들을 조종해 대량의 '문학작품'을 만들어 널리 보급했다. 이를 통해 세인들에게 악령의 이데올로기를 주입하고 전통문화를 훼손하고 도덕을 타락시켜 변이되고 혼탁한 악마의 세상에 적응하게 만들었다. 이렇듯 문학은 악마가 세계를 통치하는 중요한 도구 중 하나가 됐다.

가장 직접적으로 악령의 이데올로기를 주입하는 것은 공산주의를 선전하는 각종 작품이다. 파리 코뮌이 진압된 후 코뮌위원 외젠 포티에(Eugene Pottier)는 '인터내셔널가國際歌'를 만들어 "어디에도 위대하신 구원자는 없노라. 신도, 황제도, 달변기도."라고 기고만장하게 떠들며 "세상은 바야흐로 밑바닥부터 뒤바뀌고……."라고 큰소리쳤

---

27) MichaelMinnicino,"New Dark Age: Frankfurt School and Political Correctness," Fidelio Magazine, Volume 1, Number 1 (Winter 1992),
https://www.schillerinstitute.org/fid_91-96/921_frankfurt.html.

다. '인터내셔널가'는 제1인터내셔널과 제2인터내셔널 대회 가요이자 중국 공산당의 당가黨歌로서 세계 각국 공산주의자들의 집회와 문예작품에 널리 사용되고 있다.

문학을 통해 민중을 세뇌하기 위해 소련 공산당과 중국 공산당이 채용한 수법은 미술 분야의 그것과는 달랐다. 그들은 문인들에게 전통적인 기법을 채용해 프롤레타리아의 삶과 계급의식을 표현하고 공산당 이론과 정책을 묘사하게 했다. 예를 들면, 소련의 소설 〈철류(The Iron Flood)〉〈강철은 어떻게 단련되는가(How the Steel was Tempered)〉와 중국 공산당의 〈청춘의 노래(The Song of Youth)〉〈태양은 쌍간허 위에 비추네(The Sun Shines on the Sanggang River)〉 등이 그런 유인데, 모두 커다란 선전 작용을 일으켰다. 공산당은 이런 스타일의 작품을 가리켜 '사회주의 리얼리즘(socialist realism)'이라고 불렀다. 마오쩌둥은 이런 문예 기능을 개괄해 "노동자 농민 병사를 위한 봉사", "프롤레타리아를 위한 봉사"라고 했다.28) 이런 유형의 문학이 일으킨 이데올로기 주입 효과는 매우 뚜렷했으며, 사람들은 이에 대해 아주 명백히 인지하고 있다. 하지만 공산주의 악령이 문학을 단지 인류를 부패시키는 수단으로만 사용하지는 않았다.

공산주의 악령이 문학을 통해 일으킨 주요 효과를 열거하면 다음과 같다.

첫째, 전통을 파괴한다.

공산주의 악령이 인류를 파멸하는 한 가지 중요한 절차는 신이 사람에게 준 정통 문명을 비방하는 것이다. 중국뿐 아니라 서방에서도 사령은 모두 변이된 사상에 오염된 문인을 이용해 전통문화

---

28) 마오쩌둥,「연안문화예술좌담회 강화(在延安文藝座談會上的講話)」, 마오쩌둥 선집 제3권 (중문 마르크스주의 문고)

를 왜곡하고 모욕하는 작품을 창작해 전파하게 했다.

소위 '신문화운동新文化運動' 기간에 악랄하게 전통을 공격해 유명해진 루쉰魯迅은 중국 역사를 부정적으로 봤다. 그는 자신의 첫 번째 소설 〈광인일기狂人日記〉에서 등장인물의 입을 빌려 중국의 역사에는 두 글자 '식인食人'뿐이라고 했다. 마오쩌둥은 루쉰을 "문화신군文化新軍의 가장 위대하고 가장 뛰어난 기수" "중국문화혁명의 주역"이라고 추켜세웠다. 마오는 또 "루쉰의 방향이 바로 중화민족 신문화의 방향이다."라고 했다.29)

유럽에서는 1909년 이탈리아 시인 마리네티(Marinetti)가 〈미래주의未來主義 선언(Futurist Manifesto)〉을 발표해 전면적으로 전통에 반대하고 기계·기술·속도·폭력·경쟁 등을 찬양했다. 러시아의 시인이자 공산주의자인 마야콥스키(Vladimir Maykovsky)는 1913년 〈대중의 취향에 따귀를 때려라(A Slap in the Face of Public Taste)〉를 발표해 러시아 전통문학의 취향과 단호히 결별하겠다는 결의를 표명했다.

둘째, '현실 표현'이란 구실로 추악함을 표현한다.

문인과 예술가는 문학과 예술을 이용해 추하고 괴이하고 공포스러운 사물이나 장면을 표현하는데, 그들이 내세우는 가장 흔한 구실이 바로 '현실 표현'이다.

그들은 고전예술은 조화·우아함·선명·절제·중용·균형·보편성·이상성 등을 강조하지만, 현실을 표현할 때는 반드시 선택과 가공을 해야 하므로 작품은 절대로 '실상實相'일 수 없다고 본다. 이런 관점은 사실상 예술의 기원과 기능을 오해한 데서 비롯된다. 예술이 비록 생활에서 나오긴 하지만, 예술로 승화하려면 생활 자

---

29) 마오쩌둥, 「신민주주의론(新民主主義論)」, 마오쩌둥 선집 제2권 (중문 마르크스주의 문고)

체를 표현하는 데 머물러서는 안 된다. 그러므로 예술가가 창조할 때는 반드시 표현 대상을 고르고 가공할 필요가 있다. 일률적으로 '실상'만 강조한다면 실제 생활과 예술의 경계를 무너뜨리는 것과 같다. 만약 일상의 '실상'이 곧 예술이라면 예술이 따로 존재할 이유도 가치도 없지 않은가?

셋째, 도덕성을 타락시킨다.

악령은 인간 대리인을 시켜 '진실을 표현하는 자아(expressing one's true self)', '자동 기술(automatic writing)' 등을 포함한 그럴듯한 변명을 만들었다. 그 목적은 세인世人들이 정통적인 도덕표준을 포기하고 인간 본성의 악한 일면을 방종하게 하려는 것이다. 예를 들면 앞에서 언급한 프랑스 공산당원이자 시인인 브르통(André Breton)은 '초현실주의 선언(Surrealist Manifesto)'에서 새로운 주장을 했다. "초현실주의는 구두口頭, 기술記述, 기타 온갖 방법으로 사고의 참된 작용을 표현하려고 하는 순수한 '심적 자동주의(Psychic automatism)'다. 이성에 의한 일체의 통제 없이, 또한 미학적, 윤리적인 일체의 선입관 없이 행해지는 사고의 진실을 기록한 것이다."[30]

'의식의 흐름(stream of consciousness)'과 초현실주의의 '자동 창작(automatic writing)'은 밀접한 관련이 있다. 프로이트 심리학의 영향을 받아 20세기 초부터 서양의 일부 작가는 '의식의 흐름' 창작 실험을 시작했다. 이런 유의 작품은 종종 변변찮은 인물(반주인공, anti-hero)을 중심으로 내적인 독백이나 자유로운 연상 등을 통해 내면의 은밀한 사상활동을 간단한 스토리로 풀어낸다.

주지하다시피 인성 중에는 선과 악이 동시에 존재한다. 인간은

---

[30] AndréBreton,"Manifesto of Surrealism," https://www.tcf.ua.edu/Classes/Jbutler/T340/SurManifesto/ManifestoOfSurrealism.htm.

일생 동안 끊임없는 도덕적 수양과 자기 절제를 통해 심성을 제고하고 고결한 사람이 돼야 한다. 하지만 수많은 현대인의 사상 속에는 적지 않은 악한 생각과 욕망이 있다. 만약 이런 좋지 않은 사상이 아무런 통제 없이 문학이란 도구에 실려 방출된다면 전 사회를 오염시키는 효과를 일으킬 것이다.

넷째, '비판'과 '항의'를 빙자해 마성을 방종한다.

서방 자유세계에서 생활한 문인과 예술가는 반전통사상에 물들어 모든 법률제도와 사회규범, 도덕적 신조를 억압으로 간주한다. 그러면서도 그들은 현대사회의 문제점과 인간 본성의 약점을 봤다. 하지만 그들은 이성적으로 사고하거나 반응하는 것이 아니라 '비판'과 '항의'를 한다는 명목으로 극단적인 개인주의로 나아감으로써 증오·나태·욕망·성적 충동·공격성·명리名利 추구 등을 통해 자신의 마성을 확대한다. 하지만 이런 항의는 사회문제를 해결할 수 없을뿐더러 도리어 파란을 더 크게 일으키는 작용을 한다.

1960년대 반문화운동이 유행하던 당시, 미국의 시인 앨런 긴즈버그(Allen Ginsberg)는 '비트 세대(The Beat Generation)'를 대표하는 인물 중 하나였다. 지금도 저항의식을 지닌 사람들은 그를 존경한다. 그의 장편 시 〈울부짖음(Howl)〉은 알코올중독, 난잡한 성교, 마약, 동성애, 자해, 성매매, 나체 달리기, 연쇄 폭력, 절도, 목적 없는 유랑, 광기 등 극단적인 삶과 심리상태를 묘사한다. 반문화운동이 제도화(institutionalization)되면서 〈울부짖음〉은 각종 문학선집에 들어가 '문학 명지' 지위를 얻었다. 그는 자신이 한때 공산주의자였음을 인정하면서도 후회하지 않는다고 했다.[31] 그는 카스트로 등 여러 공산

---

31) AllenGinsberg,"America,"
https://www.poetryfoundation.org/poems/49305/america-56d22b41f119f.

독재자를 존경했고 대대적으로 동성애와 소아성애를 부추겼다. 긴즈버그를 통해 우리는 공산주의와 극단적 개인주의의 근원이 같음을 똑똑히 볼 수 있다.

다섯째, 외설을 전파한다.

20세기 이후 문학작품은 성적 내용을 노골적으로 표현하기 시작했으며, 일부 작품은 외설 색채가 뚜렷하지만 '명작'으로 떠받아들여졌다. 많은 평론가와 학자마저 자신의 사회적 책임을 저버리고 이런 작품이 진솔하고 예술성이 뛰어나다고 칭찬했다. 주지하다시피 전통도덕은 많은 방면에서 금욕 형식으로 작용을 발휘한다. 따라서 욕망을 방조하는 것은, 아무리 그럴듯한 구실로 미화하더라도, 도덕을 부패시키는 결과를 가져온다.

여섯째, 저급하고 썩은 귀신에게 인체를 통제하게 한다.

지난 수십 년간 인류 문화가 날로 복잡해지면서 소위 '장르 소설'이 대량으로 나타났다. 스릴러·공포·요괴·판타지 소설 등인데, 이런 것들은 공산주의 악령이 조종하는 저급하고 썩은 귀신이 사람의 정신과 육체를 통제하는 통로가 됐다. 역사상 전례가 없는 변이 현상과 비인간화가 조성된 것은 대부분 저급한 영체靈가 인체를 통제한 것과 관련이 있다.

'석 자 얼음은 하루 추위에 언 것이 아니다.'라는 속담이 있듯 문학예술이 타락해 악마의 수단으로 전락하기까지는 상당히 긴 과정을 거쳤고, 다양한 유파와 관련이 있다. '낭만주의(Romanticism)'는 문학의 표현 범위를 확장했다. 일부 추하거나 괴이한 현상, 심지어 극단적이고 실성한 정신상태가 문학작품을 통해 대중의 시야에 진입했다. 몇몇 저명한 영국의 '낭만주의' 시인은 소재가 부도덕해 일찍이 '사탄파(The Satanic School)' 시인으로 불리기도 했다.

사실주의는 현실을 재현한다는 기치를 내걸고 인간 본성의 더욱 저급한 부분을 표현하기 시작했다. 일부 작품은 변이된 사상과 부도덕한 행위를 지나치게 과장했다. 한 문학평론가는 사실주의를, "네 발을 땅에 딛고 땅 위를 기어 다니는 낭만주의"라고 평했다.32)

자연주의(The philosophy of naturalism)는 인간의 도덕이 타락한 원인을 사회 환경과 가족의 유전성 정신질환 탓으로 돌렸다. 이는 곧 개인이 져야 할 도덕적 책임에서 벗어나게 하는 것이다. '예술을 위한 예술(art for art's sake)'을 슬로건으로 내세운 '유미주의唯美主義'는 예술의 기능은 감각적인 즐거움을 제공할 뿐, 그 어떤 도덕적 기능도 하지 말아야 한다고 강조했다.

사실상 모든 예술작품은 사람의 도덕에 미묘하고 심오하고 지속적인 영향을 끼친다. 예술이 도덕적 기능을 담당할 필요가 없다고 부추기는 것은 예술이 '부도덕'한 기능을 하도록 문을 열어주는 것과 같다. 확실히 이런 형형색색의 문학 유파가 일부 수준급 작품을 창작한 것을 부인할 수 없지만, 그 중에는 나쁜 것이 복잡하게 섞여 있고 수준 편차도 심하다. 공산주의 악령이 이들 유파를 직접 조종했다고 말할 수는 없지만, 분명한 사실은 부정적인 요소는 도덕이 미끄러진 후에 나타났고, 이는 공산주의 악령이 부패한 문학 작가를 이용할 수 있는 길을 닦았다는 점이다.

작가의 도덕수준과 정신 상태는 고스란히 작품 속에 투영된다. 인류 도덕이 전반적으로 미끄러져 내려가면서 작가들의 마음속에도 부정직인 요소가 점점 주도적 지위를 차지하고 있다. 따라서 수많은 창작품이 사람을 선善으로 이끌지 못할 뿐만 아니라 도리어 지옥으로 밀어 넣고 있다.

---

32) Irving Babbitt, Rousseau and Romanticism(Boston: Houghton Mifflin, 1919), 104.

맺음말

예술의 힘은 거대하다. 좋은 예술은 사람의 마음을 바로잡고 도덕을 끌어올리고 음양을 조화롭게 할 수 있다. 심지어 천지신명天地神明과 소통하는 경지에 도달할 수 있다.

하지만 지난 100여 년간 공산주의 악령은 인간 대리인의 마성과 사념邪念을 이용해 방대하고 다양한 '예술' 작품을 창작했다. 이를 통해 사람이 신을 배척하고 전통을 부정하고 도덕에 반대하도록 이끌어 전체 사회를 마성으로 변하게 했다.

전통예술의 아름다움에 비하면 오늘날 현대예술은 비루하고 괴상하기 그지없다. 인류의 심미관審美觀은 이미 철저히 전복됐다. '아방가르드'는 크게 유행하면서 많은 돈을 벌었다. 하지만 신성하고 고상하게 취급받던 예술이 지금은 오락화·통속화·마귀화돼 대중이 멋대로 왜곡하고 조소하는 대상이 됐으며 심지어 사람의 욕망을 만족시키고 마성을 분출하는 도구가 됐다. 아름다움과 추함, 우아함과 상스러움, 선과 악의 경계는 완전히 사라졌고 심지어 그 가치가 뒤바뀌었다. 악령의 추악·무질서·음침함이 '보편적 가치'가 됐고, 마성의 정보가 넘쳐나는 인류사회는 사람을 타락과 파멸의 길로 더 빨리 나아가게 하고 있다.

도덕성을 회복하고 신앙과 전통을 되찾아야만 인류는 비로소 예술 부흥의 길로 나아갈 수 있으며 아름답고 신성하고 휘황한 전통예술을 재현할 수 있다.

〈상권 끝〉